KB117426

통한국사

2

외우지 않고
통째로 이해하는

통 한국사

김상훈 지음   조 선 에 서   현 대 까 지   2

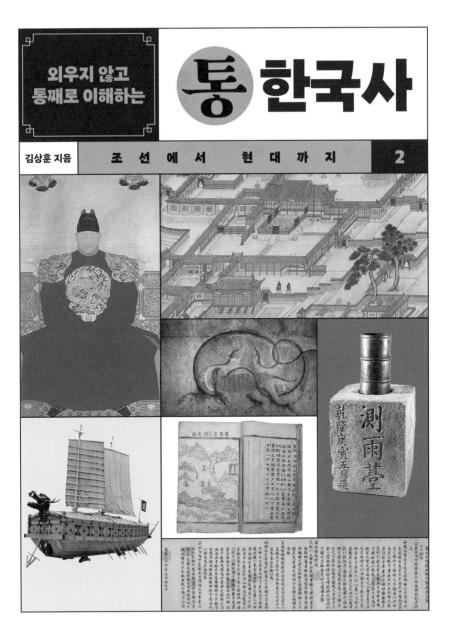

다산
초당

벌써 10년도 더 된 이야기입니다. 어느 날 저녁 식당에서 겪은 일이 죠. 당시 옆 탁자에는 대학생으로 보이는 남자 두 명이 술을 마시고 있었습니다. 선후배 사이로 보였는데, 선배가 후배에게 역사 지식을 뽐내고 있는 것 같았습니다.

발해, 백제, 근초고왕···. 이런 단어들이 들려와서 저도 모르게 귀를 쫑긋하게 됐습니다. 그런데 저도 모르게 인상을 찌푸리고야 말았습니다. 선배가 이렇게 말했거든요. "백제의 근초고왕이 멀리 중국까지 진출했어. 북쪽에는 발해가 있었는데···."

제 귀를 의심했습니다. 역사적 사실만 말하자면 근초고왕 통치 시절에 북쪽에는 고구려가 있었습니다. 발해는 고구려가 멸망한 후에 생긴 나라죠. 그러니 근초고왕이 중국에 진출했다 하더라도 발해가 그 땅에 있을 수는 없습니다. 20대 청년이 이 기본적인 역사조차 모르고 있었던 겁니다. 더 황당한 것은, 후배의 답변이었습니다. "아, 그래요? 남쪽에 백제, 북쪽에 발해가 있었던 거네요?"

그 두 사람에게는 미안한 일이지만, 한심해 보였습니다. 제 나라의 역사를 이렇게도 모를 수 있을까요? 분명히 중고교 역사 시간에 배

왔을 내용입니다. 대학수학능력시험에서도 한국사 시험을 치르자면 한국사 공부를 했겠죠? 대학생이 되니 다 잊어버린 걸까요?

다소 유쾌하지 않은 이 경험이 『통한국사』를 집필하는 큰 계기가 됐습니다. 사실 제가 이 책을 쓰기 전에도 많은 한국사 서적이 출간돼 있었습니다. 스테디셀러로 자리 잡은 책들도 적지 않았죠. 게다가 유명 역사 강사들이 쓴 책도 많았습니다. 그런데 그 책들은 제가 원하는 형태가 아니었습니다. 청소년들이 쉽게 이해하기에는 너무 많은 정보가, 너무 빽빽하게, 너무 난해하게 들어있었던 겁니다. 제가 원했던 책은 청소년이 쉽게 이해할 수 있으며, 지겨워하지 않고 끝까지 읽어낼 수 있는 책이었습니다. 결국, 제가 집필하기로 마음먹었고, 2012년 『통한국사』 초판을 출간했습니다.

저는 『통한국사』를 집필하면서 몇 가지 원칙을 지켰습니다. 첫째, 역사적 사실은 되도록 객관적으로 전한다. 둘째, 교과서에 수록된 내용은 빠뜨리지 않되 흥미 있게 스토리텔링을 한다. 셋째, 보수나 진보 진영 중 어느 쪽으로도 치우치지 않고 중립적으로 역사를 서술한다. 넷째, 초등학생도 이해할 수 있도록 어려운 용어는 최대한 풀어 쓴다. 다섯째, 세계사 흐름을 놓치지 않도록 한국사를 서술한다.

이 중에서 다섯째 원칙에 대해서는 조금 더 이야기해야 할 것 같습니다. 역사는 교과서나 책에 갇혀 있는 게 아닙니다. 한국사 또한 한국에만 갇혀서는 안 됩니다. 세계사의 흐름 속에서 한국의 역사를 바라봐야 합니다. 이런 원칙은 현대에도 그대로 작용하고 있습니다.

가령 한반도 주변 정세는 수시로 바뀌고 있습니다. 일본은 우리 대한민국과 지리적으로 가장 가깝지만, 식민 지배 역사로 인해 무척 껄끄러운 이웃 국가입니다. 그런 데다 일본은 독도를 다케시마竹島라 부르며 자국의 영토라고 주장하고 있습니다. 이는 명백한 도발이자, 역사 왜곡입니다. 최근에는 원자력 오염수 등 또 다른 문제로 우리 와 갈등을 빚고 있죠.

중국은 어떨까요? 2002년 2월, 중국 정부는 '동북공정東北工程'이라 는, 중국 동부지역 고대사를 연구하는 프로젝트를 시작했습니다. 이 프로젝트를 진행하면서 중국은 고조선과 고구려, 발해를 중국의 역 사로 규정했죠. 우리 민족이 세운 이 세 나라를 '중국 변방의 소수 민 족이 세운 나라' 정도로 위상을 떨어뜨린 겁니다. 최근에는 우리 민 족의 전통 복장인 한복, 전통 음식인 김치까지 중국에서 비롯됐다고 우깁니다. 이런 모든 행위는 명백한 역사 왜곡이자 도발입니다. 고조 선과 고구려, 발해는 모두 한민족이 주체가 돼 탄생한 국가라는 사 실을, 우리는 모두 알고 있습니다. 세 나라의 문화적 유산은 오늘날 까지 우리 민족의 피에 흐르고 있죠. 우리에겐 너무나 당연한 이 '역 사적 사실'을 중국 정부가 외면하고 있는 셈이죠. 이런 점 때문에 중 국을 싫어하는 한국인이 적잖습니다.

주변국들의 도발과 역사 왜곡에 어떻게 대처해야 할까요? 우리 정 부의 현명한 외교가 무척 중요합니다. 다만 정부에 맡겨놓기만 해서 는 안 됩니다. 국민 모두, 그중에서 특히 청소년들이 우리 역사를 제 대로 알고, 눈을 부릅뜨고 지켜봐야 합니다. 청소년의 올바른 역사관 이 중요한 이유입니다.

개정판 작업을 하면서 요즘 시대적 환경에 맞춰 더욱 시각적으로 디자인 요소를 강화했습니다. 청소년의 눈에 익숙한 서체로 바꿨고, 연표와 지도에도 시각적 요소를 강화했습니다. 이런 구성이 청소년 독자의 한국사 이해를 쉽도록 도울 것으로 기대합니다. 청소년이 제 나라의 역사를 외면하는 민족에겐 미래가 없습니다. 『통한국사』 2차 개정판이 청소년들의 한국사 이해를 높이는 데 도움이 되기를 바랍니다.

김상훈 드림

차례

제3장

혼란을 끝내고 밝은 미래로!

① 건국, 전쟁, 그리고 민주주의

제1장

조선에서
현대까지

근세의 문을 열다

조선! 가장 과학적인 언어,
세계 첫 측우기를 발명한 과학 강국!
거북선은 일본의 간담을 서늘하게 했다.
두 차례의 전쟁. 그 후 조선에 근대의 물결이 몰아쳤다.

민본정치의 길

조선 전기

14세기 후반~16세기 중반

연표	1392년	1398년	1400년	1419년	1446년	1453년	1469년
	이성계 조선 건국	제1차 왕자의 난, 정종 등극	제2차 왕자의 난, 태종 등극	이종무 쓰시마 섬 토벌	훈민정음 반포	계유정난	예종, 『경국대전』 완성

	1545년	1519년	1510년	1506년	1504년	1498년
	을사사화	기묘사화	삼포왜란	중종반정	갑자사화	무오사화

도성도 · 1750년대에 그린 한양 지도이다. 조선은 1394년 개경에서 한양으로 수도를 옮겼다.

혼란 넘어 강한 왕이 되다

이방원이 정몽주를 제거하자 새 왕조 창건에 반대하는 세력은 구심점을 잃었어. 정도전, 남은, 조준 등 강경파 신진사대부들은 이성계를 왕으로 추대했어. 새 나라가 탄생했지. 이 나라가 바로 조선이야.

이성계는 조선의 태조가 됐지만 당장 나라 이름을 고치지는 않았어. 아직까지도 많은 백성들이 스스로를 고려인이라 생각하고 있었기 때문이야. 그러나 새 술은 새 자루에 담아야 해. 언제까지 고려라는 나라 이름을 계속 쓸 수는 없겠지. 게다가 개경은 왕씨 가문의 근거지였어.

결국 태조는 나라 이름을 조선으로 바꿨고^{1393년}, 한양^{서울}에 왕궁을 짓고 수도를 옮겼어^{1394년}. 이 작업을 하는 시간에 고려의 왕족과 귀족들을 모두 제거했지. 또한 정도전을 비롯해 조선 창건에 기여한 이들에게는 개국공신의 지위를 줬어.

왕자의 난과 태종의 등극

새로운 나라를 꾸리기가 쉽지는 않았을 거야. 정도전이 이 모든 작업을 진두지휘했어. 정도전 덕분에 체제를 정비하는 작업은 별 탈없이 착착 진행됐지. 하지만 정도전을 못마땅해하는 인물이 있었어. 바로 태조의 아들 이방원이야. 왜 정도전을 싫어했냐고? 기다려 봐. 곧 알 수 있을 거야.

자신의 아들과, 목숨을 걸고 혁명을 일으켰던 동지들이 갈등을 벌이는데 태조의 심사가 편안하진 않았겠지? 특히 아들들끼리 왕위를

태조 이성계 어진 · 1872년 낡은 이성계의 초상화를 새로 옮겨 그린 것이다. 태조는 막내아들에게 왕위를 물려주려 했으나 다섯째 이방원은 왕자의 난을 일으켜 권력을 잡았다.

놓고 서로 싸운다면 정말 마음이 아플 거야. 태조의 말년이 그랬단다. 아들들은 왕위를 놓고 살육전까지 벌였고, 그 싸움에 휘말려 평생 함께했던 동지들이 목숨을 잃고 말았어. 바로 왕자의 난이야.

태조는 왕후가 두 명이었어. 여섯 명의 아들을 낳은 첫째 부인 신의왕후는 조선 창건 1년 전에 세상을 떠났지. 그 후 둘째 부인 신덕왕후가 두 명의 아들을 낳았어. 총 여덟 명의 아들 가운데 태조는 막내인 방석을 총애했고, 결국 그를 세자로 책봉했어.

왕이 제 마음대로 세자를 책봉하는데 무슨 상관이냐고? 아니야. 큰 문제가 있었어. 방석은 막내인 데다 둘째 부인의 아들이었잖아? 이런 경우 보통 첫째 부인의 장남에게 세자 자리를 주는 법이거든. 그 장남의 사정이 여의치 않으면 차남에게라도 세자 자리를 줘야지. 한데 태조는 그러지 않았어. 당연히 첫째 부인의 아들들이 반발하지 않겠어? 특히 조선 개국에 가장 크게 기여한 다섯째 방원의 불만이 가장 컸지.

결국 방원의 불만이 폭발하고 말았어. 형제들과 함께 반란을 일으킨 거야. 이게 제1차 왕자의 난이지1398년.

방원은 우선 방석을 세자로 추대한 정도전과, 또 다른 개국공신인 남은을 제거했어. 이어 다른 공신들도 모조리 죽여 버렸지. 이복동생인 방번과 방석마저 귀양을 보냈다가 죽였어.

세자가 죽었으니 다음 세자 자리는 누구에게 돌아갔을까? 방원에게? 아니야. 방원은 영리했어. 자신에게 쏟아지는 비난을 피하기 위해 둘째 형인 방과에게 세자 자리를 양보했단다. 첫째 형인 방우는 태조가 조선을 건국하기도 전에 정치가 싫다며 산으로 숨어 버렸어. 그러니 사실상 장남이나 다름없는 둘째 형에게 세자 자리를 넘겨 주는 게 모양새가 좋아 보이지?

하지만 태조는 아끼던 막내가 죽자 크게 상심했어. 어쩌면 골육상쟁에 인생무상을 느꼈을지도 몰라. 결국 태조는 한 달 만에 세자인 방과에게 왕위를 물려주고 상왕으로 물러났어. 이 방과가 정종2대이야.

정종은 동생 방원이 무서웠어. 사실상 방원이 왕이라고 해도 크게 이상하지 않을 정도였지. 좀 더 노골적으로 말하자면 정종은 방원의 꼭두각시 노릇을 할 수밖에 없었어. 방원의 뜻에 따라 도읍을 개경으로 옮기기도 했어.

사실 정종이 오래 왕 노릇을 할 거라고 생각하는 사람은 없었어. 모두들 방원이 곧 왕이 될 거라고 생각했지. 그런데 예상치 못한 곳에서 돌발변수가 생겼어. 방원의 넷째 형인 방간이 왕권에 도전한 거야. 방간의 반란으로 시작된 이 싸움이 제2차 왕자의 난이란다1400년.

방원은 즉각 군대를 동원해 반격에 나섰어. 결과는 당연히 방원의 승리. 친형이라 봐준 것일까? 방원은 방간을 죽이지는 않고 귀양을 보내는 걸로 사태를 매듭지었어.

이제 모든 권력은 방원이 장악했어. 지금까지도 정종은 허수아비왕이었는데, 이제는 더 버틸 수 없겠지? 정종은 곧 방원에게 왕위를 넘겨줬어. 그래, 방원이 마침내 왕이 된 거야. 이 왕이 태종3대이지.

좌절된 정도전의 야망

1차 왕자의 난 때 피살된 정도전에 대해서는 살펴보고 넘어가는 게 좋을 것 같아. 정도전은 "이성계가 아니라 내가 조선을 세웠다!"고 술주정을 할 정도로 대담했어. 실제로 조선의 기본 골격은 거의 정도전이 만들었어. 조선의 첫 법전으로 볼 수 있는 『조선경국전』도 정도전이 쓴 거야.

정도전은 왕이 최고의 지위에 있지만 실제 정치는 사대부가 하는 것을 가장 이상적인 정치라 생각했어. 쉽게 말하자면, 사대부가 통치하는 왕국을 이상적인 정치 형태로 여기고 있었던 거야. 그러니 왕의 권력이 지나치게 커지는 데는 당연히 반대했지.

태조는 정도전을 상당히 신임했어. 그랬기 때문에 그를 조선의 재상으로 여기고 있었지. 사실 태조가 막내 방석을 세자로 책봉한 데도 정도전의 입김이 크게 작용했어. 정도전은 신의왕후의 아들들, 그중에서도 방원과 세력 다툼을 벌이고 있었어. 정도전은 독단적이고 불같은 성격의 방원이 왕이 되는 것을 원치 않았어. 만약 방원이 왕이 되면? 왕권만 강해지고 신하들은 그저 왕명만 따르는 초라한 신세가 될 거라고 생각한 거야. 정도전과 이방원의 이야기를 차례대로 들어 볼까?

삼봉 선생정도전**이 생각하는 조선은 어떤 나라입니까?**

"왕이 권력의 꼭대기에 있지만 실제 정치는 정승재상을 중심으로 한 대신들이 하는 체제다. 대신들은 왕을 견제해야 한다. 만약 왕이 통치를 잘 못한다면 왕을 몰아내는 역성혁명도 할 수 있어야 한다. 우리가 고려를 무너뜨리고 조선을 세운 것도 그래서가 아닌가?"

신하가 왕의 위에 있어야 한다는 뜻입니까?
"신하가 왕의 위에 서려는 게 아니다. 왕이 백성을 위한 민본통치를 하도록 우리 성리학자들이 견제해야 한다는 뜻이다."

이방원은 개국공신들이 조선 왕조를 주무르려 한다며 싫어했습니다.
"조선은 태조가 혼자 창건한 게 아니다. 나는 한나라 시조 고조유방의 참모였던 장량 같은 존재다. 고조가 한을 세운 것인가? 아니다. 장량이 세웠다. 조선도 마찬가지다. 내가 실질적으로 조선을 세운 인물이다. 다시 말한다. 조선 부국강병을 위해 우리 사대부가 조선을 통치해야 한다!"

이번엔 태종께 질문 드리겠습니다. 정도전은 개국공신이었습니다. 태종께서 사사로이 신하를 제거한 것이 아닙니까?
"정도전뿐 아니라 남은, 심효생 등 개국공신이 모두 문제였느니라. 조선 왕조의 왕통은 우리 이씨에게 있다. 왜 신하들이 왕보다 강한 권력을 행사하려 하느냐? 이게 이치에 맞는 일인가?"

1차 왕자의 난 때 정도전을 친 직접적 계기는 무엇입니까?
"1396년 명이 내정 간섭을 한 적이 있다. 정도전은 그때 요동을 정벌하

천상열차분야지도 · 고구려의 천문도를 바탕으로 1395년(태조 4) 돌에 새긴 천문도인 천상열차분야지도의 탁본이다. 조선 왕조 건국의 정당성을 뒷받침하기 위해 천문학을 정비해 제작한 것이다.

겠다며 군제개혁을 추진 중이었다. 문제는, 그가 왕족을 겨냥했다는 것이다. 정도전은 과인에게 사병을 내놓으라고 했다. 군대의 진법을 훈련하는데, 모든 사병을 중앙군으로 재편하겠다는 것이었다. 감히 나 이방원의 군대를 내놓으라니!"

강한 군대가 있어야 강한 조선이 되는 게 아닙니까?
"물론 그렇다. 그러나 정도전의 본심은 내 군대를 빼앗아 꼼짝 못하게 하려는 것이었다. 내 어찌 가만히 앉아서 당할 수 있겠느냐? 그래서 내가 선수를 쳐 개국공신들을 제거한 것이니라."

형제와 개국공신을 모두 제거하면서 왕에 오른 인물. 태종은 그야말로 권력의 화신이었어. 단호한 그의 성격은 왕이 된 후에도 그대로 드러났지. 강력한 개혁을 추진해 그 누구도 왕권을 넘볼 수 없도록 만든 거야. 덕분에 조선은 태종 시절에 이르러 확고한 기틀을 다지게 됐어. 이런 점 때문에 태종이 사실상 조선을 창건했다는 평가까지 나오고 있지.

태종은 왕이 된 후 개인이 소유한 사병을 없앴어. 그래, 사실상 정도전의 정책을 그대로 이어받은 거야. 당시 왕족뿐 아니라 정도전과 같은 개국공신들도 개인 군대인 사병을 가지고 있었지. 태종은 사병을 없앤 뒤 모든 병력을 병조가 관리하도록 했어. 국가가 직접 관리하면 병사들이 왕에게 충성하겠지? 당연히 왕권은 더욱 강해졌어.

태종, 조선의 기틀 다지다

태종은 재위기간 내내 중앙 통치조직을 정비했어. 하나씩 살펴볼까?

오늘날 대통령이 국무총리, 장관들과 하는 회의를 국무회의라고 불러. 이 국무회의는 국정을 논의하는 최고 회의야. 고려시대에는 도평의사사가 그 역할을 했어. 조선으로 들어와서 정종이 이 도평

의사사를 의정부로 바꿨어. 태종은 거기에 한 걸음 더 나아가 나머지 여러 기구들을 통폐합시켰어. 의정부를 명실상부한 최고의 국정회의기구로 만든 거지. 태종은 또 의정부 밑에 이, 호, 예, 병, 형, 공조 등 6조를 뒀어.

의정부의 최고 지위는 영의정, 좌의정, 우의정 등 삼정승이었어. 원칙대로라면 정승들이 다른 관리들과 회의를 거친 뒤 최종안을 마련했어. 그러면 왕과 대신들이 회의를 했지. 의정부가 중심이 된 이런 형태를 의정부서사제라고 했어.

이 체제 하에서는 신하들의 권력, 즉 신권이 비교적 강해. 정책을 신하들끼리 논의하기 때문이야. 권력욕이 강한 태종이 그런 꼴을 두고 볼 수 있을까? 아니야. 태종은 결국 6조를 왕의 직속으로 바꿨어. 정승을 따돌려 놓고 정치를 왕이 직접 챙기겠다는 뜻이야. 이 시스템은 6조 직계제라 불러. 태종이 왜 6조 직계제를 채택했을까? 그래, 왕권을 강화하기 위해서였어.

태종은 왕권을 침범하거나 권력을 넘보는 사람은 과감하게 숙청했어. 왕권은 강해졌겠지? 하지만 대신들의 입지가 확 줄어들었어. 예를 들어 볼까? 태종의 왕비 원경왕후에게는 네 명의 남자 형제가 있었어. 그들은 태종의 처남이었고, 태종이 권력을 잡을 수 있도록 도왔던 공신들이었지.

문제는 처남들이 차기 왕위 선정에 개입했다는 데 있었어. 그들은 태종의 장남인 양녕대군을 왕세자 후보로 밀었어. 태종은 외척이 왕위에 개입하는 점이 마음에 들지 않았어. 결국 태종은 네 명의

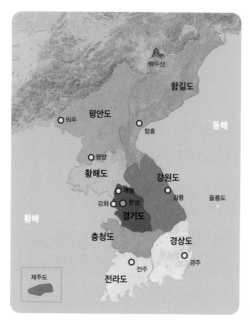

조선8도의 확정 · 태종 때에 이르러 오늘날의 전국 행정구역 모습이 나왔다. 제주도를 제외한 전국을 8도로 구분했다.

처남을 모두 죽여 버렸어. 부인인 원경왕후도 궁교태전에서 나오지 못하도록 했지.

권력을 넘본다면 피붙이도 용납하지 않는 태종이었지만 백성을 위해서는 많은 노력을 기울였어. 우선 토지와 세금 제도를 개혁해 백성들이 농사에만 전념할 수 있도록 했어. 사찰의 횡포를 막기 위해 그 숫자를 확 줄여 버렸지. 정리된 사찰의 토지와 노비는 모두 국가가 흡수했어. 수입이 늘었으니 국가의 재정도 탄탄해졌겠지?

신문고 제도도 시행했어1402년. 억울한 일을 당한 백성이 북을 두들기면 그 사연을 들어 주는 제도야. 아쉬운 점은, 실제로 신문고가 울린 적은 거의 없다는 거야. 자신을 핍박한 양반과 관리들이 눈을 부릅뜨고 있는데, 백성이 신문고를 두드릴 수 있겠어? 현실적으로 불가능한 정책이었다고 할 수 있지.

호패 제도를 실시한 것도 태종의 업적이라고 할 수 있어. 호패는 오늘날의 주민등록증과 비슷해. 16세 이상이 되면 양반이든 농민이든 호패를 신청할 수 있었어. 종이에 자신의 이름과 나이, 특징을 적어 제출하면 나뭇조각에 그 내용을 새겨 줬지. 이게 바로 호패야.

이 호패 제도도 사실은 왕권을 강화하기 위해 만든 제도였단다. 이 제도를 시행함으로써 전국 어느 지역에, 어떤 사람들이, 얼마나 살고 있는지 세세하게 파악할 수 있게 됐지. 중앙 정부가 인구 현황

호패 · 호패는 신분에 관계없이 16세 이상의 남자는 누구나 가지고 다녀야 했던 신분패이다. 신분에 따라 재료와 새겨진 내용이 달랐다.

을 모두 파악하고 있기 때문에 지방 관리들은 중간에서 세금을 빼돌릴 수 없었어.

어느덧 시간이 흘러 태종도 후계자를 정해야 할 때가 됐어. 태종은 원경왕후와의 사이에 양녕대군, 효령대군, 충녕대군, 성녕대군 4명의 아들을 뒀어. 이 경우 특별한 문제가 없다면 장남인 양녕대군에게 왕위를 넘겨주는 게 일반적이야. 그러나 다음 왕이 된 인물은 셋째 충녕대군이었단다. 왜 그랬을까?

장남 양녕대군은 품행에 문제가 많았다고 전해지고 있어. 태종이 왕세자로 책봉한 뒤에도 전혀 개선되지 않았다는구나. 이를테면 거의 공부를 하지 않았어. 오죽하면 양녕대군의 스승이 태종에게 "왕세자를 공부시키기가 쉽지 않습니다."라며 한숨을 쉬었겠니? 심지어 양녕대군은 기생들을 궁궐에 불러들이기도 했어. 태종이 꾸짖자 "아버지도 후궁이 많잖아요?"라고 따졌다는구나.

어쩌면 양녕대군은 아버지 태종에게 반항을 해서 미움을 샀는지도 몰라. 태종은 왕권이 위협당한다고 생각하면 아들이라 해도 용서하지 않았어. 아들들에게 자상한 아버지였을 리가 없어. 혹시 양녕대군은 그런 비정한 왕이 될 바에야 왕위를 포기하는 게 낫다고 생각했던 게 아닐까?

어쨌든 태종은 왕세자를 버리기로 했어. 태종이 후계자로 점찍은 인물은 셋째 충녕대군이었지. 충녕대군은 책벌레라고 불릴 만큼 어렸을 때부터 책을 좋아했어. 심지어 아파 누웠을 때도 책을 읽었다는구나. 얼마나 책을 가까이 했으면 태종이 어명을 내려 책을 보지 못하도록 했겠니? 그래도 충녕대군은 몰래 책을 봤어. 지독한 책벌레가 맞지?

둘째인 효령대군은 아버지의 관심 대상에서 벗어나자 불교에 빠져들었어. 조선이 유교를 받들고 불교를 억압하는 숭유억불 정책을 폈지만 효령대군은 불교가 좋았어. 결국 충녕대군이 왕세자로 책봉되자 효령대군은 미련 없이 속세를 떠나 스님이 됐단다.

함흥차사와 조사의의 난

함흥차사는 볼일을 보러 간 사람이 도통 소식이 없을 때 쓰는 말이야. 이 말은 태조와 태종의 갈등에서 생겨났단다.

형제들을 죽여 왕이 된 태종이 보기 싫다며 태조는 옥새를 들고 함흥으로 가 버렸어. 태종은 태조를 환궁시키기 위해 여러 차례 사람을 보내 설득하게 했어. 이들을 차사라고 불렀는데, 태조는 차사가 오면 바로 죽여 버렸단다. 바로 여기서 함흥차사란 말이 생겨난 거야.

그러나 이 사건이 실제로 일어난 건 아니야. 당시 신덕왕후의 친척으로 조사의란 인물이 반란을 일으켰는데, 이 조사의의 난이 함흥차사의 실제 모티브였어. 조사의는 태종을 끌어내리고 태조를 다시 왕에 앉히려 했어. 이때 태조는 정치에서 은퇴한 후 조상의 묘를 돌보겠다며 동북면 고향에 있었지.

조사의의 난은 곧 진압됐어. 많은 사람들이 태조가 조사의의 배후 인물이라 수군거렸어. 결국 태조는 고향에서 나와 평양에서 잠시 머물다, 곧 성으로 복귀했단다. 이때의 상황에 빗대 이야기꾼이 함흥차사란 이야기를 만들어 낸 거야.

세종, 절정을 달리다

충녕대군이 22세의 나이에 왕에 올랐어. 이 왕이 바로 세종대왕4대
이야. 태종은 왕위를 물려주면서 이렇게 말했다고 전해지고 있어.

"나는 손에 피를 묻히겠다. 그렇게 해서 종묘사직을 탄탄하게 한
다면 천 번 만 번 피를 묻히겠다. 너는 선정을 베풀어라."

이 말이 과장됐을지는 몰라도 어느 정도 사실이긴 해. 세종대왕
이 우리 역사상 최고의 성군이 된 것도, 따지고 보면 국가 기틀이
확실하게 구축돼 있었기에 가능했을 거야. 태종이 왕권을 강화하
고 제도를 정비한 덕분에 세종이 편안하게 선정을 베풀 수 있었다
는 얘기지. 단호하고 냉정한 아버지 덕분에 세종이 오늘날 대한민
국에서 가장 존경받는 인물이 된 건지도 모를 일이야.

세종, 한반도 지도 완성하다

세종대왕 시절, 일본은 무로마치 바쿠후바쿠후가 통치하고 있었어.
바쿠후는 일종의 군사정권이야. 왕이 있지만 바쿠후의 우두머리인
쇼군이 1인자였지. 참, 일본에선 자기들 왕을 천황덴노이라 불러. 우
리나라에선 보통 일왕이라고 해. 알아 두렴.

무로마치 바쿠후는 해안 지대의 해적, 즉 왜구 때문에 골치를 앓

고 있었어. 해적이 들끓으면 민심이 흉흉해지지 않겠어? 그러나 바쿠후의 힘만으로 왜구를 소탕하는 것은 거의 불가능했어.

이 왜구들은 조선도 괴롭혔어. 왜구는 쓰시마 섬^{대마도}을 근거지로 삼고 있었지. 세종은 왜구를 토벌하는 대신 달래는 방법을 쓰기로 했어. 쓰시마 섬의 세견선^{무역선}이 조선에 와서 무역을 하도록 허락하려 했지. 그러나 상왕 태종이 강력하게 반대했어. 태종은 왜구를 토벌할 것을 주장했지. 이렇게 해서 쓰시마 섬 토벌이 시작됐단다^{1419년}.

사실 쓰시마 섬 토벌은 이번이 처음이 아니야. 고려 말기에 왜구가 한반도 해안을 자주 노략질했지? 그 때문에 고려시대에도 쓰시마 섬을 토벌했어. 창왕 시절, 박위가 100여 척의 병선을 이끌고 쓰시마 섬을 공격한 게 처음이었어^{1389년}. 당시 박위는 300여 척의 왜군을 박살내고 고려인 포로 100여 명을 데리고 귀국했지. 그 후로도, 성과는 그리 크지 않았지만 태조 때 쓰시마 섬을 공격한 적도 있어.

쓰시마 섬이 타깃이 된 이유는 이미 말한 대로 그곳이 왜구의 본거지였기 때문이야. 그런데 쓰시마 섬의 왜구는 왜 그토록 한반도를 괴롭혔을까? 그들도 먹고 살기가 힘들었기 때문이야. 그곳은 땅도 좁고 척박했거든. 평소에 쓰시마 섬 왜인들은 조선에 조공을 했는데, 흉년이 들어 먹을 게 없으면 해적으로 돌변한 셈이지.

태종이 통치하던 15세기 초반에도 쓰시마 섬에 큰 흉년이 들었어. 마침 쓰시마 섬의 도주^{島主·왕}까지 바뀌었어. 분위기가 어수선하겠지? 그 틈을 타서 왜구가 다시 한반도 해안을 습격했어.

태종이 크게 노했어. 태종은 세종에게 왕위를 넘겨준 후에도 상왕으로서 막강한 권력을 누리고 있었지. 그런 태종이 세종에게 당장 쓰시마 섬을 토벌할 것을 명했어. 세종은 즉위하자마자 쓰시마 섬을 토벌하라는 어명을 내렸지. 이제 왜 쓰시마 섬 토벌이 이뤄졌는지 잘 알겠지?

조선 초기에는 비상 상황일 때 임시로 군사령관을 임명했어. 정 1품에 해당하는 아주 높은 직책인데, 이를 도체찰사라고 불렀단다. 세종은 부대를 셋으로 나누고, 그 모든 부대를 통솔하는 삼군도체찰사에 이종무를 임명했어. 이종무의 휘하에는 9명의 절제사를 배치했지. 이종무는 총 227척의 병선에 1만 7000여 명의 병사를 태운 뒤 마산포를 출발했어.

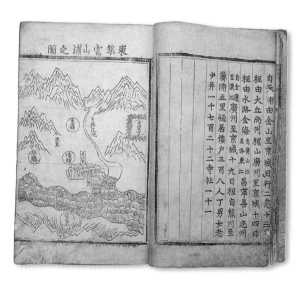

동래부산포 지도 · 신숙주가 쓴 『해동제국기』에 실려 있는 동래 부산포를 그린 지도이다. 세종은 일본에 대하여 포용 정책을 펴서 1426년 3개의 항구를 열어 주었다.

이 소식이 일본 바쿠후에 들어갔어. 바쿠후는 즉각 군대를 보내 쓰시마 섬을 방어하도록 했어. 자칫하면 전면전이 일어날 수도 있겠지? 다행히 이종무는 무리한 공격을 하지 않았어. 큰 타격을 주고 빠지는 작전을 썼지. 보름 동안 섬을 맹공격하자 쓰시마 도주가 항복했어. 이종무는 잡혀간 조선과 명의 사람들을 모두 데리고 금의환향했어.

이듬해 조선은 쓰시마 섬을 경상도에 편입시켰어. 독도가 자기들 땅이라고 일본인들이 우길 때 어떤 사람들은 "쓰시마 섬도 원래 한국 땅이었어!"라고 맞서지? 그 말이 꼭 옳다고 할 수는 없지만 그 근거가 이 쓰시마 섬 토벌이란다.

얼마 후 상왕 태종이 세상을 떠났어. 이제 세종은 자신의 뜻대로 정치를 할 수 있게 됐어. 세종은 일본에 대해서도 태종과 달리 포용 정책을 폈어. 쓰시마 섬을 토벌한 이후에도 그곳의 도주는 조선에 교역을 허용해 달라고 여러 차례 요청해 왔어. 세종이 그 요구를 들어줬어. 웅천 제포^{진해}, 동래 부산포^{부산}에 이어 울산 염포^{울산} 등 삼포를 열어 준 거야. 세종은 나아가 삼포에 왜인들이 거주할 수 있도록 왜관을 짓는 것까지 허용했어.

삼포 개항은 현명한 처사였어. 왜냐고? 궁지에 몰린 쥐는 고양이를 공격할 수도 있어. 왜구도 마찬가지였어. 구석으로만 몰아붙이면 그들도 죽기 살기로 싸웠을 거야. 실제로 삼포 개항 후 한반도 해안에서 노략질을 하는 왜구들이 크게 줄었단다. 때로는 무력보다 타협이 더 효과를 발휘하는 법이지.

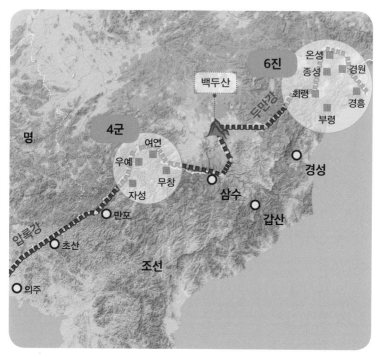

4군6진과 국경 확정 · 세종대왕 시절, 김종서와 최윤덕 장군이 북쪽의 여진을 몰아내 4군6진을 설치했다. 이로써 오늘날과 같은 국경선을 그릴 수 있게 되었다.

　남쪽 해안이 정리되자 세종은 눈을 돌려 북쪽을 바라봤어. 당시 한반도의 북쪽 국경은 압록강과 두만강이 아니었어. 한반도 북쪽에는 여진이 살고 있었어. 많은 유목 민족이 그렇듯, 여진 또한 미개하고 잔인했으며 전투적이었지. 그러나 여진을 토벌해 영토를 넓히겠다는 세종의 의지는 확고했어.

　쓰시마 섬 토벌이 끝나고 13년쯤 흘렀을 무렵이었어. 평안도 도절제사 최윤덕이 1만 5000여 명의 군대를 이끌고 압록강 유역의 여진을 격파했어^{1433년}. 같은 해 함길도^{함경도} 관찰사 김종서 또한 두만강 일대의 여진을 몰아냈지. 세종은 두 장군에게 명해 평안도에 4군, 함길도에 6진을 설치하도록 했어. 이 4군6진을 설치함으로써 마침내 오늘날의 한반도 지도가 완성됐지. 그래, 세종에 이르러 오늘날의 영토가 확정된 거야. 여진의 반발이 컸겠지? 그 대신 교역소를 설치해 우리와 무역을 할 수 있도록 허용해 줬단다.

여기서 잠깐. 조선 전기의 외교 정책에 대해 살펴보고 넘어갈까?

일본과 여진족을 어떻게 대했지? 이웃 나라로 인정해 주고 교역은 하되 횡포를 부리거나 지나치다 싶으면 무력으로 응징했어. 이를 교린이라 불러. 반면 중국의 명나라에 대해서는 조선이 약자임을 인정하며 강자로 섬겼어. 이를 사대주의라고 했지. 둘을 합친 사대교린이 바로 조선의 기본적인 외교 정책이었단다.

학문을 사랑한 왕

이번에는 세종대왕의 국내 업적을 살펴볼까?

쓰시마 섬을 경상도에 편입시킨 바로 그해, 세종은 궁궐 안에 집현전을 설치했어. 사실 집현전은 그 전부터 있었던 기관이야. 그러나 별 역할이 없어 사실상 있으나 마나 한 기관이었지. 세종은 그런 집현전을 확대해 학문과 정책을 연구하는 기관으로 키웠어.

집현전 관리들은 정1품의 영전사 2명, 정2품의 대제학 2명을 포함해 정9품의 정자 1명까지 총 14등급의 직제로 구성됐어. 총 20여 명의 관리가 여기에서 일했어. 집현전 관리들을 학사라고 불렀는데, 세종은 이 학사들을 다른 관리들보다 높이 대우했어. 무슨 일이 생길 때마다 "집현전 학사들에게 물어보면 답이 나올 것이다!"라고 말했을 정도야. 신임이 얼마나 두터웠는지 짐작할 수 있겠지?

집현전에서는 학사들이 왕, 세자와 함께 유교 이념을 논하기도 했어. 집현전에서 왕이 신하들과 함께 학문과 정책을 토론하는 것을 경연이라 불렀어. 집현전 학사들이 세자와 함께 유교 경전도 공부하면서 교육시키는 것은 서연이라고 했지. 적어도 학문 분야에서는 집현전의 위상이 상당히 높았다는 걸 알겠지? 훗날 세조는 이 점이 마음에 들지 않았는지, 집현전을 없애 버린단다.

어쨌든 집현전이 있어 세종은 많은 업적을 남길 수 있었어. 집현전 학사들은 백성의 삶에 도움이 될 만한 책을 셀 수 없이 쏟아 냈어. 대표적인 것만 추려 볼까?

정초와 변계문이 쓴 『농사직설』은 농사법을 쉽게 설명한 책이었어. 『삼강행실도』 『오례의주상정』 『팔도지리지』는 각종 예법과 전국 상황 등 백성의 삶을 윤택하게 하는 내용으로 차 있었어. 『고려사』는 역사책이었어. 그 밖에도 『용비어천가』 『월인천강지곡』 『석보상절』 『의방유취』 『치평요람』 등이 있어.

대단하지? 하지만 이 모두를 합친 것보다 더 큰 업적이 아직 남아 있어. 바로 우리 글자를 만든 거야. 그 글자가 뭐지? 맞아. 바로 훈민정음이야. 세종은 오랜 연구 끝에 우리글인 훈민정음, 즉 한글

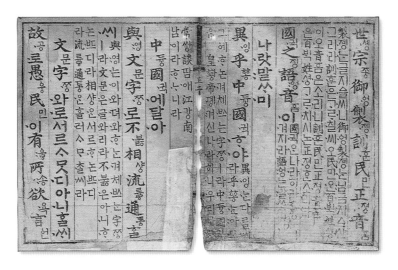

훈민정음 · 세종은 백성들이 자신의 뜻을 제대로 표현할 수 있도록 하기 위해 훈민정음을 창제, 1446년 반포했다.

을 만들고 전 국민에 반포했어 1446년.

사실 많은 대신들이 훈민정음 창제를 반대했어. 대표적인 인물이 집현전에서 근무했다가 강원도 관찰사로 떠난 최만리였어. 최만리는 상소를 올려 "중국의 한자가 있는데 새로운 글자를 만들어 쓴다는 것은 오랑캐나 하는 짓이다!"라며 강하게 반발했단다.

도대체 최만리는 왜 그렇게 한글을 반대한 것일까? 최만리는 누구나 쉽게 배울 수 있는 글자가 생기면 사대부 양반의 지위가 위태로울 거라고 생각했어. 누구나 글자를 알게 된다고 생각해 봐. 그러면 굳이 어려운 한자와 유학을 공부할 필요가 있을까? 자칫 유교 이념이 무너질 수도 있겠지? 최만리는 바로 그 점을 걱정했던 거야. 물론 중국에 대한 사대사상이 그 바탕에 깔려 있지.

그래도 세종은 강행했어. 죄수에 대한 판결, 국왕의 교서와 같은 중요한 문서에도 반드시 한자와 한글을 함께 쓰도록 했지. 세종의 노력으로 한글은 널리 쓰이는 듯했어. 그러나 그 이후 한글은 암클, 언문처럼 얕잡아보는 이름으로 불렸어. 그러다가 20세기 들어와 우리말과 글을 연구한 주시경이 한글이라고 명명해 오늘에 이르게 된 거야.

사실 훈민정음은 반포되기 3년 전에 이미 완성됐었단다^{1443년}. 세종은 새 글자를 다 만들어 놓고도 반포를 하지 않고 3년을 끌었던 셈이야. 왜 그랬던 것일까? 세종의 이야기를 들어 볼까?

왜 반포가 늦었던 겁니까?

"사실 이 글자는 거의 전적으로 과인과 몇몇 학자들의 힘으로 만들었느니라. 세자에게 대리청정을 시킨 뒤 과인은 훈민정음 창제에 전념했다. 유학자들이 반대하는 바람에 은밀하게 추진해야 했다. 1443년 글자가 완성됐지만 3년간 반포를 미룬 것은 그 반대 세력과 싸우고, 백성들의 이해를 돕도록 후속 작업을 하기 위해서였느니라. 최항, 박팽년, 성삼문, 신숙주 등 집현전 학사들이 많이 도왔다."

왜 새 글자를 만든 것입니까?

"훈민정음에 이미 취지를 밝혔느니라. 우리말이 중국과 다른 데다 표기할 언어는 없는 상황이었다. 중국의 한자는 어려워 백성들이 쉽게 쓸 수 없었잖은가. 모든 백성이 자신의 뜻을 표현할 글자가 필요했다. 백성을 위해 과인이 새 글자를 만든 것이다."

새 글자 창제에는 정치적인 의미도 있지 않습니까?
"그렇다. 훈민정음은 백성을 가르치는 올바른 말이란 뜻이니라. 백성에게 조선 개국의 정당성을 알려야 하는데, 마땅한 수단이 없었다. 그 때문에 훈민정음을 창제한 후, 가장 처음 만든 작품이 용비어천가였느니라. 용비어천가는 조선 왕조가 하늘의 뜻에 따라 만들어졌음을 찬양한 노래다."

백성들이 새 글자를 어떻게 쓰길 원하셨습니까?
"민, 즉 백성은 나라의 근본이다. 백성이 중심이 돼야 나라가 바로 서지 않겠는가? 이것이 민본정치다. 백성이 새 글자로 자신의 뜻을 마음껏 표현할 수 있기를 바랐다. 그래야 국왕도 백성의 뜻을 제대로 이해할 수 있지 않겠는가?"

조선, 과학 강국이 되다

세종 시절에는 과학도 눈부시게 발달했어. 각종 발명품이 쏟아졌어. 꼭 기억해야 할 업적들을 살펴볼까?

오늘날의 달력을 예전에는 역법이라 그랬어. 우리는 중국의 것을 가져다 썼지. 세종은 한양을 기준으로 우리의 역법을 만들었어. 그게 칠정산이야. 천체를 관측하기 위한 간의를 만들었는데, 이것 또한 원나라의 혼천의를 벤치마킹한 거란다.

세종 주변에는 최고의 과학자들이 많았어. 그중에서도 특히 뛰어난 인물이 있었는데, 바로 장영실이야.

장영실의 선조는 중국인이었어. 그의 9대 조상이 고려에 귀화하면서 우리 역사와 인연을 맺게 됐지. 그의 집안은 대대로 과학자 집안이었어. 장영실의 많은 조상들이 고려시대에 과학 분야에서 높은 벼슬을 지냈다는구나. 그러나 장영실은 벼슬아치가 아니었어. 그의 아버지는 고려 말에 낮은 벼슬을 했지만 어머니는 기생이었어. 그 때문에 장영실은 동래현의 노비, 즉 관노로 살아야 했지.

노비가 어떻게 조선 전기 최고의 과학자가 될 수 있었을까? 장영실의 재능이 워낙 출중했기 때문이야. 원래 장영실을 발탁한 왕은

세종 때의 간의(복원품) · 간의는 복잡한 구조 때문에 천체 관측이 불편하였던 혼천의를 편리하도록 개량한 것이다. 세종 때에는 천문의기뿐 아니라 해시계, 물시계, 측우기 등 여러 가지 과학 기구를 만들었다.

태종이었어. 그때는 크게 두각을 나타내
지 않았는데, 세종이 그의 재능을 높이 사
기회를 준 거야. 세종은 장영실을 중국에
유학 보내 앞선 과학기술을 배우게 했어.
그 후 노비 신분을 면해주고, 정5품의 벼
슬도 하사했지.

 장영실의 발명이 본격적으로 빛을 보기
시작했어. 앞에서 말했던 간의를 설치한
천문대_{간의대}를 이천과 함께 만들었어. 한
국 최초의 물시계인 자격루를 발명하기도
했지_{1434년}.

 천체 관측 기구에 이어 해시계도 발명
했어. 앙부일구가 대표적인 해시계지. 이

금영 측우기 · 1837년(헌종 3)에
제작한 측우기이다. 공주에 있던
충청도 감영에 설치되어 있었기
때문에 '금영 측우기'라고 한다.
세종 때에 세계 최초로 강우량을
재는 측우기를 발명했다.

자격루 · 왼쪽부터 1920년대의 모습, 현재 남아 있는 부품, 복원한 모습이다. 자격루는 자동으로 시각을
알려주는 획기적인 물시계이다. 현재 남아 있는 것은 중종 때 다시 만든 자격루이다.

밖에도 현주일구, 천평일구, 정남일구와 같은 해시계도 만들었어. 세계 최초로 강우량을 재는 측우기도 발명했어1442년. 하천의 수위를 계산하는 수표도 만들었지.

이 모든 발명품은 주로 백성들을 위해 만들어진 거야. 농사를 짓는 사람에게 기상은 중요한 요소지. 일조량이 얼마나 되고, 비는 얼마나 내리며, 하천의 양은 어느 정도인지…. 이런 정보는 농민들에게 아주 소중하지.

대단한 과학자였지만 장영실의 말년은 썩 좋지 않았어. 측우기를 발명한 그해, 세종이 온천욕을 하려고 길을 나섰을 때였어. 세종이 탈 수레는 장영실의 책임 하에 만들어진 거였지. 아뿔싸. 그 수레가 도중에 박살이 나 버렸어. 장영실은 책임을 지고 옷을 벗어야 했어. 그 후 장영실의 기록은 어디에서도 볼 수 없게 됐단다.

세종은 음악에도 조예가 깊었어. 당시 제사의식제례 때는 중국의 음악인 아악을 썼어. 세종은 박연에게 아악을 우리의 향악으로 고치고, 그에 맞는 악기를 개발하라고 지시했어. 새로운 음악에 맞는 새로운 노래도 나왔어. 집현전에서 만든 노래들인데, 오늘날에는 문학으로 더 인정받고 있지. 세종이 직접 쓴 『월인천강지곡』, 조선 건국을 추앙한 정인지와 권제의 『용비어천가』가 바로 그거야.

얼마 후 수많은 업적을 남긴 세종대왕이 세상을 떠났어. 그의 장남 이향이 문종5대에 올랐지. 태종이 세종에게 왕위를 넘겨주고 상왕으로 물러났었지? 세종도 이미 몇 년 전부터 문종에게 대리청정을 시켰단다. 이미 제왕수업을 충분히 받았다는 뜻이야.

문종은 인품이 훌륭했다고 전해지고 있어. 그렇지만 안타깝게도 몸이 허약했고, 왕에 오른 지 2년 4개월 만에 세상을 떠났단다.

왕이 직접 지시한 여론조사

오늘날에는 정부가 제도를 시행하기 전에 국민의 뜻을 묻기 위해 종종 여론조사를 시행하고 있어. 민의를 묻는다는 점에서 좋은 방법이라고 할 수 있지. 바로 이런 여론조사가 세종 통치 시절에도 있었단다.

당시 토지에 대한 세금 제도로 공법이란 게 있었어. 원래 중국 하 왕조 때 시작된 제도인데, 세종이 받아들여 논의하기 시작했지. 농업국가인 조선에서 토지 세금을 어떻게 매길 것인가는 정말 중요한 문제였어. 게다가 부패한 관리들이 농민을 등쳐 배를 불리고 있는 상황이었거든.

세종은 과거시험에서 "가장 좋은 세금 방안이 무엇인가?"를 문제로 내기도 했단다. 이런저런 노력 끝에 1430년, 농지 1결마다 10두씩을 세금으로 거두는 공법이 확정됐어. 그러나 이 방안을 모두가 찬성한 것은 아니었어. 결국 세종은 고위 관료에서부터 일반 평민까지 총 17만 명에게 찬반을 묻도록 했어. 그래, 전국적인 여론조사가 실시된 거야.

여론조사 결과 찬성이 조금 많았지만 당장 정책으로 이어지진 않았어. 당시만 해도 농사짓기는 쉽지 않았어. 태풍이라도 닥치면 수확량은 확 줄었지. 이 때문에 추가 연구가 필요했어. 1446년, 마침내 공법이 확정됐어. 땅의 품질에 따라 6등급으로 나눠 세금을 받는 전분육등법, 그해 수확량에 따라 세금을 달리 매기는 연분구등법이 채택됐단다.

조선의 첫 쿠데타

문종의 뒤를 이어 12세의 어린 아들이 단종6대에 올랐어. 단종은 조선 역사상 처음으로 폐위된 후 죽음을 맞은 비운의 왕이란다.

문종의 부인 현덕왕후는 단종을 낳고 3일 만에 세상을 떠났어. 다행히 아이는 별 탈 없이 무럭무럭 자랐지. 그 아이가 여덟 살이 되던 해 왕세손으로 책봉됐어. 그러나 세종의 근심은 아주 컸어. 세종 자신이 병에 걸려 있었고, 왕세자인 문종마저 몸이 아주 약했기 때문이야. 둘 다 죽어 버리면 나이 어린 왕세손이 과연 왕의 자리를 지킬 수 있을까? 이런 고민 끝에 세종은 평생을 함께했던 김종서, 성삼문, 박팽년 등에게 왕세손을 보호해 달라고 부탁했어.

세종이 먼저 세상을 떠났고, 문종도 2년 4개월 만에 병에 걸려 세상을 떠났어. 문종의 유지를 받들어 황보인, 김종서, 남지가 어린 단종을 보필했지. 하지만 상황이 이상하게 돌아가고 있었어. 왕위를 노리는 사람들이 움직이기 시작한 거야.

조선 첫 왕위 찬탈

세종은 왕비 소헌왕후와의 사이에 8명의 아들을 낳았어. 첫째 문종을 왕세자로 책봉할 때 둘째 수양대군은 불만이 많았어. 장남만 왕

위를 세습하는 게 못마땅
했지. 그래, 수양대군도
왕이 되고 싶었던 거야.

하늘이 수양대군을 도
운 걸까? 세종에 이어 문
종까지 세상을 떠나면서
왕위를 차지할 기회가
찾아왔어. 그러나 단종의
곁에는 천하명장인 김종
서가 있었어. 또한 동생
안평대군도 수양대군을
경계하고 있었지.

우선 강한 날개부터 꺾

안평대군의 글씨 · 세종의 셋째 아들인 안평대군이 몽유도
원도에 붙인 글이다. 안평대군은 김종서와 반란을 모의했다
는 혐의로 둘째 형인 수양대군에게 죽임을 당했다.

자! 수양대군은 부하들을 데리고 김종서의 집을 습격했어. 먼저 김
종서와 그의 가족, 측근들을 모조리 죽였지. 수양대군은 곧바로 입
궐해 단종에게 이렇게 보고했어.

"김종서가 반란을 일으켜 제거했나이다. 나머지 역적들도 처단
하겠습니다."

힘이 없는 단종은 아무 말도 할 수 없었어. 수양대군은 왕명이라
며 대신들에게 입궐하라는 전갈을 띄웠어. 영문도 모르고 황급히
궁으로 들어오는 황보인, 조극관, 이양 등을 그 자리에서 죽여 버렸
지. 단종을 보필했던 나머지 대신들도 모두 유배 보낸 뒤 죽여 버렸

어. 피도 눈물도 없었어. 그렇다면 동생에게는 관대했을까? 아니야. 수양대군은 안평대군에게도 김종서와 반란을 모의했다는 죄를 씌워 강화도로 유배 보냈어. 그다음에는? 죽여 버렸지. 권력 앞에서는 형제도, 의리도 없는 것 같지?

이 사건이 바로 계유정난이야^{1453년}. 어지러운 정치를 바로잡기 위해 계유년에 일어난 의로운 봉기란 뜻인데, 정말 그럴까?

수양대군은 반란이란 사실을 인정하고 싶지 않았을 거야. 그래서 반란이란 단어 대신 '정난'이란 표현을 썼겠지. 위태로운 상황에 처해 있는 나라를 바로잡는다는 명분도 현실과는 많이 달라. 단종이

「월중도」 중 청령포 • 19세기에 단종의 유배지인 영월의 청령포를 그린 것이다. 단종은 왕위를 세조에게 물려주고 상왕이 되었으나 복위시키려는 사건이 잇따르자 군으로, 다시 서인으로 강등되었다가 죽임을 당했다.

무능하고 부패해서 나라가 위태로운 상황이 아니었다는 얘기야. 물론 김종서를 포함해 일부 대신들의 권력이 지나치게 커졌던 것은 사실이야. 하지만 정치가 극도로 혼란스러울 정도는 아니었어. 대부분의 학자들은 계유정난을 권력을 획득하기 위한 쿠데타로 규정한단다.

반란에 성공한 수양대군은 영의정, 이조판서, 병조판서를 겸임했어. 영의정은 가장 고위직인 재상이야. 이조판서는 인사권을 총괄하며 병조판서는 군사를 총괄하는 벼슬이지. 그래, 모든 권력을 장악한 거야.

모든 기반을 다졌으니 다음 차례는 왕이 되는 거겠지? 수양대군의 측근 한명회가 단종을 끌어내리는 작업을 맡았어. 단종은 버틸 수가 없었어. 결국 단종은 왕의 자리를 수양대군에게 넘겨주고 상왕의 자리로 물러나야 했어. 이렇게 해서 수양대군이 세조7대에 즉위했지1455년.

세조는 조카인 단종이 남은 세월 편안하게 살다 가길 바랐을까? 혹시 모르니 쥐도 새도 모르게 없애 버리고 싶었을까? 글쎄, 세조가 어떤 생각이었는지는 알 수 없어. 확실한 것은 역사가 비극으로 흘렀다는 거야.

단종이 폐위되자 선왕들로부터 단종을 보호해 달라는 부탁을 받은 충신들이 움직이기 시작했어. 성삼문, 박팽년, 하위지, 유응부, 유성원, 이개가 단종의 복위를 시도한 거야. 안타깝게도 이 반란은 실패로 돌아갔고, 여섯 신하들은 처형됐어. 이 여섯 신하를 사육신이라 부르지. 세조는 사육신의 가족 600여 명도 모두 죽이거나 유배를 보냈어. 살려 둔 여자와 친척은 모두 노비로 삼았어. 반란의 중심지 집현전은 폐지해 버렸지.

세조는 이어 단종을 지지했던 동생 금성대군을 유배 보냈어. 단종에게도 반란의 책임을 물어 상왕에서 노산군으로 강등시키고 멀리 강원 영월로 보내 버렸지. 그러자 금성대군이 다시 반란을 일으켰어. 세조는 더 이상 단종을 살려 둬선 안 되겠다고 생각했어. 금성대군을 먼저 죽였어. 이윽고 단종을 평민으로 강등시킨 뒤 사약을 내렸지. 반역 죄인이니 묘도 만들어 주지 않고 가매장하는 것으로 일처리를 끝내 버렸어. 불쌍한 이 임금은 숙종이 통치하던 17세기 말에 가서야 단종이란 묘호를 얻는단다.

훗날 세조는 이때의 죄를 뉘우치고 스님이 됐어. 본인도 반란이라는 사실을 인정하고 있었다는 얘기겠지? 이쯤에서 세조의 심경을 들어 볼까?

스스로가 왕의 자질을 갖췄다고 생각하십니까?

"형 문종은 아버지 세종을 닮아 학문을 즐겼다. 그렇지만 과인은 늘 활과 화살을 가지고 다녔고 말을 타며 사냥하는 걸 즐겼다. 무예 실력도 남에게 뒤지지 않았느니라. 호탕한 성격이었던 게지. 어렸을 때부터 왕의 그릇이란 얘기를 많이 들었다. 할아버지 태종과 산책을 나갔을 때 한 고승이 내게 '할아버지와 많이 닮았다'고 했느니라. 태종과 나의 운명이 비슷하다는 얘기가 아니겠는가? 나 또한 태종처럼 골육상쟁을 벌였으니 틀린 말은 아닌 듯하다.”

조카를 몰아내면서까지 왕이 돼야 했던 이유가 있습니까?
“과인은 형인 문종의 정치를 보좌할 때 대신들이 지나치게 많은 권력을 가지고 있다는 사실을 알게 됐다. 감히 신하가 왕권을 능멸하려 하다니! 그런 현상이 조카 단종이 왕이 된 후로 더 심해졌느니라. 김종서 같은 자는 이미 왕의 권력을 넘어서 있었다. 왕실의 웃어른으로서 그 점을 용납할 수 없었느니라. 바로잡아야 하지 않겠는가?”

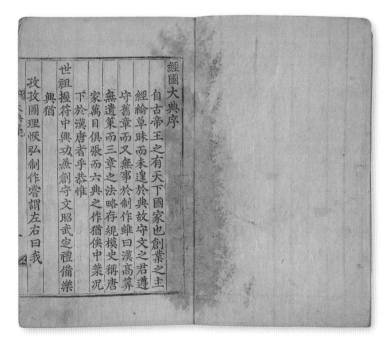

경국대전 · 조선 통치의 기본 법전으로 세조 때 편찬을 시작해성종 때 반포했다.

그렇다면 대신들만 바로잡으면 되는 것 아닙니까?

"아니다. 동생인 안평대군과 금성대군이 김종서와 한편이었다. 골육상 쟁은 되도록이면 피하고 싶었지만 어쩔 수 없었다."

유배 보낸 단종을 굳이 죽일 필요까지 있었습니까?

"믿지 않겠지만 처음에는 그럴 생각이 없었다. 하지만 사육신과 생육신 들이 단종을 복위시키려 하지 않았는가? 문제를 해결하려면 근본 원인 을 제거하는 게 가장 올바른 방법이다. 그 때문에 어쩔 수 없이 단종을 죽이고 학자들의 근거지인 집현전을 없앴다. 후세 사람들이 잔인하다고 해도, 왕의 권력을 유지하기 위해 불가피한 조치였다."

세조는 여러모로 할아버지 태종을 많이 닮았어. 피를 부르면서 왕에 올랐고, 강력한 왕권을 구축했지. 태종이 신권을 약화시키기 위해 의정부서사제 대신 6조 직계제를 채택했던 거 기억하지?

후임 국왕인 세종은 왕권과 신권이 조화를 이뤄야 한다고 생각 했어. 그래서 의정부서사제를 부활시켰어. 웬만한 정책은 대신들에 게 맡기기도 했지. 그러나 세조는 신권이 커가는 것을 용납할 수 없 었어. 결국 세조는 다시 6조 직계제로 복귀했단다.

강력한 왕권을 바탕으로 토지 제도도 개혁했어. 조선 전기 토지 제도의 골격은 과전법이었어. 고려 말에 신진사대부들이 만든 거지. 경기도 땅을 대상으로 전직·현직 관리에게 땅을 줬어. 문제는, 금방 토지가 바닥이 났다는 데 있어. 세조는 이 문제를 해결하기 위해 토지 지급 대상을 현직 관리로만 제한했어. 이를 직전법이라 불렀지1466년.

세조는 할아버지 태종과 아버지 세종의 업적을 이어받아 호패법을 강화하고, 북방을 개척하는 데도 힘을 썼어. 업적이 꽤 많은 편이지? 또 하나 기억해야 할 업적이 있어. 바로 조선의 헌법에 해당하는 『경국대전』을 편찬하기 시작한 거야.

물론 이미 개국 때 정도전이 쓴 『조선경국전』이 있기는 했어. 그러나 세조는 여기저기 흩어져

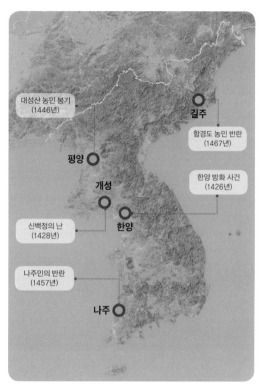

대성산 농민 봉기
(1446년)

길주

함경도 농민 반란
(1467년)

평양

개성

한양 방화 사건
(1426년)

신백정의 난
(1428년)

한양

나주민의 반란
(1457년)

나주

15세기 조선 전기 민란 · 아직 조선 왕조가 확고한 뿌리를 내리지 못한 데다 쿠데타까지 일어나는 바람에 민심이 많이 흔들렸다. 농민들은 15세기에 전국 곳곳에서 민란을 일으켰다.

있는 법을 모두 한곳으로 모아 '통일'시키고 싶었어. 이렇게 해서 시작된 편찬 작업은 상당히 오래 걸렸어. 결국 세조는 『경국대전』을 발간하지 못하고 세상을 떠났단다.

훈구파 대 사림파

세조의 둘째 아들이 19세의 나이에 예종8대에 올랐어. 원래 8대 국
왕은 장남인 의경세자가 잇기로 돼 있었지. 그런데 의경세자는 세
자로 책봉된 후 갑자기 죽고 말았어. 혹시 아버지의 잔인무도함에
대한 죗값은 아니었을까?

예종도 형의 운명을 따라갔어. 1년 2개월 만에 세상을 떠났지. 그
래도 예종은 『경국대전』을 완성하는 업적을 남길 수 있었어. 다만
예종도 『경국대전』을 미처 반포하지 못하고 죽음을 맞았어.

예종은 두 명의 왕자를 뒀지만 어렸어. 그 때문에 다음 왕위는 형
의경세자의 핏줄에게 돌아갔어. 왕의 자리를 이어받은 인물은 의
경세자의 둘째 아들 자을산군이었어. 그가 바로 성종9대이야.

성종은 왕에 오른 다음 해, 삼촌인 예종이 시행하지 못한 『경국대
전』을 최종 시행했어. 『경국대전』은 몇 차례의 수정 작업을 더 거쳤
어. 오늘날 온전히 남아 있는 것은 1485년 시행된 『경국대전』이란다.

『경국대전』은 민주헌법은 아니지만 엄연한 조선의 헌법이야. 이
때부터 조선의 통치는 법에 의해 이뤄지게 돼. 결혼하는 나이에서
부터, 토지 거래하는 방법, 세금 내는 방법 등 모든 일상생활에 대
해 경국대전이 규정해 놓았기 때문이야. 그 전의 고려와 크게 다른
점이지. 조선이 법치국가로 나아갔잖아?

자, 다시 처음으로 돌아가서 성종이 왕에 오른 과정을 살펴볼까?

성종은 세 살 때 아버지 의경세자가 세상을 떠나자 어머니와 함

께 궁궐 밖으로 나가 살게 되었어. 세조가 쫓아낸 것은 아니야. 세조의 며느리이자 성종의 어머니 한씨 부인인수대비이 궁궐 밖으로 나가고 싶어 했어. 어쩌면 궁궐 안이 더 위험할 수도 있잖아?

바로 이 어머니 덕분에 성종은 왕에 오를 수 있었는지도 몰라. 한씨 부인은 세조 측근인 한명회, 신숙주 같은 사람들과 꾸준히 접촉했어. 마침내 한명회의 딸을 자신의 아들 자을산군과 결혼시키는 데 성공했지.

신숙주 초상 · 세종 때에는 훈민정음 창제에 관여하는 등 신임을 받았고, 계유정난 때 수양대군을 지지한 이후 성종 때에 이르기까지 권력의 중심에서 활약했다.

이런 상황에서 막 등극한 예종이 사망했어. 다음 왕은 당연히 예종의 아들인 제안군 차지가 되겠지? 그런데 문제가 있었어. 제안군이 고작 네 살밖에 되지 않았던 거야. 왕에 앉히기에는 너무 어린 나이지?

당시 조정의 가장 큰 어른은 정희대비정희왕후로, 세조의 부인이었어. 정희대비는 아들 예종이 왕에 오른 후 대비 자격으로 섭정을 하고 있었어. 대비가 섭정하는 것은 조선 왕조에서 처음 있는 일이었어. 당연히 정희대비가 최고의 실권자겠지? 정희대비가 후계자를 고르기 시작했어.

정희대비는 제안군이 너무 어리니 일단 후보 목록에서 뺐어. 그다음은 의경세자의 아들 중에서 후보를 물색했지. 첫째인 월산대군은 정치에 별로 뜻이 없었어. 게다가 병까지 앓고 있었으니, 역시 후보 목록에서 제외했어.

그다음 눈여겨본 인물이 바로 자을산군이야. 자을산군은 어렸을 때부터 기상이 남다른 데가 있었어. 게다가 당시 최고의 실력자인 한명회의 사위였어. 한명회 또한 자을산군을 적극 추천했겠지? 자을산군이 13세밖에 되지 않았기 때문에 한명회나 신숙주, 정희대비 모두 뒤에서 권력을 휘두를 수 있을 거라고 생각했을 거야. 이렇게 해서 자을산군이 왕이 될 수 있었던 거지.

손자가 왕에 올랐으니 정희대비는 다시 정희대왕대비로 승격됐어. 대왕대비와 한명회, 신숙주가 권력을 틀어쥐었어. 그들은 왕을 보좌하겠다며 원상제라는 것을 만들었단다. 어린 왕을 대신해 노련한 대신들이 국가의 중대사를 모여 결정하는 제도야.

어느덧 성종이 스무 살이 됐어. 최고 권력자 한명회는 이미 은퇴한 후였지. 성종은 개혁에 착수했어. 우선 원상제부터 없애 왕이 직접 정치에 나섰어. 이어 김종직을 비롯해 새로운 계파의 관료를 등용했지. 이들을 사림파라고 불렀어.

그 전까지 조정에 있던 대신들은 거의 모두가 훈구파였어. 세조가 계유정난을 일으킬 때 공을 세운 신하들과 그 측근들이었지. 반면 사림파는 고려 말기 온건파 신진사대부의 후예들이야. 그들은 조선 창건에 반대하면서 지방으로 내려갔지? 정치와는 담을 쌓은 유학자들이었어. 그러니 훈구파보다 훨씬 도덕적일 거야. 성종은 바로 그 점 때문에 사림파를 등용했어. 사림파가 훈구파를 잘 견제할 것이라 믿은 거야. 그러면 왕권도 강해지지 않겠어?

성종의 업적은 많아. 이미 말했던 대로 『경국대전』을 반포했고, 그의 속편 격인 『대전속록』도 반포했어. 할아버지 세조가 없애버린 집현전의 역할을 할 수 있도록 홍문관을 새로 만들기도 했지. 이처럼 성종이 학문에 힘을 쓰자 세종 때의 찬란했던 문화가 되살아나는 것 같았어. 성종 또한 많은 책을 내도록 했단다. 『동국여지승람』 『동국통감』 『동문선』 『악학궤범』 『국조오례의』가 바로 그것이야.

명장의 엇갈린 운명

4군6진을 개척한 명장 최윤덕과 김종서의 운명은 극과 극으로 갈렸단다. 절제사는 오늘날로 치면 군 장성에 해당하는 무신 벼슬이야. 관찰사는 도지사로, 문신에게 주는 벼슬이지. 절제사였던 최윤덕은 무신, 관찰사였던 김종서는 문신 출신인 셈이지.

고려 때보다는 덜하지만 문신을 우대하고 무신을 덜 대우하는 풍조가 조선시대에도 아주 약간은 남아 있었단다. 그렇지만 최윤덕은 공로를 인정받아 재상인 우의정과 좌의정까지 승진했어. 정승의 벼슬까지 올라 최고의 영예를 누리다 세상을 떠났지. 김종서도 우의정까지 승진했어. 단종 때는 좌의정으로서 임금을 보필했지. 최윤덕과 마찬가지로 최고의 영예를 누렸다고 할 수 있어. 그러나 결말은 많이 달랐단다. 수양대군이 계유정난을 일으켰을 때 모반죄의 누명을 씌우고 처형한 거야. 심지어 그의 두 아들까지 모두 처형됐지. 반란의 첫 희생자로서 삶을 마감한 거야. 쓸쓸한 인생이지?

조정에 피바람이 불다

성종이 훈구파를 견제하기 위해 사림파를 등용한 것은 옳은 판단이었어. 사림파가 오늘날의 언론에 해당하는 삼사에 포진해 훈구파를 제대로 견제했거든. 하지만 그 결과로 훈구파의 불만은 커져 갔어. 당연히 두 파벌의 충돌이 예상되지? 이렇게 해서 발생한 사건이 바로 사화야.

1474년 한명회의 딸이자 성종의 부인인 공혜왕후가 세상을 떠났어. 그러자 서열에 따라 후궁인 숙의 윤씨가 왕후에 올랐어. 그러나 성종과 왕후 윤씨는 썩 사이가 좋지 않았나 봐. 결국 왕후 윤씨는 폐위됐어1479년. 심지어 이듬해 사약을 받았어. 이 사건이 나중에 알려지면서 조정에 피바람이 불기 시작했지. 그 과정을 자세히 살펴볼까?

조의제문과 무오사화

성종이 세상을 떠나자 큰아들 연산군10대이 왕에 즉위했어1494년. 연산군은 태어난 지 1년 만에 세자로 책봉됐어. 성종이 끔찍이 아꼈다는 걸 알 수 있겠지? 연산군은 너무 어렸기에 조정에서 무슨 일이 일어나고 있는지 알지 못했어.

연산군의 친어머니는 사망한 왕후의 자리를 메우기 위해 숙의에서 왕후로 승진한 윤씨였어. 그런데 질투가 좀 심한 편이었나 봐. 성종이 다른 후궁을 총애하는 것 때문에 자주 싸움을 했다는구나. 그러다가 사고가 터지고 말았어. 왕후 윤씨가 부부 싸움 끝에 성종의 얼굴을 할퀸 거야. 왕의 얼굴, 용안에 상처를 내다니! 궁궐이 발칵 뒤집어졌어. 결국 인수대비는 왕후 윤씨를 내치라는 명령을 내렸어. 궁궐 밖으로 쫓겨난 폐비 윤씨는 이듬해 사약을 받았지.

　정현왕후가 성종의 세 번째 왕비가 됐어. 연산군은 정현왕후가 자신의 친어머니라고 생각하며 자랐지. 왕에 오를 무렵 연산군이 진실을 알게 됐어. 잔잔했던 연산군의 마음에 소용돌이가 몰아쳤어. 비극이 시작된 거야.

　연산군은 전남 장흥에서 유배 생활을 하는 외할머니와 외삼촌을 풀어 주라고 명했어. 이어 폐비 윤씨를 왕후로 돌려놓는 복권 운동을 추진했어. 그러나 사림파 대신들이 강하게 반대했어. 훗날 문제가 될까 봐 성종이 "앞으로 100년간 폐비 윤씨에 대한 논의는 일절 하지 마라"는 유언을 내렸기 때문이야. 연산군은 화가 났지만 선왕의 유언을 함부로 무시할 수는 없었어. 연산군은 사림파를 제거해야겠다고 마음먹었어. 마침 기회가 생겼지.

　이 무렵 조정에 사림파가 많이 진출해 있었다고 했지? 그들은 오늘날의 언론사와 비슷한 삼사^{사헌부, 사간원, 홍문관}와 역사 기록을 담당하는 춘추관에 집중 배치돼 있었어. 사림파는 훈구파가 타락했다고 비판했어. 연산군에 대해서도 군왕의 품위와 도리, 원칙을 강조하

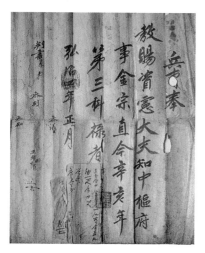

김종직 녹패 · 병조에서 김종직에게 발급한 녹패이다. 녹패는 녹봉을 받는 데 필요한 문서이다. 김종직이 지은 '조의제문'이 빌미가 되어 무오사화가 일어났다.

며 입바른 소리를 계속했어. 그런 사림파가 연산군은 너무 싫었지.

훈구파도 사실 위기감을 느끼고 있었어. 사림파의 세력이 강해진 반면 훈구파의 세력은 많이 약해졌거든. 훈구파는 사림파가 파벌을 만들어 나라를 혼란스럽게 만들고 있다며 사림파에 맞섰어. 두 파벌은 항상 대립했고, 조정에는 기름을 한 방울만 떨어뜨려도 타오를 것 같은 전운이 감돌고 있었어.

얼마 후 성종실록의 편찬 작업이 시작됐어. 실록을 만들 때 필요한 기초 자료가 사초야. 이 사초는 왕도 못 보는 비밀문서야. 궁중의 모든 사건이 담겨 있기 때문에 혹시라도 문제가 될까 봐 실록을 편찬하고 난 후에는 없애 버린단다. 바로 이 사초에 실린 김종직의 글 조의제문이 문제가 됐어.

조의제문은 사림파 김종직이 과거 중국 초나라의 항우가 조카이자 황제인 의제를 죽인 것을 비판한 글이야. 실제로는 세조의 계유정난을 비판한 거지. 훈구파는 이 조의제문을 빌미로 사림파가 왕을 비판하는 불충을 저지르고 있다며 연산군을 충동질했어.

조의제문을 쓴 당사자인 김종직은 이미 죽은 후였어. 그러자 연산군은 김종직의 관을 꺼내 시체의 목을 베는 부관참시를 명했지.

사초에 조의제문을 실은 그의 제자 김일손도 처형했어. 다른 사림파 신하들도 처형하거나 귀양을 보냈어. 최초로 이 문제를 제기한 훈구파 이극돈은 김일손과 함께 사초작업을 할 때 잘못을 지적하지 않은 죄를 물어 파면했어. 이 사건이 무오사화야 1498년. 신하들의 권력 다툼이 피바람으로 이어진 첫 사건이지. 이를 시작으로 총 네 번의 사화가 발생한단다.

연산군과 갑자사화

무오사화를 거치면서 사림파 대신들이 적잖이 희생됐어. 그렇지만 사림파의 기세는 꺾이지 않았어. 여전히 사림파 대신들은 훈구파의 비행을 조목조목 비판했지. 그 과정에서 탄핵을 받았던 훈구파 대신이 있었어. 바로 임사홍이야. 임사홍은 권력을 장악하기 위해서라도 사림파를 제거해야 한다고 생각했어. 곧 음모를 꾸미기 시작했지.

음모를 꾸미려면 파괴력이 엄청난 사안을 골라야 할 거야. 임사홍이 고른 것은 폐비 윤씨 문제였어. 이미 영화나 문학으로도 많이 만들어진 소재이지. 이 음모에 연산군이 걸려들었어!

연산군은 이미 말했던 대로 사림파 대신들이 마음에 들지 않았어. 폐비 윤씨의 명예 회복을 반대하지 않나, 연산군의 통치 방식에도 이래라 저래라 토를 달지 않나. 그런 사림파가 늘 눈에 거슬렸어.

연산군은 흥청망청 돈을 써 댔어. 부족한 재정은 대신들의 재산을 몰수해 채우려고 했지. 이때도 사림파가 반대했어. 연산군은 사림파가 도덕적인 척한다며 짜증을 냈어. 이 짜증은 곧 분노로 바뀌었지. 임사홍이 이 절호의 기회를 놓칠 리 없겠지? 임사홍은 곧 폐비 윤씨의 친어머니를 찾아냈어. 어떻게 해서 윤씨가 폐비됐고 사약을 받았는지, 전 과정을 연산군이 알게 됐지. 드디어 연산군의 분노가 폭발했어.

연산군은 먼저 윤씨 폐비에 관련된 성종의 두 후궁, 즉 숙의 엄씨와 정씨를 때려 죽였어. 아무리 후궁이라지만 그래도 선왕의 부인들이야. 그런 어른을 죽여 버렸으니 엄청난 패륜을 저지른 셈이지. 그러나 연산군은 거칠 것 없었어. 이어 두 숙의의 자식들도 귀양 보낸 뒤 죽였어. 할머니인 인수대비에게도 왜 어머니를 폐비시켰느냐며 행패를 부렸지. 인수대비는 화병으로 세상을 떠나고 말았어. 그것도 모자라 연산군은 한명회와 정창손을 부관참시했어. 이어 폐비 윤씨를 왕후로 복권시켰지.

궁궐이 공포의 도가니로 변했어. 연산군은 자신의 뜻을 거스르는 대신들은 모조리 죽이거나 귀향을 보냈어. 임사홍이 노린 게 바로 이거였어. 손 하나 대지 않고 정적인 사림파들을 싹 제거하게 됐잖아? 이 사건이 바로 갑자사화야^{1504년}.

어느덧 연산군은 조선 최고의 폭군으로 변해 있었어. 자신을 비난한 한글 책이 발견되자 다른 한글 책까지 다 불살랐어. 한글 발전이 그만큼 늦어졌겠지? 일반 백성들까지 연산군에 대한 원성이 자

자했어.

연산군은 또다시 패륜을 저질렀어. 성종의 형 월산대군은 일찍 죽는 바람에 왕이 되지 못했어. 그 월산대군의 부인이라면 연산군에게는 큰어머니가 돼. 연산군은 바로 그 큰어머니까지 희롱했단다. 정말 심각한 지경에 이르렀지? 큰어머니는 수치심을 이기지 못하고 자결했어. 큰어머니의 동생 박원종은 더 이상 연산군을 봐줄 수 없다고 생각했어.

박원종이 반란을 일으켰어. 반란은 성공했어. 이윽고 반란군은 성종과 세 번째 왕비 정현왕후 사이에 태어난 진성대군을 왕으로 추대했지. 이 왕이 중종11대이란다. 이 반란 사건을 중종반정이라고 불러1506년.

연산군은 폐위됐어. 반군을 피해 민가에 숨어 있다 붙잡혀 강화도에 유배됐지. 장녹수를 비롯한 후궁들은 모두 처형됐고, 아들들마저 반군에게 살해됐어. 연산군은 얼마 지나지 않아 유배지에서 세상을 떠났단다.

왜 전하의 이름에는 ~조나 ~종이 붙어 있지 않습니까?

"부끄럽구나. ~조나 ~종은 왕이 죽은 후 묘에 새기는 이름이니라. 묘호라고 부르지. 조정 신료들은 과인을 폭군이라고 불렀다. 폭군은 묘호를 얻을 자격이 없다는 게지. 그 때문에 과인은 그런 명예를 누리지 못하는 것이다."

전하를 폭군이라 부르는 것에 대해 반박하실 수 있습니까?

"사화는 과인 때문에 일어난 것이 아니다. 대신들의 권력 투쟁이 심했다는 걸 모르는가? 친어머니의 억울한 죽음에 분노하지 않을 자식이 있단 말인가? 폭군이란 평가에 과인은 동의할 수 없다."

온 나라가 도탄에 빠졌습니다. 백성을 내쫓아 사냥터를 만들었고, 대신들에겐 차마 말하기도 곤란할 정도로 잔인한 형벌을 가했습니다. 학문을 해야 할 곳에서 기생들과 놀아났습니다. 이래도 폭군이 아니라고 하십니까?

"…."

조광조와 기묘사화

진성대군, 즉 중종은 어렸을 때는 연산군과 친했다는구나. 꼭 그래서만은 아니겠지만 그는 반군이 왕으로 추대하겠다고 해도 여러 번 거절했어. 그렇지만 반군의 위세가 하늘을 찌르고 있는 상황이었지. 진성대군은 반군의 제의를 받아들일 수밖에 없었을 거야.

세조도 반정을 통해 왕이 됐어. 그러나 세조는 반란의 주역이었기 때문에 왕권이 강했지. 반면 중종은 등 떠밀려 왕이 됐어. 그러니 중종의 권력은 약할 수밖에 없었지. 그래도 중종은 최선을 다해 개혁을 추진했단다. 우선 연산군이 망쳐 놓은 제도를 원상회복시키는 데 주력했어. 국왕의 자문기구였던 홍문관도 복원했지.

딱 하나 중종이 마음대로 못하는 게 있었어. 바로 훈구파 공신들이었어. 그를 왕에 올린 박원종과 홍경주는 왕에 버금가는 권력을 누리고 있었어. 제대로 왕 노릇을 하려면 그들을 내쳐야겠지? 중종이 결심했어. "치자!"

무력으로 그들을 몰아낼 수는 없어. 중종은 훈구파 공신에 대적할 만한 반대 세력을 키우기로 했어. 한때 성종이 도입했던 정책! 그래, 중종도 사림파를 적극 등용하기 시작했어. 이때 등장한 인물이 조광조야. 그는 유교 이념을 토대로 한 이상적인 정치인 도학정치를 꿈꾸고 있었어. 조광조는 왕명을 받아 개혁에 착수했어.

조광조는 왕에게 현량과를 실시하자고 제안했어. 우수한 인재를 먼저 추천받아서 시험을 치르게 한 뒤 관리로 임명하는 제도야. 과거 제도가 있는데, 굳이 새로운 방식이 필요할까? 조광조는 선비들이 과거 시험을 통과하기 위해 학문을 달달 암기하고 있는데 그 때문에 학문이 깊지 않은 사람들이 관리로 선발되고 있다고 지적했어.

사실 현량과를 실시한 이유는 다른 데 있어. 지방에서 오랜 시간 학문에 정진해 온 사림파 사대부들이 중앙 정계에 쉽게 진출할 수 있는 길을 터 주기 위함이었지. 실제로 현량과가 실시되자 사림파가 대거 조정에 들어왔어.

조광조는 이어 중종반정 때의 공신 명부도 정리했어. 공을 별로 세우지 않았는데도 명부에 올라 공신 행세를 하는 훈구파를 가려내기 위해서야. 훈구파는 극도로 불안해졌어. 반면 중종은 흐뭇한 미소를 지었어. 왕의 계획대로 되고 있잖아?

그렇지만 중종과 조광조의 사이도 곧 멀어지고 말았어. 조광조가 왕권 강화보다는 도학정치 실현에 더 관심이 많았기 때문이야. 사림파가 늘어나면서 왕권이 강화된 게 아니라 도학정치에 대한 열망만 커진 셈이지. 왕권을 강화하려던 중종의 계획에 차질이 생겼어. 결국 중종도 조광조를 멀리하기 시작했어. 이번엔 훈구파가 미소를 지었어. 만약 왕과 조광조의 사이를 더 벌려 놓는다면 사림파를 제거할 수도 있다고 생각했어. 음모가 시작됐지.

어느 날, 훈구파의 사주를 받은 후궁이 중종에게 이상한 나뭇잎을 들고 갔어. 나뭇잎에는 '주초위왕走肖爲王'이란 글씨가 새겨져 있었어. 나뭇잎에 글씨라니, 해괴한 일이지? 물론 훈구파의 음모였어. 글자를 따라 꿀을 발라 놓고 벌레가 파먹도록 한 거야. 이 말을 풀면 "조씨가 왕이 된다"는 뜻이 돼. 주走와 초肖를 합치면 조趙가 되지. 물론 이 '조'는 조광조야. 조광조가 왕이 되려 한다는 누명을 씌운 거야.

중종은 즉각 조광조를 투옥하고, 얼마 지나지 않아 사약을 내렸어. 뒤를 이어 많은 사림파 대신들이 투옥되고, 처형됐지. 현량과가 실시된 바로 그해 일어난 이 사건이 세 번째 사화인 기묘사화야1519년. 조광조의 심경을 들어 볼까?

정암 선생조광조이 주장한 도학정치란 어떤 겁니까?

"쉽게 말하자면 이상적인 유학 정치라 할 수 있다. 왕에서부터 서민까지 모두 유교적 생활을 하는 것이다. 이를 위해 도교를 숭상하는 소격서를 폐지했고, 관혼상제 예법을 담은 『주자가례』를 서민에게도 보급시켰다. 쉽게 말해 조선의 모든 풍습을 유교적으로 바꾸는 게 도학정치다."

개혁에 찬성하던 왕이 돌아선 까닭은 무엇입니까?

"중종반정 공신들이 훼방을 놓았기 때문이다. 그들은 기득권에 집착하는 낡은 세력이었다. 별다른 공도 없이 국가의 녹을 받아먹는 자들도 많았다. 벌레만도 못한 놈들이지. 내가 그들을 공신 명단에서 삭제하자 그들은 음모를 꾸몄다. 나뭇잎 사건을 조작했고, 왕에게 내가 당파 싸움을 조장한다고 고했다. 왕이 그들의 감언이설에 넘어간 것이다."

개혁이 너무 급진적이었다는 비판도 있습니다.

"인정한다. 우리 사림파는 정치 경륜이 짧았다. 지나치게 패기만 믿고 달려든 것은 치명적인 실수였다. 후대 유학자인 이이도 이 점을 지적한 것으로 알고 있다."

개혁이 실패했으니 모두 원점으로 돌아간 건가요?

"그렇게는 볼 수 없다. 아무리 훈구파가 막는다 해도 역사의 발전 방향을 돌릴 수는 없다. 사림파들은 앞으로도 그 어떤 희생을 치르더라도 도학정치를 달성할 것이다. 나의 이 희생이 훗날 이황과 이이 같은 대유학자를 탄생시킨 거름이 된 것이다."

조광조가 세상을 떠난 후 중종의 통치는 혼란, 그 자체였어. 훈구파가 다시 득세했고, 이어 중종의 외척들이 권력을 잡았지. 외척과 훈구파가 권력을 놓고 다시 대결을 했어. 나라가 이 모양이니 왜적도 마음 놓고 기승을 부렸어.

기묘사화가 일어나기 9년 전이었어. 그동안 잠잠했던 왜구가 삼포왜란을 일으켰어1510년. 왜구들은 경상도 해안 일대를 폐허로 만들어 버렸어. 북쪽 지역도 혼란스러웠지. 세종 때 설치된 4군6진에서 여진이 노략질을 일삼은 거야. 이렇게 중종의 시대는 끝나 가고 있었어.

중종에 이어 맏아들이 왕위에 올랐어. 인종12대은 기묘사화의 혼란을 바로잡으려고 했어. 폐지된 현량과를 부활시키고, 조광조도 신원하려 했지. 신원은 억울함을 풀어 주고 명예를 회복시키는 조치란다.

그러나 인종은 몸이 아주 약했어. 왕이 되고 8개월 만에 세상을 떠났지. 인종의 이복동생 이환이 명종13대에 올랐어. 이후 다시 권력 다툼이 시작됐어. 이제 네 번째의 사화가 발생하게 돼.

윤씨 가문과 을사사화

다시 중종시대로 거슬러 올라가 볼까? 중종에게는 세 명의 왕비가 있었어. 첫째 부인 단경왕후는 역적의 딸이란 혐의로 7일 만에 폐비가 됐어. 나머지 두 명의 왕비는 장경왕후와 문정왕후였지.

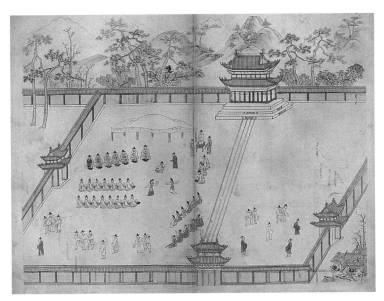

중묘조서연관사연도 · 중종이 인종의 세자 책봉 16주년을 맞아 서연관 등 인종과 인연이 깊은 인물들에게 베푼 연회를 그린 그림이다. 인종은 왕위에 오른 지 8개월 만에 세상을 떠났다.

　장경왕후가 낳은 아들이 인종이야. 장경왕후는 인종을 낳은 뒤 얼마 지나지 않아 세상을 떠났어. 그래도 장경왕후가 왕세자감을 낳았으니 그녀의 친정인 파평 윤씨의 기세는 하늘을 찌를 듯했어. 특히 장경왕후의 오빠인 윤임의 권력은 대단했지.

　19년이 지난 후 세 번째 왕비 문정왕후가 아들을 낳았어. 이 아들은 후에 명종이 돼. 문정왕후의 친정 가문 또한 파평 윤씨였어. 같은 가문이니 다투지 않을 것 같지? 아니야. 권력 앞에서 인척이 무슨 소용이 있겠어?

　문정왕후의 동생 윤원형이 조카를 왕으로 만들겠다며 권력 다툼

에 뛰어들었어. 파평 윤씨 두 가문의 치열한 왕위쟁탈전이 시작된
거야. 두 외척이 모두 윤씨라서 장경왕후와 윤임 파벌을 대윤, 문정
왕후와 윤원형 파벌을 소윤이라 불렀단다.

대윤이 판정승을 거두는 듯했어. 먼저 장경왕후의 아들^{인종}이 세

화암사 약사삼존도 · 1565년(명
종 20) 화암사 낙성식 때 문정왕
후가 발원하여 그린 불화이다.
문정왕후는 아들인 명종이 즉
위하자 수렴청정을 했다. 문정
왕후의 남동생 윤원형을 중심
으로 한 소윤은 을사사화 때 윤
임을 중심으로 한 대윤을 제거
했다.

자로 책봉됐잖아? 당연히 대윤의 기세가 하늘을 찔렀지. 소윤은 납작 엎드릴 수밖에 없었어.

그러나 이 분위기는 인종이 왕에 오르고 8개월 만에 세상을 떠나면서 역전됐어. 소윤이 밀었던 명종이 왕이 됐잖아! 이제 소윤의 기세가 하늘을 찔렀어. 게다가 명종은 고작 12세였어. 정치를 할 수 있는 나이가 아니야. 소윤이 배후에서 마구 왕을 뒤흔들었지.

소윤은 이참에 대윤을 싹 제거하기로 마음먹었어. 다시 피비린내가 궁궐에 진동했지. 이 사건이 을사사화야1545년. 결과는 소윤의 승리였어. 대윤의 우두머리 윤임은 유배지에서 반역죄로 처형됐어. 약 6~7년간 대윤에 대한 숙청 작업이 계속됐지. 이 기간 동안 200여 명의 대신들이 죽음을 맞았어.

을사사화는 엄밀하게 말하면 훈구파와 사림파들의 싸움이 아니야. 그래도 많은 선비들이 화를 입었기 때문에 사화로 분류한단다.

이 사화를 마지막으로 대신들의 교통정리가 끝이 났어. 최종 승자는 누구일까? 곧 살펴보겠지만 사림파야. 훈구파는 사화가 여러 차례 일어나는 동안 조금씩 타격을 받았어. 도덕적 명분도 약했잖아? 반면 지방에 뿌리를 둔 사림파 대신들은 도덕성으로 무장해 계속 정계를 두들겼어. 한 사람이 당하면 열 사람이 덤벼들고, 열 사람이 당하면 백 사람이 달려들었지. 그렇게 했으니 결국 승리를 거둘 수 있었던 거야.

하지만 정치권에서의 다툼이 커지면서 민생은 외면당했어. 백성들은 세금 내는 것도 벅찰 정도였어. 나라가 부패하는 걸까? 마침

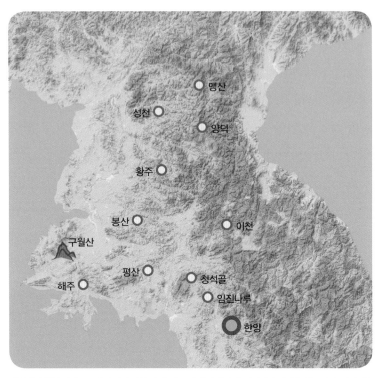

임꺽정의 활동 영역 · 16세기 중반 명종 시절, 양주의 백정 출신인 임꺽정이 민란을 일으켰다. 임꺽정은 황해도와 경기도 일대를 장악했지만 곧 진압되고 말았다.

왜구들도 기승을 부렸어. 전라도를 침략해 영암과 장흥, 진도를 마구 노략질했지. 이 사건이 을묘왜변이야^{1555년}. 관군이 진압하긴 했지만, 나라가 얼마나 어수선했으면 왜구들이 날뛰었겠니?

　오늘날까지 전설로 남아 있는 임꺽정이 민란을 일으켰어^{1559년}. 임꺽정은 양주의 백정 출신이었어. 그가 봉기하자 많은 민중이 그의 밑으로 몰려들었어. 임꺽정은 황해도와 경기도 일대를 장악하는 등 큰 세력을 형성했지만, 결국에는 진압되고 말았어.

명종은 문정왕후가 세상을 떠난 후에야 제대로 된 왕 노릇을 할수 있었어. 파벌을 가리지 않고 인재를 고르게 등용하려고도 했어. 그러나 시간이 짧았어. 2년 후 명종은 세상을 떠나고 말았지. 이어 선조14대가 즉위했어1567년. 선조 시절, 참으로 많은 일이 일어난단다.

흥청망청의 유래

돈이나 물건을 마구 쓸 때 보통 흥청망청이란 표현을 쓰지? 이 단어는 연산군의 폭정에서 비롯됐단다.

연산군은 학문을 아주 싫어했어. 사림파들이 자신에게 감 놔라 배 놔라 하며 지나치게 도덕적으로 구는 것도 마음에 들지 않았지. 연산군은 성균관과 홍문관, 예문관 등 학문 기관을 모두 없애 버렸어. 그곳은 기생들을 불러 술 마시며 질탕하게 노는 유흥장으로 바뀌었지.

연산군은 각 고을마다 아름다운 처녀들을 뽑아 궁궐로 보내도록 했어. 반듯한 기생들도 따로 불러 모았지. 연산군은 이 여성들을 성균관, 홍문관, 예문관으로 불러들였어. 이 기생들을 바로 흥을 돋우는 여성이란 뜻의 흥청이라 불렀지.

흥청이 늘어날수록 국가 재정은 급속도로 줄어들었어. 그러니 "흥청이 곧 나라를 망치는 망청이다"는 말이 나돌 수밖에 없었어. 이렇게 해서 흥청망청이란 말이 생긴 거란다.

◆ 역사리뷰 ◆

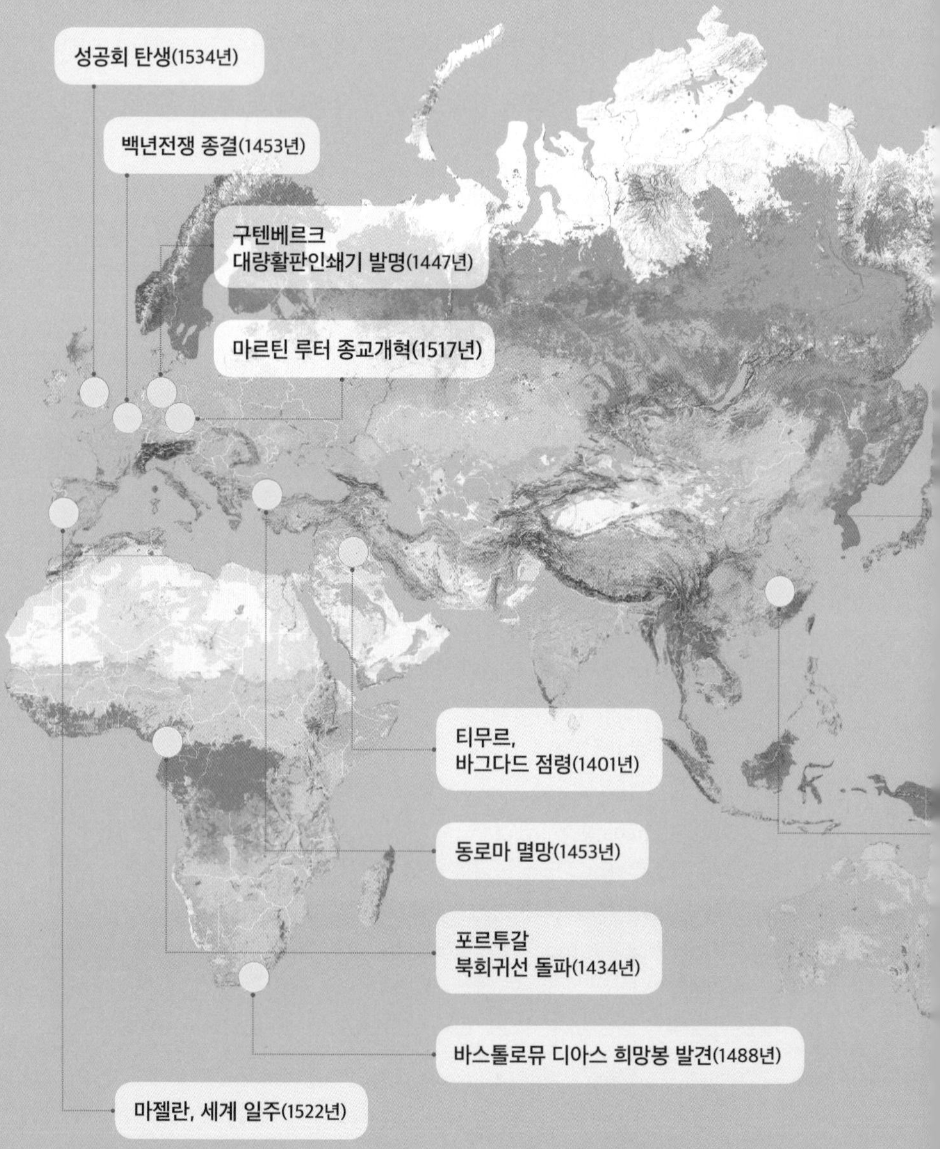

성공회 탄생(1534년)
백년전쟁 종결(1453년)
구텐베르크
대량활판인쇄기 발명(1447년)
마르틴 루터 종교개혁(1517년)
티무르,
바그다드 점령(1401년)
동로마 멸망(1453년)
포르투갈
북회귀선 돌파(1434년)
바스톨로뮤 디아스 희망봉 발견(1488년)
마젤란, 세계 일주(1522년)

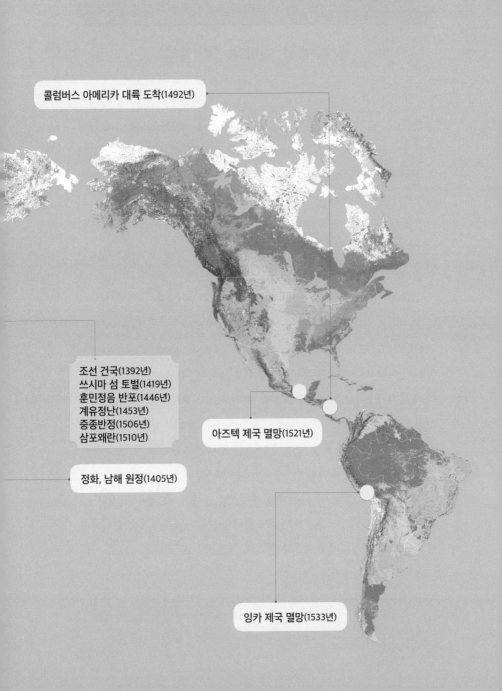

콜럼버스 아메리카 대륙 도착(1492년)

조선 건국(1392년)
쓰시마 섬 토벌(1419년)
훈민정음 반포(1446년)
계유정난(1453년)
중종반정(1506년)
삼포왜란(1510년)

아즈텍 제국 멸망(1521년)

정화, 남해 원정(1405년)

잉카 제국 멸망(1533년)

근대 유럽, 대항해시대 열다

조선 초기, 왕자의 난이 두 차례 일어났어. 3대 태종은 골육상쟁 끝에 왕에 오른 인물이지. 바로 이 무렵 서아시아에서는 몽골 후손 티무르가 바그다드를 점령한 데 이어 오스만제국까지 격파하는 대활약을 하고 있었단다¹⁴⁰²년. 티무르가 사망한 1405년, 명의 정화 사령관은 남해 원정을 시작했어.

영웅들이 세계를 호령하고 있었지만 조선은 아직도 동방의 은둔 국가였어. 그래도 세종대왕이 등극하면서 비약적인 발전이 시작됐지. 측우기를 세계 처음으로 발명하고, 해시계와 물시계를 선보였어. 세계에서 가장 독창적인 우리글도 만들었지. 1446년 세종은 훈민정음을 반포했어.

그러나 조선의 정치는 수양대군이 1453년 계유정난을 일으키면서 어수선해졌어. 그는 7대 세조가 됐고, 조카인 단종은 죽여 버렸어. 세조의 측근 훈구파와, 이에 반대하는 사림파는 15세기 말부터 격돌했어. 그게 15세기 말부터 16세기 중반까지 일어난 무오사화, 갑자사화, 기묘사화, 을사사화란다.

이 와중에도 조선 통치의 기본인 『경국대전』이 완성된 것은 기억할 만해 ¹⁴⁶⁹년. 물론 그렇다고 해도 정치 혼란이 끝난 것은 아니야. 1506년, 훈구파는 연산군의 폭정을 빌미로 중종반정을 일으켰지.

유럽이야말로 15세기는 혼란의 절정이었어. 근대로 접어들고 있었거든. 체코 지식인 후스가 교회의 면벌부 판매를 맹비난했다가 화형에 처해졌어¹⁴¹⁵년. 백년전쟁에서 프랑스를 위기로부터 구해 낸 잔 다르크 또한 마녀로 몰려 화형에 처해졌지¹⁴³¹년.

마녀 사냥과 화형. 중세시대의 어두운 그림자가 여전히 걷히지 않았지? 하지만 근대 세계는 다가오고 있었어!

콜럼버스

포르투갈은 대항해시대를 열었어. 1434년 포르투갈 함대는 북회귀선을 돌파했어. 이윽고 아프리카 서해안의 흑인들을 노예로 팔기 시작했지. 독일에서는 구텐베르크가 대량활판인쇄기를 발명해 종교개혁과 르네상스의 발판을 만들었어[1447년].

계유정난이 일어나던 1453년에도 세계적인 사건이 많았어. 동로마[비잔틴] 제국이 오스만 제국에 멸망했고, 백년전쟁이 끝났어. 강력한 명의 황제 영락제가 사망하기도 했지. 영국에서는 백년전쟁의 후유증을 극복하지 못하고 내전이 터지기도 했어. 그게 바로 장미전쟁이지[1455년].

16세기가 임박하면서 유럽은 동양을 제치고 본격적인 근대로 접어들었어. 우선 대항해시대가 절정에 이르렀어. 1488년 바스톨로뮤 디아스가 남아프리카 희망봉을 발견했고, 1492년 콜럼버스가 아메리카 대륙에 도착했어. 영국은 북미 래브라도 반도에 상륙했지[1497년]. 서양의 대항해시대는 폭력적으로 변하기도 했어. 스페인은 1521년 중미 아즈텍 제국을 정복했고, 1533년에는 잉카 제국도 무너뜨렸어. 이런 와중에 1522년에는 마젤란이 세계 일주에 성공하기도 했지.

종교개혁도 본격적으로 시작됐어. 1517년 독일의 마르틴 루터는 교회의 면벌부 판매를 비판했고, 영국 왕 헨리 8세는 1534년 로마 교황청과의 인연을 끊고 수장령을 반포했어. 이렇게 해서 영국국교회, 즉 성공회가 탄생했지.

오스만 제국은 여전히 팽창하고 있었어. 1541년 위대한 술탄 술레이만 1세는 신성로마제국의 군대를 물리치고 헝가리를 차지했단다.

2

전쟁의 시대

양란 전후

16세기 중반~18세기 초반

연표	1575년	1589년	1592년	1608년	1623년	1636년	1659년
	사림파의 동서분당, 붕당정치 시작	기축옥사	임진왜란 발발	광해군, 대동법 처음 실시	인조반정, 광해군 축출	병자호란 발발	제1차 예송논쟁과 서인 정권 수립

	1712년	1708년	1694년	1689년	1680년	1674년
	백두산정계비 건립	대동법 전국 확대 실시	갑술환국과 서인의 정권 탈환	기사환국과 남인의 정권 탈환	경신환국과 서인의 정권 탈환	제2차 예송논쟁과 남인정권 수립

평양성탈환도병 • 임진왜란 때 조선과 명의 연합군이 평양성을 되찾는 전투 장면을 그린 병풍이다.

임진왜란 터지다

보통 임진왜란을 기준으로 조선을 전기와 후기로 나눈단다. 임진 왜란과, 그 뒤를 이어 발생한 병자호란은 조선 사회를 확 바꿔 놓았 어. 이 장에서는 양란 전후의 사건을 집중적으로 살펴볼 거야. 붕당 정치라는 새로운 형태의 정치가 등장하지.

우선 일본으로 가 볼까? 16세기 중반, 일본은 사무라이들의 격전 장으로 변해 있었어. 15세기 중반 시작된 일본 전국시대가 어느덧 100년 넘게 계속되고 있던 거야. 그러나 전국시대가 곧 끝날 것 같 은 분위기가 서서히 만들어지고 있었어.

선조가 왕에 오른 해, 오다 노부나가가 수도인 교토로 진격했어. 오다 노부나가는 이듬해 교토를 점령하고 쇼군을 갈아 치웠어. 사 실상 1인자가 된 오다 노부나가는 다른 사무라이들을 하나씩 제거 했지. 당장 일본이 통일된 것은 아니지만, 곧 통일될 것 같은 분위기 였어.

오다 노부나가는 얼마 후 쇼군을 아예 추방해 버렸어. 이로써 무로마치 바쿠후는 문을 닫았지. 이제 오다 노부나가가 바쿠후만 세우면 일본을 통일하는 셈이야. 격변하는 일본…. 그런데 조선은 어떤 상황이었을까?

일본은 통일, 조선은 혼란

선조는 조선 최초의 방계 혈통 왕이야. 왕후가 낳은 아들만이 왕이 되던 관행이 선조에 이르러 깨진 거지. 물론 명종을 이을 후계자가 없었기 때문이었어.

중종에게는 세 명의 왕후가 있었어. 두 번째 부인 장경왕후가 낳은 아들이 인종이 됐고, 세 번째 부인 문정왕후가 낳은 아들이 명종이 됐지. 중종은 이 밖에도 9명의 후궁을 뒀어. 그 가운데 창빈 안씨가 덕흥군을 낳았어.

후궁의 자식이니 덕흥군은 왕위와 무관한 사람이었어. 수많은 왕실 사람 중 한 명일 뿐이었지. 세월이 흘러 덕흥군은 장성했고, 결혼해 아들을 낳았어. 덕흥군의 아들 중 셋째가 하성군이었어.

하성군 또한 서자 혈통이니 왕위와 무관해 보였어. 게다가 명종이 이미 자신의 아들을 세자^{순회세자}로 책봉했으니 더더욱 그랬지. 명종의 후계자 계승 작업이 착착 진행되던 도중에 문제가 생겼어. 순회세자가 6년 후 죽고 만 거야. 그 후 명종은 세상을 떠날 때까지 왕자를 낳지 못했어. 이렇게 해서 후계자가 없는 초유의 사태가 발생했어.

명종은 세상을 떠나기 전, 대신들과 이 문제를 논의했어. 아무래도 항렬을 따지지 않을 수는 없겠지? 굳이 촌수를 따지자면 순회세자와 하성군은 사촌지간이 돼. 명종은 하성군을 왕에 앉히라는 유언을 남겼어. 유언에 따라 하성군이 왕에 올랐는데, 그가 바로 선조란다.

이때 선조의 나이 열여섯이었어. 왕이 어리면 그 어머니가 수렴청정을 하는 게 보통이지. 이 관례에 따라 명종의 부인 인순왕후가 수렴청정을 했어. 인순왕후가 선조의 어머니뻘이 되거든.

인순왕후 측근들의 세력이 커졌겠지? 선조는 사림과 대

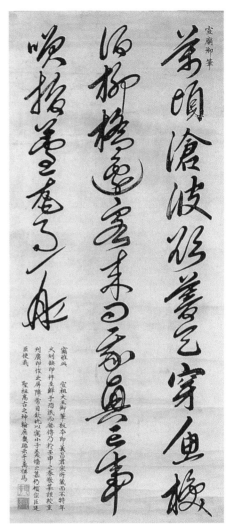

선조 어필 · 명필이라는 평가를 받던 선조의 글씨이다. 선조는 방계로서 왕위에 오른 첫 번째 임금이다.

이황 초상(표준 영정) · 선조 때 대제학을 지냈다. 이황은 성리학을 깊이 연구하여 조선화된 성리학을 발전시켰다.

신들을 등용시켜 맞섰어. 사림파 대신들이 선조에게 힘을 실어 줬고, 그 결과 인순왕후는 1년 만에 수렴청정을 끝냈지. 인순왕후가 물러나자 그녀의 측근들도 줄줄이 물러날 수밖에 없었어. 곧 조정은 선조와, 선조를 따르는 사림파 대신들이 장악했어. 선조는 자신을 지지해 준 사림파를 더욱 가까이 했지. 사림파의 학문인 성리학을 장려했고, 기묘사화 피해자인 조광조를 신원하기도 했어.

학문을 권하는 문화가 자리 잡으니 이황과 이이 같은 대학자들이 존경을 받았어. 선조는 이황을 측근으로 삼아 정치를 돕도록 했어. 이황이 죽은 후에는 이이가 그 자리를 물려받았어. 이제 조정이 평온해진 것 같다고? 꼭 그렇지만은 않았어. 사림파와 훈구파의 싸움이 다시 생긴 거냐고? 그건 아니지만 사림파가 동인과 서인, 두 파벌로 나뉘었단다. 이 사건이 동서분당이야. 동서붕당이라고도 불러 1575년.

이 동서분당을 계기로 조선의 정치 형태가 확 달라져. 붕당정치가 시작된 거야. 과거에는 당쟁이라고도 불렀어. 하지만 요즘에는 붕당정치라는 용어를 주로 사용한단다. 붕당정치에 대해서는 따로 자세하게 다룰 거야. 여기서는 개요만 짚고 넘어가도록 할게.

처음에는 동인과 서인의 세력에 큰 차이가 없었어. 그러던 중 동인 정여립의 반란 사건을 계기로 2년 동안 동인이 대대적으로 숙청돼. 이 사건을 기축옥사라고 부르는데, 그 결과 서인이 우세해졌어. 동인은 위축됐지.

하지만 동인의 반격이 이어졌어. 왕세자 책봉을 둘러싸고 서인의 리더^{영수}인 정철이 파직됐고, 서인에 대한 숙청이 이뤄졌지. 이번엔 서인이 야당으로 물러나고 동인이 집권당이 됐어.

동인 정권이 다시 분열했어. 온건파는 남인, 강경파는 북인이라고 불렀어. 조선 후기로 접어들면 서인도 노론과 소론으로 분열하게 돼. 이래서 남인, 북인, 노론, 소론 등 최종적으로 네 붕당이 생겨. 이 가운데 노론은 다시 시파와 벽파로 다시 분열한단다. 복잡하지?

붕당정치의 장점은 서로 다른 파벌이 토론과 논쟁을 통해 균형을 잡고 정치를 발전시킨다는 거야. 하지만 이 과정에서 정치 투쟁이 발생하기도 했어. 이런 현상은 큰 약점이지.

반면 일본은 통일로 성큼성큼 다가서고 있었어. 무로마치 바쿠후를 무너뜨린 오다 노부나가가 통일을 이룬 건 아니야. 오다 노부나가가 통일을 눈앞에 둔 상황에서 부하의 배신으로 목숨을 잃었거든.

일본 통일의 주역은 후임자인 도요토미 히데요시였어. 전국의 모든 사무라이들이 도요토미 히데요시에게 항복을 했지. 이로써 100년 넘게 계속됐던 일본 전국시대가 끝이 났어^{1590년}.

왜군의 침략

일본을 통일한 도요토미 히데요시는 거대한 프로젝트를 추진했어. 한반도를 넘어 중국을 정복하겠다는 거야. 내전이 끝난 지 얼마나 됐다고 또 전쟁을 벌이냐고? 다 이유가 있어. 일본을 통일하는 과정에서 많은 적들이 생겨났겠지? 당연히 도요토미 히데요시에 대한 불만도 많았을 거야. 이 불만을 모두 무마하려면? 그래, 전쟁을 일으키는 거야. 그렇게 하면 단합해서 외부의 적과 싸워야 하잖아!

도요토미 히데요시는 쓰시마 섬 도주에게 조선 침략 준비를 명했어. 쓰시마 섬의 도주는 고민에 빠졌어. 일본과 조선, 두 나라가 전쟁을 치르면 쓰시마 섬이 막대한 피해를 입을 수 있겠지? 그렇다면 전쟁을 막는 게 최선일 거야. 도주는 조선 조정에 통신사를 파견해 달라고 요청했어. 조선이 일본의 상황을 파악해 두면 전쟁을 막진 못하더라도 피해는 줄일 수 있잖아?

이 무렵 조선 조정은 답답했어. 통신사를 보낼 것이냐 말 것이냐를 놓고 동인과 서인이 갑론을박을 벌인 거야. 우여곡절 끝에 다행히 일본에 통신사가 파견됐어. 통신사의 리더, 즉 정사는 서인 황윤길이었고 부사는 동인 김성일이었지.

이듬해 통신사가 돌아왔는데, 황당한 일이 벌어졌어. 황윤길은 일본이 군선을 대대적으로 보강하는 걸로 봐서 머잖아 한반도를 침략할 거라고 보고했어. 당시 일본이 조선에 보내온 편지에도 정명가도란 표현이 들어 있었어. 명을 정벌하기 위해 한반도의 길을

통신사행렬도 · 18세기 초에 일본을 방문한 통신사 행렬 중 정사의 모습이다. 조선 정부는 임진왜란 전에 통신사를 파견해 일본의 상황을 알아보았다.

빌리겠다는 뜻이지. 이 정도면 일본의 침략은 불을 보듯 뻔해. 하지만 김성일은 전쟁의 조짐이 별로 보이지 않는다고 보고했단다.

동인 정권은 서인 황윤길의 보고를 묵살하고, 일본의 침략이 없을 거라고 결론 내렸어. 10여 년 전에 중도파인 이이가 왜구 침략에 대비해 십만양병설을 주장했을 때도 묵살했는데, 같은 일이 벌어지고 있는 거야. 나라가 풍전등화의 위기에 놓여 있는데, 붕당 간의 정치 싸움을 벌이는 조정이 한심할 따름이지.

한 달 뒤 일본 사신이 조선 조정을 찾아서. 사신은 정식으로 정명가도를 요청했어. 그제야 조선 조정이 발칵 뒤집혔어. 전쟁이 코앞에 닥친 거야! 뒤늦게 방어진지를 구축하고, 무기를 손보고, 난리법석을 떨었지만 이미 늦었어. 그래, 임진왜란이 터진 거야1592년.

그해 4월, 왜군 선발대가 부산에 상륙했어. 정발이 맞섰지만 부산성이 금세 함락되고 말았지. 왜군은 곧바로 동래로 진격했고, 송

부산진순절도 · 임진왜란이 발발하여 부산진에서 벌어진 최초의 전투를 그린 그림이다.

상현이 민중과 함께 항전했지만 이 또한 역부족이었어.

이어 일본의 제2군이 부산에, 제3군이 김해에 상륙했어. 이 무렵 한반도 주변에 파견된 왜군은 총 20만 명이었어. 일본이 얼마나 이 전쟁을 착실히 준비했는지 알 수 있겠지?

일본은 군대를 세 조로 나눠 북진했어. 목표는 조선의 수도 한양! 왕을 잡으면 전쟁을 끝낼 수 있잖아? 왜군이 파죽지세로 북상하자 조정에 비상이 떨어졌어. 이일이 상주에서 막으려 했지만 허망하게 무너졌어. 왜군은 조령과 죽령을 넘어 충주로 진격했어. 이번에는 신립이 충주에서 맞섰지만 그 또한 무너졌어.

이제 한양이 얼마 남지 않았어. 전쟁이 터지고 채 한 달도 안 지난 시점이었지. 선조는 결국 도읍을 버리고 개성으로 피난을 떠났어. 도읍을 버린 왕에 대한 민심이 좋을 리가 없겠지? 그러나 체면을 따질 겨를도 없었어. 한양까지 왜군에게 함락되자 선조는 다시 평양으로 도망갔단다.

백성들의 분노는 매우 컸
어. 선조가 왕을 지키기 위한
병사를 모집하라며 함경도와
강원도에 두 왕자를 파견했는
데, 백성들이 그들을 붙잡아
왜군에게 넘길 정도였어. 심
지어 한양 백성들은 반란을
일으키기까지 했어. 경복궁을
약탈하는가 하면 노비문서를
모두 불태우기도 했지. 민심
이 어땠는지 알 수 있겠지?

왜군은 20일 만에 한양을
점령하고, 다시 부대를 나눠
평안도와 함경도, 황해도로
진격했어. 개성과 평양도 곧
함락됐어. 조선이 절체절명의
위기를 맞고 있는 거야.

임진왜란 · 일본은 정명가도를 요구하며 부산에 상
륙한 뒤 파죽지세로 함경도까지 치고 올라왔다. 많
은 의병장들이 목숨을 걸고 싸워 왜군을 몰아낼 수
있었다.

반격, 그리고 최후의 승리

조선의 장군이 모두 무능한 것은 아니었어. 다행스러운 점은, 전라

도 앞바다에서는 왜군을 잘 막고 있었다는 거야. 전라좌도수군절도사인 이순신이 옥포^{거제} 해전에서 첫 승리를 거뒀어. 이순신은 이어 당포^{통영}, 당항^{포고성}, 한산도 해전에서 잇달아 승전보를 울렸지.

한산도 해전에서 승리함으로써 왜군의 기세를 꺾을 수 있었어. 그래, 바로 이 해전을 기점으로 조선이 역전하기 시작한 거야. 이 한산도 대첩은 진주 대첩, 행주 대첩과 함께 임진왜란의 3대 대첩으로 불린단다.

일본이 위기감을 느끼기 시작했어. 휴전 협상이 시작됐지. 조선은 강화에 반대했어. 그러나 지원군을 보냈던 명은 빨리 전쟁에서 손을 떼고 싶었어. 결국 명의 개입으로 강화회의가 시작됐지. 이 강화회의는 그 후로 5년간이나 계속됐어. 그사이 명은 군대를 철수시켰지.

도요토미 히데요시의 오사카 성에서 본격적으로 강화회의가 열렸어. 도요토미 히데요시는 명의 황실 여성을 일본 왕실의 후궁으로 내어 줄 것을 요구했어. 이와 함께 조선의 8개도 가운데 4개도를

한산도 대첩(전쟁기념관 소장) · 임진왜란 3대 대첩의 하나인 한산도 대첩을 묘사한 것이다. 조선 수군이 한산도 앞바다에서 적선 60여 척을 격파했다.

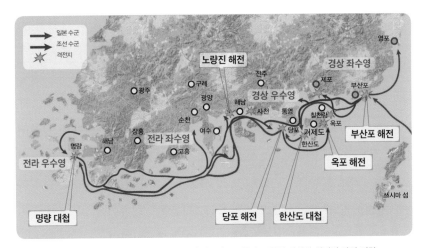

일본 수군
조선 수군
격전지

영포
경상 좌수영
노량진 해전
진주
제포
부산포
구례
경상 우수영
부산포 해전
광주
광양
해남
사천 통영
칠천량
제포
순천
여수
당포 거제도
옥포
장흥 **전라 좌수영**
옥포 해전
명량
해남
고흥
한산도
전라 우수영
쓰시마 섬
명량 대첩
당포 해전 **한산도 대첩**

이순신의 해전 · 이순신 장군이 바다를 지키고 있어 왜군의 군수물자 보급이 사실상 완전히 막혀 버렸다. 해전의 잇단 승리로 조선은 역전의 발판을 마련할 수 있었다.

넘겨주고, 조선 왕자와 신하 12명을 인질로 내놓으라고 했지.

이 황당한 요구가 받아들여질 리 없겠지? 결국 협상은 결렬됐어. 도요토미 히데요시는 다시 조선을 침략했지. 바로 정유재란이야 1597년. 보통은 임진왜란과 분리하지 않고 한 전쟁으로 친단다.

그해 12월, 왜군이 부산에 상륙해 남해안 일대를 초토화시켰어. 하지만 1차 때처럼 파죽지세로 북상하지는 못했어. 이미 조선도 대비를 철저히 했기 때문이야.

당시 이순신과 원균, 선조가 갈등을 벌이고 있었어. 선조는 삼도수군통제사인 이순신이 소극적으로 전투에 임한다며 하옥시켰어. 왜 그런 오해가 생겼는지는 설이 분분하니 여기서는 생략하도록 할게. 어쨌든 이순신의 뒤를 이어 원균이 왜군과 싸웠지만 대패하

도요토미 히데요시 · 도요토미 히데요시
는 전국 시대를 끝내고 일본을 통일했다.
그는 명을 정복하기 위한 길을 빌려 달라
며 조선을 침략해 임진왜란을 일으켰다.

고 말았어. 결국 이순신이 복직했지.

그때 이순신에게 주어진 배는 12척
에 불과했어. 그러나 이순신은 목숨
을 걸고 싸웠어. 왜군 병선은 133척.
어찌 보면 다윗과 골리앗의 싸움이
지. 이순신은 명량해협으로 왜군 병
선들을 끌어들였어. 그리고 31척을
침몰시켰어. 대승이야. 이 전쟁이 바
로 명량 대첩이란다.

그해 8월 도요토미 히데요시가 사
망했어. 왜군은 서둘러 퇴각하기 시
작했지. 이순신이 그들을 노량진 앞
바다에서 막아섰어. 왜군의 병선 200여 척을 침몰시킨 이 전투가
노량진 해전이야. 이순신은 이 전투에서 "나의 죽음을 알리지 마
라"는 말을 남기고 순직했어. 이 전투를 끝으로 7년간의 임진왜란
도 끝이 났단다|1598년.

임진왜란은 한, 중, 일 삼국에게 큰 영향을 미쳤어. 한반도는 완전
히 초토화됐지. 다행히 다음 국왕인 광해군이 심혈을 기울여 복구
한 덕택에 어느 정도 정상을 되찾을 수 있었어.

중국에서는 명이 기울고 여진이 세운 청나라가 세력을 키웠어.
일본에서는 도쿠가와 이에야스의 에도 바쿠후가 들어섰지. 임진왜
란 중에 금속활자 인쇄 기술자와 도자기 제조 기술자들이 일본에

천조장사전별도 · 임진왜란에 참전한 명의 군대가 철군하는 모습을 그린 그림이다. 군대를 보내 조선을 지원한 명은 임진왜란 이후 국력이 크게 쇠퇴했다.

많이 끌려갔는데, 에도 바쿠후는 이들 덕택에 찬란한 문화의 꽃을 피울 수 있었어. 그러고 보면 일본은 여러모로 우리 민족의 도움을 받은 것 같지?

전쟁이 끝나고 10년이 흘렀어. 어느 날 갑자기 선조가 세상을 떠났어. 수라상에 있는 떡을 먹다가 급체해서 사망했다는데, 이를 믿지 않는 학자들도 꽤 많단다. 선조가 독살됐다는 거지. 선조의 뒤를 이은 광해군15대이 왕에 오르는 과정에서 붕당 간의 정치 투쟁이 심했으니 이런 얘기가 나올 법해. 완전히 터무니없다고 할 수는 없겠지?

현명한 왕? 아니면 폭군?

광해군은 선조와 후궁 공빈 김씨 사이에 둘째 아들로 태어났어. 그래, 서자였지. 선조도 방계 혈통이었지? 자격지심이었을까? 선조는 광해군을 별로 예뻐하지 않았다는구나.

선조의 왕비 의인왕후는 아들을 낳지 못했어. 그렇다면 후궁이 낳은 왕자 가운데 후계자를 정해야겠지? 선조는 원래 인빈 김씨가 낳은 신성군을 특히 예뻐했어. 그러나 서인인 좌의정 정철은 광해군을 추천했어. 이 후계자 책봉 문제로 동인과 서인이 대립했다가 정철이 파직되기도 했지.

임진왜란이 터졌어. 조정은 평양으로 도피했고, 그곳에서 분조했어. 만약의 사태에 대비해 조정을 둘로 쪼개는 것을 분조라고 한단다. 이때 선조는 광해군을 왕세자로 책봉하고, 평양을 맡겼어. 사실 신성군이 피난 도중 죽었고, 광해군의 형 임해군은 왕의 그릇이 아니라는 평가를 받았기 때문에 선택의 여지가 없었지.

왕세자로 책봉된 이후 광해군은 왕의 자질을 그대로 보여 줬어. 궁궐을 꿋꿋이 지켰고, 함경도와 전라도로 가서 의병을 모집하기도 했어. 힘든 상황에 처해 있는 백성을 위로하는 일도 잊지 않았어. 많은 백성들이 왕세자 광해군을 따랐지.

그러나 여전히 선조는 광해군을 좋아하지 않았어. 마침 전쟁이 끝난 후 새 왕후인 인목왕후가 영창대군을 낳았어. 왕비가 아이를 낳았으니 후계자 문제가 복잡해지겠지? 정말로 선조는 왕세자를 영창대군으로 바꾸려 했어. 2년 뒤 선조가 갑자기 세상을 떠나면서 이 뜻은 이뤄지지 않았지만 조정은 혼란스러웠단다. 결국 광해군이 왕에 올랐어. 이 과정에서 선조가 반대파에게 암살됐다는 의혹이 제기되는 거야.

광해군은 즉위한 후 임진왜란의 후유증을 빨리 수습하려고 노력했어. 자신을 밀어 준 북인을 적극 등용하긴 했지만 남인도 배제하진 않았지. 당쟁을 없애려고 노력한 점만 봐도 광해군이 제대로 왕노릇을 하려 했다는 사실을 알 수 있지?

실제로 광해군은 백성을 위한 정치를 하려고 노력했어. 대표적인 업적이 바로 대동법을 시행한 거야. 그 전까지 백성들은 여러 종류의 세금을 내야 했어. 크게 조세^{농사 수확량의 일부를 내는 제도}, 공납^{특산물을 내는 제도}, 역^{노동력과 군사력을 제공하는 제도} 등 세 가지였어.

대동법은 이 중 특산물을 내는 공납 제도를 개혁한 거란다. 백성들은 농사를 지으면서, 동시에 특산물도 마련해야 해. 얼마나 힘들었겠어? 광해군은 특산물을 내는 대신 쌀^{대동미}로 통일해서 내도록 했어. 토지가 없어 쌀을 수확하지 못하는 백성은? 대동미를 안 내도 돼! 그래, 세금이 면제된 거야. 백성들에게 이보다 좋은 세금 제도가 있겠니?

광해군은 또 세금을 제대로 거두기 위해 전국의 토지 현황을 조

종묘 · 조선의 역대 왕과 왕비의 신주를 모신 왕실의 사당이다.
임진왜란 때 불탄 것을 광해군 때 중건했다.

사하기도 했어. 이 토지 측량 사업을 양전 사업이라고 불러.

광해군은 임진왜란 때 타버린 궁궐을 복원하는 사업도 추진했어. 조정의 권위를 회복하기 위해서는 어느 정도 필요한 사업이라고 할 수 있지. 다만 대규모 토목공사에 많은 백성이 동원된 점은 비판받을 수 있어.

대외적으로는 일본과의 외교 관계를 회복하고, 후금^청과 명의 중간에서 아슬아슬한 줄타기를 하며 중립 외교를 펼쳤어. 덕분에 조선에 평화가 유지될 수 있었지. 이처럼 광해군의 업적은 많아. 그랬던 왕이 나중에는 왜 폭군으로 돌변했을까? 어쩌면 붕당정치의 부작용 때문이라고 할 수 있어.

광해군은 먼저 친형 임해군을 죽였고, 이어 영창대군을 왕에 올리려 한다며 할아버지뻘인 인목왕후의 아버지를 죽였어. 그러다가 나중에는 영창대군까지 죽였어. 죽이는 방법도 아주 잔인했어. 당시 영창대군은 강화도에서 유배 생활을 하고 있었어. 광해군은 영창대군을 방 안에 가둔 뒤 죽을 때까지 밖에서 장작불을 지폈다는구나. 이게 끝이 아니야. 조카뻘인 능창군을 폐서인한 뒤 자결하도록 했어. 이 능창군의 형 능양군이 훗날 인조가 된단다.

많은 사람을 죽였지? 백성들도 지쳐 갔어. 마침 여러 궁궐을 짓느라 여기저기서 공사가 진행되고 있었어. 공사에 동원된 백성들도 "더 이상 예전의 광해군이 아니다"라며 반발했어. 게다가 왕이 총애하는 이이첨, 박승종, 유희분 같은 인물들은 온갖 비리를 저지르고 다녔어. 이이첨은 함께 반대파를 제거했던 동지인 허균까지 제거해 버렸지.

  폭군의 말로는 늘 좋지 않아. 광해군이 영창대군을 죽인 후 서인들이 본격적으로 반발하기 시작했어. 서인의 시선이 곱지 않은 마당에 광해군이 큰 패륜을 저질렀어. 자신의 어머니뻘 되는 선조의 부인 인목대비를 폐위해 버린 거야. 광해군은 인목대비를 가택 연금하고 신분도 후궁으로 떨어뜨렸어. 서인들은 광해군이 갈 데까지 가고 있다며 비판했지. 정말 어수선한 시절이야.

왕족 호칭에도 기준이 있다?

선조는 왕이 되기 전 하성군이라 불렸어. 반면 세조는 왕이 되기 전 수양대군이라 불렸지. 누구는 ~군이고, 누구는 ~대군일까? 바로 왕실 적통이냐 아니냐가 기준이었단다. 세조는 세종대왕의 정실아들이니 수양대군, 선조는 중종의 후궁 창빈 안씨가 낳은 덕흥대원군의 아들이니 하성군이 된 거야.

왕에 대한 호칭도 적통이 이어받으면 ~종, 혈통이 바뀌면 ~조라 붙는 게 보통이었어. 이성계가 새 나라를 세웠으니 태조가 됐지? 그 후 정종, 태종, 세종, 문종, 단종까지는 그 혈통이 그대로 이어졌어. 그러나 세조는 조카인 단종의 혈통을 빼앗았으니 ~조가 붙었어. 그 뒤를 이어 예종, 성종, 중종, 인종, 명종까지는 혈통이 이어졌으니 ~종이 붙었지. 선조의 뒤를 이어 광해군은 서자였으니 왕의 호칭을 받더라도 ~조가 붙었을 거야. 그 뒤를 이은 인조 또한 다른 후궁의 자식이었으니 ~조가 됐지. 조선 후기로 가면 이런 규칙이 약간씩 흔들리기 시작해. 왕의 혈통을 찾지 못해 양자로 입양하기도 하는 등 여러 사정이 겹치면서 ~조와 ~종이 혼재된 채로 붙는단다.

병자호란 터지다

폭군으로 돌변한 광해군이 인목대비를 폐위한 그해, 만주 땅에서 누르하치가 후금이란 나라를 세웠어1618년. 훗날 청나라로 이름을 바꾼 바로 그 나라야.

후금은 요나라가 그랬듯 중국 본토를 노렸어. 광해군은 후금이 강대국이 될 거란 사실을 정확히 인식하고 있었어. 즉각 국경 주변의 성곽을 정비하고 군대를 양성하기 시작했지.

명 또한 후금이 두려웠어. 아닌 게 아니라 후금은 곧바로 명을 위협하기 시작했어. 후금을 건국한 이듬해, 누르하치는 요동 지역에 있는 명을 공격했어. 명은 조선에 원군을 보내 달라고 요청했지.

당시 조선은 명을 섬기고 있었어. 게다가 명은 임진왜란 때 군대를 보내 조선을 도운 은혜의 나라였지. 사대주의자인 서인들은 이 점을 강조하면서 명에 대한 의리를 지켜야 한다고 주장했어. 그러나 후금의 눈치를 안 볼 수도 없어. 광해군은 이 어려운 상황을 어떻게 극복했을까?

광해군의 중립 외교와 인조반정

명에 대한 의리를 지켜야 한다는 대신들이 많았으니 왕이라고 해서 무조건 반대할 수는 없었어. 또 아직까지는 명의 세력도 강했으니 완전히 명의 요구를 묵살하지도 못해. 더 중요한 것은, 조정 내의 서인들이 명을 도와야 한다고 목소리를 높인 거야.

후금과 명, 양쪽을 모두 만족시켜야 해. 그다음에는 조정 내 서인들의 불만도 잠재워야지. 좋은 방법이 없을까? 이런 고민 끝에 광해군은 중립 외교를 펼치기로 결심했어.

광해군은 명으로 가는 지원군 사령관인 강홍립에게 "명을 적극 돕지는 마

이귀 초상 · 이귀는 김류, 최병길 등과 함께 광해군을 몰아내는 인조반정을 주도해 1등 공신이 되었다. 그는 아들 이시백, 이방백과 함께 인조반정에 참여했다.

라"고 은밀히 지시를 내렸어. 후금을 건드리지 말라는 뜻이었지. 왕명에 따라 강홍립은 대충 싸우다 후금에 항복했어. 강홍립은 "조선이 원해 후금과 전쟁을 하는 게 아니다"라며 후금을 설득했어. 이 설득이 먹혀들었어. 후금은 더 이상 조선에 대해 문제를 삼지 않았어. 다만 강홍립은 풀어 주지 않았어. 훗날 강홍립은 병자호란 때 길잡이 역할을 한단다. 조금은 안타까운 대목이지?

어쨌든 실로 탁월한 외교라고 할 수 있어. 그러나 명을 섬기고 명분을 중요하게 여기는 서인 대신들은 이 광해군의 실리 외교를 비열한 이중 외교로 봤나 봐. 서인은 광해군을 신랄하게 비판했고, 왕으로도 인정하지 않으려 했어. 급기야 그들이 무서운 결론을 내렸

어. 왕을 바꾸자! 그렇게 해서 일어난 사건이 바로 인조반정이야
1623년.

이귀, 최명길, 김자점, 김류, 이괄 등 서인이 반란을 일으켰어. 군
대를 이끈 인물은 능양군이었어. 그의 동생 능창군이 광해군에게
처형됐다고 했었지? 그러니 능양군이 얼마나 광해군을 원망했겠
어? 능양군은 군대를 앞세우고 궁궐로 진격했어. 궁 안에 있던 훈련
대장이 반란군의 편에 서자 모든 일은 수월하게 끝났어. 반란은 성
공했고, 이이첨, 정인홍, 이위경 등 광해군 주변에서 권력을 누리던
북인이 모두 참수됐지. 나머지 북인도 모두 귀양살이를 해야 했어.

반정군은 광해군을 궁궐의 가장 큰 어른인 인목대비 앞으로 끌
고 갔어. 인목대비는 광해군에게 온갖 수모를 당했었지? 인목대비
는 반정군에게 광해군을 처형하라고 요구했어. 그러나 반정군은
한때 왕이었던 인물을 처형하는 것은 옳지 않다고 주장했어. 그 대
신 광해군을 폐서인한 후 강화도로 유배 보내는 걸로 사건을 종결
했지. 광해군은 그 후 제주도로 유배지를 옮겼고, 그곳에서 67세까
지 살다 생을 마감했단다. 광해군은 어떤 심경이었을까?

전하께서는 연산군과 더불어 폭군의 대명사로 후세에 이름을 남겼
습니다.
"허허. 안타까운 일이로군. 과인이 폭군이라? 물론 많은 사람을 죽였으
니 그런 평가를 받아도 할 말은 없겠지. 그러나 정말 과인이 폭군인지는
후세 학자들이 명확하게 밝혀 줬으면 하네."

후대 왕인조는 반정을 표방했습니다. 전하께서 폭정을 했기 때문이 아닐까요?

"역사는 승리한 자들의 기록이라네. 인조와 서인이 과인에게 좋은 평가를 줄 것 같은가? 그들이 표방한 반정이 진정 반정이었는지 냉정하게 살펴볼 필요가 있네. 조정의 가장 큰 어른인 인목대비를 폐한 죄와 명에 대한 사대주의를 거역한 죄. 바로 이것이 과인이 저지른 죄라 했다네. 첫 번째야 그렇다 쳐도 두 번째가 과연 반정의 명분이 된다고 생각하는가?"

반정이 아니라 반란이었다는 뜻입니까?

"아무렴! 서인과 인조는 사대주의에 빠져 있었다네. 그랬으니 내 북방외교가 맘에 들지 않았던 게지. 서인 또한 과인을 몰아내야 정권을 차지할 수 있었겠지. 바로 그 때문에 과인의 불찰을 대역죄로 침소봉대한 게야. 그들이 반역을 했는지, 내가 대역 행위를 했는지 후세 학자들이 밝혀 주기를 바라네."

그래도 친형을 비롯해 왕족을 많이 죽인 점은 폭정이라고 할 수밖에 없지 않나요?

"당시 붕당정치가 서서히 타락하고 있었던 점을 기억하게. 과인에게는 그 왕족들이 반란을 도모하고 있다는 보고가 들어왔느니라. 그 상황에서 과연 그들을 살려 두는 게 옳겠는가? 과인도 붕당 간의 정치 투쟁으로 인한 피해자였다는 점을 알아 주게."

인조반정을 통해 왕에 오른 능양군이 인조[16대]에 올랐어. 인조는 광해군을 귀양 보낸 뒤 고위급 북인 대신을 모두 처형하고, 삼족을 멸했어. 이런 숙청은 조선 역사에서 처음 있는 일이었단다. 세조가 권력을 잡았을 때나 연산군이 사화를 일으켰을 때도 이런 식의 대대적인 숙청은 없었거든.

반대로 측근에게는 큰 상을 내렸어. 반정군을 지휘했던 33명의 공신을 세 등급으로 분류해 고위 관직을 하사했지. 북인은 철저하게 배제했고, 서인 위주로 정권을 꾸렸어. 다만 이원익, 이수광 등 일부 남인은 살아남아 조정에 등용됐지.

논공행상을 끝냈는데 또 다른 문제가 생겼어. 일부 공신들이 자기가 세운 공에 비해 대우가 너무 빈약하다고 생각한 거야. 그런 공신들 가운데 이괄이란 인물이 있었어. 그는 자신이 1등급일 것이라 생각했어. 그렇지만 실제로는 2등급을 받았지. 결국 이괄이 폭발했어. 인조가 왕이 된 바로 다음 해, 반란을 일으킨 거야. 이괄의 반란군은 순식간에 한양까지 쳐들어갔어. 그 기세가 얼마나 강했는지 인조는 부랴부랴 충남 공주로 피난을 가야 했지. 다행히 얼마 지나지 않아 이괄의 난이 진압돼 인조는 도성으로 돌아올 수 있었어.

사실 이괄의 난은 인조가 앞으로 당할 고통에 비하면 그야말로 새발의 피였어. 3년 후 후금의 침략을 받게 되거든. 그 전쟁이 정묘호란과 병자호란이야. 이 전쟁도 따지고 보면 붕당 간의 지나친 정치 투쟁과 관계가 있지.

서인과 인조는 명을 지나치게 숭상하는 사대주의자들이었어. 광해군은 후금의 잠재력을 간파했기에 후금과 명, 어느 쪽에도 치우치지 않는 중립 외교를 펼쳤지? 그러나 인조는 이 노선을 확 바꿔 버렸어. 명을 숭상하고 후금을 배척하는 친명배금 정책을 내세웠고, 후금과의 전쟁을 준비한 거야.

인조는 즉위 직후 군대를 정비했어. 원래 조선 전기까지만 해도 중앙군은 5위 체제였어. 그러던 것이 임진왜란을 겪는 동안 새로 훈련도감이 설치되면서 변화가 나타나기 시작했지. 인조는 여기에다 어영청까지 새로 만들었어. 나아가 서울 외곽을 방어하기 위한 총융청와 수어청도 만들었지. 나중에 숙종이 금위영을 설치함으로써 중앙군은 이처럼 5군영 체제로 바뀐단다.

그동안 후금은 수도를 심양으로 옮겼어. 후금의 2대 황제에 오른 홍타이지^{태종}는 조선에 형제 관계를 맺자고 압박하기 시작했어. 명만 섬기려는 조선 조정이 이를 받아들일 리가 없지. 그 결과는 짐작한 대로야. 임진왜란이 끝난 지 50년도 채 지나지 않았는데, 또다시 한반도가 전쟁터로 변하게 됐어. 바로 정묘호란이 터진 거야^{1627년}.

병자호란과 삼전도의 치욕

후금의 3만 대군이 조선을 침략했어. 후금 군대는 예상했던 것보다도 훨씬 강했어. 순식간에 의주와 평양이 함락됐지. 시시각각 한양으로 진군해 오고 있는 후금. 조선 조정은 고민에 빠졌어. 그리고

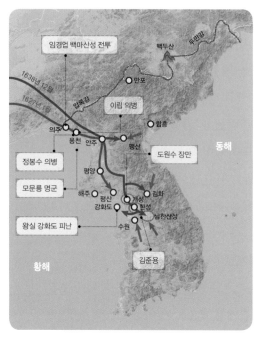

청의 침략 · 인조와 서인 정권은 명에 사대하고 청을 배척하는 외교노선을 택했다. 이에 청의 대군이 정묘년과 병자년에 각각 조선을 침략했다. 인조는 삼전도에서 굴욕적인 항복을 해야 했다.

내린 최종 결론은 강화도로 피난을 떠나는 거였어.

다행히 후금 군대가 강화도까지 쫓아오지는 않았어. 그러나 언제까지 계속 강화도에서 버틸 수는 없는 노릇이야. 항복할 것이냐 항전할 것이냐를 놓고 조정에서 격론이 벌어졌어. 인조는 강화를 맺어야 한다는 최명길의 주장을 받아들였어. 사실 딱히 다른 방법이 있었던 것도 아니야. 결국 조선은 명의 연호를 쓰지 않을 것이며 후금과 형제 관계를 맺는다는 내용의 정묘조약을 체결했어.

그러나 조선은 이 조약을 이행하지 않았어. 일단 발등에 떨어진 불은 껐지만 야만족인 후금과 형제 관계를 맺을 수 없다고 서인들이 강력히 반대했기 때문이야. 조선의 군사력으로 후금을 이길 수 없는 걸 뻔히 알면서도 친명배금을 외친 거지. 정말 무모한 서인들이야. 적어도 외교 분야만큼은 광해군의 지혜를 뛰어넘는 인물이

백마산성의 성문 · 병자호란 때 임경업은 의주 부윤으로 백마산성을 굳게 지켜 청군의 진로를 차단했다.

없었던 거지.

　이 순간에도 후금은 더욱 강력한 나라로 성장하고 있었어. 만주를 넘어 중국 본토를 위협했어. 명의 수도인 베이징을 칠 정도였으니, 명 자체가 위태로운 상황이 됐지. 후금은 조선에 대해서도 조약을 빨리 이행하라고 협박했어. 이번엔 조약의 내용도 약간 수정했어. 형제 관계가 아니라 군신 관계로 바꾸자는 거야. 조선이 명을 왕의 나라로 모셨으니 이제는 후금을 왕의 나라로 모시라는 뜻이었지.

　조선 조정이 발칵 뒤집혔어. 오만방자한 후금을 그냥 둬서는 안 된다는 주전파와 싸워서 이길 수 없으니 요구를 받아들일 수밖에 없다는 주화파가 본격적으로 대립하기 시작했어. 주전파의 리더는 김상헌, 주화파의 리더는 최명길이었지.

　조선이 갈팡질팡하고 있던 사이에 후금은 나라 이름을 청으로 바꿨어. 이제 홍타이지도 태종이란 중국식 이름으로 바꿔 불러야 겠지? 청 태종은 다시 10만 대군을 앞세워 조선을 침략했어. 이 전쟁이 병자호란이야[1636년].

청의 군대는 일주일 만에 압록강을 건넜어. 조선의 임경업 장군이 백마산성에서 결사항전을 준비하고 있었지. 청은 군이 희생자를 내며 전투를 치를 필요까지 없다고 판단했어. 청의 군대는 우회로를 택해 한양으로 바로 진격했어. 불과 12일 만에 청의 군대가 개성에 이르렀어. 조정에 비상이 걸렸어. 그렇지만 힘없는 조정이 뭔일을 할 수 있겠어?

조정이 할 수 있는 거라고는 강화도로 급히 피난을 떠나는 것밖에 없었어. 그러나 이번에는 그럴 수도 없었어. 청군이 피난길을 막아 버린 거야. 조정은 급히 남한산성으로 장소를 바꿔 피난을 떠났어. 이 모든 사건이 불과 12일 사이에 벌어졌단다. 청나라 군대가 얼마나 신속했으며, 조선이 얼마나 무기력했는지 짐작할 수 있겠지?

조정이 남한산성으로 피신하고 이틀이 지났어. 청의 선봉대가 남한산성을 포위했어. 피난 직전에 명에 지원군을 요청하기는 했지만, 이제 모두 물거품이 돼 버렸지. 누가 그 포위망을 뚫고 조정을 구하러 오겠니?

포위된 상태에서 보름 정도가 지났어. 그사이에 해는 바뀌어 1월이 됐지. 청 태종이 남한산성에 도착했어. 그가 지휘하는 20만 대군은 남한산성 아래쪽 탄천에 병영을 차렸어. 청의 병사들은 조선 백성을 닥치는 대로 죽이고 노략질을 했어. 그 어느 때보다 혹독한 겨

남한산성 북문 · 남한산성은 북한산성과 더불어 서울을 남북으로 지키던 곳이다. 병자호란 때 강화도로 피하려던 조선 조정은 청군이 길을 막자 남한산성으로 들어가 농성했다.

울이었지. 성 밖에는 굶어 죽거나 얼어 죽은 사람들의 시체가 산더미처럼 쌓였어.

남한산성 안의 사정은 어땠을까? 성 안에는 왕족과 대신, 군인을 모두 합쳐 1만 3000명 정도가 있었던 것으로 추정돼. 그러나 식량은 아무리 아껴도 50일을 넘길 수 없을 분량만 남아 있었지. 성 안에서도 얼어 죽거나 굶어 죽는 병사들이 속출했어. 이런 판국에서도 조정은 당쟁만 일삼고 있었단다. 김상헌의 주전파는 여전히 최후까지 싸울 것을 주장했고, 최명길의 주화파는 청과 강화해야 한다고 주장했어. 누가 봐도 결론은 빤하지 않을까? 모두 죽지 않으려면 항복할 수밖에 없잖아?

조선이 항복하겠다는 의사를 표현하자 청 태종이 조건을 제시했어. 그 첫째는 조선이 청에 대해 군신의 예를 지키라는 거였어. 청을 왕의 나라로 섬기라는 뜻이지. 이어 명과의 모든 관계를 끊을 것도 요구했어. 만약 청이 명을 치면 조선은 지원군을 보내야 하며 청의 허락 없이 조선은 성을 새로 쌓아서도 안 돼. 왕세자를 청에 인질로 보내고 막대한 공물도 내놓으라는 요구조건도 있었어.

어마어마한 요구 조건이었지만 조선은 선택권이 없었어. 모든 요구를 받아들일 수밖에. 1월 30일, 인조는 왕세자와 대신들 500명을 거느리고 남한산성을 나왔어. 이윽고 삼전도에 마련된 '수항단'이란 제단으로 갔어. 청이 조선으로부터 항복을 받는 제단이란 뜻이야. 그곳에서 인조는

삼전도비와 제액 · 삼전도비는 병자호란 때 인조가 남한산성에서 나와 항복한 삼전도에 세운 청의 승전비이다. 비의 앞면은 한자로 쓰고 뒷면은 여진 글자로 썼다.

이마를 땅에 찧으며 항복의 예를 갖췄어. 삼전도의 치욕. 오늘날 이 날의 치욕을 이렇게 부른단다.

북벌의 좌절

보름 후 청의 군대가 철수했어. 소현세자와 세자빈, 봉림대군이 인 질로 끌려갔지. 홍익한, 오달제, 윤집 등 주전파 대신 3명도 함께 끌 려갔는데, 이들을 삼학사라고 부르지.

이제 조선은 청의 간접 지배를 받게 됐어. 식민지로 전락한 것은 아니지만 사실상 식민지처럼 내정 간섭을 심하게 받았어. 이럴 때 보통 복속됐다고 표현하지. 물론 명과는 모든 관계를 끊었어. 조선 은 19세기 후반에 가서야 청의 간섭에서 벗어날 수 있었단다.

8년 후, 소현세자가 긴 인질 생활을 마치고 조선으로 돌아왔어. 그런데 이게 어쩌된 일일까? 소현세자가 2개월 만에 갑자기 사망 한 거야. 왕세자가 죽었으니 후계자 문제가 불거지겠지? 그래도 소 현세자에게는 아들이 있었으니 별 문제가 되지 않을 거야. 적통의 장자가 왕위를 이으면 되잖아?

관례를 따르자면 소현세자의 아들이 왕세손으로 책봉돼 군주 수 업을 받게 될 거야. 하지만 인조는 그러지 않았어. 소현세자의 동생 인 봉림대군을 즉시 청에서 귀국시켰고, 그에게 왕위를 넘겨줬어. 이 왕이 효종17대이야.

왕위 계승이 약간 비정상적이지? 많은 학자들이 이 대목에서 소현세자가 독살됐다고 주장하고 있단다. 인조가 소현세자의 죽음에 개입했다는 거야. 무슨 일이 있었던 것일까?

소현세자는 청나라 현지 적응을 잘했어. 그는 청이 명을 무너뜨리는 걸 지켜보면서 언제까지 청에 반대만 할 수는 없다는 걸 깨달았어. 청의 우수한 문물을 적극 받아들여야 조선이 번영할 수 있다고 생각했지.

소현세자는 청 황실에 선물 공세를 하면서 돈독하게 지내려 했어. 청 황실은 소현세자를 마음에 들어 하며 작은 왕이란 뜻의 소군이라 불렀지. 바로 이 대목에서부터 인조의 심기가 불편해졌어. 인조는 청 황실이 자신을 끌어내리고 소현세자에게 왕위를 넘기려 한다고 생각했던 것 같아.

소현세자는 귀국한 후 인조에게 청을 본받아야 한다고 간곡히 말했어. 낡은 성리학에만 빠져 있을 게 아니라 청의 우수한 학문과 문물을 받아들여야 한다고도 했지. 인조가 격노했어. 인조는 소현세자가 친청파가 돼 돌아왔다고 여겼을 거야. 집권 노론도

자명종과 망원경 · 병자호란 이후 청에 끌려가 볼모 생활을 한 소현세자는 청의 우수한 문물을 받아들여야 한다고 여겼다. 그는 귀국하는 길에 자명종, 망원경 등을 가지고 들어왔다.

소현세자를 험담하기 시작했어.

그러던 중 소현세자가 갑자기 사망했어. 『인조실록』에는 소현세자의 시신이 까맣게 변해 있었고, 7개의 혈에서 피가 흘러나왔다고 기록돼 있어. 그냥 병을 얻어 죽은 시신이라고 하기에는 이상한 모양새지? 게다가 인조는 나중에 세자빈, 세손까지 모두 죽여 버린단다. 장남이 죽었으면 아버지로서 통곡이 나오지 않을까? 그렇다면 며느리와 손자에게 더 잘해 주는 게 인지상정이야. 그런데 오히려 며느리와 손자를 죽여 버리다니, 이상하지 않니? 바로 이 점 때문에 인조가 소현세자를 독살했다는 주장이 설득력을 얻고 있는 거야.

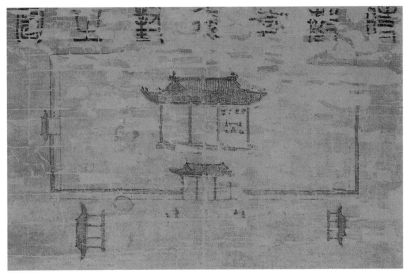

시민당야대지도 · 효종이 세자 시절 송시열에게 시민당이라는 건물에서 밤에 강의를 받은 것을 기념하여 그린 그림이다. 효종은 송시열 등과 함께 북벌을 추진했다.

사실 인조는 삼전도의 치욕을 죽을 때까지 잊지 않고 있었어. 그런데 아들이 청을 찬양하고 있으니 화가 나기도 했을 거야. 인조는 벼루를 소현세자의 얼굴에 집어던져 상처를 입히기도 했어. 세자가 얼마나 미웠으면 그랬겠어? 반면 봉림대군은 인조의 마음에 쏙들었어. 입만 열었다 하면 청에 대한 적개심을 드러냈으니, 그럴 법도 하지.

효종은 왕이 된 후에도 아버지의 뜻을 좇아 "청을 타도하자"를 외쳤어. 북벌이 국정의 최우선 과제가 됐고, 친청파 대신은 모두 숙청을 당했어. 김상헌, 송시열, 김집과 같은 주전파가 다시 주목을 받았고, 일부는 요직으로 복귀하기도 했지. 이들은 북벌이 정당하다는 대의명분까지 만들었어.

"우린 청을 배신하는 게 아니다. 원래 조선은 명을 섬겼다. 그 명이 청에게 무너졌다. 따라서 신하된 도리로서 명의 원수인 청을 치는 것은 당연하다."

효종은 군사력을 강화했어. 인조가 북벌을 위해 만들었던 어영청을 확대하고 수어청을 강화했으며 기병도 대대적으로 늘렸어. 이제 북벌 준비가 모두 끝났어. 그러나 안타깝게도 효종은 뜻을 이루지 못하고 세상을 떠났단다. 게다가 조선은 열심히 훈련시켜 놓은 군대를 청의 요청을 받아 러시아 정벌에 두 차례나 보내야 했어. 죽쒀서 개 준 셈이지.

붕당정치 투쟁, 본격화하다

이어 효종의 장남이 왕에 올랐어. 현종18대은 효종의 장남인데, 효종이 청에 볼모로 잡혀 있을 때 태어났어. 조선 역사에서 유일하게 외국에서 태어난 왕으로 기록돼 있지. 현종은 또한 후궁을 두지 않아 유일하게 부인이 한 명인 왕이기도 해.

현종의 시대, 붕당 간의 정치 투쟁이 또다시 격해졌어. 이 투쟁은 현종의 뒤를 이은 숙종19대 때 절정에 이른단다. 숙종은 붕당 간의 다툼을 교묘하게 이용하면서 왕권을 강화했어. 이에 대해서는 뒤에서 한꺼번에 다루기로 하고, 나머지 역사를 볼까?

숙종 시기, 왕의 직속기관인 금위영을 만들었어. 직속 군사기관이 있으니 왕의 힘이 더 커진 것 아니냐고? 맞아. 대신들이 정치 싸움을 벌이는 동안 숙종이 묵묵히 권력을 키웠음을 알 수 있는 대목이지. 이 금위영의 완성으로 조선 후기 국방 시스템인 5군영이 완성됐다는 점도 알아 둬.

숙종 때는 여러 사건이 있었어. 그중 하나가 안용복 사건이야. 안용복이 울릉도와 독도에 자주 나타나던 일본인들을 모두 쫓아낸데 이어 일본에 직접 건너가 울릉도와 독도가 우리 땅이란 사실을 문서로 인정받은 사건이지.

대동법이 황해도 지역까지 확대된 것도 숙종 때의 일이야. 이로써 사실상 일부 국경 지대를 빼곤 전국에서 대동법이 시행됐어. 숙종은 백두산정계비를 세워, 청과의 국경선을 확정짓기도 했어1712년.

상평통보 · 숙종 때부터 조선 말기까지 통용되었다. 앞면에는 상평통보(常平通寶)라고 새겨져 있고, 뒷면에는 돈을 만든 관청의 약칭이 표시되어 있다.

이때 확정된 국경선은 서쪽으로 압록강, 동쪽으로 토문강이야. 이 토문강의 위치를 두고 훗날 논란이 벌어진단다. 그게 간도 논쟁이야. 토문강을 두만강으로 본다면 간도는 우리 땅이 아니게 돼. 하지만 더 북쪽에 있는 쑹화강의 지류라고 본다면 간도는 우리 땅이 되지.

숙종 때는 상평통보가 널리 유통됐어. 하지만 부작용도 있었어. 아무나 돈을 찍어 내는 바람에 돈의 가치가 떨어진 거야. 민중의 삶은 더욱 힘들어졌지. 엎친 데 덮친 격으로 자연재해까지 농촌을 덮쳤어. 민심이 흉흉하게 변하고 있었어. 농촌에서 반란이 잇달아 일어났지. 대표적인 게 장길산의 난이었어. 그는 황해도 구월산을 무대로 활약하면서 새 나라를 만들려고 했단다.

숙빈유인 · 영조의 생모인 숙빈 최씨가 사용하던 도장이다.

숙종의 말년에 또다시 정치 싸

움 때문에 조정이 시끄러워졌어. 이번에도 후계자 문제가 발단이 됐어. 소론은 희빈 장씨의 아들을, 노론은 숙빈 최씨의 아들을 밀었지. 그 와중에 숙종이 세상을 떠났어. 그러니 자연스럽게 왕세자였던 희빈 장씨 아들이 왕에 올랐지. 바로 경종20대이야. 경종은 왕위에 있으면서 내내 정치 싸움에 시달려야 했어. 결국 배다른 형제인 연잉군에게 왕위 자리를 내주고 말았지. 그 왕이 바로 영조란다. 영조의 역사부터는 다음 장에서 살펴볼게.

못난 아버지와 현명한 아들

인조반정 때 서인들이 내세운 가장 큰 명분은 "광해군이 명을 사대하지 않는다"였어. 인조와 서인 정권은 후금에 대해 적대적으로 돌아섰고, 그 결과 병자호란을 겪어야 했지. 국제 정세를 읽는 눈이 광해군보다 턱없이 부족했던 거야. 중립 외교 정책을 그대로 이어갔다면 조선 민중이 그토록 극심한 고통을 겪지 않았을 수도 있었겠지.

그러나 인조의 아들 소현세자는 국제 정세를 제대로 꿰뚫고 있었어. 소현세자는 청에 머물면서 서양의 첨단 문물을 직접 접했고, 그것들을 조선에 접목시키는 방안을 고심했어. 세계가 빠르게 돌아가고 있는데 조선만 우물 안 개구리처럼 있어서는 안 된다는 것을 절실하게 깨달았던 거야.

만약 소현세자가 왕이 됐다면, 적어도 조선은 그 후 일본에 의해 강제로 개항되는 운명을 맞지 않았을 수도 있어. 근대화의 속도가 더 빨랐을 테니까. 그러나 역사는 냉정해. 소현세자는 독살됐고, 조선은 고인 물처럼 썩어 들어갔잖아?

붕당정치의 시대

조선의 정치를 책임진 그룹은 사대부 대신들이었어. 물론 모든 권력이 왕에게 집중돼 있었지. 하지만 왕이 직접 모든 정책을 만들거나, 정책이 제대로 이행되고 있는지를 일일이 확인하지는 못해. 대부분의 왕들은 대신들이 논의해 올린 정책 가운데 중요한 것에 집중했어.

상황이 이랬기에 대신들은 치열하게 주도권 다툼을 벌였어. 이게 바로 붕당정치야. 초기엔 균형의 원리에 따라 토론과 논쟁으로 정치를 발전시키는 데 기여했지만 시간이 흐르면서 권력 투쟁으로 변질됐어. 자신의 파벌을 한 명이라도 더 조정에 들이려 안간힘을 썼고, 반대파에 대해서는 피도 눈물도 없는 숙청을 단행했지.

이 장에서는 16세기 후반부터 17세기 후반까지의 붕당정치에 대해서 집중적으로 살펴볼 거야. 조각처럼 따로따로 아는 것보다는 전체의 역사를 한꺼번에 살펴보는 게 당시 상황을 이해하는 데 더 큰 도움이 될 거야.

동서분당과 붕당정치의 시작

선조에 이르러 사림파가 훈구파와의 대결에서 최종 승리했다고 했지? 하지만 얼마 지나지 않아 사림파도 먼저 조정에 진출한 기성 사림파와 새로 조정에 진출한 신진 사림파로 나뉘었어.

신진 사림파는 기성 사림파가 훈구파를 닮아 가고 있다고 비판했어. 정치 맛을 보더니 변했다는 거야. 이 신진 사림파는 조식, 서경덕, 이황의 학풍을 계승했어. 반면 기성 사림파는 이이, 성혼의 학풍을 계승했지.

두 파벌이 티격태격하던 중 이조 전랑을 뽑는 과정에서 크게 싸우고야 말았어. 이조 전랑은 인사를 담당하는 직책. 상당한 영향력을 행사할 수 있었기에 두 파벌이 모두 노리던 자리야.

이조 전랑 후보로 김효원이란 인물이 추천됐어. 그는 문과에서 장원급제한 데다 청빈하기까지 해서 젊은 선비들로부터 우상처럼 여겨지던 인물이야. 그는 신진 사림파의 우두머리 역할을 했어.

그런데 기성 사림, 즉 노장파가 반발했어. 노장파의 우두머리는 명종 부인_{인순왕후}의 동생 심의겸이었어. 그는 김효원이 이조 전랑에 적합하지 않다고 주장했지.

"김효원은 을사사화를 일으킨 역적 윤원형의 집에 머문 적이 있다. 믿을 수 없는 자다. 어떻게 그런 자에게 막중한 이조 전랑 자리를 맡기겠는가?"

이 방해공작이 처음에는 먹혔어. 김효원이 이조 전랑에 오르지 못한 거야. 하지만 2년 후, 김효원은 결국 이조 전랑에 올랐어. 이제 논쟁도 끝났을까? 아니야. 김효원이 이조 전랑에서 물러날 때 다시 논쟁이 터져 나왔어.

당시 이조 전랑의 후임자로 심의겸의 동생 심충겸이 추천됐어. 그러자 김효원이 강력하게 반대했어. 1차 때와 입장이 180도 바뀌었지? 심충겸은 결국 이조 전랑이 되지 못했단다. 김효원의 논리도 들어 볼까?

"심씨 가문은 왕의 외척이다. 외척이 이조 전랑을 차지하면 공명정대한 인사가 될 수 없다."

사실 틀린 말은 아니야. 그러나 심의겸의 속이 편안하지는 않았을 거야. 이제 두 인물은 서로 얼굴만 보면 붉히기 시작했어. 대신들도 두 파벌로 나뉘어 으르렁댔지. 당시 김효원은 서울 동쪽에 살고 있었고, 심의겸은 서쪽에 살고 있었어. 이 때문에 김효원 일파는 동인, 심의겸 일파는 서인으로 부르기 시작했어. 그래, 바로 이때부터 사림파 사대부가 두 파벌로 나뉜 거야. 이를 동서분당이라고 하지1575년.

이미 말했던 대로 동인은 대체로 이황의 영남학파를, 서인은 이이의 기호학파를 계승했어. 정치 뿐 아니라 학문에서도 두 파벌이 경쟁을 벌인 거야.

기축옥사와 동인 정권, 그리고 동인의 분열

1라운드에서 굳이 승자를 꼽으라면 김효원일 거야. 그렇기 때문에 동서분당 이후 세력이 강했던 쪽은 동인이었어. 그러나 이이가 조정의 핵심인사가 된 후로는 서인의 세력이 커졌어. 이이는 학문적으로 보면 서인 계열이라고 했지? 그래도 이이는 정치적으로 어느 한 쪽 붕당을 특별히 지원하거나 멀리 하지 않았어. 중도적인 입장이었다는 얘기야. 그 때문에 당장은 큰 정치 사건이 터지지 않았지.

하지만 얼마 지나지 않아 결국 사고가 터지고 말았어.

동인 정여립은 원하는 관직을 얻지 못하자 고향으로 내려갔어. 고향에서는 대동계라는 단체를 조직해 활동했지. 시골에 묻혀 살다 보니 조정과 서인에 대한 불만이 더 커진 것일까? 아니면 서인의 조작이었던 것일까? 어쨌든 기록상으로는 정여립이 대동계를 동원해 반란을 일으키려고 했어. 정부가 즉각 진압했고, 정여립은 스스로 목숨을 끊었어.

정말로 정여립이 반란을 일으켰는지는 확인되지 않고 있어. 어쩌면 진실은 중요하지 않아. 이 사건을 계기로 정치 소용돌이가 휘몰아쳤다는 게 중요하지.

서인의 보스 격인 정철이 총대를 멨어. 정철은 이 사건에 대한 집중 조사를 벌였어. 무려 2년에 걸쳐 수사가 이뤄졌고, 그 결과 1000여 명이 목숨을 잃었거나 유배를 떠나야 했어. 물론 대부분은 동인이었어. 이 사건을 기축옥사라고 불러1589~1591년. 그 결과 서인이 승리를 거뒀어. 당연히 서인 정권이 들어섰지.

이 무렵 서인의 리더는 정철, 윤두수였고 동인의 리더는 류성룡, 이산해였어. 이산해가 얼마 후 기축옥사에 대한 복수전에 돌입했어.

마침 왕세자 책봉을 둘러싸고 서인과 동인이 미묘한 입장 차이를 보이고 있었어. 이때 왕비 의인왕후는 아들을 낳지 못하고 있었어. 그러자 서인 정철은 후궁이 낳은 아들 가운데 한 명을 빨리 왕세자로 책봉해야 잡음이 생기지 않는다고 주장했어. 정철은 공빈 김씨의 둘째 아들 광해군을 왕세자로 추천했어.

웬일인지 동인의 영수 이산해도 이에 동의했어. 물론 겉으로만 그랬지. 속은 딴 마음이었단다.

이산해의 '정철 죽이기' 작전이 시작됐어. 이산해는 선조가 총애하는 후궁 인빈 김씨에게 접근했어. 인빈 김씨 또한 아들이 있었는데, 이산해는 정철이 광해군을 왕세자로 밀면서 인빈 김씨의 아들을 해코지할 수 있다고 이간질을 했지. 이 작전이 성공했어!

류성룡 비답 · 선조가 류성룡의 사직을 허락하지 않으며 내린 글이다. 류성룡은 남인을 대표하는 인물로 임진왜란 전에 이순신을 전라좌수사로 추천했다.

통한국사 2

인빈 김씨는 선조에게 "정철이 내 아들을 죽이려 한다"며 신세한 탄을 했어. 화가 난 선조가 정철을 좌의정에서 파직해 버렸어. 다른 서인들에 대해서도 벼슬을 빼앗거나 지방 발령을 내 버렸지. 그 결과 서인이 정권에서 멀어졌어. 맞아. 동인이 집권당이 된 거야.

누구나 권력을 잡고 나면 더 큰 권력을 탐하게 될까? 사림파가 최초로 분열해 동서분당이 이뤄졌지? 이번엔 서인을 내치면서 강경파와 온건파로 동인이 분열했단다. 온건파는 서울 남산 주변에 몰려 살았기 때문에 남인, 강경파는 한양 북쪽에 살았기 때문에 북인이라고 불렀지.

남인을 대표하는 인물로는 류성룡이 있었어. 정인홍, 이산해, 이발은 북인의 대표 인물이었지. 학문적으로 보면 남인은 이황의 학문을 이어받았고, 북인은 조식의 후계자였어.

議政府領議政柳成龍再度呈辭
小允批答
忘
王若曰嗚呼卿将棄予而休歟然則其将
社稷之憂而自逸之求卿必不安為此
矢然則其或有大志未安於中者而不能
自已歟抑予待卿之不誠無以使卿
安其位歟卿實無此矣然則卿之病
果深筋力果兼果不堪供職務歟不
然則引疾之告矣五日而再至歟
予聞卿病以来為之寢寐不寧嗚呼
卿有大賢之資而充為之王佐
之才而将之以血誠自予永丕基
卿常在于予左右以翼以交修不
逮觀其正色立朝行己不回公以廢事
荘以接物予毎望之輒起敬予惟知
卿之深信卿之篤故首尾二十餘年
任之不貳任往雖有諸毀之者而予未
當一毫起卿情好之隆始終不替此則
予雖不言卿尚克知之逮國多難
廟社播越控訴
天朝以此圖存而其間事機之變動實有

동인 정권의 큰 실책 하나를 언급하고 넘어갈까?

왕세자 책봉 논란이 있기 1년 전, 일본에 통신사가 파견됐어. 통신사의 책임자, 즉 정사正使는 서인 황윤길이었고, 부사副使는 동인 김성일이었지. 이들은 꼬박 1년을 일본에 있다가 이듬해 귀국했어.

통신사들은 조정에 일본의 상황을 보고했어. 문제는, 황윤길과 김성일의 관측이 정반대였다는 데 있었어. 황윤길은 일본이 군선을 대대적으로 보강하고 있다고 보고했어. 머잖아 한반도를 침략할 것이란 예측이었지. 반면 김성일은 전쟁 조짐이 없다고 보고했어.

팔이 안으로 굽는다는 말이 있지? 동인 정권은 서인 황윤길의 보고를 묵살했고, 일본의 침략이 없을 거라고 결론 내렸어. 결국 일본은 무방비로 있던 조선을 손쉽게 공략할 수 있었지.

광해군과 북인 정권

임진왜란이 일어날 무렵, 집권당은 동인 붕당에 속하는 남인이었어. 그러나 전쟁이 끝난 후 북인은 정인홍을 중심으로 똘똘 뭉쳤고, 결국 남인의 최고 실력자 류성룡을 탄핵하는 데 성공했어. 게다가 북인의 영수인 정인홍을 비롯해 곽재우 등 의병을 일으킨 의병장이 대부분 북인이었지. 그런 공을 세운 북인을 무시할 수 없었겠지? 이로써 북인 정권이 탄생했단다.

정권을 잡았으니 북인들은 더욱 단결했을까? 아니야. 오히려 분열의 속도가 더욱 빨라졌어. 북인은 다시 대북과 소북으로 갈라졌어. 정말 복잡하지? 갈라서기만 한 게 아니라 다시 권력 다툼을 벌였어. 선조의 후계자를 결정하는 문제를 놓고 대북과 소북이 대립하기 시작했지.

임진왜란이 터지자 선조는 광해군을 왕세자로 책봉했어. 그러나 선조는 광해군을 별로 마음에 들어 하지 않았어. 새 왕후인 인목왕후가 영창대군을 낳자 선조는 그를 새로운 왕세자로 책봉하려 했지.

이때 소북은 영창대군을 지지했어. 반면 대북은 광해군을 지지했지. 두 파벌은 치열한 논쟁을 벌였어. 그러다가 선조가 2년 후 갑자기 세상을 떠나자 광해군이 왕에 올랐어. 대북이 기세를 올렸겠지? 이때 대북의 우두머리가 『홍길동전』으로 유명한 허균과 이이첨이었단다. 물론 소북은 거의 전멸했어. 그래도 광해군은 파벌을 완전히 배척하지는 않았어. 이를테면 영의정 이원익은 남인 계열이었지.

광해군은 연산군과 더불어 조선의 대표적인 폭군이란 평가를 받아. 하지만 이 평가가 반드시 옳은 것은 아니야. 광해군은 업적이 꽤 많거든. 또한 처음부터 폭군이었던 것은 아니야. 대신들의 정치 싸움에 희생됐다는 평가가 많아. 대북이 다른 파벌에 정권을 뺏기지 않으려고 각종 음모를 만들어 냈고, 광해군은 그 음모를 그대로 믿었어. 왕위가 위태롭다는 생각에 광해군은 닥치는 대로 반대 세력을 제거했지. 이 과정에서 많은 사람들이 죽었어. 어쩔 수 없이 폭군으로 돌변한 셈이지.

인조반정과 서인 정권

정여립의 난과 기축옥사를 기억하지? 그때 반짝 정권을 잡았던 서인은 그 후 동인과의 싸움에서 거의 대부분 패했어. 동인이 남인과 북인으로 분열하고, 북인이 대북과 소북으로 다시 분열했어도 권력은 여전히 동인 계열이 잡고 있었지. 서인은 와신상담하면서 기회를 엿보고 있었어. 마침내 그 기회가 왔어.

광해군의 중립 외교와 인목대비 폐서인 등을 빌미로 서인이 남인과 함께 반란을 일으켰어. 폭군 광해군을 제거하고 정치를 바로잡는다는 명분을 내세웠지. 바로 인조반정이야1623년.

인조반정으로 서인이 30여 년 만에 정권을 탈환했어. 더불어 광해군을 지지했던 대북은 완전히 몰락했어. 이제 동인 세력으로는 남인과, 아주 일부밖에 남지 않은 소북이 전부가 됐어.

병자호란을 치르는 동안 서인은 정권을 지켰어. 서인과 함께 반정을 일으켰던 남인도 서인만큼은 아니지만 세력을 어느 정도 유지할 수 있었어. 그리 길지 않은 시간, 조정에 평화가 유지됐어.

예송 논쟁과 붕당정치의 변질

지금까지 살펴본 붕당 간의 갈등도 적지 않지? 그래도 이 무렵까지는 상대 붕당과 토론하고 논쟁하는, 붕당정치의 원칙은 어느 정도 지켜지고 있었어. 이념은 다르지만 나름대로 나라를 생각하는 마음도 남아 있었지.

하지만 17세기 중반으로 접어들면서 붕당의 정치 투쟁은 새로운 국면으로 접어들게 돼. 서인이 집권당이 된 이후 '명분'

휘릉 · 인조의 두 번째 왕비이자 효종의 계모인 자의대비 무덤이다. 자의대비가 상복을 입는 기간을 두고 두 차례 예송이 발생했다.

을 더욱 중요하게 여기기 시작한 거야. 정책을 만들 때도 어떤 것이 더 명분에 합당한 것인지를 먼저 따졌어. 그 대표적인 사례가 예송 논쟁이야.

효종이 사망하자 그의 아들이 왕위를 이었어. 바로 현종18대이야. 현종은 즉위하기도 전부터 붕당 갈등에 휩싸였어.

현종의 할아버지 인조는 늘그막에 새 부인을 얻었어. 그 부인은 아들인 효종보다 나이가 어렸어. 바로 자의대비야. 자의대비는 효종이 사망했을 때 살아 있었어. 그렇다면 상복을 입어야 할 텐데, 입어야 하는 기간이 논란이 된 거야.

서인은 사대부의 예법을 적용해야 한다고 주장했어. 사대부 집안의 어머니들은 장남이 죽으면 3년, 차남 이하라면 1년간 상복을 입었단다. 이 기준에 따른다면 효종은 둘째 아들이었으니 자의대비가 상복을 입는 기간은 1년이 돼.

남인은 왕은 사대부와 다르며, 왕에 등극했다는 것은 장남의 권위를 이어받는다는 것임을 강조했어. 자의대비가 최고 기준인 3년간 상복을 입어야 한다는 거지. 이 논쟁이 바로 제1차 예송 논쟁이야[1659년].

현종은 집권한 직후라 권력이 강하지 않았어. 그러니 집권당의 의견을 따랐어. 서인이 승리한 거야.

그로부터 15년 후, 효종의 부인이 사망했어. 이번에는 며느리가 죽었을 때 시어머니가 얼마나 상복을 입어야 하는지에 대한 논쟁이 벌어졌지. 서인은 사대부 법도에 따라 차남의 부인 대우를 하며, 그에 따라 자의대비는 9개월 상복을 입는 게 좋다고 주장했어. 남인은 왕의 부인이니 장남의 부인과 다르지 않다며 1년을 주장했지.

그사이에 현종도 많이 성장했겠지? 이 2차 예송 논쟁에서 현종은 남인의 손을 들어줬어. 그 결과 집권당이 남인으로 바뀌었지.

붕당정치가 좀 바뀌는 것 같지? 현실로부터 점점 멀어지는 느낌이 들지 않니? 물론 당시의

송시열 초상 · 송시열은 서인의 영수였으며, 서인이 노론과 소론으로 갈라진 뒤에는 노론의 영수였다. 그는 2차 예송에서 남인 영수인 허목과 대립하였으나 숙종은 남인의 주장을 채택했다.

성리학 가치관에 따르면 이 예송 논쟁이 아주 중요했을 수도 있어. 하지만 일반 백성들에게는 그야말로 불필요한 논쟁일 뿐이야. 정치가 예법 논쟁에 온 힘을 쏟을 만큼 한가한 건 아니잖아? 이 때문에 이 무렵부터 붕당정치가 변질되기 시작했다는 평가가 많단다.

왕도 함부로 못 한 조선왕조실록

조선시대, 왕도 함부로 할 수 없는 직업이 있었어. 바로 왕조실록을 작성하는 사관이야. 사관은 예문관의 관리가 겸직하는 게 보통이었는데, 실록의 기본 자료가 되는 사초를 작성했단다.

사초는 왕도 함부로 볼 수 없었어. 사냥하다 떨어진 태조가 그 내용을 빼 달라고 했지만, 사관은 무시하고 그대로 기록하기도 했단다. 현종은 신하들과 벌인 논쟁을 삭제해 달라고 요청했지만, 사관은 논쟁은 물론이고 현종이 삭제를 요청했다는 내용까지 고스란히 사초에 기록했지. 그래, 사초는 아무도 건드릴 수 없는 일종의 비밀문서였어. 보통 실록 편찬이 끝나면 사초를 없애 버렸지. 사초 내용이 공개되면 큰 봉변을 당할 사람이 생길지도 모르잖아?

사초에 실린 조의제문이 무오사화의 발단이 됐지? 그렇다면 폭군 연산군은 사관을 함부로 할 수 있었던 걸까? 아니야. 당시 연산군도 사초의 일부만을 봤을 뿐이야. 전 내용을 다 본 것은 아니란다.

사관은 역사를 후세에 남기기 위해 궁궐 안의 모든 문서를 마음대로 볼 수 있었어. 왕에게 올라오는 장계(보고서)나 상소문도 사관이 먼저 봤지. 왕이 내린 비밀교서도 사관은 자유롭게 열람할 수 있었단다. 이렇게 철저하게 조선왕조실록이 제작됐기에 오늘날 유네스코도 세계기록문화유산으로 지정한 게 아닐까?

◆ 역 사 리 뷰 ◆

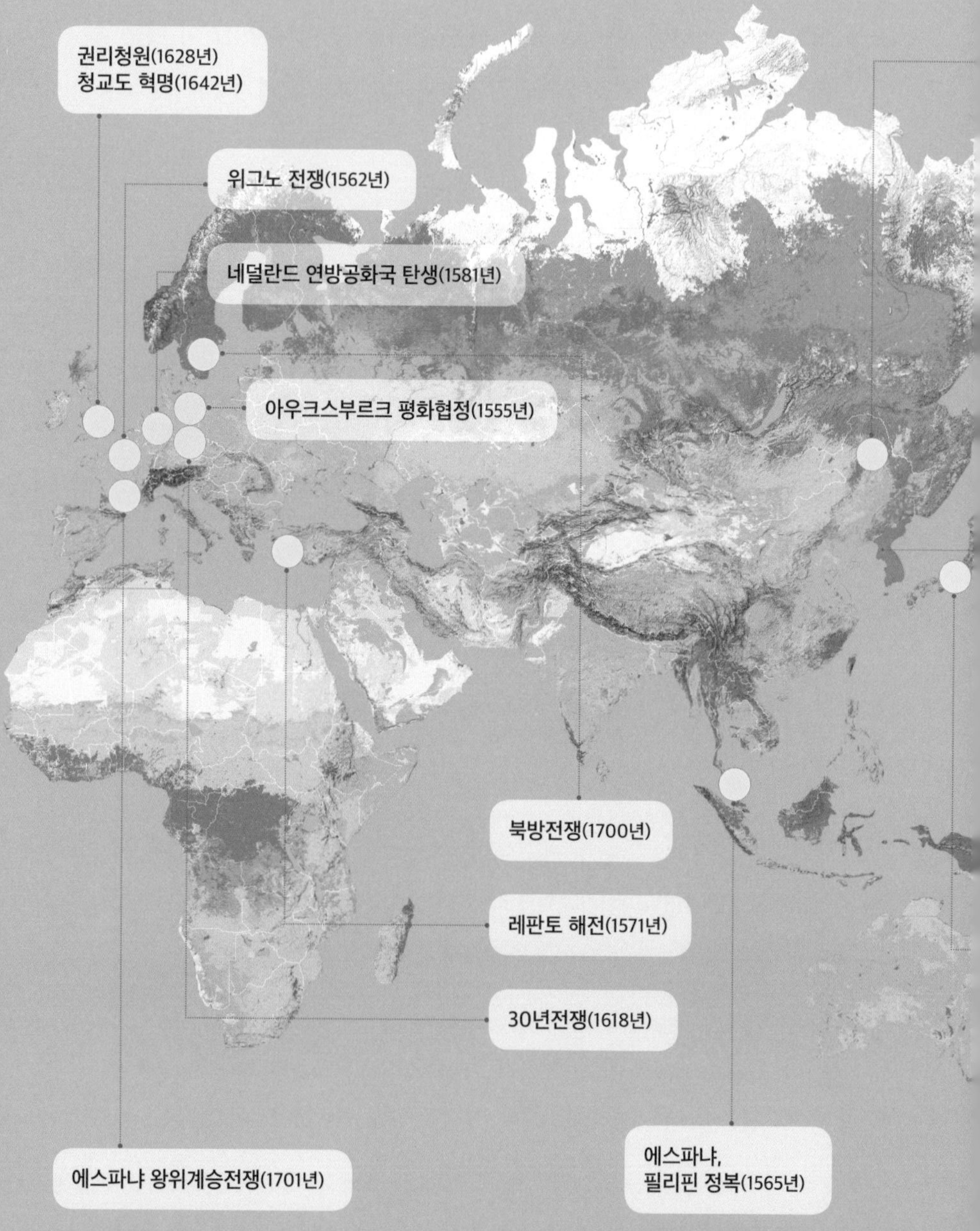

권리청원(1628년)
청교도 혁명(1642년)

위그노 전쟁(1562년)

네덜란드 연방공화국 탄생(1581년)

아우크스부르크 평화협정(1555년)

북방전쟁(1700년)

레판토 해전(1571년)

30년전쟁(1618년)

에스파냐 왕위계승전쟁(1701년)

에스파냐,
필리핀 정복(1565년)

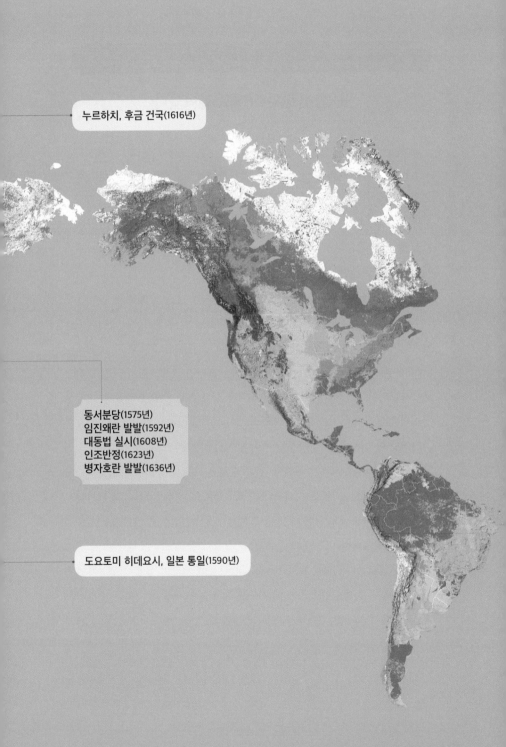

누르하치, 후금 건국(1616년)

동서분당(1575년)
임진왜란 발발(1592년)
대동법 실시(1608년)
인조반정(1623년)
병자호란 발발(1636년)

도요토미 히데요시, 일본 통일(1590년)

유럽, 전쟁의 시대로 접어들다

1575년 사림파가 동인과 서인으로 분열하면서 붕당정치가 시작됐어. 동인과 서인은 서로 견제와 균형의 원칙을 지키며 정치를 했어. 하지만 항상 그런 것은 아니었어. 일본이 전국시대를 끝내고 통일했는데도 달라진 분위기를 감지하지 못했지. 그 결과 1592년 임진왜란이 터졌고, 5년 후인 1597년에는 다시 정유재란이 터졌어.

광해군은 대동법을 실시하고, 명과 후금 사이에서 중립 외교를 펼쳤어. 그러나 명에 대한 사대주의에 빠져 있던 서인들은 끝내 광해군을 몰아내고야 말았어. 그게 인조반정이야1623년. 서인 정권은 후금을 적대했고, 그 결과 다시 전쟁의 소용돌이에 휩싸였지. 1627년에 터진 정묘호란과 1636년의 병자호란이야. 인조는 삼전도에서 치욕적인 항복을 할 수밖에 없었지.

이어 왕실 장례에서 대왕대비가 얼마의 기간 동안 상복을 입어야 하는지를 둘러싸고 두 차례에 걸쳐 예송 논쟁이 벌어졌어. 그 후로도 경신환국1680년, 기사환국1689년이 반복되면서 붕당 간의 정쟁은 거세졌어. 서인이 최종적으로 정권을 잡았고, 이어 노론과 소론으로 다시 분열했어. 조선이 웅덩이에 고인 물처럼 가라앉아 있을 때 유럽에서는 근대화 물결이 본격적으로 소용돌이 치고 있었단다.

동서분당이 있기 20년 전인 1555년, 신성로마 제국의 황제 카를 5세는 아우크스부르크 평화협정을 통해 신교의 자유를 인정했어. 그렇다고 해서 당장 신·구교 사이의 갈등이 해소되진 않았어. 프랑스에서는 위그노 전쟁

레판토 해전

이 터지면서 구교도들이 신교도를 집단학살하기도 했지1562년. 그 와중에 신교도들은 네덜란드 연방공화국을 세우기도 했어1581년. 그 후 프랑스에서도 앙리 4세가 낭트칙령으로 신교를 허용했단다1598년.

특히 에스파냐의 약진이 두드러졌어. 에스파냐는 1565년 필리핀을 정복한데 이어 1571년 레판토 해전에서는 오스만 제국을 격파했어. 이 승리 이후 스페인 해군에게는 무적함대란 별명이 붙었단다.

근대로 접어든 유럽에서는 전쟁도 많이 발생했어. 독일에서 30년전쟁이 발생했고1618년, 영국에서는 왕 찰스 1세를 제압해 권리청원에 서명하게 했어1628년. 또한 영국에서는 이밖에도 첫 시민혁명인 청교도 혁명이 터지기도 했지1642년. 30년전쟁이 끝난 후 유럽 국가들은 근대의 첫 조약인 베스트팔렌조약을 체결했어1648년.

아시아로 눈길을 돌리면, 일단 도요토미 히데요시가 일본을 통일한 게 눈에 띄어. 그 후 임진왜란이 터졌지? 이 전쟁이 끝나고 얼마 지나지 않아 만주 일대에서 누르하치가 후금을 건국해 중국 정복의 시동을 걸었어1616년. 후금은 1636년, 국호를 청으로 바꿨단다.

3

마지막 개혁과 좌절

조선 후기
18세기 초반~19세기 중반

연표	1724년	1742년	1750년	1776년	1784년	1791년
	영조 등극, 개혁 착수	영조, 탕평비 건립	균역법 시행	정조, 규장각 설치	이승훈, 첫 천주교 영세	천주교 첫 박해, 신해박해

	1862년	1860년	1846년	1811년	1801년	1800년
	진주민란과 제주민란 발발	최제우, 동학 창시	김대건 순교	홍경래의 난	신유박해	순조 즉위, 세도정치 시작

동궐도 • 창덕궁과 창경궁을 조감도 형식으로 그린 그림이다. 임진왜란 때 경복궁이 불탄 이후 왕은 주로 창덕궁에 머물렀다.

환국정치시대

현종 시절, 제2차 예송 논쟁에서 승리한 남인은 서인의 영수인 송시열을 제거하기로 했어. 이 과정에서 아예 죽여야 한다는 강경파와, 그럴 필요까지는 없다는 온건파로 남인이 분열했어. 동인이 남인과 북인으로 분열할 때와 같은 풍경이지? 강경파 남인은 청남, 온건파는 탁남이라고 불렀어.

  왜 집권만 하면 분열할까? 문제는 여기에서 끝나지 않았어. 이 무렵부터는 내가 살기 위해 경쟁자를 죽이려는 정치 투쟁이 심해졌어. 그 결과 붕당 간의 다툼 끝에 피바람이 불어 닥치기도 했지. 이런 투쟁의 결과로 정권이 완전히 바뀌는 것을 환국이라 했어. 현종의 뒤를 이은 숙종19대 때 이 환국정치가 절정에 달한단다.

경신환국과 서인의 분열

남인은 오만해졌어. 청남, 탁남으로 나뉘어 자기들끼리도 갈등을 벌였잖아? 서인은 기회만 엿보고 있었어. 마침 남인의 오만으로 큰 사건이 벌어졌어. 이를 서인이 놓칠 리가 없지.

남인의 영수이자 영의정인 허적이 잔치를 열었어. 그런데 갑자기 비가 내리기 시작했어. 허적은 궁에 있는 용봉차일을 갖다 썼지. 기름을 겉에 칠한 천막인데, 비가 올 때 아주 요긴한 물건이야. 문제는, 이게 궁중 물건이라는 데 있어. 왕의 허락도 받지 않고 마음대로 갖다 쓴다는 건 있을 수 없는 일이지. 남인이 얼마나 오만했는지 알 수 있겠지?

실제로 숙종은 이 사실을 알고 크게 화를 냈단다. 괘씸한 마음에 잔치를 조사하도록 했어. 이 잔치에 참석한 사람들이 대부분 남인이라는 보고가 들어왔어. 평소 남인의 오만함을 응징하겠다며 벼르고 있던 숙종이 마침내 폭발했어.

당장 영의정부터 서인으로 교체했어. 요직에 있는 남인은 모두 내쫓았어. 관리들이 순식간에 서인으로 바뀐 거야. 만약 사태가 여기에서 끝났다면 남인이 금방 재기에 성공했을 수도 있어. 하지만 그러지 못했어. 얼마 후 허적의 손자가 반란을 모의한 혐의로 체포된 거야.

반란은 국가를 전복하겠다는 뜻이야. 가장 엄하게 처벌하는 범죄지. 당연히 남인들에 대한 대대적인 수사와 처벌에 돌입했어. 허적

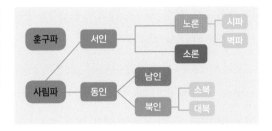

도 처형! 남인의 또 다른 리더인 윤휴도 사약을 받고 죽었어.

남인이 완전히 몰락했어. 이 사건이 바로 경신환국이란다[1680년]. 경신환국은 남인의 오만에서 비롯됐어. 하지만 반란과 관련해서는 또 다른 의견이 있지. 실제로 반란을 일으킨 게 아니라 서인이 꾸민 음모라는 거야. 허적의 손자가 포악한 점을 이용해 서인이 반란의 누명을 씌웠다는 거지. 어느 게 사실일까?

경신환국으로 서인이 정권을 탈환했어. 동인이 권력을 잡은 뒤 남인과 북인으로 분열했고, 북인도 정권을 잡은 후 대북과 소북으로 갈라섰어. 남인도 청남과 탁남으로 갈렸지? 서인도 마찬가지였어. 남인을 처벌하

희빈 장 씨의 묘비 · 희빈 장 씨는 본명이 장옥정으로 경종의 생모이다. 그녀의 묘를 대빈묘라고 한다.

는 과정에서 강경파와 온건파로 분열한 거야. 강경파는 노론, 온건파는 소론이라 부른단다.

노론의 영수는 송시열이었어. 소론의 영수는 윤증이었는데, 송시열의 제자였지. 윤증은 비록 송시열의 제자였지만 생각과 철학이 많이 달랐어. 가령 송시열은 명을 받들고 청을 정벌해야 한다는 주장을 했지만 윤증은 실리적으로 청과 외교관계를 맺어야 한다고 주장했어.

사실 윤증은 송시열에게 개인적인 원한이 있었어. 윤증이 아버지 윤선거가 죽었을 때 송시열에게 묘비명을 부탁한 적이 있었는데, 송시열이 단박에 거절한 거야. 이 사건 이후 윤증은 송시열과 완전히 갈라섰어. 그 후 윤증의 소론은 노론을 비판하는 진보 세력의 역할을 했지.

자, 대신들의 파벌을 정리해 볼까? 동인은 남인과 북인, 서인은 노론과 소론으로 나뉘었지? 총 4개의 파벌이 만들어진 거야. 세부적으로 보면 더 자잘하게 파벌이 나뉘었어. 서인 노론도 얼마 후 시파와 벽파로 다시 분열해. 복잡하지?

장희빈과 인현왕후

인조의 계비 자의대비는 이 무렵까지도 생존해 있었어. 그 자의대비가 머무는 처소에 장옥정이란 나인이 있었지. 숙종은 곧 그녀에게 푹 빠져 버렸어. 문제는, 장옥정의 가문이 남인이었다는 거야.

숙종의 어머니 명성왕후나 부인 인현왕후는 모두 서인 가문 출신이었지. 당연히 왕이 장옥정을 총애하는 게 못마땅했겠지? 혹시나 숙종이 장옥정을 후궁으로 앉히면 남인의 세력이 커지잖아? 게다가 장옥정은 간사하기가 이를 데 없었어. 명성왕후는 왕의 눈을 흐리게 한다며 장옥정을 궁 밖으로 쫓아냈어.

어머니의 지엄한 명령이니 숙종도 어쩔 수 없었어. 그러나 명성왕후가 세상을 떠나자 숙종은 당장 장옥정을 궁으로 불러들였지. 숙종은 장옥정을 일단 후궁 가운데 서열이 가장 낮은 소의에 앉혔어.

경현당석연도 · 숙종이 경현당이라는 건물에서 나이 많은 퇴직 관리들에게 베푼 연회를 그린 그림이다. 숙종은 치열한 당쟁을 이용해 왕권을 강화했고, 그 결과 세 차례나 환국이 일어났다.

그 소의 장씨가 얼마 후 아들을 낳았어. 당시 인현왕후는 오랫동안 아들을 낳지 못하고 있었단다. 남인 대신들은 세자 책봉을 미루지 말라며 왕에게 읍소했어. 사실, 숙종은 소의 장씨를 무척 아끼기도 했지. 결국 숙종은 소의 장씨의 아들 이윤을 원자로 책봉했어. 더불어 소의 장씨는 희빈 장씨로 승격했지.

희빈 장씨의 기세가 하늘을 찔렀어. 자신의 자식이 장차 국왕이 될 가능성이 커졌으니 뭐가 무섭겠어? 희빈 장씨는 인현왕후까지 대놓고 무시했어. 인현왕후가 초조해졌겠지? 희빈 장씨가 권력에 가까워질수록 서인도 불안해졌어.

결국 서인 노론 영수 송시열이 총대를 멨어. 송시열은 정비인 인현왕후가 아들을 낳을 수 있으니 너무 일찍 희빈 장씨 아들을 세자로 책봉해서는 안 된다는 상소를 올렸어. 희빈 장씨의 분노가 폭발했어. 그녀는 숙종을 설득해 송시열을 내치도록 했어. 숙종은 송시열을 멀리 유배 보냈어.

얼마 후 숙종은 인현왕후까지 내쫓았어. 인현왕후는 졸지에 폐비가 되고, 희빈 장씨가 왕후의 자리에 올랐지. 서인 80여 명이 인현왕후를 폐출해서는 안 된다는 상소를 올렸어. 그러자 숙종은 모두에게 잔인한 형벌을 내렸어.

자, 정국이 바뀌었어. 서인이 몰락하고 남인이 기세등등해졌지? 남인은 곧 정권을 꾸렸어. 집권당이 된 거야. 이 사건이 두 번째 환국인 기사환국이란다1689년.

남인은 후환을 제거하기 위해 왕을 설득해 송시열에게 사약을 내리도록 했어. 그러나 남인 시대는 그리 오래가지 못했어. 무엇보다 왕후가 된 희빈 장씨가 지나치게 권력을 남용했던 게 패인이야. 그녀의 권력을 믿고 서인의 씨를 말리겠다는 남인들도 마찬가지로 문제였지. 숙종은 다시 남인에게 염증을 느꼈어. 희빈 장씨도 미워졌지. 인현왕후를 폐비시킨 것도 잘못된 결정이었다고 생각했어.

마침 일부 서인을 중심으로 인현왕후 복위 운동이 시작됐어. 누가 가장 위기감을 느꼈을까? 맞아. 남인이야. 그들은 인현왕후가 돌아오면 정권을 빼앗길 거라는 사실을 너무 잘 알고 있었어. 그러니 어떻게든 이 운동을 막아야 해! 남인은 복위 운동을 주도하고 있는 서인 대신들에게 반역죄를 뒤집어씌워 고문을 하기 시작했어. 여러 대신들이 줄줄이 고문장으로 끌려갔지.

그 광경을 지켜보던 숙종의 마음이 결국 돌아섰어. 숙종은 남인을 몰아내고 서인을 다시 불러들였어. 희빈 장씨의 아들을 원자로 책봉할 때 반대했다 목숨을 잃은 송시열의 명예도 회복시켜 줬지. 이 사건이 세 번째 환국인 갑술환국이야¹⁶⁹⁴년. 결과는? 남인이 몰락하고 서인 정권이 재등장했어.

노-소론 갈등과 신임사화

숙종 시절에만 세 번의 환국이 발생했어. 붕당 간의 정치 투쟁이 얼마나 심했는지 알겠지? 사실 숙종 또한 정치 투쟁을 교묘하게 이용해 왕권을 강화했단다. 서인이 마음에 안 들면 남인으로 바꾸고, 남인이 마음에 안 들면 다시 서인으로 바꾸는 식이었지. 설령 그렇다해도 이건 아니다 싶을 정도로 환국이 자주 일어났어.

숙종 말년에는 후계자 문제로 또 잡음이 불거졌어. 이번에는 같은 서인끼리, 즉 노론과 소론이 대립했어. 환국은 발생하지 않았지만, 또다시 많은 신하들이 목숨을 잃는 사화가 발생했지.

노론은 세자가 희빈 장씨의 아들이란 점 때문에 왕에 앉혀서는 안 된다고 주장하며 연산군을 근거로 댔지. 연산군이 폭군이 된 것도 어머니 폐비 사건을 알았기 때문이란 거야. 그 역사가 반복될 수 있다는 게 노론의 주장이었어. 노론이 차기 국왕 후보로 내세운 인물은 숙빈 최씨의 아들 연잉군이었어. 훗날 영조가 되는 인물이야.

노론의 주장이 그럴듯하지? 숙종의 마음이 바뀌어 연잉군에게 기우는 듯했어. 그러자 소론이 들고 일어났어. 소론은 세자를 바꿔야 할 이유가 없다며 노론을 견제했지. 소론의 반발이 의외로 강하자 숙종도 주춤했어.

이이명 초상 · 숙종에게 연잉군으로 경종의 뒤를 잇게 하라는 유명을 받은 이이명의 초상화이다.

그러던 중 숙종의 건강이 급격히 나빠졌어. 숙종은 영의정이자 노론의 중심인물인 이이명을 불렀어. 숙종은 세자를 왕으로 하되, 그다음 왕은 연잉군으로 하라는 유언을 남겼어.

이 유언에 따라 희빈 장씨의 아들이 경종20대이 됐어. 그러나 실권은 없는 왕이었지. 노론은 기세등등하게 경종에게 연잉군을 왕세제로 책봉하라고 요구했어. 경종은 이 요구를 받아들여 연잉군을 왕세제로 책봉했어.

뜻을 이룬 노론은 기고만장했어. 하나를 얻으니 또 하나를 더 얻으려는 욕심. 이 참에 아예 왕을 바꾸기로 한 거야. 노론은 경종의 건강이 좋지 않으니 연잉군이 대리청정을 하는 게 좋겠다고 했어.

연잉군 초상 · 숙종과 궁궐의 무수리였던 숙빈 최씨 사이에서 태어난 영조의 연잉군 시절 초상화이다. 경종의 이복동생인 연잉군은 노론의 지지를 받아 왕세제에 책봉되었다.

곧바로 반발이 튀어나왔어. 소론이 "대리청정은 명분이 없다"고 맞섰지. 이광좌, 김일경 등 소론은 대리청정은 부당하며 경종이 친

연잉군의 도장 · 연잉군이 왕세제로 책봉되었을 때 제작한 도장이다. 옥으로 만들었으며, 인면에는 '왕세제인(王世弟印)'이라고 새겨져 있다.

정을 해야 한다고 주장했어. 경종이 힘을 얻은 것일까? 경종은 대리청정을 주장한 이이명, 김창집 등 노론의 핵심 대신 4명을 유배 보냈단다.

노론과 소론의 기세가 바뀌었어. 그런 상황에서 이상한 소문까지 들려왔어. 권력 다툼이 있을 때마다 등장하는 단골 메뉴, 즉 반란이 야. 소문인즉슨, 노론의 영수 격인 이이명이 반란을 준비하고 있다는 거였어.

경종은 유배 보낸 노론 대신들에게 사약을 내렸어. 궁에 남아 있는 노론도 모두 제거했지. 이 사건을 신임사화라고 불러1721~1722년. 60여 명의 노론이 목숨을 잃었고, 170여 명의 노론이 투옥되거나 유배를 떠났어.

왕세제인 연잉군이 개입됐다는 이야기도 흘러나왔어. 연잉군은 결백을 주장하며 만약 자신의 죄가 입증된다면 왕세제에서 물러나

겠다고 했어. 조사가 계속 됐다면 연잉군의 유무죄가 가려졌을 거야. 그러나 그런 일은 일어나지 않았어. 마침 경종이 세상을 떠났거든. 이어 연잉군이 왕에 올랐어. 바로 영조21대야.

왕을 홀린 여성들

경종의 어머니 장옥정은 궁녀에서 시작해 왕후까지 올랐어. '미천'하다고 할 수 있는 궁녀가 후궁이 되는 경우는 간혹 있지만 장옥정처럼 왕후가 되는 일은 아주 드물었지.

장옥정은 숙종을 요리조리 주물러댔어. 숙종은 장옥정의 꼬임에 넘어가 인현왕후를 폐하기도 했었지. 장옥정의 정치에 대한 욕망은 상당히 강했고, 실제로 권력도 셌어. 그러나 권력을 지나치게 탐하면 결과는 비극으로 치닫게 돼. 장옥정은 사약을 받았지.

장옥정처럼 왕을 뒤흔든 여성이 또 있어. 대표적인 인물이 연산군의 첩인 장녹수와 광해군의 상궁인 김개시였어.

장녹수는 예종의 아들 제안대군의 종이었어. 아름다웠고 춤과 노래를 잘 했다고 알려져 있어. 그 모습에 반한 연산군이 장녹수를 궁으로 불러 후궁으로 삼았지. 제안대군은 연산군의 삼촌뻘. 그러니 삼촌의 여종을 취한 셈이야. 연산군은 장녹수에게 푹 빠졌어. 장녹수를 종3품 벼슬까지 올랐고, 왕에 버금가는 권력을 휘둘렀지.

김개시는 후궁이 아니었어. 그러나 광해군의 오른팔 역할을 톡톡히 했어. 상궁 신분이었지만 정치판에서 대신들을 주물렀지. 김개시를 탄핵하려 한 일부 대신들이 도리어 유배될 정도였어.

이 둘의 운명은 장옥정과 같았어. 장녹수는 중종반정 때, 김개시는 인조반정 때 참수됐단다. 왕을 홀린 대가가 참으로 크지?

한국판 절대왕정시대

영조와, 그 뒤를 이은 정조22대는 조선 후기 가장 강력한 왕이었어. 피를 부르는 붕당정치 투쟁을 종식시키려 노력했어. 붕당을 초월해 관리를 등용하려 했지. 또한 왕이 모든 개혁을 진두지휘했다는 것도 공통점이야.

이들의 통치 방식은 절대 권력을 바탕으로 개혁을 이끈 유럽의 왕들과 여러 모로 비슷해. 이 때문에 어떤 학자들은 영조와 정조를 조선의 절대계몽군주라고 부른단다. 그러나 이 개혁은 정조의 대에서 끝이 나고 말았어. 그다음은 세도정치의 혼란이 이어졌지.

영조의 탕평책은 성공했을까?

영조는 노론의 지지를 받아 왕에 올랐어. 당연히 처음에는 강경파 소론을 내쫓고 노론을 주로 등용했어. 은혜를 갚아야 하잖아?

하지만 어느 정도 왕의 통치 기반이 다져지자 영조가 달라졌어. 영조는 잘못된 정치 투쟁이 얼마나 위험한지 이미 잘 알고 있었어. 정치 투쟁을 근절하고, 정치 안정을 이루려면 오롯이 노론이 정권을 장악하게 내버려 둬서는 안 된다고 생각했지. 그래야 왕권도 강해질 수 있어!

영조는 각 붕당 간에 균형, 즉 탕평이 필요하다는 교서를 내렸어. 이 정책이 바로 탕평책이란다[1725년].

영조는 노론과 소론의 강경파를 색출해 유배를 보내거나 처형했어. 그 결과 조정에는 노론이 많아지긴 했지만 소론이 완전히 배제된 건 아니었어. 양쪽 세력이 어느 정도 균형을 이뤘다고 보는 게 맞아.

그러나 소론은 불만이 많았어. 특히 권력에서 배제된 소론 과격파는 이판사판의 심정이었을 거야. 그들은 영조와 노론을 몰아낼 음모를 꾸미기 시작했어. 청에 볼모로 갔다가 귀국한 뒤 의문의 죽음을 당한 소현세자를 기억하고 있니? 당시 국왕인 인조는 소현세자의 부인과 아들들을 모두 죽였지? 그때 살아남은 아들이 한 명 있었어. 셋째 아들이 나이가 너무 어려 살려 줬던 거야. 소론은 바로 그 셋째 아들의 혈통인 밀풍군을 왕위에 앉히기로 했어.

소론의 과격파 이인좌가 마침내 반란을 일으켰어. 이 사태를 이인좌의 난이라고 불러[1728년]. 몰락한 남인, 중소상인, 떠도는 유민, 노비 등이 이 반란에 가담했어. 너도나도 반란

탕평비 · 영조가 탕평의 의지를 널리 알리기 위해 직접 내용을 써서 성균관에 세운 비석이다.

에 가담한 걸 보면 조선 후기 사회가 상당히 어수선하다는 걸 알 수 있겠지? 그러나 이 반란은 불과 열흘 만에 진압됐어.

영조가 화가 많이 났을 거야. 소론을 모두 조정에서 쫓아냈을까? 그렇지는 않았어. 영조는 이번에도 과격파가 아닌 소론은 그냥 뒀어. 영조가 탕평에 얼마나 신경을 썼는지 알 수 있는 대목이야. 노론과 소론의 거물을 한데 불러 서로 화해할 것을 권하기도 했단다.

그 후 영조는 파벌을 가리지 않고 인재를 고루 등용했어. 노론 강경파가 소론과 싸우면 주저하지 않고 노론 강경파를 쫓아냈어. 그들은 영조가 왕에 오를 때 헌신적으로 도왔던 사람들이었지만 예외를 두지 않았지. 영의정을 노론으로 임명하면 좌의정은 소론에게 줬어. 중요한 직책에 두 파벌을 고르게 등용함으로써 세력의 균형을 꾀한 거지.

사실 노론이 대체로 우세했지만 숙종 때처럼 심각한 분열은 나타나지 않았어. 이처럼 붕당을 가리지 않고 인재를 등용할 때도 딱 한 가지 지키는 원칙이 있었어. 바로 왕에게 충성하는 신하만 등용한 거야. 덕분에 영조의 권력은 그 어느 때보다 강해졌어.

시간이 흘러 어느 정도 붕당간의 정치 투쟁이 정리된 듯했어. 영조는 내친 김에 붕당 간의 정치 투쟁을 허용하지 않겠다는 강력한 의지를 보이기로 했지. 성균관 앞에 탕평비를 세운 거야1742년. 영조는 더 나아가 나중에는 고위직의 경우 같은 붕당에 속해 있는 가문끼리는 결혼하지 못하도록 하는 제도도 만들었단다.

이렇게 철두철미했던 영조도 인생일대의 큰 실수를 한 적이 있어. 자신의 아들을 뒤주에 넣고 죽인 거야1762년. 이 참극은 세자가 소론과 결탁해 음모를 꾸민다는 노론의 거짓 밀고 때문에 생긴 거였어. 바로 이 대목에서 의문이 제기될 수 있어. 영조의 탕평책은 성공한 것일까, 아니면 실패한 것일까?

사도세자의 비극

과거에는 사도세자의 비극이 사도세자 자신의 문제에서 비롯됐다고 평가했었어. 정신병에 걸렸다는 얘기도 많았고, 소론 붕당과 가까이 지내면서 왕의 심기를 불편하게 했다는 평가도 많았지. 붕당 간의 정치 투쟁을 뿌리 뽑겠다는 영조였으니, 설령 아들이라 하더라도 붕당 갈등을 조장했으니 처형했다는 거야.

그런데 정말로 사도세자가 붕당정치 투쟁의 선봉에 섰는지는 찬찬히 짚어 볼 일이야. 학자들은 사도세자가 억울한 죽음을 맞았다는 이야기를 더 많이 한단다.

영조의 첫째 부인 정성왕후는 아주 어질고 착했다고 전해지고 있어. 그렇지만 아이를 낳지는 못했어. 그 대신 영조의 후궁 정빈 이씨가 아들을 낳았지. 이 아이가 효장세자인데, 어린 나이에 죽고 말았어. 이어 영조의 또 다른 후궁 영빈 이씨가 아들을 낳았어. 이 아들이 바로 사도세자란다.

사도세자가 태어날 무렵 영조의 나이는 이미 마흔을 넘기고 있었

어. 후계자 책봉을 미뤄서는 안 되는 나이였지. 이 때문에 사도세자
는 태어나고 1년여 만에 원자로 책봉됐어. 초고속 승진인 셈이지.

어느덧 사도세자가 자라 25세가 됐어. 그 무렵 정성왕후가 세상
을 떠났어. 왕후는 국모. 따라서 한 순간이라도 비워 두면 안 돼. 이
럴 때는 보통 후궁에서 왕비를 간택해 왔는데, 영조는 그럴 수 없었
어. 희빈 장씨 때문에 큰 곤욕을 치른 아버지 숙종이 후궁은 왕비가
될 수 없다는 법을 만들었기 때문이야. 결국 영조는 새 왕비를 맞았
는데, 무려 50세나 연하였어. 새 왕비는 심지어 사도세자보다도 열
살이나 어렸어. 이 왕비가 훗날^{순조 시절} 막강한 권력을 휘두른 정순
왕후란다.

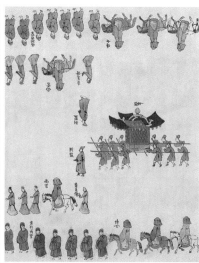

영조와 정순왕후의 가례 행렬 · 영조가 두 번째 왕비인 정순왕후를 친히 데리고 오는 장면을 그린 그림
이다. 왼쪽이 왕이 탄 가마이고 오른쪽이 왕비가 탄 가마이다.

왕실의 법도가 따로 있다고는 하지만 나이 많은 아들과 나이 어린 어머니가 친할 순 없을 거야. 실제로 정순왕후는 사도세자의 죽음에 어느 정도 '기여'를 한 것으로 알려지고 있어.

사도세자는 어렸을 때부터 영특했지만 아버지 영조를 무서워했다고 해. 영조가 지나치게 엄했기 때문이지. 그래서였을까? 사도세자는 아버지와 가까운 노론보다는 소론과 더 어울렸어. 당연히 소론은 차기 왕인 사도세자를 이용해 권력을 차지하려고 했겠지?

사도세자는 15세 무렵부터 군주 수업을 받기 시작했어. 영조가 대리청정을 맡긴 거야. 그러자 노론이 긴장했어. 노론은 본격적으로 세자를 헐뜯기 시작했어. 노론 대신들은 아버지^{영조}와 아들^{세자}을 이간질했어.

영조가 그런 이간질에 넘어간 것일까? 사실 세자는 여러모로 영조의 노여움을 샀어. 이 무렵 궁궐에는 경종을 노론이 독살했을지도 모른다는 소문이 나돌았어. 세자는 영조에게 소문의 진실을 물었어. 영조에게 경종 문제는 다시 떠올리고 싶지 않은 사건일 거야. 그런 문제를 꺼낸 세자가 괘씸했겠지?

영조와 세자의 갈등은 날이 갈수록 깊어졌어. 그래도 사도세자는 대리청정의 임무를 충실히 수행했단다. 특히 가난한 백성들을 위해 좋은 정치를 하려고 애를 썼어. 그 과정에서 영조와 다른 정치 이념을 내세울 수도 있었을 거야. 이런 상황은 노론이 사도세자를 헐뜯기에 아주 좋은 환경이었지.

노론은 기회만 보이면 영조에게 사도세자를 무고했어. 노론과 한

영조 어진 · 영조는 탕평책을 펴고 균역법을 실시하는 등 많은 업적을 남겼으나 사도세자를 죽이기도 했다.

편인 정순왕후까지 가세했어. 처음에는 반신반의하던 영조도 곧 그 무고를 고스란히 믿게 됐어. 툭하면 사도세자를 불러 심하게 꾸짖었지. 사도세자는 점점 외톨이가 돼 가고 있었어.

이런 상황에서 노론이 확 불을 질러 버렸어. 사도세자가 품행이 단정치 못할 뿐 아니라 정신 건강에도 문제가 있다고 영조에게 고한 거야. 이 말은 "세자는 국왕감이 아니다!"고 왕에게 주청을 올렸다는 이야기야.

노론의 이런 지적이 완전히 거짓은 아니었던 것 같아. 이를테면 사도세자가 궁궐 하인들을 아무런 이유 없이 살해한 사실은 그가 정신병을 앓았다는 증거일 수도 있어. 물론 이에 대해서도 조작이라고 말하는 학자들이 적지 않아. 조작까지는 아니더라도 세자가 정신병을 앓게 된 원인이 영조의 강한 핍박과 노론 대신들의 냉대였다는 분석도 있지. 참고로 알아 두렴.

노론이 승부수를 던졌어. 나경언이란 청지기를 통해 사도세자의 잘못을 낱낱이 적은 상소문을 영조에게 올린 거야. 영조가 마침내 폭발했어. 사실 확인도 제대로 하지 않고 영조는 사도세자를 폐위해 버렸어. 그것만으로는 분이 안 풀렸는지 영조는 세자를 뒤주 안에 가뒀어. 물도, 밥도 주지 않았어. 8일 만에 사도세자는 싸늘한 시신으로 변하고 말았단다1762년. 영조는 정말 냉혈한이었을까? 왕이 아닌 부모로서의 영조 속마음을 들여다볼까?

장차 왕이 될 세자를 뒤주에 넣어 죽였습니다. 왜 그랬습니까?
"노론의 모함을 그대로 믿었다. 모두 과인의 잘못이니라. 그러나 당시에는 세자를 지지할 수 없었다. 비행이 많았잖은가? 사사로이 사람을 죽이기까지 했다. 그러니 과인이 세자를 벌할 수밖에 없었다."

전하의 잘못을 깨달으셨습니까?
"어느 부모가 자식을 제 손으로 죽이고 편하겠는가? 세자의 고통을 생각하면 할수록 과인의 마음도 찢어지는 것 같았다. 그래서 폐위했던 세자의 지위를 복원시키고, 사도세자란 시호를 내린 게 아니겠는가?"

사도세자가 노론과 소론의 정치 투쟁에 휘말려 희생된 점을 놓고 탕평책이 실패했다는 주장도 있습니다.
"그렇게 볼 수도 있을 것 같다. 과인이 강력한 왕권을 구축했으면서도 대신들에 휘둘려 세자를 죽인 걸 보면 붕당 간의 정치 투쟁 뿌리는 정말 깊이 박혀 있다고 할 수 있다. 그래도 과인이 탕평책의 첫 단추를 꿴 것은 높은 평가를 받아야 한다고 생각한다. 다음 국왕이 탕평하기 쉬운 조건을 만들었잖은가?"

후계자로 사도세자의 아들을 지정했습니다. 이유가 있습니까?
"사도세자에 대한 미안함을 그 어떤 방법으로 보상할 수 있겠는가? 그
래도 대신들의 눈이 있어 사도세자의 아들을 바로 후계자로 삼을 수는
없었다. 먼저 사망한, 사도세자의 이복형 효장세자의 양자로 입적시킨
뒤 세자로 삼았다. 이로써 내 죗값을 조금은 치른 게 아니겠는가?"

정조, 대를 이어 개혁하다

영조의 또 다른 업적으로 균역법이 있어. 역을 공평하게 한다는 뜻
이야.
　조선시대 양인들은 크게 세 가지의 세금을 냈어. 첫째가 전세^{수확}
^{량의 일정 비율을 세금으로 내는 것}였고, 둘째가 공납^{특산물을 내는 것}이었으며 셋째
가 역^{노동력과 군사력을 제공하는 것}이었어.
　공납의 경우 대동법으로 어느 정도 개혁이 됐어. 하지만 역의 경
우에는 문제가 많았단다.
　5세기만 해도 16~60세의 양인은 누구나 역의 의무를 이행해야
했어. 모두 군대에 가야 한다는 뜻이지. 16세기로 접어든 후로는 군
포를 낼 경우 군대를 면제해 줬어. 이를 방군수포제라고 하지. 이때
내는 군포는 2필이었어. 이 수량을 1필로 줄인 게 균역법이야^{1750년}

세금 수입이 줄었겠지? 정조는 이를 메우기 위해 선무군관포라는 제도를 만들었어. 양반이나 돈 많은 양인들이 군대 사기를 진작시키기 위해 군포를 기증하는 거야. 이 밖에 소금이나 선박에도 새로이 세금을 부과했어. 어민의 경우 세금이 더 늘어난 셈이지? 그러니 균역법은 애초에 성공할 가능성이 낮았어. 실제로 이후로도 지방의 탐관오리들은 이 군포를 거두면서 온갖 비리를 저지른단다.

영조는 이 밖에도 백성을 위해 많은 제도를 뜯어고쳤어. 우선 영조 자신부터 물자를 아껴 썼어. 끼니조차 제대로 챙기지 못하는 가난한 백성들을 위한 구황작물 고구마를 일본에서 들여왔고, 곡물이 술로 만들어져 낭비되는 것을 막기 위해 금주령을 내렸지. 죄인

정조의 은인과 유세손서 · 영조가 왕세손이던 정조에게 내린 훈계를 적은 글과 은으로 만든 도장이다. 영조는 사도세자의 아들인 정조가 당쟁에 희생되지 않도록 보호하면서 힘을 실어 주었다.

에게는 지나치게 가혹한 형벌을 내리지 못하도록 했고, 억울한 백성이 상소할 수 있도록 태종 때 만들었던 신문고 제도를 부활시키기도 했어.

영조는 학문도 적극 장려했단다. 『어제경세문답』이나 『위장필람』이라는 책을 영조 스스로 집필했고, 학자들에게 다양한 책을 편찬하게 했지. 영조 이전까지만 해도 학문이라고 하면 성리학밖에 없었어. 그 학문을 실생활에 맞도록 변형한 게 실학이었는데, 영조 때부터 이 실학이 발전했어.

영조는 83세의 나이에 세상을 떠났어1776년. 영조는 무려 52년간 조선을 통치했단다. 조선의 국왕 가운데 재위 기간이 가장 긴 왕이란 기록을 만들었지. 그의 뒤를 이어 사도세자의 아들이 왕에 올랐어. 바로 정조야.

정조가 왕이 될 수 있었던 것은 어쩌면 영조가 진 마음의 빚 때문일 거야. 영조가 자신의 손으로 죽인 사도세자에게 진 빚을 손자에게 갚으려 한 거지. 정조가 왕에 오르는 과정을 살펴볼까?

정조는 여덟 살 때 아버지 사도세자의 죽음을 똑똑히 목격했어. 노론이 얼마나 무서운지, 정치가 얼마나 위험한 것인지를 실감했을 거야. 그래서였을까? 정조는 자라면서 붕당에는 일절 관심을 보이지 않았어. 오로지 공부만 했지.

그사이에 노론은 벽파와 시파로 나뉘었어. 벽파는 사도세자 제거에 적극적인 파벌이었어. 사도세자의 죽음에 대해서도 "우리에게 큰 위협이었으니 죽음이 당연하다"는 입장을 고수했지. 대표적 인물로는 정순왕후와 홍인한을 들 수 있어. 홍인한은 사도세자의 장인인 홍봉한의 친동생이었단다. 조카사위를 죽여서라도 권력을 잡으려 한 인물이지. 반면 노론 시파는 사도세자 제거에 소극적이었어. 사도세자의 죽음에 대해서도 안타까운 일이라며 동정했지.

노론 벽파는 정조를 두려운 눈으로 바라봤어. 지금 당장은 자기들이 권력을 잡고 있지만 정조가 왕에 오르면 어떻게 될지 모르잖아? 벽파에 보복을 할 수도 있어! 후환을 없애려면 죽이는 수밖에 없겠지? 이때 정조를 보호한 인물이 홍국영이야. 그는 정조가 왕이 된 후 최고의 권력자가 된단다.

정조는 즉위한 후 가장 먼저 "나는 사도세자의 아들이다!" 라고 천명했어. 사도세자에게

시흥환어행렬도 · 정조가 어머니 혜경궁 홍씨를 모시고 아버지 사도세자의 능이 있는 수원에 갔다가 돌아오는 길이다. 시흥 즈음에 온 행렬을 그린 그림이다.

칭호를 새로 얹어 장헌세자로 높였고, 어머니 혜빈궁을 혜경궁으로 높였어.

사도세자의 아들이란 사실을 만천하에 공표한 정조였으니 벽파에 이를 가는 것은 당연한 일이었어. 물론 처음에는 왕의 힘이 약해 겉으로 불만을 드러내진 않았어. 그러나 어느 정도 왕권이 강화됐다고 판단이 되자 정조는 대대적인 벽파 숙청 작업을 벌이기 시작했지.

우선 벽파의 리더이자 작은할아버지인 홍인한부터 제거했어. 사도세자를 죽이는 데 앞장섰잖아? 홍인한에게 사약을 내린 데 이어 권력을 쥐락펴락하던 나머지 벽파들도 유배 보내거나 처형했어. 왕실이라 해서 봐주는 법은 없었어. 고모뻘인 화완옹주의 신분을 격하시켰고, 숙의 문씨에게는 사약을 내렸지. 그것도 모자라 숙의 문씨 가문은 초토화시켰어. 이복동생인 은전대군에게도 사약이 떨어졌어.

정조는 자신에게 충성하는 신하에게도 엄했어. 왕세손 시절부터 자신을 보호해준 홍국

홍봉한 초상 · 사도세자의 장인이자 정조의 외할아버지인 홍봉한의 초상화이다. 노론에 속한 그는 소론의 지지를 받던 사도세자의 죽음을 적극 막지 못했다.

영이 권력을 남용하자 과감하게 지방으로 보내 버렸지. 일부 소론과 남인이 사도세자의 명예를 회복하고 억울한 죽음을 복수해야 한다고 부추겼을 때에는 "더 이상 언급하지 말라"며 묵살했어. 또한 모든 벽파를 내쫓지도 않았어. 대표적인 노론 벽파인 심환지를 정승으로 두고 정치를 논의하기도 했지.

최근 발견된 문서에 따르면 정조는 심환지와 아주 가까운 사이였던 것으로 추정돼. 정조는 사실상 노론을 창시한 송시열을 기리며 나랏돈으로 문집을 만들라는 지시도 내렸단다.

그래, 정조는 모든 파벌을 가리지 않고 골고루 등용했던 거야. 공명정대한 인사를 온몸으로 보여 준 정조에게 대신들은 함부로 저항을 할 수 없었어. 노론 벽파 세력이 저항을 하긴 했지만 대놓고 나서지는 못했지.

이렇게 해서 붕당의 정치 투쟁은 어느 정도 정리가 됐어. 물론 노론은 집권당의 자리를 굳건히 지키고 있었어. 그래도 왕을 능가하려는 시도는 하지 못했지. 비로소 탕평에 성공한 셈이야.

조선의 마지막 전성기

왕에 오른 그해, 정조는 궁궐 안에 규장각을 설치했어. 규장각은 일종의 국립도서관이었어. 역대 국왕의 친필, 시문, 서화 같은 것을 보관하는 곳이었지. 사실 규장각은 조선 전기에 만들어진 기관이

규장각도 · 정조 때 창덕궁 후원에 지은 규장각 일대를 그린 그림이다. 정조는 규장각을 중추적 학술 기관으로 육성했다.

었어. 있으나마나 했던 기관이 정조 때 확실하게 제 역할을 하기 시작한 셈이지.

물론 규장각의 역할이 단순히 도서관 업무를 하는 걸로 그치지 않았어. 이 규장각에서는 대신들의 부정부패를 없앨 방법을 연구했어. 규장각에서 일할 학자들도 정조가 직접 골랐어. 맞아. 규장각 대신들은 학문을 연구하는 수준을 넘어 정조가 추진하는 개혁의 '두뇌집단' 역할을 했던 거야.

정조는 직속 왕실 친위대인 장용영도 만들었어. 그 전까지만 해도 군대라고 해 봐야 그리 대단하지 않았어. 그마저 노론을 비롯한 대신들의 영향력이 크게 작용하고 있었지. 왕이 마음대로 권력을 휘두르지 못한 것도 어쩌면 뒤를 든든하게 받쳐 줄 군대가 없어서였을 거야. 장용영이 설립되면서 이런 상황이 확 달라졌어. 왕이 실제로 군대의 최고 통수권자가 된 거야. 정조가 강력한 탕평책을 실시한 것도 이런 뒷받침이 있어 가능했는지도 몰라.

정조는 권력 다툼에서 멀찌감치 떨어져 있던 남인을 다시 불러들였어. 대표적인 남인으로는 정약용이 있어. 정약용을 포함해 많은 실학자들이 남인에 속해 있었지. 정조는 또 평민을 조정으로 불러들이기도 했어. 지역의 균형 발전을 내세운 것도 기억할 만한 일이야. 정조는 그동안 소외됐던 서북 지역 출신도 기용했단다.

학문을 우대하고, 군대를 강화하고, 지역균형을 완성하고…. 조선은 실로 오랜만에 어느 때보다 평화로운 시절을 맞았어. 나라가 안정되니 문화와 학문이 다시 발전하는 건 당연한 일이야. 게다가 당시 청은 조선을 크게 억압하지 않았어. 학자들은 청에 가서 우수한 서양 문화를 접했고, 그 문화를 국내에 들여오기도 했지.

이런 국내외 정세에 힘입어 조선이 다시 도약하기 시작했어. 그 어느 때보다 주체적인 예술과 학문 열풍이 불기 시작했지. 가령 미술에서는 진경산수화란 새로운 그림 양식이 등장해 각광을 받았단다.

진경은, 말 그대로 진짜 풍경이란 뜻이야. 그 전까지 화가들은 주

인왕제색도 · 정선이 비 온 뒤 인왕산의 경치를 그린 진경산수화의 대표작이다.

로 중국 풍경을 화폭에 담았어. 이것도 사대주의의 병폐라고 할 수 있겠지? 그러나 18세기 들어 화가들은 아름다운 우리 자연을 사실에 가깝게 그리기 시작했어. 진경산수화를 그린 대표적 인물이 바로 정선이야. 오늘날까지도 정선의 「인왕제색도」는 세기에 한 번 나올까 말까 한 명품으로 평가받고 있어. 김홍도의 『사군첩』 또한 진경산수화의 대표작으로 분류되고 있지.

김홍도는 풍속 화가로서도 명성을 날렸어. 그는 일반 서민의 삶을 화폭에 담았어. 장터에서 씨름하는 풍경, 서당에서 훈장에게 혼나 우는 아이 모습, 춤을 추는 무동의 모습…. 또 다른 화가 신윤복은 집안에 갇혀만 있었던 여성들의 이야기를 그림으로 그렸어. 김홍도와 신윤복의 그림은 그 전에는 상상도 하지 못하던 거였어. 사대부가 아니라 평범하거나 천한 것들의 일상을 화폭에 담다니! 시대가 많이 달라졌다는 사실을 알 수 있겠지?

학문의 변화는 더욱 두드러졌어. 그 전까지의 학자들은 성리학, 그 가운데 주자학만을 정통 학문으로 인정했어. 그러나 공자 왈 맹자 왈만 읊는다고 해서 살림살이가 좋아지진 않지. 새로운 학문이 필요했어. 그게 바로 실학이었지. 실학은 유학의 한 종류로, 실생활에 도움이 되는 학문이란 뜻이야. 중국에서 시작돼 우리나라를 거쳐 일본까지 전파됐단다.

국내에 실학의 기운이 태동한 것은 17세기 초반이었어. 이수광이란 인물이 명에 사신으로 갔다가 『천주실의』와 같은 서학 서적을 가지고 왔어. 우리나라 역사상 최초로 서학을 도입한 거야.

당시만 해도 성리학만이 정통 학문이었어. 나머지는 모두 쓰레기 취급을 받았지. 이수광은 성리학자들이 탄력성을 잃었다고 판단했어. 너무 관념에만 빠져 있어서 현실을 제대로 보지 못한다고 비판했지. 서학을 들여온 것도 그런 이유에서야. 다양한 실천 방법을 찾아보자는 거지. 이수광은 명에서 배운 지식과 견문을 책으로 만들었어. 물론 서양에 관한 내용도 담았지. 총 20권으로 된 이 백과사전이 실학의 원조라고 볼 수 있는『지봉유설』이란다[1614년].

그로부터 50년이 조금 더 흘렀어. 비로소 제대로 된 실학이 국내에 등장했어. 그 선구자가 바로 유형원이야.

유형원은 벼슬을 포기했어. 그 대신 시골에서 20년 넘게 농사를 지으면서 조선의 근본적인 문제가 뭔지를 연구했지. 그는 토지 문제를 해결해야 한다는 결론을 내렸어. 권세 있고 돈 많은 양반들이 토지를 싹쓸이하는 게 가장 큰 문제라는 거야. 유형원은 토지 제도부터 개혁할 것을 주장했어. 그의 개혁론이 균전론이야. 신분제는 인정하되, 모든 토지를 골고루 분배하자는 생각이지.

이 개혁 사상을 시작으로 현실 개혁을 꿈꾸는 실학이 본격 발전했단다. 하지만 양반들이 토지를 내놓겠어? 결국 유형원의 균전론은 실현되지 않았어. 유형원은 자신의 주장을 담은『반계수록』을 18년의 작업 끝에 완성했어[1670년]. 그로부터 꼭 100년이 지났어. 영조는 이 책의 학문적 가치가 높다고 판단했어. 나랏돈을 들여 총 26권을 간행하도록 했지[1770년]. 비록 균전론은 시행되지 못했지만 학문적인 가치는 인정받은 셈이지?

박지원 초상 · 박지원은 북학파 실학자로 상공업을 진흥시킬 것을 주장했다.

정약용 초상 · 정약용은 농업 개혁을 주장한 중농학파 실학자로 실학을 집대성했다.

많은 후배 학자들이 그의 뒤를 따라 토지 개혁을 주장했어. 그들을 중농학파라고 한다. 그들이 주장한 이념은 경세치용이었어. 학문은 세상을 바꾸고 이롭게 하는 데 쓰여야 한다는 뜻이지.

영조와 정조가 통치하던 18세기에 중농학파가 많이 활약했어. 이익은 『성호사설』을 썼어 1740년경. 그는 이 책에서 한전제를 주장했어. 토지의 일부분을 매매하지 못하도록 제한하자는 내용이야. 백성들은 먹고살기가 힘들었어. 그나마 가지고 있는 유일한 재산이 몇 평 안 되는 토지이지. 그런데 그 토지까지 팔아 버리면? 농민은 더욱 힘들어질 테고, 부자들은 땅을 더 늘리겠지? 이런 사태를 막기 위해 이익은 영업전이란 토지를 정해 놓고, 이 토지는 거래하지 못하도록 하자는 거야.

이어 정약용은 여전제를 주장했어. 모든 토지를 국가의 소유로 바꿔 버린 후 백성들은 공동으로 생산하고 공동으로 분배하자는 내용이야. 사회주의와 흡사하지? 정약용은 얼마 후 토지 제도를 수정해 정전제를 주장했어. 우물 정 모양으로 토지를 분배한 후, 가운데 토지에서 나오는 수확물을 공동의 재산으로 하고, 여기에서 세금도 내자는 주장이었어.

안타깝게도 중농학파들의 이런 개혁 사상은 실제 정치에서 거의 반영이 되지 못했어. 하지만 이미 변화하고 있는 시대의 흐름을 성리학자들이 막을 수는 없었어. 18세기 후반으로 접어들면서 또 다른 실학 학파가 나온단다.

유수원은 『우서』라는 책을 통해 신분제를 폐지하고, 각자에 맞는 전문 직업인이 돼야 하며, 상업을 장려해야 한다고 주장했어1737년. 당시 시대 분위기를 감안하면 가히 혁명적인 주장이지. 그때는 선비와 농민, 수공업자, 상인의 구분이 명확했어. 성리학자들은 상업을 아주 멸시했지.

유수원처럼 농업이 아니라 상공업을 발전시켜 부국강병을 이루자는 실학 학파를 중상학파라 불렀어. 편리성을 늘려 삶을 풍요롭

실사구시 현판 · 실사구시는 사실을 바탕으로 두고 진리를 탐구한다는 뜻으로, 실학의 기본 이념이다.

수원 화성 · 20세기 초에 촬영한 수원 화성 사진이다. 정조의 명에 따라 1794년(정조 18)부터 1796년 사이에 수원 화성이 건설되었다.

게 하는 이념, 즉 이용후생을 강조했지. 중상학파 중에는 청에 다녀와 선진 문물을 배우자고 주장하는 사람들이 많았어. 그 때문에 북학파라고도 한단다.

박지원은 수레와 선박, 화폐 등을 적극 도입할 것을 주장했어. 박지원은 청에 다녀와서 『열하일기』를 남겼지. 박지원은 그밖에도 『양반전』 『허생전』 『호질』 등의 문학 작품을 남긴 문인이기도 하단다. 박제가는 『북학의』를 쓴 북학파의 대표 학자야. 그는 소비를 권했어. 물건을 써야 새로 만들 것이고, 그래야 경제도 발전한다는 뜻이지. 이또한 획기적인 발상이야. 성리학자들은 물건을 아껴 쓰는 검약 정신을 강조했거든. 그런데 박제가는 더 쓰라는 거야!

중상학파의 주장에서 자본주의 정신이 슬슬 보이기 시작하고 있지? 중농학파보다 훨씬 급진적이지? 안타깝게도 이 중상학파의 주장도 정책에는 많이 반영되지 못했단다. 바로 이런 점 때문에 19세기로 접어들면 실학의 새로운 학파가 나와. 그게 바로 실사구시 학파야. 오로지 보이는 것만이 옳다는, 고증학의 한 분야지. 추사 김정희가 대표적인 실사구시 학파야.

백성의 삶을 증진시키기 위한 여러 노력이 있으니, 서민 문화는 자연스레 발전했어. 이 때문에 영조와 정조시대, 특히 정조 시절에 조선 후기 들어 최고의 문화 전성기를 맞는단다. 일부 학자들은 '조선 후기의 문화 르네상스' 시대라 부르기도 해. 이 이야기를 하면서 빠뜨릴 수 없는 게 수원 화성이야. 그 이야기를 정조에게 들어 볼까?

수원 화성을 만든 이유가 뭡니까?

"과인은 아버지 사도세자를 무척 그리워했노라. 그래서 묘소의 격을 높이고 수원으로 옮겨 현륭원이라 지었다. 정기적으로 묘소를 참배하기 위해 수원을 다녀왔는데, 백성들은 이를 능행이라 부르더구나. 어쨌든 아버지 묘소에 든든한 성을 만들어 드리고 싶었다. 그게 바로 화성이니라."

화성은 어떤 성입니까?

"과인이 정약용에게 건축을 명했느니라. 정약용은 거중기를 이용해 건설했는데, 우리 역사상 처음으로 벽돌을 썼다고 하더구나. 후세 학자들은 이 때문에 수원 화성을 최초의 근대 건축물로 평가한다지?"

수원 화성은 어떤 용도로 사용됐습니까?

"다목적 성이라고 할 수 있다. 우선 군사적인 목적이 있었느니라. 화성은 지금까지의 그 어떤 성보다 견고하다. 혹시 모를 적의 침략에 대비해 튼튼하게 만들었기 때문이다. 또한 상업적 기능도 하고 있다. 과인은 수원을 제2의 한양으로 키우려 했느니라."

전하께서 천도까지 계획했다고 믿는 후세 학자도 꽤 있습니다.

"그거야 너희 후세 학자들이 밝혀낼 일이니, 과인은 언급하지 않겠노라. 허나, 전혀 그런 의도가 없었다고는 말하지 않겠다. 한양에서 얼키설키 엮여 있는 노론 대신들과의 한판 승부가 터졌더라면 조정을 수원으로 옮길 수도 있지 않겠는가? 장용영을 둘로 나눠 내영은 한양에, 외영은 수원에 둔 것도 어쩌면 비슷한 이유이지 않겠는가? 이런, 너무 많은 이 야기를 했구나."

서학이 들어오다

17세기 초반, 국내에 새로운 서양 학문, 즉 서학이 수입됐어. 맞아. 이수광이 명에 갔다가 『천주실의』를 가지고 왔지? 유학을 종교로 인식한다면 유교가 돼. 서학을 종교로 인식한다면? 그리스도교, 즉 천주교가 되지. 바로 이때 국내에 천주교가 전파된 거야. 이제 조선 도 세계와의 교류를 계속 외면할 수 없는 상황이 된 셈이지.

서학은 남인 소장파에게 인기를 끌었어. 그들은 이미 북경^{베이징}에 서 서학 서적을 들여와 자기들끼리 공부하고 있었단다. 이승훈과 처남 매부지간이 되는 정약용 형제들이 남인 소장파에 속해 있었 지. 다만 서학이 아직까지는 종교로 발전하지는 않았어. 그 서학을 종교로 업그레이드시킨 인물이 바로 이승훈이야.

젊은 이승훈은 사신^{서장관}으로 가는 아버지를 따라 청에 갔어. 북경에서 40일 정도 머물렀는데, 프랑스 신부와 접촉할 기회가 생겼지. 이승훈은 프랑스의 장 그라몽 신부로부터 세례를 받았어. 조선인 최초로 천주교 영세자가 탄생한 거야[1784년].

이승훈은 이윽고 십자가와 묵주, 성경 등을 들고 귀국했어. 이벽, 이가환, 정약용 형제가 그에게 세례를 받았지. 이들은 김범우의 서울 집에서 정기적으로 종교 모임을 가졌어. 최초의 천주교 신앙 공동체가 탄생한 거야. 한국천주교회의 역사가 이때부터 시작된 셈이지.

천주교는 빠른 속도로 확산됐어. 순식간에 많은 신도를 확보한 종교로 성장했지. 부패한 정치에 신물이 난 양반과 민중이 천주교를 믿었어. 조정이 당황했을까? 노론 벽파는 그랬을 거야. 그러나 정조는 심각한 사회 문제가 될 거라고 보지 않았던 것 같아. 정조는 천주교, 즉 서학이 성장해도 올바른 학문[정학]인 성리학을 적극 권장하면 큰 문제가 되지 않을 거라고 여겼어. 정조의 이 판단은 틀렸단다. 천주교는 전국으로 교세를 넓히고 있었거든.

그러던 중 전라도 진산군에 사는 선비 윤지충의 어머니가 죽었어. 천주교 신도였던 윤지충은 유교식이 아닌 천주교식으로 장례를 했지. 윤지충은 이종사촌인 권상연과 함께 조상의 신주를 태웠고, 예배를 드렸어. 이 사실이 조정에 알려졌지.

사실 윤지충만 처형하면 잡음 없이 마무리할 수 있는 사건이었어. 그런데 이 사건으로 조정이 발칵 뒤집혔단다. 왜 그랬을까? 여기에도 정치 투쟁이 개입돼 있어. 당시 조정은 노론, 남인 할 것 없이 천주교를 공격하는 공서파와 천주교를 배척해서는 안 된다는 신서파로 나뉘어 있었어. 이런 상황에서 선비란 사람이 조상의 신주를 태워 버린 사건이 발생한 거야. 그런 인물을 그냥 둘 수는 없잖아? 아직 성리학이 시퍼렇게 살아 있는 조선에서 말이야.

정조의 생각은 어땠을까? 정조는 서학을 성리학으로 막을 수 있다는 생각에 변함이 없었어. 그러니 호들갑을 떨 일은 아니라고 생각했던 것 같아. 정조는 윤지충과 권상연을 즉각 처형하고, 천주교 신도인 권일신은 유배를 보내는 선에서 사건을 마무리했단다. 이 사건이 조선에서 처음 일어난 천주교 박해, 즉 신해박해야1791년. 그래도 정조의 아량으로 많은 신도들이 목숨을 잃지는 않았으니 다행이지.

왕은 미련을 남기지 않고 손을 털었는데, 대신들은 안 그랬어. 신서파와 공서파가 다시 치열하게 싸우기 시작한 거야. 두 파벌은 정조 시대에는 크게 충돌하지 않았어. 그러나 뒤이어 순조가 즉위하자마자 결국 피를 보고 말았지. 그 사건은 조금 있다가 다룰게.

어쨌든 정조의 '너그러운 정책'으로 인해 천주교는 세력을 계속 키울 수 있었어. 얼마 후에는 청나라 신부 주문모가 국내로 들어와 포교 활동을 하기도 했지.

정조가 49세의 나이에 갑자기 죽음을 맞았어1800년. 정조의 도움을 많이 받은 남인과 소론은 독살설을 제기했어. 일부 남인들은 봉기를 시도하기도 했지. 대표적인 실학자이자 정조의 든든한 동지였던 정약용은 정조가 독살됐다는 내용의 시를 짓기도 했단다. 이

에 대해서는 아직도 논란이 많아. 다만 최근의 연구에서는 독살설
이 근거가 없다는 쪽으로 결론이 나는 것 같아.

실학은 소외된 학자들의 학문이었다?

실학은 크게 경세치용 학파와 이용후생 학파(북학파)로 나눌 수 있어. 유형원에서
시작된 경세치용 학파는 정약용 때 절정을 이뤘어. 이수광의 『지봉유설』에서 비롯
됐으며 홍대용이 본격화한 북학파는 박지원, 박제가로 이어졌어.

농지를 평등하게 분배하고 양반도 일해야 한다는 경세치용 학파의 주장이나 신분
제를 폐지하고 수공업과 상업을 장려해야 한다는 북학파의 주장은 그야말로 폭탄
과 같았어. 만약 이 주장들이 정책으로 만들어졌다면 조선은 훨씬 일찍 근대화의
물결을 맞았을 거야.

왜 그렇게 되지 못한 걸까? 실학이 소외받는 사람들의 학문이었기 때문이야.

경세치용 학파의 대부분은 남인 계열이었어. 남인은 천주교를 많이 믿는 파벌이기
도 했지. 여러 차례의 천주교 박해를 거치면서 대부분의 남인이 조정에서 쫓겨났
어. 그나마 정약용이 정조의 총애를 받아 한때 권력을 누렸을 뿐이야. 그러나 정약
용 또한 어김없이 유배 생활을 해야 했지. 권력에서 멀어진 남인들은 유배지에서
갖가지 혁신 아이디어를 내놓았어. 그런 아이디어들이 경세치용 학파를 만들어 낸
셈이야.

반면 이용후생 학파, 즉 북학파는 당시 집권 노론 계열이었어. 그렇다면 그들의 주
장은 정책이 될 수 있는 기회가 더 많지 않았을까? 문제는 홍대용과 박지원은 적자
였지만 나머지 학자들, 그러니까 이덕무, 박제가, 유득공 같은 학자들이 모두 서자
출신이라는 데 있었어. 서자들이 정부의 고위 관료가 될 수 없는 시대였잖아? 그
때문에 북학파의 주장도 정책으로 만들어지지 못한 거란다.

망국으로 가는 세도정치

이제 우리 역사가 19세기로 접어들었어. 정조의 둘째 아들이 순조 23대에 올랐어.

순조는 후궁 수빈 박씨의 아들이었어. 왕비인 효의왕후가 아이를 낳지 못했고, 서열 두 번째인 후궁 의빈 성씨가 문효세자를 낳았지만 일찍 죽는 바람에 순조가 왕이 될 수 있었지. 정조가 세상을 떠나던 바로 그해 순조는 왕세자로 책봉됐고, 이어 11세의 나이에 왕에 올랐어.

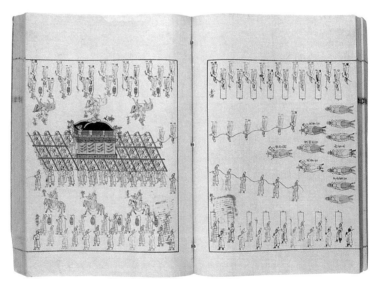

정조의 국장 행렬 · 정조의 국장 행렬 가운데 정조의 상여 부분을 그린 그림이다. 정조가 죽고 나이 어린 순조가 즉위하면서 세도정치의 막이 올랐다.

강력한 국왕 뒤에 어리고 약한 왕이라…. 대신들이 왕을 요리조리 주무르려고 할 거야. 정조도 그 점을 걱정했어. 정조는 강직한 신하 김조순을 특히 신임하고 있었어. 김조순의 딸을 세자빈으로 맞기도 했지. 그녀가 순조의 부인 순원왕후였어. 이런 까닭에 김조순에게 자식의 앞날을 부탁할 수 있었던 거야.

여기까지는 별 문제가 없는 것처럼 보이지? 그러나 꼭 그렇지만은 않았어. 얼마 후, 이 외척이 권력을 주무르는 세도정치가 시작됐거든.

세도정치와 삼정의 문란

순조가 어리니 대왕대비인 정순왕후가 왕실의 큰 어른 자격으로 수렴청정을 했어. 정순왕후는 영조의 두 번째 부인이었지? 사도세자보다 10세가 적었고, 사도세자의 죽음에도 깊숙이 개입했어. 기억하고 있지? 당시 정순왕후는 노론 벽파에 속해 있었어. 정조는 왕에 오른 후 벽파를 가급적 멀리하고 남인과 노론 시파를 등용했어. 그러니 정조와 정순왕후의 사이가 좋을 리가 없겠지?

이제 정조의 나이 어린 아들이 왕이 됐고, 정순왕후가 수렴청정을 맡게 됐어. 정조도 없는 마당에 정순왕후가 뭘 두려워하겠니? 정순왕후는 노론 시파와 남인을 몰아내기 시작했어. 19세기로 접어들었건만 붕당정치 투쟁은 여전히 진행 중이야!

희정당 · 동궐도 가운데 희정당 부근 모습이다. 순조는 희정당에 정순왕후를 모시고 수렴청정 의식을 거행했다.

정순왕후는 권력에 대한 욕심이 강했어. 순조가 어린 점을 이용해 신하들을 따로 불러 개별적으로 충성 맹세를 받아내기도 했지. 물론 정조의 측근이었던 김조순도 어쩔 수 없었어. 왕실의 큰 어른이잖아?

노론 벽파는 천주교가 유교 질서를 해치는 사악한 학문이라고 여기고 있었어. 게다가 천주교를 신봉하는 사람들은 대체로 시파이거나 남인이었어. 모두 정조의 정치적 동반자였지. 그러니 정순왕후가 그들을 제거하기 위해서라도 천주교를 그냥 둘 리가 없어. 정순왕후는 천주교 금지령을 내리고는 바로 박해에 돌입했어.

이 박해 결과 남인과 노론 시파의 주요 인사들이 모두 제거됐어. 이가환, 이승환, 정약종은 형장의 이슬로 사라졌고, 정약용과 채제공은 귀향을 가야 했지. 조선에 들어와 활동하던 첫 외국인 신부인 주문모도 처형됐어. 그 밖에도 100여 명의 천주교 신도가 처형됐고, 400여 명은 귀양을 갔어. 이게 바로 신유박해야[1801년].

이 신유박해는 그야말로 대형 사건이었어. 정치적으로 보면 남인과 노론 시파가 몰락한 사건이었지. 요즘말로 하면 진보적인 정치인과 사상가, 활동가, 정권 반대 세력을 모두 제거한 거야.

얼마 후 순조가 권력을 넘겨받아 친정을 시작했어[1804년]. 1년 후에는 정순왕후도 세상을 떠났지. 이제 순조가 모든 정치를 직접 해야 하는 거야.

순조는 노론 벽파가 무섭다는 사실을 이미 알고 있었어. 다행히 그에게는 아버지 정조도 인정한 강직한 신하 김조순이 있어. 게다가 김조순은 자신의 장인이기도 하잖아? 순조는 김조순에게 의지하기 시작했어. 이때만 해도 순조는 자신이 호랑이의 아가리로 들어가고 있다는 사실을 깨닫지 못했을 거야.

권력은 곧 김조순에게 넘어갔어. 모든 권력은 김조순의 안동 김씨 가문이 장악했지. 이때부터 안동 김씨 가문 사람들이 수도는 물론 지방의 자리까지 모두 꿰차기 시작했단다. 안동 김씨의 세상이 열린 거야.

세도정치는 말 그대로 세도가들이 권력을 쥐고 마음대로 휘두르는 정치 형태야. 왕의 총애를 받는 대신이나 외척 가문이 대표적인 세도가가 되겠지. 이 때문에 세도정치는 정조시대에 시작됐다는 평가도 있어. 정조가 왕에 오르기 전부터 온몸으로 그를 지켜 왔던 홍국영이란 인물이 첫 세도가라는 거야. 그러나 홍국영은 지나치게 권력을 휘두르다 정조에게 쫓겨나고 말았으니 오롯이 세도가라고는 할 수 없겠지?

순조 때부터는 외척 가문이 세도가가 됐어. 권력을 잡은 첫 가문이 바로 안동 김씨였던 거야. 이때 시작된 외척 가문의 세도정치는 훗날 고종이 즉위하기 전까지 계속된단다.

세도정치에서 국왕의 존재는 있으나 마나였어. 부작용은 일일이 셀 수 없을 정도로 많았지. 가장 먼저 부정부패가 판을 쳤어. 중앙에서 지방까지 모든 자리를 안동 김씨가 차지했으니 관직을 얻으려면 안동 김씨에 줄을 대야겠지? 안동 김씨 집안은 선물과 검은돈을 들고 와 인사 청탁하려는 사람들로 늘 북적였단다.

이런 식으로 관직을 얻었으니 본전 생각이 나겠지? 당연히 자리를 얻자마자 탐관오리로 변했어. 세금을 부풀려 받고, 이중삼중으로 부과하고, 백성에게 줄 것은 안 주고…. 모두 자기 배만 채우는 데 급급했지. 사회가 혼탁해지고, 민심이 날로 흉흉해졌어.

이때부터 이른바 삼정이 문란해졌어. 삼정이란 조선 후기의 3대 국가 재정을 말하는 거야. 전정전세, 군정군역, 환정환곡이지. 사실 조선 전기에는 전정, 군정, 공납이 3대 재정이었어. 특산물을 세금으로 내는 공납 제도가 대동법이 시행되면서 사라졌고, 그 대신 봄에 곡물을 빌려줬다가 가을에 받는 환곡이 사실상의 세금 제도로 자리 잡았지. 꼭 필요하지 않은 농민에게도 강제로 떠맡겼거든.

전정은 농지에 부과하는 세금이야. 부패한 탐관오리들은 힘없는 농민들의 농지에 몇 배의 세금을 부과했어. 그러니 농민들은 유일한 재산인 손톱만 한 땅을 포기할 수밖에 없었어. 왜? 세금이 무서우니까!

군정은 국방 의무를 군포로 대신하는 제도야. 탐관오리들은 이 수입을 늘리려고 갓난아이에게도 세금을 매겼단다. 이를 황구첨정이라 불렀어. 심지어 이미 죽은 사람도 생존해 있는 것처럼 장부를 조작해 군포를 부과했어. 이는 백골징포라고 불렀지.

환정은 가장 궁핍한 때인 춘궁기에 식량과 씨앗을 빌려주고 수확기 이후 돌려받는 제도였어. 취지만 놓고 보면 나쁘진 않은 제도야. 그러나 운영이 취지대로 되지 않았어. 궁핍해진 백성을 돕는 제도가 재정을 확보하는 수단으로 변한 거야.

탐관오리들은 농민에게 이 제도를 이용할 거냐고 묻지 않았어. 마음대로 식량과 씨앗을 빌려줬고, 돌려받을 때 이자를 듬뿍 얹었지. 제때 곡식을 돌려주지 않으면 또 이자를 얹었어. 요즘으로 치면 고리 사채와 비슷한 셈이야. 백성의 원성이 하늘을 찔렀어. 19세기에 발생하는 민란의 대부분이 바로 이 환곡 제도에 대한 불만에서 비롯됐단다.

안동 김씨와 풍양 조씨의 이전투구

세도정치의 폐해가 얼마나 컸는지 이제 짐작할 수 있겠지? 순조도 안동 김씨를 견제해야 한다는 생각은 하고 있었을 거야. 그러나 방

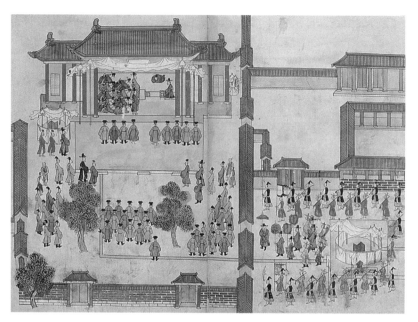

왕세자입학도 · 8세의 효명세자가 성균관에 입학하는 장면을 그린 그림이다. 효명세자는 대리청정을 하며 왕권 강화를 꾀했으나 일찍 죽고 말았다.

법이 없었어. 이미 왕권은 땅으로 추락했잖아? 그래도 순조는 안동 김씨의 세도정치를 척결하려고 나름대로 많은 노력을 했어. 그가 선택한 방법은, 대항 세력을 키우는 것이었지.

　장차 왕이 될 아들 효명세자가 열 살이 됐어. 순조는 안동 김씨와 상관없는 가문에서 세자빈을 골랐지. 바로 조한영의 딸이야. 안동 김씨가 술렁이기 시작했어. 왜냐고? 순조가 풍양 조씨 가문을 끌어 들였잖아! 안동 김씨를 견제하기 위한 혼인이라는 건 삼척동자도 알 수 있지.

순조는 더욱 강하게 나갔어. 효명세자에게 대리청정을 맡기고, 자신은 정치에서 한 발짝 떨어진 거야[1827년]. 왜? 효명세자에게 안동 김씨의 입김이 덜 미치도록 하기 위해서였어. 순조는 나아가 자신의 장인이며 안동 김씨의 큰 어른인 김조순을 멀리 평안도 관찰사로 보내 버렸어.

안동 김씨 세력이 좀 약해졌을까? 어쩌면 그럴 수도 있을 거야. 그러나 그 자리를 풍양 조씨 사람들이 차지할 테니 그 전과 달라진 것은 없겠지. 그래도 순조에게 당장은 안동 김씨를 몰아내는 게 더 중요했어. 순조는 친위대를 강화하는 등 왕권을 회복하려고 노력했지.

안타깝게 이 시도는 실패로 끝나고 말았단다. 대리청정 3년 만에 세자가 갑자기 죽어 버린 거야. 어쩔 수 없이 순조가 왕에 복귀했어. 안동 김씨는 순조를 비웃듯, 다시 요직을 차지하기 시작했어. 조정은 안동 김씨와 풍양 조씨

궁궐로 돌아가는 순조 · 순조와 순원왕후의 혼례 때 친영을 치르고 궁궐로 돌아가는 순조의 행렬을 그린 그림이다. 순원왕후는 헌종이 즉위하자 7년 동안 수렴청정을 했다.

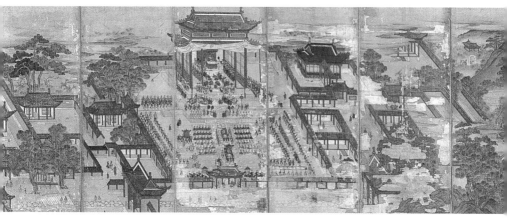

헌종가례진하도병 · 헌종이 두 번째 왕비인 효정왕후를 맞아들인 가례 모습을 그린 병풍이다. 헌종의 외척인 풍양 조씨는 순원왕후가 수렴청정을 끝낸 뒤 권력을 장악했다.

두 가문의 권력 쟁탈을 위한 투기장으로 변했지. 순조는 모든 걸 포기할 수밖에 없었어.

얼마 후 무기력한 순조가 세상을 떠났어. 효명세자의 아들이 여덟 살의 나이에 왕에 올랐지. 이 왕이 바로 헌종24대이야. 순조가 왕에 올랐을 때 나이가 너무 어린 까닭에 할머니대왕대비 정순왕후가 수렴청정을 했지? 이번에도 같은 상황이 벌어졌어. 헌종의 할머니, 즉 대왕대비 순원왕후가 헌종을 대신해 수렴청정을 한 거야.

순원왕후는 만 7년간 수렴청정을 했어. 순원왕후는 안동 김씨. 그러니 풍양 조씨가 섣불리 나설 수 없었겠지? 그러나 헌종이 친정을 시작하면서 상황이 달라졌어1840년. 헌종의 외가가 풍양 조씨지? 기다렸다는 듯 풍양 조씨가 치고 나왔어. 순조 때의 역사가 그대로 반복되고 있지?

조만영이 전면에 등장했어. 그는 외손자인 헌종을 보호하겠다며 안동 김씨를 몰아내기 시작했어. 안동 김씨가 호락호락 당할까? 아니야. 두 가문의 피 튀기는 권력 투쟁이 벌어졌어. 아무래도 헌종의 외가인 풍양 조씨가 우세했어.

헌종은 후계자를 낳지 못하고 죽었어. 대왕대비인 순원왕후와 안동 김씨가 발 빠르게 움직였어. 강화도에 처박혀 있는 왕족을 찾아내 왕에 올렸지. 바로 철종25대이야. 철종이 정치에 대해 뭘 알겠어? 안동 김씨는 바로 그 점 때문에 철종을 왕에 올렸던 거란다.

안동 김씨 세력인 김문근이 딸을 철종에게 시집보냈어. 이유는 뻔하지. 다시 안동 김씨가 세도가문으로 부활하기 위해서야. 이제 왕비를 배출한 가문이니 김문근은 김조순에 버금가는 세도가가 됐지. 세도 가문이 풍양 조씨에서 다시 안동 김씨로 이동한 거야.

풍양 조씨가 다시 권력을 노리기도 했어. 철종도 헌종과 마찬가지로 후계자를 남기지 못했어. 그렇다면 왕실의 큰 어른을 중심으로 빨리 왕 후보를 찾아야 해. 이때 왕실의 큰 어른은 헌종의 어머니인 조대비였어. 그래, 일찍 죽는 바람에 왕이 되지 못한 효명세자의 부인 말이야.

조대비는 풍양 조씨의 세력을 강화하기 위해 자신의 입맛에 맞는 후보를 구하려 했어. 이 시도가 성공할까? 그건 조금 있다 알 수 있을 거야.

서양 세력이 밀려오다

조선은 썩어 있는 웅덩이에 갇혀 있었지만 이 무렵 세계는 급변하고 있었어. 유럽 국가들은 제국주의로 무장해 전 세계를 접수하고 있었지. 이 여파는 곧 조선에도 들이닥쳤어.

처음 조선의 빗장을 뚫고 들어온 것은 서학, 즉 천주교였지? 천주교는 모진 박해를 견디면서 쑥쑥 성장하고 있었어. 순조 통치 시절, 천주교의 조선 지부, 즉 조선 대교구_{오늘날의 서울 대교구}가 만들어졌지 _{1831년}. 포교의 거점이 확보되자 천주교 신도는 눈 덩어리처럼 불어나기 시작했어.

얼마 후 헌종이 왕에 올랐어. 대왕대비 순원왕후가 수렴청정을 했지? 순원왕후는 안동 김씨였고, 안동 김씨는 시파였어. 시파는 천주교에 비교적 우호적이었지? 실제 순원왕후의 오빠 김유근은 병석에 있을 때 세례를 받기도 했어. 그래, 안동 김씨가 풍양 조씨보다는 천주교에 대해 우호적이었던 거야.

그러나 곧 풍양 조씨의 반격이 시작됐어. 풍양 조씨는 벽파. 당연히 천주교에 적대적이었지. 벽파인 우의정 이지연이 헌종에게 천주교를 배척하라는 상소를 올렸어. 이 상소가 신호탄이 됐어. 천주교 신도들은 미풍을 해칠 뿐 아니라 국왕까지 부정하는 역적 행위를 하고 있다는 상소들이 곳곳에서 올라온 거야. 이렇게 되면 결과는 뻔해. 그래, 다시 박해가 시작될 수밖에 없지. 이 사건이 기해박해야_{1839년}.

성종 시절인 15세기 후반에 한명회가 실시한 오가작통법이란 제도가 있었는데, 다섯 집을 1통으로 묶고, 통주가 관리하는 방식이야. 벽파는 이 오가작통법을 활용해 천주교 신도가 있는 집을 적발했단다. 훗날 공산국가 북한이 다섯 가구마다 한 명씩 감시원을 두는 5호담당제를 실시했는데, 어쩌면 그것도 이 오가작통법을 악용한 게 아니었을까?

먼저 43명의 천주교 신도가 체포됐어. 잔인한 고문이 이어졌지. 천주교는 악이니 다시는 믿지 않겠다는 서약을 강요했어. 고문을 이기지 못한 34명은 서약을 했어. 그러나 박희수, 남명혁 등 9명은 끝까지 서약을 거부했지. 결국 34명은 석방됐지만 9명은 처형됐단다.

이윽고 천주교 신도를 모두 체포하라는 명령이 떨어졌어. 수많은 신도들이 목숨을 잃었어. 조선 사람만 처형된 게 아니야. 당시 국내에서 활동 중이던 프랑스 주교 앵베르, 모방, 샤스탕과 같은 인물도 모두 참수됐어. 미치지 않고서야 외국인을 이렇게 함부로 처형할 수는 없지. 그래, 정말로

김대건 동상 · 증조할아버지와 할아버지가 순교한 천주교 집안에서 태어나 1845년 우리나라 최초로 신부가 되었으나 1846년 체포되어 사형당했다.

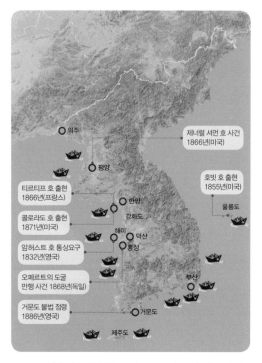

의주 ○

제너럴 셔먼 호 사건
1866년(미국)

평양 ○

호빗 호 출현
1855년(미국)

티르티프 호 출현
1866년(프랑스)

한양 ○

울릉도

콜로라도 호 출현
1871년(미국)

강화도

해미 ○ 덕산

암허스트 호 통상요구
1832년(영국)

흥성

오페르트의 도굴
만행 사건 1868년(독일)

부산

거문도 불법 점령
1886년(영국)

거문도 ○

제주도

서양 열강의 한반도 탐색 · 19세기 초반부터 영국, 프랑스, 미국, 독일 세력이 한반도로 진출하기 시작했다. 훗날 대원군은 서양 세력에 대해 문을 닫는 쇄국양이 정책을 폈다.

조정이 미쳐 가고 있었던 거야. 정하상이 이런 문제점을 제기했어. 그러자 정하상도 참수했어. 이 박해로 총 118명의 신도가 처형됐고 1명이 감옥에서 목숨을 잃었어.

기해박해가 진행되는 동안 안동 김씨 세력은 추락했어. 풍양 조씨 가문이 권력을 장악했지. 천주교에 대한 박해는 끝날 기미를 보이지 않았어. 1846년에는 조선인으로 처음 천주교 사제가 된 김대건 신부도 순교했단다.

이 무렵 서양 제국주의 세력이 본격적으로 한반도 주변으로 진출하기 시작했어. 낯선 모양의 배가 한반도 앞바다에 처음 나타난 것은 영조 시대인 18세기였어. 당시 조선 사람들은 그 배 모양이 우리와 다르다 해서 이양선이라 불렀어. 얼마 지나서야 이양선이 서양 열강의 배라는 것을 알게 됐지.

이양선들은 대부분 상선이었어. 하지만 여러 대의 대포를 비치하고 있어 사실상 전함에 가까웠어. 황해도 몽금포 앞바다에 나타난 영국 상선 앰허스트도 그런 배 가운데 하나였어1832년. 이 앰허스트 호는 가장 먼저 조선에 통상을 요구한 이양선이야.

1840년에는 중국에서 아편전쟁이 터졌어. 중국이 영국에게 완전 박살이 났지. 서양 열강은 그 후 빠르게 중국으로 진출했어. 더불어 조선 앞바다에서도 이양선은 더 많이 출몰했지.

기해박해가 발생한 이듬해, 프랑스 군함이 한반도 해안에 나타났어. 당시 프랑스 제독은 헌종에게 프랑스 신부를 처형한 것에 대한 사과를 요구하는 국서를 전달했어. 다행히 큰 소동을 부리지 않고 돌아갔어.

2년 후 동해안, 서해안, 남해안 가릴 것 없이 수시로 서양 함선들이 출몰했어. 백성들의 수군거림이 커지기 시작했지. 영국의 군함이 제주 앞바다와 서해안에 나타나 해안 지대를 측량하기도 했어. 영국이 왜 먼 한반도까지 와서 해안지대를 측량하고 있었던 걸까? 당시 러시아가 남하정책을 추진하고 있었는데, 영국은 그 방어 기지로 조선을 이용하려 했던 거야. 그러니 굳이 조선과는 갈등을 벌일 필요가 없었어. 이때도 영국 군함은 별 소동을 피우지 않고 돌아갔어.

이 무렵 서양 열강들은 아시아, 아프리카, 아메리카 등으로 세력을 넓히고 있었어. 그러나 조선 조정은 세도가들의 권력 다툼만 되풀이하고 있었어. 무능한 국왕은 그저 "그렇게 하시오"라는 대답만 했지. 이 무책임하고 안일한 태도가 훗날 우리나라를 최악의 위기에 빠뜨렸다고 생각하는 학자들이 많아. 결코 틀리진 않지. 세계는 팽창하는데, 우리는 우물 안 개구리 싸움을 하고 있던 거야. 정말 씁쓸한 대목이지.

반란과 농민 항쟁, 전국을 휩쓸다

세도정치시대, 사회는 극도로 혼란했어. 탐관오리의 부패는 더욱 심해졌고, 엎친 데 덮친 격으로 전염병이나 자연재해도 수시로 일 어났어. 민심은 아주 흉흉했지. 농민들은 땅을 잃고 전국을 유랑했어. 19세기 초반부터 곳곳에서 민란이 끊이지 않았어.

반란이 일어난 1차 이유는 삼정의 문란이었어. 부패한 세도정치 와 탐욕에 찌든 관리들은 농민을 상대로 착취를 했어. 하루하루가 고통이었던 농민들은 참다 못해 저항에 나섰어. 이 저항은 머잖아 농민 봉기로 확대됐지.

대표적인 반란이 홍경래의 난이었어. 홍경래는 평안도 출신이었 어. 당시 조정은 평안도 출신 인사들을 별로 기용하지 않았어. 몇 차례의 과거 시험에서 연거푸 낙방한 홍경래는 결국 세상을 바꾸 기로 결심했어. 그는 상인, 몰락한 양반, 평민 등 신분을 가리지 않 고 동지들을 끌어 모았어.

오랜 준비 끝에 마침내 홍경래가 봉기를 일으켰어¹⁸¹¹년. 처음에 는 홍경래 군대의 기세가 하늘을 찔렀어. 홍경래의 반란군은 곽산 과 정주를 점령하는 등 맹활약을 했지. 그러나 곧 정부군이 전열을

홍경래가 접수한 고을
홍경래가 접령한 지역
관군의 친격로

운산
의주
구성 태천
다복동
석천 송림
용천 가산 박천
철산 곽산
정주성
안주
숙천
순안
평양

정주성에서 관군에게 패배

홍경래의 난 · 세력 범위 홍경래는 반란을 일으킨 후 서북 지역을 거의 점령했다. 그러나 곧 반군에게 진압됐다.

가다듬고 진압에 나섰어. 결국 이듬해 4월, 모든 반란군이 진압됐어. 홍경래는 전투 도중 목숨을 잃었단다.

이 반란은 전국에 큰 파장을 불러일으켰어. 홍경래는 전설적인 인물로 부각됐지. 그가 사망했음에도 불구하고 민중들 사이에서는 아직 살아 있어 전투를 지휘한다는 이야기가 나돌기도 했단다.

헌종이 세상을 떠나자 강화도령이

철종 어진 · 철종은 강화도에서 나무꾼으로 살고 있다가 갑자기 왕위에 올랐다. 이후 안동 김씨의 세도정치는 더욱 강해졌다.

●고종시절
●철종시절

홍경래의 난
(1811년)

용천 정주 박천
신산 가산

함흥

영흥

덕원

동해

고성

장연 황주

토산

개성 한성 원주

정선

울릉도

수원 광주

독도

여주

황해

공주

함창 문경

영해

연산 상주 안동

군위

개령 농민 반란
(1862년)

익산

고산 선산

거창

울산

전주 함양

부안

진주 창원 동래

함평 광양

삭천 남해

제주

진주민란
(1862년)

조선 말기 민란 · 19세기 초반부터 삼정의 문란에 항의하는 반란이 전국적으로 일어났다. 홍경래의 난은 중세 조선을 무너뜨리는 계기가 됐다는 평가가 많다.

란 별명을 가진 왕족이 왕에 올랐는데, 바로 철종이야. 철종에게 강화도령이란 별명이 붙은 사연부터 알아볼까?

철종은 버려진 왕족이었어. 헌종이 후계자가 없기 때문에 영문도 모르는 채 왕이 된 인물이지. 철종의 할아버지는 사도세자가 숙빈 임씨와의 사이에 낳은 은언군이었어. 은언군은 사도세자가 변을 당한 뒤 궁궐에서 쫓겨났고, 이리저리 도망 다니다 강화도에 정착했지. 은언군의 아들 가운데 서자로, 이광이란 인물이 있었어. 그의 아들 이원범이 바로 철종이야.

강화도에서 나무꾼으로 살고 있던 이원범이 어느 날 궁궐로 불려 들어갔어. 얼떨떨한 그를 대왕대비인 순원왕후가 덕완군에 봉한 다음에 국왕으로 임명했어. 10대 후반의 '강화도령'이 무슨 정치를 할 수 있겠어? 순원왕후와 안동 김씨가 노린 게 그 점이었지. 이미 살펴본 내용이지?

　나중에 순원왕후가 정치에서 손을 떼고 철종이 친정을 시작했지만 달라진 것은 없었어. 그는 여전히 허수아비 왕이었어. 철종이 관료들의 부정부패를 뜯어고치겠다고 나서면 안동 김씨는 코웃음을 쳤어. 이 무렵은 삼정의 문란이 가장 심했고, 세도정치도 막장으로 치닫던 때였어. 특히 삼남지방에서 민란이 많이 일어났지. 이해는 임술년. 그래서 이해에 일어난 여러 민란을 통틀어 임술농민봉기라고 한단다 1862년.

　임술농민봉기는 삼남지방의 71개 지역에서 동시에 일어난 농민 반란이었어. 단순한 반란이라기보다는 대대적인 항쟁이라고 보는 게 진실에 가까울 거야. 반란이 일어난 까닭은, 농민의 삶의 기반이 다 무너져 버렸기 때문이야. 지주와 농민의 빈부 격차는 갈수록 더 심해졌고, 삼정은 더욱 문란해졌어.

　더 이상 살 수 없다는 비탄의 목소리들이 커졌어. 참다못한 농민들은 마침내 봉기했어. 농민들은 관아를 습격해 각종 문서를 불태우고 부패한 수령을 쫓아냈어. 진상 조사를 위해 내려온 조정의 안핵사에게 구체적인 개혁안을 내놓으라고 요구했지. 그 결과 삼정을 관리하는 삼정이정청이 만들어졌어. 성과가 있는 것 같지? 그러나 결국에는 주도자들이 모두 처형됨으로써 민란은 실패로 끝이 났단다.

농민들은 좌절했어. 누가 그 아픈 마음을 달래 줄 수 있겠니? 마침 그 역할을 할 새로운 종교가 탄생했어. 임술농민봉기가 일어나기 2년 전, 경주에 사는 몰락한 양반 가문 출신의 최제우가 동학을 창시했어 1860년. 서학에 빗대 동학이란 이름을 붙인 거야. 동학은 오늘날에는 천도교라고 부른다. 동학의 이념을 살펴볼까?

최제우는 유교, 불교, 도교 같은 기존의 종교로는 몰락하는 조선을 살릴 수 없다고 생각했어. 오랜 수행을 거친 끝에 사람은 누구나 마음속에 '한울님'을 모시고 산다는 깨달음을 얻었어. 그러니 모든 사람은 평등한 거야! 이 사상이 시천주 사상이야.

최제우에 이어 나중에 2대 교주가 되는 최시형은 사람을 하늘처럼 섬긴다는 사인여천을 외쳤어. 그다음 3대 교주가 되면서 천도교로 개칭한 손병희는 사람이 곧 하늘이라는 인내천 사상을 주장했단다.

이 동학사상은 힘겨운 삶을 살아가는 민중에게 큰 빛이 됐어. 많은 민중이 동학의 깃발 아래 모이기 시작했어. 동학은 어느새 신분을 뛰어넘어 커다란 종교조직, 커다란 정치조직으로 성장했지. 당연히 세도가들은 긴장하기 시작했어. 그대로 두면 큰일이 일어날지도 모른다는 두려움이 그들을 괴롭혔을 거야. 결국 그들은 최제우를 체포했어. 이윽고 세상을 혼란에 빠뜨리고 있다는 혹세무민의 죄를 씌워 처형해 버렸지. 그러나 천주교가 박해를 견디며 성장했던 것처럼 동학도 그 후 더 가파르게 성장했어.

조선은 갈수록 더 혼란스러워지고 있었어. 그러나 철종은 두 손

놓고 바라볼 수밖에 없었어. 왜 그랬는지는 알고 있지? 안동 김씨
들이 자기 마음대로 조정을 주무르고 있었던 거야. 결국 철종은 정
치에서 손을 떼고 술이나 마시다가 세상을 떠났단다[1863년].

이승훈은 한국의 베드로

"닭이 울기 전에 너는 나를 세 번 모른다고 할 것이다."
최후의 만찬에서 예수 그리스도가 열두 제자 중 한 명인 베드로에게 한 말이야. 이
말대로 베드로는 예수가 수난을 당할 때 "나는 저 사람을 모른다"는 말을 세 번 했
지. 그러나 예수는 부활한 뒤 베드로에게 나타나 죄를 사해 줬다고 해. 베드로는 그
후 로마교회를 세우고 기독교를 이끌었어. 네로의 치하에서 순교한 그는 오늘날
로마교회의 제1대 교황으로 추앙받고 있어.
공교롭게도 우리나라 1호 천주교 영세자인 이승훈의 세례명이 베드로였어. 더욱
흥미로운 것은 이승훈 또한 세 차례나 천주교 신자라는 사실을 부인했다는 거야.
첫 번째는 1786년 천주교를 전도한 죄로 체포됐을 때였어. 이때 이승훈은 종교
를 버리고 척사문까지 공표했지. 그로부터 1년이 지난 후 그는 주교로 복귀했어.
1789년 이승훈은 조상에 대한 제사를 없애야 한다는 교리에 반발해 다시 배교했
단다. 두 번째지?
그 후 다시 기독교에 전념한 그였지만 1791년 세 번째 배교를 하게 돼. 이때 진산
사건이 일어났는데, 그는 천주교 서적을 발간한 혐의로 투옥됐지. 감옥에서 다시
배교를 선언하고 석방이 됐지. 이로써 한국의 베드로도 세 번이나 천주교를 부인
하게 된 거야. 우연의 일치라고 하기에는 참으로 기가 막히지?
그러나 그 후 이승훈 가족의 종교 사랑은 실로 컸어. 이승훈이 1801년 신유박해 때
처형된 이후 아들과 손자, 증손자까지 4대에 걸쳐 모두 박해 과정에서 순교했단다.

◆ 역 사 리 뷰 ◆

공산당 선언(1848년)

프랑스 혁명(1789년)
나폴레옹 전쟁 발발(1804년)

플라시 전투(1757년)
영국 인도 지배(1817년)
세포이 반란(1857년)

오스만제국 탄지마트 개혁(1839년)

빈 체제 구축(1815년)

7월혁명(1830년)
2월혁명(1848년)

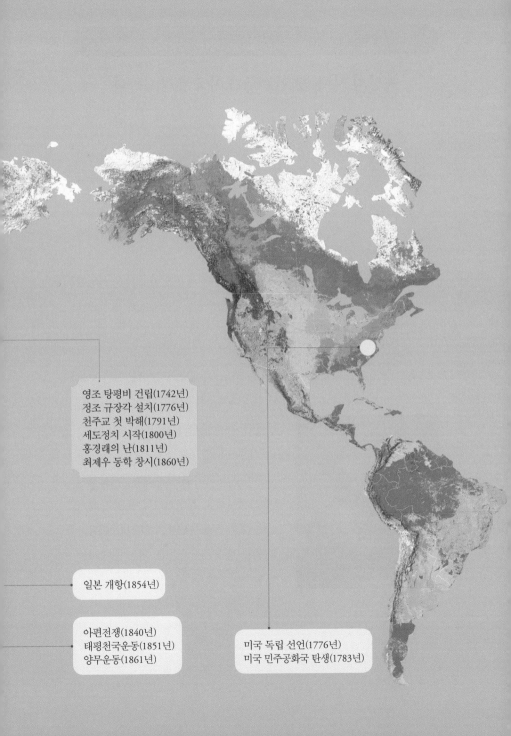

영조 탕평비 건립(1742년)
정조 규장각 설치(1776년)
천주교 첫 박해(1791년)
세도정치 시작(1800년)
홍경래의 난(1811년)
최제우 동학 창시(1860년)

일본 개항(1854년)

아편전쟁(1840년)
태평천국운동(1851년)
양무운동(1861년)

미국 독립 선언(1776년)
미국 민주공화국 탄생(1783년)

혁명의 시대, 첫 민주국가 미국이 탄생하다

18세기로 접어들면서부터 유럽에서는 잇달아 전쟁이 터졌어. 1700년 북유럽에서는 스웨덴과 러시아가 패권을 다퉜고, 1701년에는 에스파냐 왕위계승을 둘러싸고 유럽 강대국들이 대판 싸웠지. 유럽 열강들이 본격적으로 아시아를 노리기 시작한 것도 18세기야. 청 황실은 1714년 선교사를 추방하기도 했단다.

18세기 들어 세계 전역에서 근대화 바람이 세차게 불었어. 조선도 마찬가지였지. 마침 영조와 정조라는 강력한 왕이 등장해 개혁을 추진했어. 새로운 학문인 실학도 발달했지. 그러나 1800년 순조가 즉위하고, 얼마 후 세도정치가 시작되면서 개혁은 끝나고 말았어.

천주교가 서학이란 이름으로 조선에 전파됐어. 이승훈이 처음 세례를 받았지1784년. 하지만 조선 조정은 천주교를 탄압했어. 1791년의 신해박해와 1801년의 신유박해가 대표적인 사건이었어. 김대건이 순교하기도 했지1846년. 세도정치 여파로 사회는 혼란스러웠어. 홍경래의 난1811년과 임술농민봉기1862년가 잇달아 터졌어. 힘없는 농민들은 1860년 창시된 동학에 의지했지.

이 무렵 세계는 그야말로 격변의 시대

나폴레옹

프랑스 혁명

였어. 유럽에서는 오스트리아 왕위계승전쟁, 북방전쟁, 7년전쟁 등 정복 전쟁이 일어났어. 아시아와 아메리카에서도 영국과 프랑스의 식민지 쟁탈전이 일어났어. 인도의 플라시 전투, 아메리카의 프렌치—인디언 전쟁이 대표적이지.

1776년 미국이 독립을 선언했어. 이어 1783년에는 미국에 민주공화국이 탄생했지. 전 세계에서 최초로 등장한 이 정치 체제는 곧 다른 나라에도 영향을 미쳤어. 1789년에 프랑스 혁명이 일어났어. 이 혁명의 여파로 프랑스에도 공화정이 들어섰단다1791년. 하지만 프랑스 혁명은 끝내 성공하지 못했어. 영조와 정조의 개혁이 수포로 돌아간 것처럼….

1799년 권력을 잡은 나폴레옹은 곧 정복 전쟁을 시작했고, 유럽은 전쟁의 소용돌이에 휩싸였어. 이 나폴레옹 전쟁에서 나폴레옹은 패배했고, 보수주의자들은 시계를 프랑스 혁명 이전으로 돌려놓았어. 이 보수 체제를 빈 체제라 불러1815년.

이 시기는 이미 말한 대로 유럽 열강들의 아시아 침략이 본격화한 때였어. 영국은 인도의 저항을 누르고 전 인도를 지배하기 시작했어1817년. 싱가포르에도 자유무역항을 만들었지. 인도 용병인 세포이들이 반란을 일으켰지만 무력으로 제압했지1857년.

중국도 열강들에게 꼼짝없이 당하고 있었어. 1840년 제1차 아편전쟁에서 영국에 대패했고, 그 후 외세의 간섭은 더욱 심해졌어. 그러자 중국 민중들이 반발해 태평천국운동을 일으키기도 했어1851년. 열강들은 곧 일본의 문을 두드렸어. 1854년 미국의 페리 제독은 일본의 문을 강제로 열기도 했지.

오스만 제국도 상황은 비슷했어. 러시아, 영국, 프랑스 등 강대국이 압력을 넣어 오스만 제국의 지배 하에 있던 그리스를 독립시켰지1830년. 열강들은 또 오스만 제국의 땅 크림반도에서 전쟁을 일으키기도 했어1853년.

유럽 한복판은 다시 혁명의 열기가 치솟기 시작했어. 프랑스에서 1830년 7월혁명, 1848년 2월혁명이 일어났어. 이 혁명의 영향을 받아 1848년 유럽 전역에서 혁명이 일어났고, 공산당 선언이 발표되기도 했단다.

교육은 백년대계, 어떻게 변해 왔나?

오늘날의 교육 제도는 초중고교와 대학, 대학원 등으로 요약할 수 있어. 일제강점기에 만들어진 교육령을 통해 이 학제의 기본 뼈대가 만들어졌지. 뭐, 그렇다고 해서 그 후 개혁이 없었다는 얘기는 아니야. 해방을 맞은 후에도 몇 차례 교육 개혁이 이뤄졌단다.

교육이 백년대계라는 말은 고대시대에도 중요했던 이념이었어. 그래서 당시에도 많은 교육 기관이 만들어졌지. 우선 삼국시대의 교육기관부터 살펴볼까?

고구려는 오늘날로 치면 서울대학교와 같은 국립교육기관을 가장 먼저 만들었어. 그 기관이 바로 태학이야. 이와 별도로 지방에는 경당이란 교육 기관을 설치했어. 신라와 백제에는 이런 통일적인 교육기관이 존재하지 않았지. 다만 신라에서는 젊은이들을 화랑도로 편성해 가르쳤고, 백제는 학문이 뛰어난 인재를 박사에 임명했어. 비록 방식은 다르지만 고대의 세 나라 모두 미래를 이끌어갈 국가 인재를 교육하는 데 투자를 아끼지 않았다는 걸 알 수 있겠지?

신라가 삼국을 통일한 후에는 아마도 고구려를 벤치마킹하지 않았을까 싶어. 통일신라는 태학과 비슷한 국립대학인 국학을 설치했단다. 비슷한 시기, 발해는 당을 벤치마킹해 국립대학 주자감을 만들었어.

고려로 접어들면서 교육 시스템은 더 발달하고, 온전히 정착하기 시작했어. 우선 중앙에는 국립대학 격인 국자감을 설치했어. 국자감에서는 귀족

자제들을 대상으로 유학 교육을 주로 실시했지. 이와 함께 기술학부인 잡학을 국자감 안에 뒀어. 여기서는 법학과 수학 등 기술과 관련된 학문을 가르쳤어. 지방에도 향교란 교육기관이 만들어졌는데, 이 기관은 조선시대에도 이어진단다.

고려시대에 특히 주목할 만한 것으로는 구재학당과 같은 사설 교육기관이 있어. 당시 과거 시험을 준비하는 학생들이 이 사설 교육기관으로 몰려들었지. 이런 교육기관들은 오늘날로 치면 사립 명문 고등학교쯤이 될 거야. 이런 사설 교육기관이 지나치게 흥하자 조정은 양현고라는 장학 제도를 마련하는 등 학생을 유치하기 위해 애를 썼단다. 흥미롭지?

조선시대에는 유학 교육이 더욱 강화됐어. 일단 서울에 국립대학 격인 성균관을 설치했어. 성균관에서는 유학 교육만 실시했어. 기술 교육은 따로 관청을 만들어 그곳에서 직접 가르쳤어. 오늘날의 중고교에 해당하는 사부학당도 따로 운영했단다.

나주 향교의 명륜당

지방에는 더 많은 기관이 있었어. 우선 국가가 설치한 향교가 있었어. 일종의 초등학교에 가까운 서당은 개인이 설치한 교육기관이야. 사림과 학자들이 학문 연구를 위해 세운 서원도 교육 기능을 담당했지.

구한말에 이르러 근대식 학교들이 많이 들어섰어. 그 계기가 된 게 갑오개혁 시절 고종이 반포한 교육입국조서였지. 이것은 말 그대로 우리나라가 근대 발전을 이루기 위해 교육에 특히 신경을 써야 한다는 점을 강조한 거야. 정부 차원에서 대대적인 교육 강화 정책이 펼쳐졌어.

이에 따라 최초의 근대학교인 원산학사가 들어섰고, 육영공원도 문을 열었지. 그러나 일제강점기로 접어들어 조선교육령이 반포되면서 시스템이 달라졌어. 지금의 교육 제도의 골격이 보이기 시작하지. 보통학교—고등보통학교의 학제 시스템이 이때 시작됐어.

교육 제도와 함께 살펴야 할 것이 관료임용시험이야. 오늘날에는 공무원이 되려면 국가공무원시험이나 행정고시, 사법고시를 봐야 해. 과거에는 어땠을까?

삼국시대 때는 귀족이 모든 고위직을 차지했어. 정부 관리가 되기 위한 시험이란 것 자체가 없었지. 통일신라 때는 독서삼품과란 제도가 있었지만 이 제도 역시 골품제도의 장벽에 막혀 점점 유명무실하게 변해 버렸어.

고려로 접어들면서 3대 광종이 과거 제도를 처음으로 실시한 것은 정말로 큰 사건이었어. 과거 시험을 통과한 젊은 인재들이 귀족들과 겨루기 시작했지. 고려 후기로 가면 과거 시험을 통과하고 성리학을 익힌 신진사대부들이 권력의 핵심으로 떠오른단다. 아 참, 고려시대에는 과거 시험에 무과가 따로 없었어. 조선시대 이후 과거시험에 무과가 신설됐지.

고려시대에는 고위층의 자제들이 시험을 치르지 않고 벼슬을 얻는 음서 제도가 있었어. 조선시대에도 이와 비슷한 문음 제도가 있었지. 하지만 분

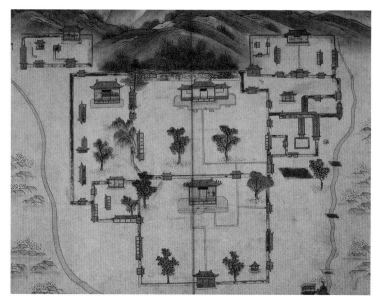

조선시대 성균관 일대를 그린 태학계첩

위기는 영 달라. 고려시대에는 음서를 통해 벼슬을 얻은 사람들이 과거 시험에 합격해 벼슬을 얻은 관리들을 무시하려 했어. 왜? 그들은 귀족이었거든. 하지만 조선시대에는 문음으로 벼슬을 얻은 사람들이 제 목소리를 내지 못했어. 조선시대에는 실력이 더 중요해졌기 때문이야. 과거 시험을 통과하지 못할 정도로 실력이 없다면 관리의 자격이 없다고 사대부들은 생각했단다. 따라서 조선시대에는 고위직까지 승진하려면 반드시 과거 시험에 합격해야 했어.

오늘날 대학에 입학하려면 대학수학능력시험을 치르지? 물론 입시 방식이 여러 가지가 있으니 이 시험을 치르지 않고도 대학에 들어가는 방법은 많아. 하지만 대부분은 수능 시험을 치르지.

이 시험을 잘 보려면 국어, 영어, 수학을 비롯해 여러 과목을 공부해야 해. 예전에도 마찬가지였어. 경전도 외워야 하고, 시도 잘 지어야 하고, 문장도 수려하게 만들어야 했어. 그래야 과거 시험을 통과할 수 있었지. 그렇다면 어떤 과목을 주로 배웠을까? 정답은 유학이야.

유학은 삼국시대에 종교가 아닌 학문으로 수입됐어. 고구려의 경우 국립 대학 격인 태학에서 귀족층 자녀를 대상으로 유학을 가르쳤지. 백제에서도 박사 제도가 따로 있었어. 신라는 후반부로 가기 전까지 유학이 크게 두드러지지 않았어.

통일신라시대, 유학이 본격적으로 발달하기 시작했어. 이때 유학을 공부한 주역은 6두품이었어. 신라에서 골품제도 때문에 출세의 길이 막히자 많은 6두품이 당으로 유학을 떠났지. 대표적인 유학자가 최치원이야. 그는 당에서 명성을 떨치고 귀국했지만, 국내에서는 그를 알아 주지 않았어. 그가 진성여왕에게 올린 개혁안도 곧 흐지부지되고 말았지.

왜 학자들은 유학을 공부한 것일까? 유학이 나라를 통치하는 기본 이념이었기 때문이야. 중앙집권제를 강화하는 데도 꼭 필요했지. 그 때문에 고려시대부터는 정치 조직에도 유학의 분위기가 물씬 풍겨난단다.

고려 3대 국왕 광종은 유교주의 정치를 본격 시도했어. 광종은 과거제를 실시해 유교적 소양을 갖춘 젊은 신하들을 뽑았지. 고려에서 유학이 활짝 꽃피운 때는 6대 성종 시절이었어. 성종은 최승로에게 시무28조 개혁안을 내게 해 국가 체제를 유교 체제로 싹 바꿨지. 중앙관제도 당의 조직을 본떠 2성6부제로 개편했고, 지방에는 12목을 뒀어.

이 무렵까지만 해도 유학은 국가통치이념으로서, 진보적인 학문으로 분류할 수 있을 거야. 그러나 고려 중기 이후부터는 유교가 보수적으로 변질됐어. 무신정권시대에는 유학 자체가 부정되다시피 했지. 왜? 유학은 썩어 빠진 문신들의 학문이잖아!

고려 후기, 국내에 새로운 유학이 수입됐어. 바로 성리학이야. 성리학은 다른 말로 주자학이라고 불러. 주자가 집대성했기 때문이야. 우주의 이치를 공부하는, 고차원적인 유학이었지. 권력의 핵심으로 떠오르는 신진사대부들은 이 성리학을 권문세족에 대항하기 위한 이념으로 받아들였어. 이 사대부들이 중심이 돼 조선을 건국함으로써 성리학이 대세로 떠올랐단다.

조선은 건국 당시만 해도 상당히 진취적이었어. 새로운 나라를 세웠으니 그럴 수밖에 없지. 하지만 성리학이 점점 사회의 구석구석까지 퍼짐으로써 조선은 성리학의 나라로 바뀌어 갔어. 사대부들은 사회의 모든 것을 성리학의 기준으로 바라봤지. 모든 풍습은『주자가례』에 정해진 대로 따라 해야 했어. 성리학자들이 형식에 지나치게 얽매이기 시작한 것은 16세기부터란다.

이때 성리학자들은 성리학의 해석을 둘러싸고 주리파와 주기파로 분열했어. 주리파는 퇴계 이황의 학문을 계승했고, 주기파는 율곡 이이의 학문을 계승했어. 주리파는 동인, 주기파는 서인으로 발전했지. 그 후 성리학자들은 예법에 집착하면서 예송논쟁에 휩싸이기도 했어.

성리학자들 사이에 붕당 정쟁이 격해지자 이에 반대하는 새로운 유학 사조가 등장했어. 17세기의 양명학이 바로 그것이야. 이 유학 사조는 "인간의 마음이 곧 진리다!"라는 이념을 기본으로 하고 있어. 양명학은 "아는 것과 행하는 것은 하나다"라는 지행합일을 지향하고 있었지. 그러나 성리학자들은 이 양명학을 철저히 배격했어. 왜? 오로지 성리학만이 진짜 학문이라고 여겼기 때문이야.

18세기 이후 실학이 등장했어. 실학은 말 그대로 실제 생활에 도움이 되는 유학을 뜻해. 젊은 유학자들이 성리학의 부작용을 인식하고, 이를 반성하면서 등장한 학문이야. 실학은 크게 농업을 중요하게 여긴 중농학파와, 상공업을 진흥시켜 부국강병을 이루자는 중상학파로 나눌 수 있어. 중농학파는 경세치용, 중상학파는 이용후생을 주장했지.

하지만 이 실학은 현실 정치에 크게 반영되지 못했어. 안타깝게도 학문의 울타리를 넘어서지 못한 거야. 그 결과 19세기 들어 이에 대한 반성과 함께 고증학적인 실학이 등장했어. 이 학파가 실사구시 학파란다.

이 실학은 전통학문이 근대학문으로 발전할 수 있는 문을 활짝 열었어. 훗날 개화사상이나 애국계몽운동이 모두 이 실학자들의 뜻을 계승한 운동이었단다.

제2장

조 선 에 서
현 대 까 지

실패한 근대화, 빼앗긴 조국

슬프도다. 민중이 혼연일체로 투쟁했거늘
매국노들은 기어이 국가를 일제에 팔아넘겼다.
조국은 일제의 총칼에 갈가리 찢어졌다.
암흑시대, 35년. 민중은 울었다.

❶

개화, 그리고 혼란

구한말

1850년대 ~ 1900년 전후

연표	1863년	1866년	1871년	1873년	1876년	1880년
	고종 등극, 흥선대원군 집권	병인양요, 제너럴셔먼호 사건 발생	신미양요 발생	대원군 실각, 고종 친정선포와 민씨 정권 탄생	강화도조약 체결	통리기무아문 설치, 일본에 조사시찰단 파견

	1894년	1885년	1884년	1882년
	동학농민운동 발생, 청일전쟁, 갑오개혁	영국 함대, 거문도 무단 점령	갑신정변 발생, 이탈리아 및 러시아와 수호통상조약 체결	임오군란 발생, 미국 및 영국과 수호통상조약 체결

서울 전경 • 1899년 휴버트 보스가 그린 서울의 모습이다.

조선의 문이 열리다

헌종에 이어 철종도 후계자를 남기지 못하고 세상을 떠났어. 왕이 바뀔 때마다 후계자가 준비되지 않은 상황이 반복된 셈이야. 나라 꼴이 말이 아니지? 그래도 왕실에는 여유가 느껴져. 이미 이런 경험이 있어서 그런 것일까? 아니면 왕이 별로 중요하지 않다고 생각해서일까? 어쨌든 왕의 혈통을 다시 찾으면 되잖아?

이 무렵 조정의 가장 큰 어른은 헌종의 어머니인 대왕대비 신정왕후였어. 풍양 조씨 출신이라 보통 조대비라고 더 많이 알려져 있지. 조대비는 왕이 될 사람을 물색하기 시작했어. 물론 안동 김씨와 거리를 두고 있는 사람 중에서! 그렇게 해서 영조의 혈통이자 철종의 7촌

흥선대원군 초상 · 금관조복 차림을 한 흥선대원군을 그린 초상화이다. 사도세자의 아들인 은신군의 후손인 이하응은 치밀한 준비 끝에 둘째 아들을 왕위에 올렸다.

조카뻘이 되는 인물을 찾았지. 그가 바로 고종26대이야.

흥선대원군의 야망

고종은 제 힘으로 왕이 된 게 아니야. 배후에서 열심히 움직인 야심가 아버지 때문에 왕이 될 수 있었던 거야. 그 아버지가 바로 이하응이었어. 이하응은 고종이 왕에 오르면서 흥선대원군이라는 직함을 얻었기 때문에 흥선대원군으로 더 많이 불리지.

대원군은 왕실의 먼 혈통이 왕이 됐을 때, 그 왕의 아버지를 가리키는 호칭이야. 흥선대원군은 영조의 5대손이었어. 그러면 고종은 6대손이 되겠지? 어떻게 해서 이렇게 먼 친척이 왕이 됐는지 다시 살펴볼까?

당시 조정의 큰 어른은 조대비였다고 했지? 그녀는 풍양 조씨였지만 조정은 안동 김씨가 장악하고 있었어. 부패한 세도정치로 온 나라가 도탄에 빠져 있었지만 안동 김씨는 아랑곳하지 않았지. 안동 김씨는 먼 왕족까지 모두 감시하고 있었어. 혹시나 그들이 안동 김씨에 맞설까 봐 그런 거야. 물론 이하응도 그들의 감시망을 벗어날 수는 없었어.

총명해 보이는 왕족은 반드시 날개가 꺾였어. 게다가 왕족이라고 해서 모두 떵떵거리고 살 만큼 경제적인 여유가 있었던 것도 아니었지. 이하응의 가족도 넉넉한 삶을 누리지는 못하고 있었어. 그러나 경제적 여유를 원하는 건 사치였어. 중요한 것은 생존이었지. 안동 김씨에게 찍히면 바로 죽음이잖아?

우선 살아남아야 했어. 이하응은 일부러 불량배들과 어울리고, 맨날 술 마시고 말썽을 부렸어. 그 때문에 이하응에게는 타락할 데까지 타락한 인물이란 뜻의 파락호라는 별명이 붙었어. 안동 김씨는 이하응을 감시 리스트에서 제외했어. 그런 파락호가 뭘 할 수 있겠느냐고 생각한 거지.

이하응의 전략이 적중했어. 감시가 느슨해진 거야. 그제야 이하응이 본격적으로 움직이기 시작했어. 사실 이하응은 용의주도한 인물이

고종 어진 · 통천관을 쓰고 강사포를 입은 고종의 초상화이다. 고종은 안동 김씨 세력을 견제하려는 조대비와 이하응의 이해 관계가 일치함에 따라 왕위에 오를 수 있었다.

었단다. 파락호 행세를 하면서도 둘째 아들 명복을 왕에 앉히기 위해 몰래 작업을 시작했어. 그러려면 궁궐이 어떻게 돌아가는지 속속들이 알고 있어야겠지? 그는 궁녀와 환관을 매수해 궁궐 소식을 전해 듣고 있었어. 철종이 후계자가 없고, 몸까지 약해 언제 죽을지 모른다는 사실도 잘 알고 있었지. 누구를 포섭해야 할까? 이하응의

자운 서원 · 경기도 파주에 있는 서원으로 율곡 이이를 제향했다. 흥선대원군의 서원 철폐령에 따라 없어졌다가 복원했다.

머릿속은 컴퓨터처럼 돌아가기 시작했어. 곧 답이 나왔어. 궁궐의 큰 어른 조대비를 구워삶자!

이하응은 조대비를 찾아 둘째 아들 명복을 왕의 후계자로 지정해 달라고 부탁했어. 이번에는 조대비의 머리가 바삐 돌아가기 시작했어. 조대비는 명복의 나이가 어리니 왕이 돼도 권력을 제대로 행사하지 못할 거라고 생각했을 거야. 이하응도 안동 김씨에 한이 맺힌 인물이기에 그와 힘을 합치면 안동 김씨 세력을 제압할 수 있을 거라고 계산했겠지. 조대비는 결국 명복을 철종의 후계자로 삼겠다고 약속했어.

철종이 세상을 떠나자 조대비는 명복을 왕에 앉혔어. 고종이 탄생한 거지1863년. 안동 김씨는 이하응의 아들이 뭐, 대단한 인물이겠냐며 안심했을 거야. 조대비는 조대비 나름대로 풍양 조씨 세력을 회복할 작전을 짜고 있었겠지.

그러나 양쪽 모두 큰 오판을 하고 있었어. 아무도 이하응을 주목

경복궁 · 흥선대원군이 왕실의 위엄을 되살리기 위해 중건한 경복궁 전경이다. 경복궁은 임진왜란 때 불탄 이후 270여 년 동안 폐허로 방치되어 있었다.

하지 않았잖아? 이하응은 아들이 왕에 오르자 대원군이 되며 섭정을 시작했어. 비로소 그가 본색을 드러냈지. 권력을 장악한 대원군은 부패한 정치를 뜯어고치기 위한 대대적인 개혁에 착수했단다.

당백전 · 경복궁 중건에 필요한 경비를 마련하기 위해 발행한 동전이다. 상평통보보다 100배의 가치를 부여하여 당백當百이라고 했다.

안동 김씨 파벌이 가장 먼저 철퇴를 맞았어. 대원군은 고종의 부인도 평범한 가문의 여성을 택했어. 이 선택은 조대비의 뒤통수를 치는 행동이었지. 풍양 조씨의 부활을 꿈꾸었던 조대비는 당연히 왕후를 자신의 가문에서 뽑을 거라 생각하고 있었거든. 대원군은 나아가 당파를 따지거나 부패한 관리는 모두 제거했어. 우수한 인재를 찾아 골고루 등용했지. 당파 싸움의 근거지가 되는 서원도 47개만 빼고 모두 닫아 버리는 대형 구조조정을 단행했어.

지금까지 그 어떤 왕도 당파와 세도정치 문제를 이처럼 짧은 시간에 해결하지 못했지? 그 복잡한 문제를 대원군은 단호하게 처리해 버린 거야! 물론 대원군이 지독한 쇄국정책을 고수하는 바람에 조선의 근대 발전을 지연시킨 주범이라는 평가를 받기도 해. 그러나 세도정치를 종식시킨 것만큼은 분명 대단한 업적이야.

대원군은 행정 제도에도 손댔어. 조선 중기 이후 고위 관료들이 모여 국정을 논의해 온 비변사를 없애고, 그 권한을 의정부에 돌려줬어. 군대는 삼군부가 총괄하게 했어. 그래, 정치인들의 군사 반란소지가 없도록 행정과 군사를 분리한 거야.

세금 문제에도 칼을 댔어. 무엇보다 양반이나 평민을 가리지 않고 세금을 모두 거뒀다는 점이 눈에 띄어. 바로 전까지만 해도 삼정 문란으로 백성들이 큰 고통에 빠졌었지? 조정의 부패한 관리에게도 책임이 있었지만 지방 관리가 더 부패했기에 벌어진 일이었어. 대원군은 사창이란 기관을 세워 세금을 공정하게 거두게 한 뒤 중앙 조정으로 운송하도록 했어.

그러나 백성의 뜻을 거스르는 정책도 있었어. 대표적인 게 경복궁 중건 사업이야. 이 사업은 조대비가 명령한 것으로 돼 있지만, 실제로는 추락한 왕실의 위엄을 되살리려면 번듯한 궁궐이 있어야 한다는 대원군의 신념에서 시작된 거란다.

당시 경제는 망가질 대로 망가진 상태였어. 돈을 구할 방법이 없었지. 그러자 대원군은 당백전이란 돈을 새로 발행했어. 나중에는 그것으로도 부족해지자 원납전이라는 돈을 강제로 다시 거뒀지. 모든 비용을 국민에게 떠넘긴 꼴이야. 게다가 많은 백성들이 공사에 동원됐어. 이러니 백성들이 대원군을 원망하지 않을 수 없겠지?

실권 없는 왕과 야심찬 왕후

이번에는 고종의 입장에서 지금까지의 역사를 다시 살펴볼까?

고종은 어렸을 때 개똥이라 불렸어. 명색이 왕족인데, 평민이나

상민에게 붙이는 이름으로 불린 거야. 그의 집안이 얼마나 불우했
는지 짐작할 수 있겠지?

아버지 이하응은 파락호 행세를 하면서도 조대비에게 은밀하게
로비를 벌였어. 그 결과 고종은 조대비로부터 익성군의 칭호를 받
고 11세의 나이로 왕이 되었지.

사실 조대비가 가장 먼저 왕의 후계자로 눈여겨본 인물은 아버
지인 이하응이었어. 그러나 이미 마흔을 넘은 나이였어. 그래서 그
의 아들에게 기회가 온 거였지. 고종은 둘째 아들이었어. 어렸을 때
의 이름인 아명은 명복이었고, 정식 이름은 재황이었지. 이하응의
맏아들은 재면으로, 고종보다 일곱 살이 많았어.

정치를 맡기려면 고종보다는 형이 더 나을 것 같지 않니? 그런데
도 이하응은 동생인 명복을 추천했고, 조대비도 이를 받아들였어.
조대비만 그런 게 아니라 이하응도 어린 왕이 다루기에 편할 거라
고 생각했기 때문이야. 맏이가 왕에 오른다 해도 안동 김씨의 손아
귀에서 벗어날 탁월한 재주가 있는 건 아니잖아? 이하응은 자신이
섭정하면서 강력한 개혁을 하려면 어린 왕이 낫다고 판단했을 거
야. 정말 이하응의 뜻대로 됐어. 고종은 사실상 허수아비 왕이었고,
대원군이 된 이하응이 모든 실권을 가지고 개혁을 추진했잖아?

왕에 오르고 얼마 지나서 고종은 부인을 맞아들였어. 물론 왕후
도 대원군이 직접 골랐어. 고종의 어머니는 여흥 민씨 가문 출신
이었어. 대원군은 며느리도 그 가문에서 물색했단다. 그 여인이 바
로 명성왕후야. 훗날 대한 제국이 탄생한 후 황후로 승진했기 때문

에 명성황후라는 이름으로 더 많이 불리고 있어. 과거에는 '왕후 민씨'라고도 불렀는데, 일제 식민사학자들이 의도적으로 신분을 낮추려 했다는 비판이 많아지면서 최근에는 명성황후로 통일해 부르고 있지.

어쨌든 명성황후의 가문은 세도를 떨치는 가문이 아니었어. 물론 고종보다 한 살이 많은 이 여성이 총명한 것은 사실이었어. 그러나 어렸을 때 부모를 잃어 고아나 다름없는 여성을 대원군은 왕후로 받아들인 거야. 지체 높은 왕실에서 이런 약한 가문의 여성을 들여놓는 게 의아하지 않니? 대원군은 왜 그런 여성을 왕후로 받아들인 것일까? 바로 세도정치를 끝장내기 위해서였어. 안동 김씨와 풍양 조씨 같은 유력 가문의 여성이 왕후가 되면 또다시 외척이 득세할 게 빤하잖아? 처음부터 외척 세력을 만들지 않겠다는 강력한 의지를 이 대목에서 엿볼 수 있지.

그러나 대원군의 예상은 완전히 빗나갔어. 명성황후의 권력욕이 아주 강했거든. 그녀는 대원군의 섭정을 끝내기 위해 은밀히 프로젝트를 진행했어. 민씨 친척들도 권력의 중심으로 서서히 접근하고 있었지.

이런 며느리를 그냥 보고 있을 대원군이 아니겠지? 그러나 앉아서 당할 며느리도 아니었어. 결국 둘 사이에 치열한 권력 다툼이 벌어졌어. 유약한 고종은 그저 하늘만 바라보고 있었어.

쇄국에서 개방으로

자, 다시 정치 이야기로 돌아가서…. 이 무렵 최대 정치 이슈를 살펴볼게. 제국주의 열강이 본격적으로 한반도의 문을 두들기고 있었거든.

19세기 초반 이후 아시아의 여러 나라에 서양 열강이 진출했어. 1840년 중국은 아편전쟁에서 영국에 대패했고, 1854년 일본은 미국의 강요를 이기지 못하고 문호를 열었지. 이제 동아시아에서 문을 걸어 잠근 나라는 조선밖에 없지? 아닌 게 아니라 19세기 중반부터 그들은 위협적으로 한반도에 모습을 드러냈어.

조선이 가장 먼저 전투를 치른 열강은 프랑스야. 고종이 왕에 오르고 3년이 지난 후였어. 프랑스 군함이 강화도 앞바다에 나타났지. 왜 프랑스 함대가 여기까지 왔냐고? 바로 이해, 대원군이 대대적으로 천주교를 박해했기 때문이야. 당시 조선에는 프랑스 선교사가 12명이 들어와 있었는데, 대원군은 이 가운데 9명을 처형했어. 조선인 천주교도는 무려 8000여 명이 목숨을 잃었지. 이 사건이 천주교 박해 중 가장 많은 사상자를 낸 병인박해야^{1866년}.

이때 프랑스인 리델 신부가 가까스로 조선을 탈출해 중국 톈진으로 갔어. 리델 신부는 그곳에 주둔해 있던 프랑스 인도차이나 함대의 로즈 사령관에게 자초지종을 설명했어. 격분한 로즈 사령관이 함대를 이끌고 서해안으로 진격한 거야.

10월 로즈 제독이 7척의 군함을 이끌고 강화도를 공격했어. 대

병인양요 · 당시 강화도 관아 또는 외규장각으로 추정되는 건물 앞을 행군하는 프랑스군을 그린 펜화이다. 프랑스는 병인박해 때 체포되어 죽은 프랑스 선교사를 문제 삼아 강화도를 침략했다.

원군은 즉각 응전을 명령했어. 강화도의 정족산성을 사이에 놓고 치열한 교전이 벌어졌지. 조선군의 피해가 컸지만 그래도 끝까지 산성을 내주지 않았어. 프랑스 군대는 뜻을 이루지 못하고 철수했어. 하지만 그냥 돌아간 게 아니야. 온갖 약탈을 일삼았어. 강화도 외규장각에 있던 조선의 귀중한 문화유산들까지 통째로 프랑스로 가져갔단다. 11월에 끝난 이 사건을 병인양요라고 불러.

서양에 대한 대원군의 적개심은 더욱 커졌어. 민중들도 대원군의 뜻을 지지했지. 이 무렵 서양의 횡포에 치를 떨고 있었기 때문이야. 병인양요가 터지기 3개월 전에도 미국 상선 제너럴셔먼호가 대동강 일대에서 행패를 저질렀거든.

당시 제너럴셔먼호는 통상을 요구하려고 대동강을 거슬러 평양에 도착했어. 평안도 관찰사 박규수는 "서양 선박과의 통상은 조선 국법으로 금지돼 있기 때문에 돌아가라"고 통보했지. 그러자 제너럴셔먼

신미양요 · 미국에서 신미양요를 보도한 기사에 실린 삽화이다. 미국은 제너럴셔먼호 사건을 문제 삼아 강화도를 침략했다.

호는 한국 병사를 감금하고, 평양을 향해 마구 대포를 쏘았어. 화가 난 민중은 제너럴셔먼호를 습격한 뒤 불을 질렀어. 미국인 선원과 목사도 불에 타 죽거나 주민들에게 죽임을 당했지.

2년 후에는 독일 상인 오페르트가 흥선대원군의 아버지^{남연군} 묘를 도굴하려다 걸렸어^{1868년}. 이 사건은 흥선대원군과 조선 민중 모두를 분노하게 했어. 유교의 나라에서 부모님 무덤을 도굴하려 하다니! 이처럼 서양 세력이 부도덕한 짓을 저지르니 대원군의 쇄국정책이 지지를 얻은 거야. 민중의 눈엔 서양 열강의 통상 요구가 마치 조선을 잡아먹겠다는 협박처럼 보였어. 그러니 결사반대한 거지.

얼마 후 미국도 제너럴셔먼호 사건을 책임지라며 서해안에 접근했어. 당연히 대원군은 즉각 물러나라고 맞섰어. 6월 미국이 강화도 초지진에 상륙해서 전투가 벌어졌지. 이번에도 조선군이 승리했어. 이 사건을 신미양요라고 불러^{1871년}.

그러나 안을 들여다보면 승리라는 말이 조금 부끄러워. 이 전투에서 조선 측 사망자가 350명인 반면 미국 사망자는 3명에 불과했거든. 미국이 물러났으니 우리의 승리가 맞긴 하지만,

척화비 · 1871년 전국 각지에 서양과의 통상 수교 거부 정책에 대한 의지를 드러내기 위해 세운 비석이다.

상처뿐인 승리인 셈이지. 미국은 전면전을 원하지 않았고, 조선의 저항이 워낙 강했기에 일시적으로 철수했던 거야.

그러나 대원군은 병인양요와 신미양요의 승리에 자신감을 얻었어. 그래, 조선이 서양을 이길 수 있다고 착각한 거야. 그 결과 조선은 쇄국의 문을 더 단단하게 걸었어. 대원군은 전국에 문호 개방을 반대하는 척화비를 세웠어. 또 서양 세력을 오랑캐로 규정하고 나라의 문을 꽉 닫는 쇄국양이를 국가의 기본 외교정책으로 선포했지. 대원군은 왜 그토록 서양을 싫어했던 걸까?

척화비에는 어떤 내용이 들어 있습니까?

"양이, 즉 서양 오랑캐가 침략하는 데 싸우지 않으면 화친하자는 것이다. 화친하자는 것은 나라는 파는 것이다. 그러니 우리의 자손들에게 이를 경계할 것을 고한다. 이런 내용이었다. 병인년부터 신미년 사이에 전국에 세웠느니라. 임오군란이 터지고 난 후 내가 청에 끌려가자 고종이 철거해버렸다."

그토록 쇄국양이를 고집한 이유가 뭡니까?

"병인양요와 신미양요에서 서양 오랑캐들의 만행을 보지 않았느냐? 사실 나는 집권한 후 양이와 싸우기보다는 세도정치를 끝내는 걸 더 큰 목표로 삼았었다. 며느리를 평범한 가문에서 구한 것이나 부패의 온상이 된 서원들을 대대적으로 정리한 것이나, 모두 그런 철학에서 나온 조치였다. 그때만 해도 조선의 문을 단단히 걸어 잠그겠다는 생각을 하지는 않았다."

그런데 왜 생각이 바뀐 겁니까?

"이미 말했던 대로 두 번의 양요를 거치면서 쇄국으로 마음을 굳혔다. 게다가 독일 상인 오페르트가 140여 명으로 된 도굴 조직을 만들어 내 아버지인 남연군의 묘를 파헤치려다가 들통 나기까지 했다. 인륜과 천륜을 저버린 오랑캐를 어찌 용서하겠느냐?"

쇄국정책을 고집함으로써 조선의 근대화가 늦어졌다는 비판이 많습니다.

"솔직히 그 점은 인정한다. 그러나 당시로서는 선택의 여지가 없었다."

그사이에 일본은 크게 달라지고 있었어. 오페르트 도굴 사건이 터진 바로 그해, 에도 막부가 무너지고 천황 체제로 복귀하면서 메이지유신이 단행된 거야. 그 후 일본은 급속히 근대화의 길을 걷기 시작했어. 그러나 조선 조정은 여전히 일본을 주목하지 않았어. 야만국의 하나 정도로만 여기고 있었을 테지. 신미양요가 터지고 2년이 지났을 때 일본 정부는 조선과의 외교를 쓰시마 섬 도주가 담당하던 관행을 폐지했어. 조선은 이를 비난하며 일본과의 국교를 단절했지. 일본이 얼마나 빨리 변해 가고 있는지는 전혀 알지 못했어.

조선 내부적으로는 명성황후의 대원군 제거 프로젝트가 급박하게 돌아가고 있었어. 이 프로젝트의 선봉에 선 인물은 유림의 대표 최익현이었어. 그는 대원군이 왕의 권위를 넘어서려 한다는 비판의 상소를 올렸어. 왜 유림들이 대원군으로부터 등을 돌렸을까? 바로 서원 때문이야. 대원군이 서원을 대대적으로 철폐했잖아?

명성황후는 바로 이 점을 이용해 최익현을 선봉에 내세웠던 거야. 대원군은 어쩔 수 없이 권력을 내놓아야 했어. 이로써 고종이 직접 정치를 하기 시작했지1873년.

고종은 일본과의 관계를 개선하려고 했어. 일본에 사신을 보내 국교를 다시 수립하자고 했지. 그러나 일본은 사신을 억류하고는, 아무런 답변을 주지 않았어. 그 대신 행동으로 보여 줬어. 군함 운요호를 강화도로 보낸 거야1875년. 운요호는 조선 영토에 포격을 가하며 문을 열라고 압박했어. 독재자라는 평을 받고는 있지만 강력한 지도자였던 대원군은 지금 없지? 누가 조선을 이끌겠어?

명성황후와 민씨 세력은 일본의 요구를 받아들이자고 했어. 결국 강화도에서 조약이 체결됐어. 바로 강화도조약이야1876년. 이 조약에 따라 조선은 부산 외에 원산, 제물포의 항구를 개방해야 했어. 개항장에서는 일본 화폐를 쓸 수 있도록 했고, 일본 제품에 대해서는 관세를 매기지 못하도록 했어. 일본 상인의 활동을 허락해야 했

강화도조약의 체결 · 흥선대원군이 물러나고 고종이 직접 정치를 시작한 뒤 조선의 문호를 열어야 한다는 여론이 높아졌다. 이때 일본이 무력시위를 하며 통상을 요구했다. 이에 조선 정부는 일본과 강화도조약을 체결했다.

고, 일본은 조선의 이곳저곳을 마음대로 측량할 수 있게 됐지.

　이 조약은 우리가 맺은 최초의 근대적 조약이야. 하지만 내용 면에서 보면 불평등하기가 이를 데 없어. 근대 조약의 첫 번째 단추를 정말 고약스럽게 끼웠지?

개화파의 계보

대원군은 박규수와 아주 친했던 것으로 알려지고 있어. 둘은 모두 세도정치를 개혁해야 나라를 살릴 수 있다고 믿었어. 다만 개방에 대해서는 생각이 달랐어. 대원군은 쇄국정책을 주장했지만, 박규수는 개화파의 우두머리답게 서양과의 교류를 늘려야 한다고 주장했단다. 결국 둘은 결별했어.

박규수는 후학을 양성하기 시작했어. 유길준, 김옥균, 박영효, 김홍집, 김윤식이 모두 그의 가르침을 받았어. 이 때문에 박규수를 개화파의 우두머리로 규정하는 거야.

강화도 조약이 체결된 이듬해 김기수란 인물이 수신사로 일본에 파견됐어. 이후 조선은 여러 차례 일본에 시찰단을 파견하게 된다. 김기수가 근대 한일 관계의 첫 단추를 꿴 셈이지. 김기수는 일본의 발달에 놀라움을 금치 못했어. 벼락같은 소리를 내며 빠른 속도로 달리는 화륜(증기기관)차에 큰 충격을 받았지. 그는 조선에 돌아온 뒤 『일동기유』와 『수신사일기』를 썼어. 이때부터 개화파 학자들은 일본에 주목하기 시작했단다.

1881년 박규수의 제자 유길준이 일본으로 유학을 떠났어. 그래, 공식적으로 1호 유학생이 탄생한 거야. 임오군란이 터지자 유길준은 일시 귀국했어. 그러고는 1883년 다시 미국으로 유학을 떠났지. 이로써 유길준은 공식 1호 미국 유학생이란 기록도 남겼단다. 이 유학을 마친 후 그가 쓴 책이 바로 유명한 『서유견문』이야.

엉성한 개혁, 혼란 부추기다

강화도조약을 통해 조선은 비로소 문호를 개방했어. 조정은 군대와 행정을 비롯해 모든 정치 체제를 뜯어고치기 시작했지. 문제는, 이런 개혁이 국민의 지지를 받지도 못했고, 너무 급속하게 진행됐으며, 심지어 너무 엉성했다는 거야.

무엇보다 일본에 의해 강제 개항이 이뤄진 게 가장 큰 원인이었어. 우리 전통은 어떻게 보호할 것이며 개혁에 뒤떨어진 사람들은 어떻게 배려할 것인지에 대한 논의가 있을 수가 없었지. 문호 개방을 주장했던 민씨 세력도 개혁과는 거리가 멀었어. 그들의 가장 큰 관심사는 어떻게 하면 권력을 장악할 것인가 하는 거였지.

사정이 이렇다면 혼란이 일어날 것은 불을 보듯 뻔해. 그런 우려가 정말로 현실이 됐어. 전통 체제와 개방 체제의 충돌이 일어난 거야. 대표적인 사건이 임오군란이야. 조선 민중은 혼란스럽기 그지없었어. 조정 대신들은 도대체 뭐하고 있었던 걸까? 답답할 따름이야.

마지막 자존심? 임오군란 터지다

명성황후의 권력을 등에 업은 민씨 세력이 개혁에 돌입했어. 지금까지의 의정부 체제는 낡았기 때문에 새로운 개혁 기구가 필요하다고 생각했지. 그래서 만든 게 통리기무아문이야. 통리기무아문 밑으로는 12사를 둬 행정을 담당하도록 했지.

물론 이런 개혁이 필요

별기군 · 개항 이후 군사력을 강화하기 위해 만든 신식 군대이다. 일본에서 들여온 신식 무기로 무장하고 일본인 교관에게 군사 훈련을 받았다.

할 수도 있어. 그러나 민중의 동의를 구해야 해. 개혁을 한답시고 일방적으로 몰아붙이는 것은 옳지 않지. 민씨 정권은 민중의 동의를 구할 생각이 없었어. 이러니 민씨 세력을 포함한 개화파에 대한 국민의 인식이 썩 좋지는 않았단다.

게다가 군대도 개편했어. 원래 있던 5군영을 무위영과 장어영 등 2영으로 축소하고, 새로이 일본의 신식 군대를 모방한 별기군을 창설했지. 2영의 군인들, 즉 구식군인들은 별기군의 교관이 일본인이기 때문에 이를 비하해서 '왜별기'라 불렀어. 비아냥거림이 느껴지지? 당연히 양쪽의 사이는 좋지 않았어.

개화파 정권은 신식군대인 별기군에만 투자를 했고, 구식군대인 무위영과 장어영 군인들은 푸대접을 했어. 구식군인들은 개항 이후 확 달라진 세상이 마음에 들지 않았어. 그래도 달라진 세상에 적응하기 위해 분노를 꾹꾹 누르고 있었지.

반란은 사소한 사건에서 시작됐어. 구식군인들에게 13개월이나 군료월급가 지불되지 않았던 거야. 군인들은 민씨 권력자들이 중간에서 군료를 가로채고 있다고 생각했어. 봉급을 지불하는 선혜청 당상인 병조판서 민겸호가 배후에서 조종하고 있다고 믿었지. 민겸호는 명성황후의 친척 오빠였어.

다행히 밀린 봉급 가운데 우선 1개월 치를 준다는 공고가 붙었어. 1882년 6월 5일이었어. 무위영 군인들이 선혜청 앞에 줄을 서서 제 차례가 오기를 기다렸지. 그런데 봉급을 받은 군인들의 표정이 좋지 않았어. 알고 보니 급료로 지급된 쌀에 모래와 겨가 잔뜩 섞인 데다 양도 평소의 절반밖에 되지 않았던 거야.

화가 난 군인들이 따지기 시작했어. 이쯤 되면 군인들을 잘 달래는 게 올바른 해결책이겠지? 그런데 쌀을 나눠 주던 민겸호의 부하는 오히려 군인들에게 헛소리 하지 말라고 소리를 질렀어. 군인들의 분노가 폭발하고 말았어. 군인들은 난동을 부리고 선혜청 관리들을 폭행했어. 현장은 순식간에 아수라장으로 변했지.

민겸호는 주동자를 체포하라고 지시했어. 김춘영, 유복만 등 일

임오군란(기록화) · 임오군란 당시 도망치던 일본군이 뒤를 쫓는 조선인에게 발포하는 장면을 그린 그림이다. 임오군란을 일으킨 구식 군인의 지지를 받아 흥선대원군이 재집권했으나 청의 개입으로 납치되었다.

부 군인들이 잡혀갔지. 군인들 사이에 그들이 고문을 당하고 있고, 곧 처형된다는 소문이 돌기 시작했어. 유복만의 동생 유춘만과 김장손이 대표로 나서 그들을 풀어 달라고 부탁했지만 받아들여지지 않았어. 오히려 시위대를 강제 진압한다는 흉흉한 이야기가 나돌았어.

6월 9일, 결국 무위영 군인들이 들고 일어났어. 민겸호에게 따지기 위해 그의 집으로 몰려갔는데, 위험을 알고 미리 피했는지 집에 없었나 봐. 분노가 극에 달한 군인들은 민겸호의 집을 닥치는 대로 파괴했어. 그래, 폭동이 시작된 거야. 이 사건이 바로 임오군란이란다 1882년.

주동자들이 곧 대원군의 집인 운현궁으로 몰려가 해결해 줄 것을 요청했어. 대원군은 밀린 봉급을 줄 테니 자신을 믿고 해산하라고 했어. 그러나 대원군의 본심은 다른 데 있었어. 그는 군인들이 민씨 정권을 몰아내기를 원하고 있었단다. 공식적으로는 해산을 명했지만 뒤로는 은밀하게 반란을 지

흥선대원군 · 임오군란 이후 청의 군대에 체포되어 간 흥선대원군이 톈진에 억류되어 있을 때 촬영한 사진이다.

휘하고 있었던 셈이야.

대원군을 끌어들였으니 군인들은 더욱 든든했겠지? 군인들의 행동이 더욱 과감해졌어. 무기고를 약탈해 무장한 다음, 곧바로 의금부로 달려갔어. 그곳에 갇혀 있던 죄수들을 모두 풀어 줬어. 또 다른 무리는 개화파 관료들의 집을 습격했지.

군인들의 다음 타깃은 일본이었어. 개화파의 배후에 일본이 있다고 믿었던 거야. 밤이 되자 군인들이 일본 공사관을 공격했어. 공사관에 있던 일본인들이 황급히 인천으로 달아났지. 기세가 오른 군인들은 별기군 병영으로 몰려가 교관을 비롯해 13명의 일본인을 살해했단다.

6월 10일 아침이 밝았어. 그러나 폭동은 아직도 끝나지 않았어. 군인들은 민씨 권력자들을 찾아 죽였지. 일반 민중도 가세하면서 폭동의 규모는 엄청나게 불어나 있었어. 그들은 이윽고 창덕궁 돈화문으로 진격했어. 타깃은 개화파의 리더인 명성황후였지.

바로 이 대목에서 폭동의 배후에 대원군이 있었다는 얘기가 나오고 있어. 단순 폭동이 왕후를 제거하는 수준으로까지 커지기가 쉽겠어? 누군가 왕후를 제거하라는 지시를 내렸다면 대원군밖에 더 있겠어? 어쨌든 명성황후는 가까스로 목숨을 건졌어. 궁녀로 변장해 궁궐을 빠져나간 거야. 그러나 민겸호는 궁궐을 빠져나가지 못하고 살해됐어.

결국 아버지를 탄핵했던 아들이 두 손을 들었어. 고종은 대원군에게 즉시 입궐해 사태를 수습하라는 왕명을 내렸어. 대원군은 병사 200여 명의 호위를 받으며 당당하게 입궐했지. 그래, 대원군이 다시 권력을 장악한 거야.

대원군은 모든 것을 개항 이전으로 돌려놓았어. 군대를 다시 5영으로 복귀시켰고, 통리기무아문은 없앴지. 이윽고 명성황후가 죽었다고 선포했어. 그러나 명성황후는 살아 있었어. 그녀는 숨어서 사태를 예의주시하며 재기를 노리고 있었어.

명성황후는 청에 지원을 요청했어. 청은 옳거니 하면서 즉각 병사 4500여 명을 파견했지. 이참에 한반도를 확실히 지배하려는 의도였어. 청의 군대가 궁을 포위했지. 대원군은 즉각 체포됐고, 텐진으로 끌려갔단다.

일본도 신속하게 움직였어. 일본 정부는 즉각 군함 4척과 보병 1개 대대를 한반도로 보냈어. 그러나 이미 청의 군대가 선수를 친 다음이었어. 군사 행동을 할 수 없게 되자 일본은 조선을 협박하기로 했어. 조선은 일본과 강제적으로 제물포조약을 체결할 수밖에 없었지. 제물포조약에 따라 조선은 임오군란의 주동자를 처단하고 일본에게 손해배상금 50만 원을 지불했어. 일본은 공사관을 보호한다며 경비병을 주둔시켰지. 일본 군대가 본격적으로 한반도에 진출한 거야.

결국 임오군란은 일본과 청이 조선 내정을 간섭하는 빌미만 제공한 꼴이 돼 버렸어. 게다가 청은 난을 진압하는 대가로 조선에 조청상민수륙무역장정이란 것을 체결하도록 했어. 청의 상인이 한양에서 장사를 할 수 있도록 허용하는, 일종의 무역 협정이야. 이 조약으로 인해 외국 상인들이 개항장을 떠나 조선의 수도에서도 영업을 할 수 있게 됐단다.

급진개화파의 반격, 갑신정변

임오군란이 일어나고 2년이 지난 시점에 또 큰 사건이 터졌어. 바로 갑신정변이야[1884년]. 이 사건은 쉽게 말하면 개화당이 일으킨 쿠데타였어. 이 사건을 이해하려면 먼저 1870년대 이후 한국 정계가 어떻게 돌아갔는지부터 이해해야 해.

강화도조약에 따라 조선이 개항했지? 이 사건은 청을 긴장시켰어. 일본이 선수를 쳤지? 자칫 조선에 대한 지배권을 일본에게 빼앗길 수도 있잖아? 청은 일본의 독주를 막기 위해 미국을 끌어들였어. 조선과 미국의 수호통상조약을 추진한 거야. 이 조미수호통상조약은 임오군란이 터지기 한 달 전인 1882년 5월 체결됐단다.

청과 일본의 신경전이 팽팽하지? 강화도조약 체결 이후 국내의 개화파도 두 파벌로 나뉘었어. 새로 들어선

급진개화파 · 왼쪽부터 박영효, 서광범, 서재필, 김옥균이다. 이들은 청과의 사대 관계 청산, 삼권 분립이 보장된 입헌 군주제 도입 등을 주장했다.

개혁기구인 통리기무아문이 일본과 청에 각각 수신사와 영선사를 파견했는데, 이 둘의 정치 이념이 조금 달랐던 거야.

일본에 수신사로 갔던 개화파는 일본을 모델로 삼아 조선도 문명개화를 해야 한다고 주장했어. 완전히 다 뜯어고치자는 거야. 이들을 급진개화파라 불렀어. 김옥균, 박영효, 서광범, 서재필, 홍영식이 대표적인 급진개화파지.

반면 청에 영선사로 갔던 개화파는 동양의 정신을 온전히 지키면서 서양 문물을 수입하자는 동도서기를 주장했지. 이들은 온건개화파라 불렀어. 김홍집, 어윤중, 김윤식 등이 여기에 해당돼.

임오군란이 일어나자 민씨 세력이 청의 도움을 받았지? 청의 내정 간섭이 그 후 심해졌어. 바로 이 점이 급진개화파는 마음에 안 들었어. 급진개화파는 청의 간섭을 거부하며 사대관계를 청산해야 한다고 주장했어. 민씨 정권을 타도하고, 입헌군주제를 도입하는

우정국 · 조선 말기 우체 업무를 담당하던 관청이다.
급진개화파는 이곳의 개국 축하 만찬회를 이용하여 갑신정변을 일으켰다.

게 그들의 목표였지. 급진개화파는 자신들의 주장을 민중에게 전달하기 위해 우리나라 최초로 신문도 발행했어. 그게 《한성순보》야¹⁸⁸³년. 우리나라 최초의 근대식 인쇄기관인 박문국에서 인쇄했지.

급진개화파와 온건개화파의 목표와 방향이 너무 다르지? 정권을 잡은 온건개화파는 급진개화파를 탄압했어. 급진개화파는 조정에서 설 자리를 점점 잃어 가고 있었어. 그대로 있다가는 몰락할 수도 있어. 그렇다면? 급진개화파가 극단의 선택을 하기로 했어.

홍영식 · 홍영식은 조사시찰단으로 일본에, 보빙사로 미국에 다녀오는 등 개화에 깊은 관심을 가지고 있었다. 갑신정변 때 국왕을 호위하다 청군에 살해되었다.

기회가 찾아왔어! 청이 베트남을 놓고 프랑스와 전쟁을 시작한 거야. 베트남은 오랫동안 청의 식민지였는데, 이 무렵 프랑스가 빼앗으려 했어. 이 때문에 터진 이 전쟁이 청불전쟁이야¹⁸⁸⁴년. 청은 한반도에 있던 병사의 절반을 빼내 베트남으로 파견했어. 게다가 전쟁에서도 크게 패했지. 개화파는 이 기회를 놓치면 안 된다고 생각했어.

즉각 급진개화파가 움직였어. 그해 11월 4일, 급진개화파 인사들은 박영효의 집에 모여 거사를 논의했어. 일본의 지원도 약속받았지. 급진개화파는 일본 군대를 활용해 청 군대를 몰아내고 새로운 정부를 세우기로 했어. 거사일은 홍영식이 책임자로 있는 우정국우·체국의 개국 축하 만찬회가 열리는 12월 4일로 정했지.

거사일이 됐어. 만찬회가 시작될 즈음 급진개화파 인사들이 별관에 불을 질렀어. 이어 온건개화파 인사들을 제거하기 시작했어. 행사장이 아수라장이 됐겠지? 김옥균과 박영효는 왕이 있는 창덕궁으로 달려가 온건개화파가 반란을 일으켰다고 거짓 보고를 했어. 고종과 명성황후를 반강제로 경우궁에 모셨지. 경우궁은 왕궁이 아니라 작은 사당이야. 이어 일본군 500명, 조선군 50명을 궁궐 주변에 배치해 감시하도록 했어.

김옥균 · 김옥균은 일본을 세 차례 다녀오며 개화사상을 가다듬고 개화를 이루려 노력했다. 갑신정변을 주도했으나 실패 이후 일본에 망명했다. 일본 정부의 박해를 받았고, 중국 상하이에서 암살되었다.

이어 남은 온건개화파들을 하나씩 제거했어. 민영목, 민태호 등 민씨 일파와 윤태준, 한규직, 이조연, 조영하 등이 살해됐지. 곧 혁명은 성공 직전에 이르렀어. 급진개화파는 각국 공사관에도 사람을 보내 혁명을 지지해 달라고 부탁했어. 마침내 급진개화파가 조정을 완전히 장악하는 데 성공했어. 이 사건이 바로 갑신정변이란다.1884년.

긴박한 하루가 지나고 다음 날이 밝았어. 급진개화파는 바로 조정 인사를 단행했어. 홍영식이 좌의정, 김옥균이 호조참판, 서재필이 병조참판을 맡았지. 모든 요직을 급진개화파가 차지한 거야. 하루가 지난 10월 19일, 새 정부는 14개조로 구성된 혁신정강을 발표했어. 중요한 내용만 추려 볼까?

"청에 대한 사대관계를 폐지한다. 대원군은 빨리 귀국시킨다. 문벌을 폐지하고 모든 백성은 평등하게 대한다. 부패한 관리를 처벌하고 능력 있는 인재를 등용한다. 전근대기관인 규장각과 혜상공국을 폐지한다. 4영의 군 체제를 1영으로 통합하고, 근위대를 설치한다. 호조가 재정을 독점 관할한다. 의정부가 국정을 관장하며 6조 외의 불필요한 관청은 폐지한다."

청과의 관계를 단절하고 입헌군주제를 지향하는 점, 신분제와 낡은 제도 및 관청을 폐지한다는 점에서 갑신정변이 근대국가를 지향했다는 점을 알 수 있겠지? 그러나 꼭 개혁해야 할 게 빠져 있어. 바로 토지개혁이야. 바로 이 대목에서 이 정변의 한계가 드러나지. 급진개화파들이 대부분 지주 가문이었기 때문에 지주가 농민에게 소작을 주는 지주전호 제도를 그대로 유지한 거야. 이러니 국민의 대다수인 농민들이 이 혁명을 반길 리 없겠지?

어쨌든 급진개화파는 새 이념에 따른 새 정치를 해 보려고 했어. 그러나 시작도 못 해 보고 물러나야 했단다. 명성황후가 청에게 다시 도움을 요청했기 때문이야. 청의 위안스카이^{원세개}는 서울에 주둔 중이던 청의 병사 1500여 명을 이끌고 급진개화파를 공격했어.

사실 청의 개입은 급진개화파도 충분히 예상했던 일이었어. 다만 일본이 지원을 약속했기에 크게 걱정하지 않았던 거야. 그런데 일본이 약속을 어겼어. 전세가 불리해지자 철수해 버렸지. 급진개화파가 목숨 걸고 싸웠지만 역부족이었어. 결국 홍영식과 박영교는 전투 도중 사망하고 김옥균, 서재필, 박영효, 서광범은 일본으로 망명하고 말았어.

다시 정권을 잡은 민씨 세력은 일본에게 그들을 돌려보내라고 요청했어. 서재필과 박영효, 서광범은 이를 피해 다시 미국으로 망명을 떠났어. 이들이 훗날 재미 독립운동의 물꼬를 튼 셈이지. 김옥균은 중국과 일본을 오가던 중 피살됐어. 객지에서 비명횡사한 김옥균의 이야기를 들어 볼까?

갑신정변이 실패한 혁명이란 평가가 있습니다.
"그렇게 볼 수 있을 것이다. 3일 천하로 끝나고 말았잖은가? 그래도 근대국가를 세우기 위한 우리 혁명가들의 충심만은 알아 줬으면 좋겠다."

민중은 관심 없고, 정치인들끼리 벌인 권력 투쟁이란 평가도 있습니다.
"그건 옳지 않은 생각이다. 당시 민중의 정치의식은 매우 낮았다. 그 때문에 위로부터의 혁명이 불가피했던 것이다. 우리 급진개화파가 추구하는 근대국가의 골격은 혁신정강에 모두 나와 있다. 갑신정변을 계기로 조선이 근대국가에 성큼 다가선 것만은 그 누구도 부정할 수 없는 명백한 사실이다."

일본을 끌어들여 조선을 근대국가로 만들겠다는 것은 또 다른 사대

주의가 아닌가요?

"우리를 비판하는 학자들에게는 일본을 끌어들인 행동이 좋은 구실이 될 것이다. 그러나 당시 상황을 떠올려 보라. 온건개화파는 청에 대한 사대주의를 거두지 않고 있었고, 근대화의 길은 멀었다. 반면 일본은 하루가 다르게 발전하고 있었다. 우리가 누구의 힘을 빌리는 게 옳겠는가? 일본에 지나치게 의존했다는 비판은 받아들이겠지만 어쩔 수 없었다는 점도 인정해 주면 좋겠다."

임오군란과 갑신정변이 한반도를 더욱 혼란스럽게 만들었다는 평가도 있습니다.

"그 부분은 정말 안타깝다. 일본이 그렇게 한반도를 집어삼키려 한다는 사실은 미처 깨닫지 못했다. 내 불찰이다."

강대국의 싸움터로 변하는 한반도

한반도를 지배하려는 일본의 야심이 서서히 드러나기 시작했어. 일본은 임오군란 이후 청과 조선이 조청상민수륙무역장정을 체결하자 다급해졌어. 조선을 독촉해 조일통상장정을 체결했지[1883년]. 갑신정변을 왜 일본이 지원했겠니? 한반도를 노렸기 때문이야. 하지만 아직은 청의 힘이 강해 물러설 수밖에 없었던 거지.

갑신정변이 끝난 이듬해, 일본은 공사관이 불에 탔고 일본인이 희생됐으니 배상을 하라고 조선에 요구했어. 약속을 어긴 게 누구인데, 이런 철면피가 또 어디 있겠어? 그러나 힘이 없는 조선은 받아들일 수밖에 없었어. 이렇게 해서 체결된 조약이 한성조약이야. 조선은 10만 원의 배상금을 내는 것도 모자라 공사관 복구비용까지 부담해야 했지.

한성조약이 체결되고 3개월이 지났어. 일본은 청과도 톈진조약을 체결했어. 두 나라는 동시에 한반도에서 군대를 철수하고, 앞으로 어느 한 나라가 한반도에 군대를 보낼 때는 사전에 알리자고 합의했어. 한반도 영토를 자기들 앞마당처럼 마음대로 하고 있지?

갑신정변 이후 급진개화파는 조정에서 자취를 감췄어. 원래 급진개화파를 싫어하던 명성황후는 그렇다 쳐도 이젠 고종까지 그들을 멀리했거든. 고종은 갑신정변을 지원한 일본에 대해서도 경계를 늦추지 않았어. 청에 의존하는 경향이 더 강해졌겠지? 당연히 청의 내정 간섭도 심해졌어.

문제는, 한반도에 집적대는 나라가 일본과 청만이 아니었다는 데 있었어. 이번엔 영국이 한반도 주변에 어슬렁거렸어. 급기야 영국 함대가 전남 지역에 있는 섬 거문도를 무단으로 점령하기까지 했지_{1885년}.

영국은 조선 정부의 허락도 받지 않고 제 멋대로 거문도에서 2년간 머물렀어. 사실 영국이 일본이나 청처럼 한반도를 탐낸 것은 아니었어. 영국은 러시아를 견제하기 위해 무력시위를 벌이고 있었던 거야. 만약 러시아가 남하 정책을 계속 추진하면 영국도 한반도를 거쳐 북진하겠다는 엄포를 놓으려고 거문도를 점령한 거지. 당시 국제 정세를 알게 되면 이 사건을 제대로 이해할 수 있단다.

19세기로 들어설 즈음 러시아도 열강의 반열에 올라섰어. 세력을 확장하기 위해 러시아는 남하정책을 추진했지. 러시아는 태평양으로 진출하기 위해 겨울에도 얼지 않는 항구, 즉 부동항이 필요했어. 중국으로부터 블라디보스토크를 빼앗은 것도 그 때문이야. 하지만 이 항구는 겨울이 되면 내항 쪽은 얼지 않지만, 주변 바다는 모두 얼었어. 사실상 효용이 적었던 거지. 그러니 더 남쪽으로 진출하려 했던 거야.

이런 상황이 되자 열강의 큰 형님뻘인 영국이 가장 큰 위기감을 느꼈어. 사실 두 나라는 이미 중앙아시아 아프가니스탄에서도 충돌한 적이 있었단다. 러시아가 열강으로서는 후발 국가이지만 군사력은 영국에 만만찮아. 그런 러시아가 한반도까지 차지한다면 나아가 중국과 인도로도 진출할 수 있지. 자칫 영국이 중국과 인도에서 누리고 있는 많은 이권을 빼앗길 수도 있잖아? 콧대를 꺾어 놓을 필요가 있겠다! 이런 생각을 하며 영국이 거문도를 점령한 거야.

당연히 조선 정부는 영국에 항의했어. 한반도를 노리던 러시아도 영국을 비난했지. 그러나 영국은 두 귀를 막고 모른 척했어.

마침 아프가니스탄에서 영국과 러시아가 협정을 체결하면서 갈등이 조금 수그러들었어. 이런 상황에서 청이 두 나라의 화해를 주선했어. 사실 영국의 거문도 점령이 영국과 청의 합의에 의해 일어난 사건이란 분석도 있단다. 청은 블라디보스토크를 빼앗길 정도로 러시아 남하 정책의 직접적인 피해국이었어. 청은 러시아를 못

막겠지만 영국이라면 가능하지. 그래서 영국을 동원해 거문도를
점령하도록 했다는 거야.

어쨌든 청의 주선으로 영국은 러시아와 화해했어. 러시아는 한반
도의 아주 작은 땅이라도 점령하지 않겠다고 약속했어. 영국이 원
하는 대답을 얻어 냈지? 그제야 영국 함대가 거문도를 떠났단다.

한국 화교의 역사

중국 국적을 고수하면서 다른 나라에 정착해 살고 있는 사람들을 화교라 불러. 아
시아는 물론 미국과 일본, 러시아, 영국 등 거의 모든 국가에 화교들이 정착해 있
지. 그들은 차이나타운을 건설해 살고 있어. 전 세계적으로 화교의 수는 4000만
명 정도로 추정되고 있단다.

한국에도 약 2만 5000명의 화교가 살고 있어. 화교는 서울, 인천, 부산에 가장 많
이 살고 있지. 그러나 사실상 화교가 없는 지역이 거의 없을 만큼 화교들은 전국 곳
곳에 퍼져 살고 있단다.

이 한국 화교의 역사는 임오군란을 계기로 시작됐어. 명성황후가 청에 군대 파견
을 요청했지? 그때 청의 군대를 따라 40여 명의 중국 상인이 한반도로 들어왔어.
그해 8월, 청은 조선을 협박해 통상조약을 체결했어. 장사하기 편해졌으니 더 많
은 중국인 화교가 한반도로 왔지.

이듬해 서울과 인천, 부산 등 큰 도시에 정착한 화교만 210명에 이르렀어. 1890년
이 되기도 전에 인천에만 1000명이 넘는 화교가 정착했지. 그러다가 1898년 중
국에서 의화단의 난이 일어나자 더 많은 화교가 한반도로 들어왔단다. 한국 화교
의 90퍼센트 정도는 한반도와 지리적으로 가까운 산둥성 출신이야.

격변의 1894년

강화도조약 이후 조선으로 들어온 일본 상인들은 쌀을 헐값에 사들였어. 그들은 그렇게 거둬들인 쌀을 일본으로 빼돌렸어. 조선의 상인 일부도 일본 상인들과 짝짜꿍이 돼 잇속을 챙겼어. 여전히 지방에서는 부패한 관리들이 민중을 착취하고 있었지.

그러다 1880년대가 됐어. 임오군란과 갑신정변이 잇달아 터졌

최시형 초상 · 동학의 제2대 교주로 초대 교주 최제우의 신원 운동을 벌였다. 『동경대전』 『용담유사』 등을 간행하였고, 교세를 크게 확장시켰다.

고, 영국 함대가 거문도를 점령하는 등 혼란이 이어졌어. 그 와중에 외국 상인들은 한양까지 진출해 직접 장사를 했어. 청과 일본 상인이 서로 경쟁을 벌였고, 우리 상인들은 몰락했어. 경제 상황도 안 좋아진 거야. 그런데도 관리들의 부패는 더 심해졌어. 민중의 삶도 더 힘들어졌지. 조선 민중은 마음을 둘 데가 없었어.

동학의 2대 교주로 최시형이 취임했어. 조직을 정비한 동학교도들은 동학 창시자인 최제우가 억울하게 죽었다며 명예를 회복시켜 달라는 신원 운동을 전국 각지에서 벌이기 시작했어. 하지만 조정은 들어주지 않았어.

그러다 1894년이 됐어. 민중의 분노가 마침내 터졌어. 청과 일본은 한반도에서 전쟁을 치렀고, 또다시 위로부터의 혁명이 발생했지. 격변의 1894년으로 들어가 볼까?

평등 사회를 꿈꾼 동학농민운동

1894년에는 동학농민운동을 비롯해, 청일전쟁과 갑오개혁이 연이어 일어났어. 사건 자체가 많이 발생한 데다, 그 사건은 하나하나가 우리 근현대사의 중요한 현장이야. 따라서 시간 순으로 제대로 이해하는 게 좋아. 우선 동학농민운동이 왜 일어났는지부터 살펴볼까?

동학농민운동은 부르는 이름이 참으로 다양해. 농민이 중심이 됐기 때문에 동학농민운동이라고 많이들 부르지? 정치판을 뒤엎으

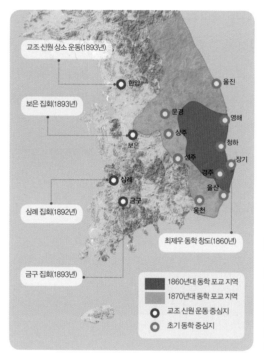

동학운동 직전의 삼남 지방
· 1860년 최제우는 동학을 창시했지만 혹세무민의 혐의로 처형됐다. 이에 1893년 서울에서 신원운동이 펼쳐졌지만 동학교도들은 뜻을 이루지 못했다. 이 과정에서도 동학은 계속 확산되고 있었다.

(지도 내 표기)
교조 신원 상소 운동(1893년)
한양
울진
보은 집회(1893년)
문경
영해
보은
상주
청하
성주
장기
삼례
경주
울산
금구
웅천
삼례 집회(1892년)
최제우 동학 창도(1860년)
금구 집회(1893년)
1860년대 동학 포교 지역
1870년대 동학 포교 지역
교조 신원 운동 중심지
초기 동학 중심지

려는 봉기라는 점을 강조해 동학혁명으로도 부른단다. 또한 갑오년에 일어난, 외세와의 싸움이란 차원에서는 갑오농민전쟁이란 이름으로도 불려. 일단 여기서는 동학농민운동으로 부르도록 할게.

1892년 4월 전북 고부오늘날의 정읍 군수로 조병갑이란 인물이 부임했어. 조병갑은 악랄한 탐관오리였어. 백성들을 강제로 동원해 만석보라는 저수지를 만들었으면서도 물을 쓸 때마다 세금을 내라고 했어. 심지어 자기 아버지를 기리는 비석을 세우는 데도 백성에게 세금을 거뒀어. 그 밖에도 온갖 명목으로 세금을 뜯어냈지.

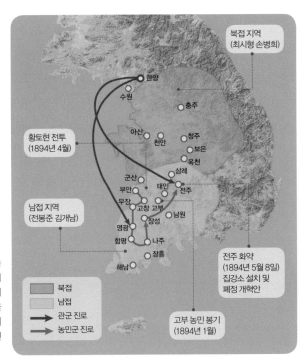

1차 동학운동 · 1894년 음력 1월, 고부 접주 전봉준이 중심이 돼 1차 봉기가 일어났다. 농민군은 청일전쟁을 막기 위해 스스로 해산했지만, 한반도는 두 나라의 전쟁터가 돼 버렸다.

　동학에서는 지역별 책임자를 접주라 불렀어. 당시 고부 접주는 전봉준이었어. 농민들이 그를 찾아가 억울함을 호소했어. 접주를 찾는 농민은 갈수록 불어났지. 조병갑의 학정이 얼마나 심했는지 짐작하겠지? 마침내 전봉준과 주변 농민들이 들고 일어났어.

　1894년 초 천여 명의 동학농민군이 들고 일어났어. 손에 죽창과 몽둥이를 든 농민들이 고부 관아로 몰려갔지. 그들의 구호를 들어볼까?

　"외국 상인의 쌀 매매와 밀수출을 금지시켜라! 탐관오리를 제거하라! 과도한 세금을 폐지하라!"

농민군의 기세는 하늘을 찔렀어. 농민군은 곧 고부 관아를 접수한 뒤 곳간의 쌀을 농민과 빈민에게 골고루 나눠줬지. 사건을 보고받은 조정은 민심을 달래는 게 상책이라고 판단했어. 우선 조병갑을 체포하고, 사태를 수습하라며 안핵사 이용태를 파견했어. 농민군은 요구가 받아들여졌다고 생각하고 자진해산했지. 그런데 문제가 생겼어. 이용태가 주모자를 잡겠다며 길길이 날뛴 거야. 전봉준은 도피 생활을 해야 했어.

뭉치면 살고 흩어지면 죽는 법이야. 농민군은 뭉쳤을 때 강했지만 흩어지니 아무런 힘이 되지 못했어. 전봉준도 그 사실을 깨달았어. 더불어 관아 한 곳을 접수한다고 해서 사회가 바뀌지 않을 거라는 진리도 깨달았지. 그렇다면 방법은 하나뿐. 바로 무력 봉기를 다시 일으켜 나라를 뒤엎는 거야.

꽃피는 봄이 됐어. 그동안 숨죽여 있던 전봉준이 백산에서 봉기했어. 다른

황토현 전적비 · 1894년 4월 6일(음력) 동학 농민군이 정읍의 황토재에서 전라 감영군을 대파한 전투를 기념해 세운 비석이다.

지역의 동학농민군이 속속 봉기에 합류했지. 태인, 무장, 금구, 부안, 고창, 흥덕에서 온 농민군을 합치니 어느덧 1만 여 명에 이르렀어. 농민군의 앞에 선 전봉준은 4대 행동강령을 발표했어. 강령을 보면 동학운동의 이념과 목표를 알 수 있겠지?

"첫째, 사람을 해치거나 재물을 파괴하지 않는다. 둘째, 충효를 다해 세상을 구하고 백성을 편안케 한다濟世安民, 제세안민. 셋째, 왜적을 몰아낸다. 넷째, 서울로 진격해 부패한 관리들을 몰아낸다."

농민군은 태인 관아를 습격했어. 이어 황토현 전투에서 관군을 대파했어. 얼마 후에는 황룡촌 전투에서도 대승을 거뒀지. 그야말로 파죽지세야!

그제야 조정이 사태의 심각성을 깨달았어. 곧 중앙에서 정부군이 파견됐지. 그래도 농민군의 기세를 꺾을 수는 없었어. 봉기한지 두 달. 동학농민군이 마침내 전주성을 함락시켰어. 전주성은 호남 지방의 최대 중심지야. 그 중심지를 농민군이 장악한 셈이지.

얼마 지나지 않아 정부군이 전주성의 바깥에 진지를 세운 뒤 대포를 쏘며 농민군을 위협했어. 농민군이 가진 무기라 해 봐야 소총이나 죽창밖에 더 있겠어? 시간을 끌면 끌수록 전세는 농민군에게 불리해졌어. 그래도 농민군은 목숨을 걸고 싸웠어.

바로 그 순간 이상한 소문이 들려왔어. 우리 조정의 요청을 받은 청의 군대가 한반도에 도착했다는 거야. 또한 톈진조약에 따라 일본도 한반도에 군대를 파견한다는 이야기도 들려왔어. 곧 살펴보겠지만 이 소문은 사실이었단다. 민씨 정권이 또다시 청에 도움을 요청했고, 청이 군대를 파견하자 일본도 군대를 보낸 거야.

농민군은 자기들 때문에 한반도에서 외세가 전쟁을 벌이는 사태를 만들고 싶지 않았어. 같은 민족인 정부군과 피 흘리며 싸우는 것도 바람직하지 않다고 생각했지. 결국 농민군은 정부의 강화 요구를 받아들이기로 하고 해산했단다.

이때 농민군은 정치 개혁을 주 내용으로 하는 12개 폐정개혁안을 제출했고, 정부가 이를 수락했어. 주요 내용만 추려 볼까?

"정부는 동학과 함께 좋은 정치를 벌인다. 탐관오리와 못된 양반, 횡포를 부리는 부자를 처벌한다. 노비문서를 불에 태운다. 과부의 재혼을 허가한다. 공정하게 관리를 선발한다. 일본과 교류하는 사람들을 벌한다. 토지는 공평하게 나눠 농사짓도록 한다."

이 폐정개혁안에는 동학운동의 이념과 목표가 모두 들어 있어. 특히 토지를 공평하게 배분하는 방안은 이전까지의 어떤 개혁에서도 볼 수 없었던 새로운 내용이었지. 농민군은 스스로 무장을 해제하는 대신 집강소란 기관을 전라도 53개 지역에 설치했어. 집강소는 폐정개혁안을 추진하기 위한 일종의 자치 기구였어. 이제 농민들이 원하는 세상이 만들어질까? 안타깝게도 아니란다. 농민군이 우려하던 전쟁이 터졌기 때문이야. 바로 청일전쟁이지.

청일전쟁과 갑오개혁

제1차 동학운동의 막바지인 1894년 6월, 농민군은 서울로 진격하려 했어. 늘 그랬듯이 나약한 정부는 이번에도 외세의 힘을 빌려서 위기를 넘기려고 했지. 청에 지원군을 보내 달라고 부탁한 거야. 바

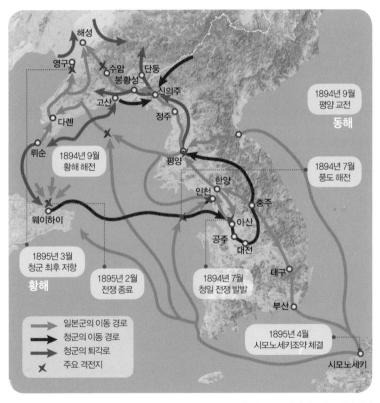

청일전쟁 · 조선이 동학운동을 진압하기 위해 청에 지원을 요청하자 일본은 즉각 한반도에 군대를 파견했다. 일본은 이 청일전쟁에서 승리한 후 한반도 지배 야욕을 본격적으로 드러냈다.

로 이때 청일전쟁은 예견된 거나 마찬가지였어.

6월 6일 청의 군사 2500여 명이 충청남도 아산만에 도착했어. 청은 이 사실을 일본에도 알렸어. 한쪽이 조선에 군대를 보내면 다른 쪽에 알려 주기로 한 톈진조약의 조항에 따른 거였지. 그러자 6월 7일 일본도 출병을 결정했어. 6월 8일 일본 군사 4500여 명이 제물포^{인천}에 상륙했어.

동학농민군은 사태가 심상치 않자 해산을 결심했어. 정부와 폐정 개혁안에 합의하고 무장해제를 했지? 그러면 청과 일본 군대는 돌아가야 해. 제1차 동학운동이 끝나자 청은 동시에 군대를 철수시키

청일전쟁 · 충청도 성환에서 청군에 크게 승리한 일본군이 용산에서 개선 행사를 벌이는 장면을 촬영한 사진이다.

자고 일본에 제안했어. 그런데 일본이 거절했어. 한반도에 대한 일본의 영향력을 높일 수 있는 절호의 기회인데 놓치고 싶지 않았던 거야. 6월 22일 일본은 추가 병력을 한반도에 파견했어.

7월 3일 일본 공사 오토리 게이스케는 조선 정부에 "청으로부터 독립해 근대 정치 체제를 갖춰라"고 압력을 가했어. 일본이 조선의 자립을 도와준 것 아니냐고? 천만에. 늑대와 같은 야욕이 숨어 있었단다. 청의 지배력을 약화시켜야 조선을 집어삼킬 수 있잖아?

청을 추종하는 민씨 세력이 장악하고 있는 조선 정부가 일본의 요구를 받아들일 리 없지? 일본은 청을 몰아내기 전에는 한반도를 차지할 수 없다는 사실을 확실히 깨달았어. 그렇다면 결론은 이미 나온 거야. 그래, 청과 한판 붙는 거지.

7월 19일 일본 연합함대가 전시 체제로 들어갔어. 7월 23일에는 일본군이 한양으로 진격해 경복궁을 기습적으로 점령했지. 일본은 민씨 세력을 쫓아내고 친일 내각을 구성했어. 이게 제1차 김홍집 내각이야. 이 내각이 개혁을 추진했는데, 그게 바로 제1차 갑오개혁이지.

동학농민운동, 청일전쟁, 갑오개혁이 서로 그물처럼 얽혀 있다는 걸 알 수 있겠지? 그러니 세 사건을 동시에 이해해야 하는 거야.

제1차 개혁 때는 17명의 위원으로 군국기무처가 꾸려졌어. 군국기무처는 모든 개혁을 진두지휘하는 사령탑 역할을 했지. 군국기무처가 시행한 개혁 내용을 볼까?

우선 조선의 건국 연도를 시작으로 하는 개국기년이란 연호를 사용하고, 청과는 대등한 관계를 유지하기로 했어. 청과의 모든 조약을 파기했고, 일본에게는 한반도에 있는 청의 군대를 몰아내도 좋다고 허락했지. 물론 일본의 주문을 그대로 이행한 거야.

정부 조직도 개편했어. 의정부 아래에 있던 6조를 8아문으로 바꿨고, 치안을 맡기 위한 기구로 새로이 경무청을 설치했어. 국가에 내는 세금을 현물이 아닌 돈으로 내도록 했는데, 이를 조세금납화라고 한단다. 우리나라의 조세금납화는 이 1차 개혁 때 시작된 셈이야.

또 신분제가 이때 법적으로 완전히 폐지됐어. 갑신정변, 동학농민운동 때 나온 주장이었는데, 비로소 이뤄진 거야.

자, 조선이 일본이 원하는 대로 돼 가고 있지? 이제 본격적으로 전쟁을 벌여 청을 몰아내기만 하면 되는 거야. 일본군이 다시 움직이기 시작했어.

7월 25일 일본군이 아산만 청군 기지를 포위했어. 당시 청은 이 아산만을 통해 한반도에 병력을 파견하고 있었단다. 이곳을 포위한 것은 청의 보급로를 차단하겠다는 뜻이었어. 일본의 의도는 적중했어. 아산만의 청 병력은 꼼짝도 못했어. 이윽고 일본 해군은 아산만 앞바다 풍도에서 군인을 싣고 오는 청의 함대를 공격했어. 청의 함대는 박살이 났고, 군사 1200명이 물에 빠져 죽었지.

이 풍도 전투를 시작으로, 본격적인 청일전쟁이 시작됐어. 3일 후인 7월 28일, 두 나라 군대가 아산만 근처 성환천안에서 다시 붙었어. 이 성환 전투에서도 일본이 대승을 거뒀지.

8월 1일 두 나라는 서로에 대해 전쟁을 공식 선포했어. 사실 이미 청의 사기는 많이 꺾인 상태였어. 아산에서 패한 청의 군대는 평양으로 후퇴하고 있었지. 청은 평양을 최후 저지선으로 삼아 싸울 생각이었던 거야. 다른 지역에 남아 있던 청의 병사들도 속속 평양으로 모였어. 총 1만 5000명의 청군이 평양에서 배수진을 치고 일본군을 기다렸어.

9월 15일 일본군이 평양을 공격했어. 이럴 수가! 그렇게 대비했건만 청은 너무 쉽게 무너지고 말았어. 2000여 명의 군사가 목숨을 잃었어. 전투가 치러진 다음 날, 일본은 바로 평양에 입성했지. 이제 청은 한반도를 잃었어! 이때부터 일본은 조선 정부에 대해 청과 싸울 병사를 내놔라, 물자를 지원하라 하는 등 내정 간섭을 본격 시작했단다.

그 후로도 일본의 승세가 이어졌어. 9월 17일에는 압록강 하구 황해 해전에서 승리했고, 10월 10일에는 만주까지 진격했어. 내친김에 중국까지! 10월 24일 일본군은 밤을 틈타 압록강을 건너 단둥에 있는 청의 군사기지를 공격했어. 하루 만에 전투를 승리로 이끈 일본군은 11월 21일 뤼순여순까지 점령했지. 그야말로 승승장구, 백전백승을 거둔 거야.

일본군은 잔인했어. 청나라 군대가 저항한 것에 대해 보복을 했는데, 뤼순의 시민 2만 명을 학살한 거야. 전투와 상관없는 민간인을 이렇게 집단 학살하는 경우는 아주 드물어. 이럴 때 우린 "인간의 탈을 쓰고 어떻게 그럴 수 있느냐?"라고 말하지. 이 사건을 '뤼순

대학살'이라고 부른단다.

　청군은 산둥반도의 웨이하이로 도망갔어. 1895년 1월 20일 일본은 육군과 해군 합동으로 총공격을 감행했어. 23일 만에 웨이하이 요새가 일본군에 넘어갔지. 일본군은 3월 26일 펑후제도, 29일 타이완을 정복했어.

　일본군이 파죽지세로 중국을 유린하고 다니자 마침내 청이 두 손을 들었어. 4월 17일 두 나라는 시모노세키조약을 체결했지. 청은 이 조약에 따라 일본에 2억 냥의 배상금을 지불했고, 랴오둥반도와 펑후제도, 타이완을 일본에 할양했어. 영토의 일부분을 떼어 줬다는 뜻이야.

농민군의 패배, 그리고 2차 갑오개혁

청과 일본의 전쟁이 비로소 끝났어. 사실 두 나라의 문제이니 우리와 상관이 없을 수도 있겠지? 그러나 실제로는 아니야. 중대한 변화가 있었어. 조선이 완전한 자주독립국이란 사실을 청이 인정한 거야. 이 말을 다른 식으로 말해 볼까? "앞으로 한반도의 주인은 일본이다." 그래, 청일전쟁에서 승리함으로써 일본이 한반도에 대한 지배권을 가지게 된 거야.

　자, 살짝 시계를 청일전쟁이 끝나기 전으로 돌려 볼까? 두 나라가 한창 전투를 벌이고 있을 때 한반도 남부 지방을 보기 위해서야. 일

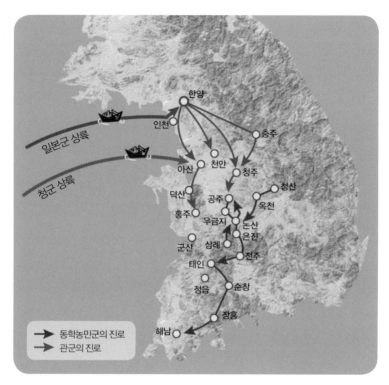

2차 동학운동 · 일본의 침략에 맞서 동학 농민군이 다시 봉기했다. 그러나 조선과 일본 연합군의 우월한 화력을 넘지 못해 결국 1년을 채우지 못하고 무너졌다. 전봉준은 체포돼 처형됐다.

본군이 청군을 한반도 밖으로 몰아내던 바로 그 순간, 동학농민운동의 불길이 다시 타올랐거든. 제2차 동학농민운동이 일어난 거야.

원래 농민군은 청일전쟁이 터지기 전에 해산했었지? 농민군은 집강소를 통해 폐정개혁안을 하나씩 실천하려 했어. 그런데 일본이 기습적으로 궁궐을 점령했고, 이어 친일 내각을 출범시켰지. 제1차 갑오개혁도 진행했어.

농민군은 이대로 나라가 망하는 꼴을 볼 수 없다고 생각했어. 일본이 청나라 군대를 한반도 밖으로 몰아내고, 만주로 진격할 무렵이었어. 삼례에서 동학 회의가 열렸어. 전봉준과 김개남 등 강경파는 일본군을 몰아내기 위해 전쟁을 치러야 한다고 주장했어. 반면 최시형과 이용구 등 온건파는 정부와 타협해 일을 해결하자고 주장했지. 협상은 결렬됐어.

전봉준이 홀로 부대를 이끌고 삼례에서 봉기했어. 이로써 제2차 동학농민운동이 시작됐지. 농민군 4000여 명이 그의 뒤를 따랐어. 농민군은 삼례에 남아 있던 정부군을 물리쳤어. 농민군의 사기가 하늘을 찔렀지. 결국에는 온건파도 봉기에 합류함으로써 동학농민군은 20만 명으로 불어났어.

이 2차 봉기의 목표는 크게 두 가지야. 첫째는 우리 조정을 주무르는 일본을 몰아내는 것. 둘째는 무능한

우금치 전적지 위령탑 · 2차 봉기한 동학농민군은 1894년 11월 9일(음력) 공주 우금치에서 첨단 무기로 무장한 일본과 조선 관군 연합군과 맞서 싸웠으나 큰 피해를 입었고, 더 이상 북상할 수 없었다. 이 전투에서 전몰한 농민군의 영혼을 위로하기 위해 세운 탑이다.

압송되는 전봉준 · 일본 영사관에서 법무아문으로 이송되는 전봉준을 촬영한 사진이다. 전봉준은 고부 봉기, 백산 봉기를 이끈 동학농민군의 중심 지도자이다.

정부에 본때를 보여 주는 것. 1차 봉기 때와 달리 2차 봉기는 확실하게 반외세 성격을 드러내고 있지?

동학농민군이 서울로 진격했어. 일본과 조선의 연합군이 서울로 가는 길목인 공주에서 농민군을 막았어. 연합군은 5000명 정도였지만 첨단무기로 무장해 있었어. 병사 수야 동학농민군이 많지만, 그렇다고 해서 전쟁에서 꼭 이기는 것은 아니야. 첨단무기 앞에서는 더욱더 그렇지. 고전 끝에 농민군이 패배하고 말았어. 농민군은 다시 전열을 가다듬었어. 농민군은 20만 대군으로 다시 늘어났어.

농민군은 공주 남쪽의 우금치 고개로 이동했어. 초겨울, 전투는 무려 1주일간 계속됐어. 약 50회에 걸쳐 전투가 벌어졌어. 그러나 그때마다 농민군 사상자가 늘어났어. 결국에는 500여 명만 간신히 목숨을 건진 채 후퇴할 수밖에 없었지.

태인에서 또 전투가 벌어졌어. 이 전투를 지휘한 농민군 지도자는 전봉준이었지. 농민군은 목숨을 걸고 연합군에 맞서 싸웠지만 이 전투에서도 패하고 말았어. 게다가 전봉준마저 체포됐지. 전봉준은 이듬해 처형됐어.

이로써 두 차례에 걸친 동학농민운동도 끝이 나고 말았어. 하지만 의미가 없는 건 아니야. 동학농민운동은 구한말에 일어난 최대의 애국 농민 항쟁이었어. 특히 청일전쟁이 일어난 후로는 국내 제도 개혁을 넘어 외세를 반대하는 투쟁으로 확대됐어. 민중이 중심이 돼 일어난 최초의 반외세 투쟁이었던 거지. 게다가 이때의 투쟁 경험이 훗날 의병항쟁의 원동력이 된단다.

자, 다시 서울로 가 볼까?

청일전쟁이 일본의 승리로 기울어 가고 있던 11월이었어. 한반도 남부에서는 농민군이 힘겨운 전투를 치르고 있었지. 바로 이 무렵 일본은 또 다시 조선 정부를 들쑤셨어. 1차 김홍집 내각보다 더 친일적인 내각을 출범시켰지. 그게 박영효—김홍집 공동 내각이야. 이 내각이 일본의 지시에 따라 다시 개혁을 추진했어. 제2차 갑오개혁이 시작된 거야.

왜 일본이 이토록 조선의 근대 개혁에 관심이 많은 걸까? 일본의 속셈은 뻔해. "이제 조선은 우리 마음대로 한다! 조선을 빨리 근대화시켜야 지배하기도 수월하다."

친일 내각은 고종을 설득해 개혁방안을 발표하도록 했어. 이듬해인 1895년 1월 초 나온 이 개혁안이 바로 홍범14조야. 홍범14조의 주요 내용을 볼까?

"청에 의존하지 않고 자주독립의 기초를 확립한다. 왕실의 일과 국정을 분리한다. 세금은 법에 정한 것만 받는다. 젊은 사람을 외국에 파견해 우수한 문물을 배우도록 한다. 민법과 형법을 만들어 백성을 보호한다. 문벌을 따지지 않고 인재를 고르게 등용한다."

이 홍범14조는 개혁 내용을 문서로 규정한 첫 사례라고 할 수 있어. 쉽게 말해 우리나라 최초의 헌법인 셈이지. 또한 개화파의 모든 철학이 담겨 있어. 청에 의존하지 않는다는 게 대표적이야. 그것 말고도 왕실의 일과 국정을 분리한다는 것은 입헌군주제를 시행한다는 뜻이야.

또 하나. 제2차 갑오개혁에 따라 조선에도 내각 제도가 시행됐어. 의정부를 내각으로 개편한 거지. 또한 사법부 독립도 이뤄졌어. 그 전에는 지방의 수령이 행정 뿐 아니라 재판도 맡아 했어. 이제는 재판관만이 재판을 할 수 있게 된 거야. 정말 많이 바뀌었지? 드디어 서구의 근대 국가처럼 바뀌는 걸까?

하지만 조선이 근대화된다고 마냥 좋아할 일은 아니란다. 문제는, 우리가 스스로 이룬 게 아니라 일본에 의해 강제로 근대화됐다는 데 있어. 모든 게 일본의 입맛대로 착착 진행되고 있는 거지. 그러다보니 일본의 내정 간섭이 더 심해질 수밖에 없었어.

자, 이제 일본은 모든 것을 얻었어. 동학농민군을 박살내 저항을 없앴고, 청을 한반도에서 쫓아냈어. 조선은 일본이 원하는 방향으로 착착 근대화되고 있지. 그러니 일본이 기고만장할 수밖에. 아무도 일본을 막을 수 없을 것 같았어. 그러나 아직까지는 유럽 열강에 비하면 일본의 힘은 약했어.

청일전쟁이 끝났으니 마무리를 해야지? 1895년 4월 청과 일본이 시모노세키조약을 체결했고, 이 조약에 따라 일본이 중국의 랴오둥반도, 타이완, 펑후제도를 얻었다고 했지? 그런데 문제가 생겼어. 러시아와 프랑스, 독일이 이 조약에 이의를 제기한 거야. 그 나라들은 랴오둥반도를 일본이 가지면 동아시아 평화가 무너질 수 있고, 조선의 독립도 위태롭다는 주장을 폈어. 사실 틀린 말은 아니었어. 러시아는 일본에 군함을 보내 빨리 영토를 돌려주라며 시위도 벌였거든.

일본 정부는 고민에 빠졌어. 마음 같아서야 세 나라와 싸우고 싶지만 이길 가능성이 거의 없잖아? 그러나 다른 방법도 없었어. 5월 5일 일본은 어쩔 수 없이 랴오둥 반도를 중국에 반환하겠다고 세 나라에 통보했고, 11월 8일 실제로 땅을 반환했단다. 이 사건을 '삼국간섭'이라고 해. 일본이 더 화가 나는 까닭은, 러시아가 랴오둥 반도를 차지했다는 거야. 결국 일본이 러시아에 밀린 셈이지.

이 삼국간섭에 국내 정치도 요동치기 시작했어. 명성황후가 러시아에 접근하기 시작한 거야. 명성황후는 러시아가 강하니 힘을 빌리면 일본을 몰아낼 수 있다고 생각했어. 일본을 몰아내려는 정신이야 좋지만 또 다시 외세에 의존해 문제를 해결하려는 거야. 이미 약해질 대로 약해졌으니 어쩔 수 없는 측면이 있지만, 그래도 정말 안타까운 대목이지?

명성황후의 변신은 유죄!

명성황후의 행적은 정말로 복잡해. 처음에는 강화도 조약을 지지했던 친일파에 가까웠어. 그러다가 임오군란 이후에는 청의 도움으로 대원군을 몰아내고 권력을 잡았으니 친청파가 됐어. 그러나 갑신정변을 당하고 나서는 일본에 진절머리를 치면서 삼국간섭 이후 친러파로 돌아섰어.

이런 변신이 국가를 위기에서 구하기 위해 어쩔 수 없는 행동이었다고 주장하는 학자들도 있어. 그러나 더 많은 학자들이 "명성황후와 여흥 민씨가 자기들만 배부른 나라를 유지하기 위해 박쥐 같은 짓을 했다"고 비판한단다. 예를 들어 볼까?

임오군란이 일어나기 전 구식군인들의 봉급이 13개월째 밀려 있었지? 그들만 봉급을 못 받은 것 같니? 아니야. 당시 조정에 있던 신하들의 봉급도 상당히 밀려 있었다는구나. 경제가 힘들었으니까 그런 것 아니냐고?

그런데 이때 명성황후는 자신의 아들을 세자에 책봉해 달라며 청의 서태후와 이홍장에게 뇌물 공세를 벌이고 있었어. 점쟁이와 무당에게 막대한 돈을 주며 민씨 세력의 부귀영화를 기원해 달라고 했지. 이런 데 돈을 다 쏟아 부으니 국가재정이 온전하겠니?

명성황후에 대한 평가는 앞으로도 많이 엇갈릴 것 같아. 다만 그녀의 변신이 무죄라고 주장하는 사람은 그리 많지 않다는 걸 알아 두렴.

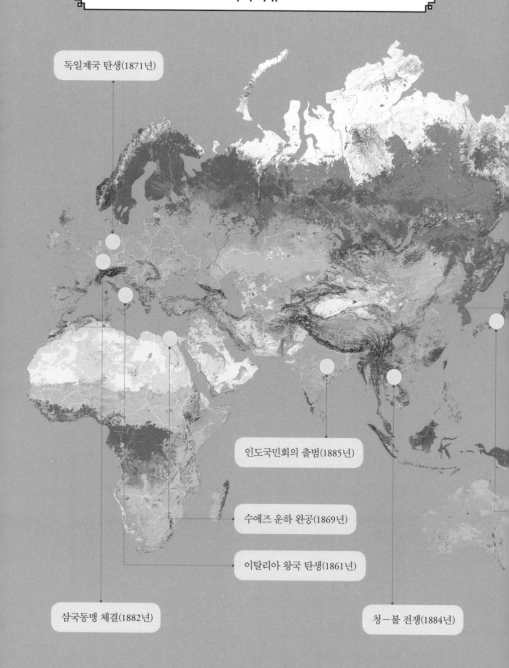

독일제국 탄생(1871년)

인도국민회의 출범(1885년)

수에즈 운하 완공(1869년)

이탈리아 왕국 탄생(1861년)

삼국동맹 체결(1882년)

청ー불 전쟁(1884년)

병인양요(1866년)
신미양요(1871년)
강화도조약(1876년)
임오군란(1882년)
갑신정변(1884년)
동학농민운동, 청일전쟁,
갑오개혁(1894년)

메이지유신(1868년)
제국헌법 선포(1889년)

남북전쟁(1861년)
노예해방선언(1863년)

서구 열강, 세계를 유린하다

1863년 고종이 왕에 오르면서 아버지인 흥선대원군이 권력을 잡았어. 이 고종 시절, 우리의 역사가 근대시대로 접어들었지.

서양세력이 물밀 듯이 밀려왔어. 병인양요1866년와 신미양요1871년 이후 대원군은 쇄국을 강하게 밀어붙였지. 하지만 1873년 최익현의 상소를 시작으로 반대파의 공격에 맥없이 무너지고 말았어. 탄핵돼 정치에서 물러난 거지. 새로 권력을 잡은 민씨 세력은 일본과 강화도조약을 체결했어1876년. 이로써 조선의 문이 열렸어.

민씨 정권은 1880년 통리기무아문을 설치하고 신식군대인 별기군도 창설했어. 하지만 구식군인을 홀대한 게 화근이 되어 1882년 임오군란이 터졌지. 이 사건으로 대원군이 반짝 복귀했지만 민씨 세력이 청을 불러들여 몰아냈어. 민씨 세력과 온건개화파가 중국을 추종하는 데 반발해 급진개화파가 갑신정변을 일으켰지1884년.

복잡하지? 그 후로도 조선 조정은 무능했고 박쥐 같았어. 결국 민중이 일어섰어. 1894년 동학농민운동이 터진 거야. 이를 빌미로 청과 일이 한반도에서 전쟁을 벌였고, 일본은 조선 조정을 압박해 갑오개혁을 추진토록 했어. 정말 숨 가쁘게 한국의 근대사가 전개되고 있지? 세계의 다른 나라들도 상황은 크게 다르지 않았어.

영국의 식민지로 시작했다 독립 국가를 이룬 미국도 노예 문제로 혼란을 겪고 있었어. 결국 1861년 노예제도를 옹호하는 남부와, 이를 반대하는 북

남북전쟁

부 사이에 남북전쟁이 터졌지. 2년 후 링컨 대통령은 노예해방을 선언했어.

유럽에서도 제국주의 열강들의 전쟁이 끊이지 않았어. 1861년 이탈리아 왕국이 탄생했고, 1867년 오스트리아—헝가리 제국이 탄생했지. 1871년에는 독일이 통일제국을 세웠단다. 독일은 1882년 오스트리아, 이탈리아와 함께 삼국동맹을 체결했어. 위기를 느낀 영국과 프랑스, 러시아는 삼국협상을 맺어 맞섰지.

이 와중에도 유럽 열강들은 아시아를 꾸준히 공략하고 있었어. 프랑스는 1863년 인도차이나 반도를 얻었고, 1884년에는 베트남을 놓고 청과 격돌했어. 이 전쟁에서 프랑스가 승리함으로써 베트남은 프랑스의 지배를 받게 되지.

일본은 제국주의 국가로 성장하고 있었어. 1868년 메이지유신을 단행한 뒤 강력한 근대개혁을 추진한 덕분이었지. 일본은 프로이센독일의 군부 모델을 그대로 따라 하고 있었어. 일본 제국헌법을 선포했고, 군사력을 급속하게 키웠지. 그 노력의 결과는 1894년의 청일전쟁에서 나타났어. 일본이 중국을 간단하게 격파해 버린 거야.

아프리카 이집트에서는 수에즈 운하가 완공됐어1869년. 하지만 이 수에즈 운하의 사용권이나 지배권을 놓고 영국과 프랑스가 다퉜단다. 일찌감치 영국의 지배를 받게 된 인도에서는 저항의 움직임이 본격화하고 있었어. 1885년 인도국민회의가 발족한 거야.

②

조선, 멸망하다

구한말
1900년 전후 ~ 1910년 전후

연표	1895년	1896년	1897년	1898년	1899년	1904년
	을미사변, 을미개혁 시작, 양력 사용	고종 아관파천, 독립협회 발족	대한 제국 선포	독립 협회, 만민공동회 개최	국내 첫 철도 경인선 개통	한일의정서 체결, 제1차 한일협약 (외국인용빙협정) 체결

	1910년	1909년	1907년			1905년
	한일병합조약 체결	안중근, 이토 히로부미 암살	헤이그 특사 파견, 고종 강제 퇴위, 제3차 한일협약(한일신협약, 정미7조약) 체결, 군대해산, 정미의병 봉기			을사조약 (제2차 한일협약) 체결

서울 전경 • 1904년경에 촬영한 서울 전경 사진이다. 남대문 뒤로 보이는 덕수궁 중화전 주변에 서양식 건물이 들어서 있다.

대한 제국의 탄생

명성황후와 민씨 세력은 우선 친일 내각부터 무너뜨리기로 했어. 그래야 자기들이 권력을 잡을 수 있잖아? 러시아의 힘을 빌리기 위해 러시아 공사 베베르와 접촉하기 시작했지.

친일 내각의 핵심 인사를 추방한다면 작업은 훨씬 수월할 거야. 명성황후는 정말로 그렇게 했어. 내각의 핵심 인사이자 대표적인 친일 대신인 내무대신 박영효가 자신을 죽이려 했다며 조정에서 쫓아낸 거야. 박영효는 일본으로 망명을 떠날 수밖에 없었어. 이 사건이 일본을 자극했어. 큰 사건이 터질 것 같은 분위기야.

명성황후는 김홍집을 중심으로 해서 다시 내각을 꾸렸어. 이 내각이 제3차 김홍집 내각이야. 이번에는 어느 나라에 가까운 내각일까? 그래, 친러 내각이야.

조선의 국모를 죽여라

친일파가 조정에서 쫓겨나자 일본이 반발했어. 그렇지만 조선 정부는 밀어붙였어. 우선 어윤중과 김가진 같은 친일 인사의 직위를 박탈했어. 이어 민씨 파벌인 민영환을 주미전권공사로 임명하고, 이완용과 이범진 같은 친러 인사를 요직에 등용했지. 이렇게 해서 새 내각이 꾸려졌어. 친러 내각이라 했지?

명성황후는 일본의 흔적을 완전히 지워 버리려 했어. 심지어 일본 군대까지 해산하려고 했단다. 일본에게는 이런 명성황후가 눈엣가시처럼 보였겠지? 일본은 차마 내려서는 안 될 결정을 내렸어. 명성황후를 제거하기로 한 거야!

명성황후의 국장 행렬 · 을미사변으로 살해된 고종의 왕비 민씨를 1897년 명성황후로 추봉하고 홍릉으로 이장할 때의 모습을 그린 그림이다.

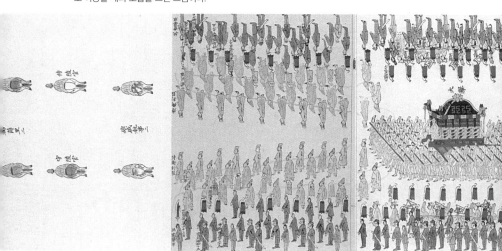

1895년 10월 8일, 일본 공사 미우라 고로는 낭인^{강패}들을 경복궁으로 보냈어. 작전명은 여우사냥이었단다. 낭인들은 궁궐을 지키는 조선 병사들과 장교를 살해하고, 여우의 침실에 도착했어. 이제 여우가 누구를 가리키는지 알겠지? 그래, 여우는 바로 조선의 국모 명성황후였어. 한 나라의 왕비를 여우에 비유한 거야. 이런 몰상식한 나라가 어디 있니?

낭인들은 명성황후를 시해한 후 시신에 석유를 뿌려 불을 질렀어. 타버린 시신은 연못에 던져 버렸지. 뒷산에 묻었다는 이야기도 있는데, 어쨌든 범죄의 흔적을 완전히 없애려 했던 것만은 틀림없어. 그러나 이 사건이 그대로 묻히진 않겠지? 나중에는 국제적 문제로 비화하기도 했어. 일본 정부는 어쩔 수 없이 미우라 공사를 해

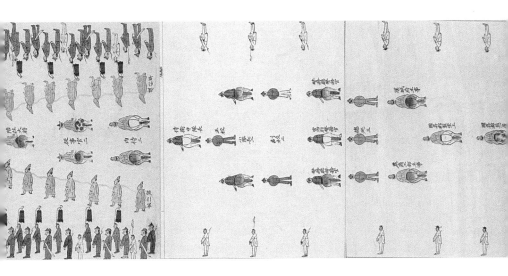

임하고 감옥에 가뒀지만, 그저 형식적인 태도에 불과했어. 곧 풀어 줬거든.

이어 일본은 유길준과 서광범 등 친일파를 내각에 포진시켰어. 이번에도 내각의 총 책임자는 김홍집이었어. 이 내각은 제4차 김홍집 내각이라고 불러. 김홍집 내각은 명성황후가 살해되고 55일이 지난 12월 1일에야 명성황후가 사망했다고 발표했단다.

안타까운 대목이 있어. 이 사건에 가담한 조선인이 꽤 있다는 거야. 일본을 떠나 제물포에 도착한 낭인들을 궁궐까지 안내한 사람들은 조선인이었어. 그 덕분에 일본 낭인들은 3시간 만에 경복궁에 도착할 수 있었지. 또한 흥선대원군이 민씨 세력을 몰아내기 위해 일본을 끌어들였고, 개화파의 핵심인물인 유길준이 적극 협조했다는 이야기도 있어. 이 이야기가 사실일까? 당시 권력 투쟁 양상을 보면 전혀 근거가 없는 얘기는 아닌 것 같아. 권력 싸움이 심한 건 알겠지만, 그래도 많이 씁쓸한 대목이지.

이 사건이 바로 을미사변이야. 국모가 무자비하게 시해됐는데, 아무 일 없었다는 듯 제4차 김홍집 내각은 추가 개혁안을 내놨어. 물론 일본의 압박이 커서 그랬겠지만. 이 개혁이 바로 제3차 갑오개혁이야. 을미년에 일어났으니 을미개혁이라고도 하지1895년.

김홍집은 고종을 감금하고 개혁안을 발표했어. 태양력을 사용하고, 종두법을 시행하며, 건양이란 연호를 사용하고, 소학교를 설치하는 등의 내용이 있었지. 이 내용만 본다면 크게 문제가 될 게 없어. 지금까지 시행해 왔던 근대 개혁을 계속 이뤄나가는 모양새야.

하지만 민중은 크게 반발했어.

왜 민중들이 반발했을까? 뭐, 사실 그 전에도 개화파 개혁이 민중으로부터 지지를 받은 적은 별로 없어. 그래도 이번에는 반발의 정도가 정말 컸어. 바로 이 개혁안에 단발령이 들어 있었기 때문이야. 상투를 자르라는 얘기였는데, 한국인들에게는 부모가 물려준 신체를 훼손하는 불효를 저지르라는 뜻으로 받아들여졌지. 아직까지 유교적 전통질서에 익숙한 조선 사람들이 이를 받아들이겠어? 마침내 참았던 분노가 폭발했어. 이때부터 전국적으로 의병 투쟁이 시작됐어.

김홍집 • 1880년 일본에 2차 수신사로 갔을 때 촬영한 김홍집의 사진이다. 을미사변 이후 일본의 도움을 받아 집권한 김홍집 내각은 을미개혁을 실시했다.

이때의 의병을 을미의병이라 불러. 주로 지방 유림들이 중심이 됐지. 그들은 단발령에 특히 반발했어. 이 을미의병을 시작으로, 정치적 사안이 있을 때마다 의병 투쟁은 반복됐단다. 이 의병운동 정신이 훗날 일제강점기 때 만주와 연해주의 무장 독립투쟁으로 이어지기도 해.

3차에 걸친 갑오개혁이 마무리됐어. 일본의 입김을 배제할 수는 없었어. 그렇지만 전혀 의미가 없는 개혁은 아니야. 게다가 개화파는 앞으로 여러 근대화 운동을 주도한단다.

대한 제국, 진정한 제국일까?

야비하고 잔인한 일본. 이젠 궁궐도 안전한 곳이 아니야. 고종은 답답했을 거야. 하지만 청에는 더 이상 의지할 수 없어. 일본에 패했잖아? 그렇다면 일본을 피해 갈 곳은 러시아밖에 없어. 결국 고종이 러시아 공사관으로 몸을 피했어. 러시아 공사관을 한자로 표현하면 아관이야. 그래서 이 사건을 아관파천이라고 하지[1896년].

고종은 불안해하고 있었어. 부인인 명성황후가 일본 낭인들에게 잔인하게 살해되고, 새로 들어선 친일 내각은 강제로 상투를 자르려 하잖아? 고종에게 일본은 생각만 해도 끔찍한 나라였을 거야. 그러니 도망을 가고 싶었을 테고, 그나마 가장 잘 대해 줬다고 생각하는 러시아의 공사관을 선택한 거지.

당시 고종에게 아관파천을 제의한 인물은 이완용이었어. 훗날 우리나라를 일본에 팔아넘긴 매국노지. 이때만 해도 러시아의 힘이 강했기에 이완용은 친러파로 행세했어. 그러다 일본의 힘이 강해지니 친일파로 변신한 거야. 강한 쪽에 빌붙는 박쥐 같은 인물이지.

러시아 공사관 · 오른쪽 상단의 언덕 위에 보이는 서양식 건물이 러시아 공사관이다. 을미사변 이후 신변에 불안을 느낀 고종은 러시아 공사관으로 피신해 1년 정도 머물렀다.

아관파천을 단행하면서 고종은 조칙을 내렸어. 오늘날로 치면 일종의 대국민 성명이야. 이 조칙에서 고종은 김홍집, 유길준, 정병하, 조희연을 을미사적으로 규정했어. 고종은 "그 역도들이 개혁을 한답시고 죽은 명성황후를 폐비한 것은 무효

환구단 · 러시아 공사관에서 돌아온 고종은 경운궁에서 대한 제국을 선포했다. 환구단에서는 황제 즉위식을 치르고 천지에 제사를 지냈다.

다!"라고 선언했어. 친일 내각 자체도 인정하지 않았지. 그 때문에 내각은 곧 친러 내각으로 바뀌었어.

고종은 독립협회 인사들과 대신들, 민중들이 모두 경복궁으로 환궁하라고 청했지만 꿈쩍하지 않았어. 일본 군대가 아무리 잔인해도 아관까지 쳐들어올 수는 없잖아? 러시아가 강한 열강이니…. 물론 어쩔 수 없는 측면도 있어. 하지만 왕이 백성의 고통은 아랑곳하지 않고, 자신의 몸만 챙기기에 급급했다는 비판을 받기도 한단다.

러시아 공사관에 있으면서 고종은 민간단체인 독립협회에 한국 독립을 만방에 알리기 위한 독립문을 만들라고 지시했어. 독립협회는 서울 서대문구에 있던 영은문을 허물고 그 자리에 독립문을 짓기로 결정했어. 영은문은 조선이 청의 사신을 마중하던 곳이었단다. 은혜를 맞아들이는 문이란 뜻인데, 조선 조정의 사대주의 사상을 단적으로 드러낸 사례라고 할 수 있지. 청에 대한 사대주의를

청산한다는 상징성을 부각하기 위해 이곳에 독립문을 짓기로 한 거야.

고종은 1년 정도 아관에 머물렀어. 마침내 환궁. 이때부터 고종은 나라의 개혁을 진두지휘하기 시작했어. 가장 큰 개혁은? 나라를 재정비하는 거야. 어떻게? 제국으로!

1897년 10월 13일, 고종은 대한 제국의 건국을 선포했어. 연호는 광무로 정했지. 이제 고종은 고종 황제로 격상했어. 연호를 따서 광무 황제라고도 하지. 피살된 왕비는 이때 명성황후로 추존됐어. 고종이 주도한 이 개혁을 광무개혁이라고 불러.

우선 모든 권한을 황제에 집중시켰어. 왜? 황제의 나라잖아! 황제를 보호하는 친위대와, 서울을 방어하는 시위대도 설치했지. 근

경운궁과 경운궁 현판 · 경운궁은 본디 선조가 임진왜란 때 한양으로 돌아와 임시 거처로 썼고, 광해군이 중건해 경운궁이라 했다. 고종은 주로 이곳에 거처했고, 궁내에 서양식 건물이 여럿 있다. 순종이 즉위한 뒤 궁궐 이름을 덕수궁으로 바꾸었다.

대적인 토지 제도도 추진했어. 이를 위해 토지계약문서인 지계를 발급했지. 선진국에 유학생을 보내 우수한 산업기술을 배우도록 했고, 상업을 장려하기 위해 금융기관도 세우도록 했어.

경운궁^{덕수궁}을 중심으로 해서 사방으로 도로를 냈어. 경운궁 앞에는 백성이 이용할 수 있도록 광장을 만들었지. 오늘날 서울광장이 있는 바로 그곳에 광장을 만든 거야. 종로 지역에는 파고다공원, 즉 오늘날의 탑골공원을 만들었단다.

광무개혁이 한창 진행될 무렵 독립문이 완성됐어1897년 11월 20일. 독립문은 독립협회를 조직한 서재필이 프랑스 개선문을 본떠 초안을 만들었고, 스위스인 기사가 최종 설계를 했어. 독립협회는 국민을 상대로 모금을 벌이기도 했어. 이쯤에서 구한말 왕성하게 활동했던 독립협회에 대해 살펴볼까?

독립협회와 만민공동회

시간은 갑신정변이 발생한 1884년으로 거슬러 올라가. 정변이 실패하면서 급진개화파는 역적이 됐어. 이 가운데 서재필도 있었는데, 그는 미국으로 망명을 떠났어. 갑오개혁이 단행되면서 갑신정변 주모자들은 대사면을 받고 역적 죄명을 벗었지. 1895년 12월, 서재필은 미국 생활을 청산하고 귀국했어.

당시 대한 제국의 입법기관에 해당하는 게 중추원이었어. 엄밀하게 말하면 국왕의 자문 기관이었는데, 훗날에는 조선총독부의 자문기관으로 변질되지. 서재필은 바로 그 중추원 고문에 임명된 후 개화정책을 추진했어. 가장 먼저 한 일은 국민계몽이었는데, 그 수단은 신문이었단다.

아관파천이 있고 2개월이 지난 1896년 4월 7일, 서재필은 정부로부터 4400원을 지원받아 《독립신문》을 창간했어. 이 독립신문은 우리나라 최초의 민간 신문이야. 또한 순 한글로 된 첫 신문이기도 하지. 이 독립신문은 국민을 계몽하고, 여론을 정부에 전달하는 창구 역할을 했어.

7월 2일 서재필은 독립협회를 설립했어. 이상재, 이승만, 윤치호 등 해외파 인사들이 대거 참여했지. 정부 인사도 참여했는데, 이완용, 안경수 같은 인물들이었어. 이완용은 독립협회 초대 회장을 지

독립문과 독립문 편액 · 대한 제국의 독립을 만방에 알리기 위하여 파리의 개선문을 본떠 돌로 세운 문이다. 왕이 나가 중국 사신을 맞이하던 영은문을 헐고 세웠다.

내기도 했단다. 이완용의 변신이 정말 놀랍지 않니? 어쨌든 서재필은 독립협회에서 고문직을 맡았어.

독립협회의 첫 사업이 바로 독립문을 만드는 거였어. 이때까지만 해도 독립협회는 정부와 사이가 좋았어. 고종에게 러시아 공사관에서 나와 궁으로 돌아갈 것을 촉구하기도 했지. 이 호소에 따라 고종이 환궁해 대한 제국을 선포한 거야. 그러나 정부와 독립협회의 관계는 곧 틀어졌어. 독립협회의 정부 비판이 갈수록 거세졌기 때문이지.

이 무렵 러시아는 부산 절영도^{지금의 영도}를 빌려 쓰겠다고 했어. 러시아인 재정고문을 두고, 한로은행^{한러은행}도 만들자고 했지. 러시아 군대를 서울에 주둔시킬 수 있도록 해달라는 요구도 했어. 아관파천 이후 러시아와 친러파의 행패가 점점 심해지고 있는 거야.

독립협회는 민중과 함께 투쟁하기로 했어. 바로 만민공동회를 여는 거야^{1898년}. 첫 집회가 3월 9일 서울 종로 사거리에서 열렸어. 만민공동회란 이름에서 알 수 있듯이 국민이면 누구나 참여할 수 있었지. 이날 이후로 만민공동회는 여러 차례 열렸단다.

이날 대회에서 민중들은 재정을 담당하는 탁지부의 러시아인 고문과 군사교관을 해고하며, 한로운행을 폐지하라고 요구했어. 조정과 러시아 모두 당황했어. 이틀 후 두 번째 만민공동회가 개최됐지. 민중의 요구는 더 강해졌어. 결국 민중의 반발을 의식한 정부는 러시아인 교관을 해고하고, 한로은행을 폐지했어. 민중이 승리를 거둔 거야!

독립관 · 독립관에서 개최한 강연회에 참석한 사람들을 촬영한 사진이다. 독립관은 중국 사신을 맞이하던 모화관을 개축해 독립협회가 사용하던 건물이다.

그 후 여러 차례 만민공동회가 열리면서 민중의 참여가 부쩍 늘었어. 독립협회는 사사건건 러시아 편을 드는 친러파 정부와 싸우기로 했어. 독립협회가 선봉에서 싸웠지만, 그 뒤에는 민중이 버티고 있었지. 10월, 독립협회는 친러파 내각을 몰아내고 개혁파 내각을 세우는 데 성공했단다.

이후로는 만민공동회에 정부 관리들도 참여했어. 그래서 이때부터는 관민공동회라 부른단다. 관민공동회에서는 지식인 뿐 아니라 하층 민중이 연설자로 나서기도 했어. 심지어 백정 출신의 연사가 정부 관리들에게 백성이 편안해지는 정치를 해 달라고 주문하기도 했지. 자유와 민권 사상이 민중 속으로 확산되고 있었던 거야.

관민공동회는 10월 28일부터 11월 3일까지 연속적으로 열렸어. 그리고 6개의 개혁 원칙을 황제에게 건의하기로 결의했지. 이 6개 항을 헌의6조라고 불러. 내용을 요약하면 다음과 같아. 고종 황제

황국협회 메달(왼쪽)**과 독립협회 마크**(오른쪽) · 독립협회가 만민공동회로 국민의 신망을 얻자 수구파는 보부상을 앞세워 황국협회를 조직해 독립협회를 탄압했다. 독립협회 마크에는 '충군애국'이, 황국협회 메달에는 '황실보호皇室保護'가 새겨져 있다.

는 헌의6조를 받아들이겠다고 약속했어.

"일본인에게 의존하지 않는다. 외국과 이권 계약을 맺을 때 대신이 단독으로 하지 않는다. 재정을 투명하게 운영하고 예산은 공개한다. 언론과 집회의 자유를 보장한다."

이 후속 조치로 중추원을 의회로 개편하는 작업을 진행키로 했어. 모든 사명을 다한 관민공동회는 해산했지. 하지만 이 작업은 더 이상 진행하지 못했어. 개혁파 정부가 11월 4일 무너졌기 때문이야. 친러파들의 농간에 고종이 넘어가 버린 거지. 친러파들은 독립협회가 공화정을 건설하려 한다고 음해했어. 고종이 깜짝 놀랐지. 고종은 독립협회가 입헌군주제를 지향하고 있다고 알고 있었어. 그러니 헌의6조에도 동의했던 거야. 그런데 공화정이라니! 공화정이 도입되면 황제는 사라지게 돼!

고종은 독립협회를 비롯해 모든 사회단체를 해체하라고 황명을 내렸어. 보부상^{보부상}을 회원으로 하는 황국협회를 동원해 모든 집회를 엉망으로 만들기도 했지. 보부상은 지방을 돌아다니며 물건을 사고파는 행상을 가리키는 말이야. 보상은 물건을 보자기에 싸거나 질빵에 걸머

서재필 · 갑신정변 실패 후 일본으로 망명했다가 다시 미국으로 망명해 의사가 되었다. 갑오개혁 때 사면령이 내린 뒤 귀국해 독립신문을 창간하고 독립협회의 창립을 주도했다. 이후 수구파 정부의 정책, 열강의 이권 침탈 등을 비판하다가 다시 미국으로 추방당했다.

지고 다녔다고 해서 봇짐장수라고 불렀고, 부상은 물건을 지게에 지고 다녀 등짐장수라고 불렀지. 보통 보부상은 전국을 돌면서 장사를 했는데, 이때 관청이 부탁한 업무도 같이 해 줬단다. 물론 그 대가로 관청의 보호를 받았지. 서로 공생하는 관계였던 거야. 게다가 보부상은 전국적으로 숫자도 상당히 많았고, 끈끈하게 네트워크가 구축돼 있었어. 황국협회가 마음만 먹으면 쉽게 동원할 수 있겠지? 또한 일단 동원되면 강력한 행동대원 역할을 할 수 있을 거야.

결국 1898년 말 독립협회는 결국 해체되고 말았어. 고종은 대한제국이 황제의 나라임을 분명하게 하기 위해 대한국 국제란 법을 발표했어. 목적을 이뤘으니 황국협회도 자발적으로 해산했지. 서재필의 마음이 어땠을까?

독립협회가 한국 근현대사에서 차지하는 의미가 뭡니까?
"독립협회는 민중을 계몽시키고 자유와 민권의식을 높이는 데 기여한 바가 많다. 청으로부터 자주적 입장을 취한 거나 민중을 모아 만민공동회를 연 것이나, 헌의6조를 황제에게 낸 것 모두 그런 노력이 아니었겠는가?"

독립협회가 미국과 일본에 우호적이었다는 비판도 많습니다.
"그런 비판이 있다는 걸 알고 있다. 나를 비롯해 협회의 주요 멤버가 미국과 일본에 가까운 사람들이었기에 어쩔 수 없었을 것이다. 사실 미국과 일본은 광무개혁 이후 한국이 러시아로 기우는 것에 불만이 많았다.

우리로서는 그런 상황을 이용할 필요가 있었다."

그러나 정도를 넘어서 친일—친미로 기울었다는 비판은 여전합니다.
"두 열강이 우리 독립협회를 이용해 한국 정부의 노선을 바꾸려 했다는
비판을 말하는 건가? 나도 그 비판은 안다. 독립협회가 러시아로부터의
독립만 주장했지, 일본과 미국으로부터의 독립에는 신경을 쓰지 않았다
는 비판을 말함인가? 그러나 헌의 6조에서 우리는 일본에게 의존하지
않는다는 내용을 명시했다. 그런 비판을 그대로 받아들일 수는 없다."

독립협회가 민권을 주장하면서도 실제 민중의 정치 참여를 반대했
다는 비판도 있습니다.
"아마 일부 독립협회 인사들이 '지식인들만 정치를 해야 하며 대중은 무
식하기 때문에 직접 참여를 배제해야 한다'고 말한 점 때문에 그런 오해
를 산 것 같다. 의병을 폭도라고 말한 사람도 있긴 했다. 하지만 모든 사
람이 그렇게 생각했을 거라고 믿나? 그렇다면 독립협회가 어떻게 민중
의 이해를 대변하겠는가? 독립협회가 해체되지 않았더라면 나중에 어
떤 결말이 나올지 정말 궁금했는데, 안타깝다."

근대 발전, 그리고 경제 침탈

이런 어지러운 상황에서 1898년, 서울에 노면 전차가 달리기 시작

배재학당 · 우리나라 최초로 외국인이 설립한 근대적 사립학교이다. 미국 북감리회 선교사 아펜젤러가 1885년에 세웠다.

했어. 동아시아에서 이런 전차가 달린 것은 처음이라고 하는구나. 이 점만 놓고 보더라도 이 무렵 한반도도 근대적 발전이 많은 곳에서 이뤄지기 시작했다는 걸 알겠지?

근대적 발전에 도움을 준 인물은 주로 미국의 선교사들이었어. 그들은 1885년 이후 잇달아 한국을 찾았어. 언더우드와 아펜젤러 같은 인물이 대표적이지.

그들은 개신교를 전도하기 위해 여러 아이디어를 냈어. 한국인에게 가장 필요한 것이 뭘까? 그런 생각을 하던 그들은 한국의 교육과 의료가 턱없이 낮은 수준이란 것을 발견했어. 사실 이 무렵 다른 대륙에서도 서양 선교사들은 주로 교육과 의료 수준 업그레이드에 신경을 썼단다. '문명 수준'이 높아져야 근대화가 가능하잖아?

어쨌든 이들의 노력으로 한국에 많은 근대 교육기관이 들어섰어.

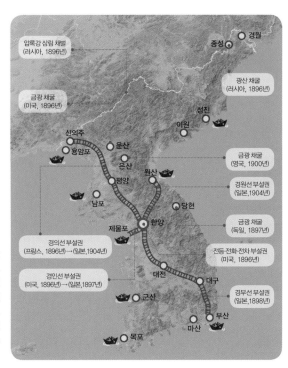

압록강 삼림 채벌
(러시아, 1896년)

경원

종성

금광 채굴
(미국, 1896년)

광산 채굴
(러시아, 1896년)

성진

이원

신의주

운산

용암포

은산

원산

평양

금광 채굴
(영국, 1900년)

경원선 부설권
(일본,1904년)

남포

당현

금광 채굴
(독일, 1897년)

제물포

한양

전등·전화·전차 부설권
(미국, 1896년)

경의선 부설권
(프랑스, 1896년)→(일본,1904년)

대전

경인선 부설권
(미국, 1896년)→(일본,1897년)

군산

대구

경부선 부설권
(일본,1898년)

마산

부산

목포

열강 · 싸움터가 된 한
반도 19세기 후반으로
접어들면서 제국주의
열강들이 한반도에 대
한 야욕을 노골적으로
드러내기 시작했다. 전
국의 경제 이권이 속속
그들에게 넘어갔다.

1886년에는 정부 주도로 육영공원이 세워지기도 했지. 그 후 배재
학당, 숭실학당, 이화학당, 연희전문학교 등 사립학교들이 생겨났
어. 오늘날 세브란스병원의 모태가 된 제중원도 미국 선교사 알렌
이 고종에게 건의해 1885년에 만든 거야.

 그러나 부작용도 있었어. 경제적 이권을 노린 제국주의 열강의 침
탈이 본격화한 거야. 나중에는 일본이 모든 걸 차지하지만 1890년
대 중반만 해도 미국과 러시아가 한반도에 더 많이 진출해 있었
단다.

운산의 미국 광업소 · 평안북도 운산의 광업소를 촬영한 사진이다. 미국은 1896년 조선의 대표적인 금 광인 운산 광산의 채굴권을 획득했다.

1896년 제중원을 세웠던 알렌이 경인선을 세울 수 있는 권리, 즉 경인선 부설권을 한국 정부로부터 따냈어. 알렌의 '활약'은 눈부셨 어. 그는 당시 이완용을 비롯한 한국의 고위 관료에게 전폭적인 로 비를 했어. 그 결과 운산 금광 채굴권, 서울의 수도 시설권 같은 이 권을 무더기로 따낼 수 있었어. 알렌은 경인선 부설권을 브로커인 모스에게, 운산 금광 채굴권을 미국 사업가 헌트에게 넘겼어. 물론 거액의 중개료를 챙겼지.

미국이 이처럼 한반도를 야금야금 삼키고 있는데 러시아가 가만 히 있지 않겠지? 아관파천이 단행된 1896년, 러시아는 두만강과 압록강, 울릉도의 삼림을 20년간 채벌할 수 있는 권리를 확보했어. 또 종성과 경원에 있는 광산을 채굴할 수 있는 권리도 확보했단다.

다른 열강들도 경제 침탈 대열에 속속 합류했어. 경의선 부설권은 프랑스가 가져갔고, 경부선 부설권은 일본이 가져갔어. 일본은 나중에 프랑스로부터 경의선 부설권을, 미국으로부터 경인선 부설권을 넘겨받았단다. 이 밖에 독일과 영국도 각각 금광 채굴권을 가져갔어. 정말 분통 터지는 일이지?

강대국의 위선

1880년대 이후 미국 선교사들은 한국에 개신교만 전파한 게 아니야. 많은 근대학교가 그들에 의해 세워졌고, 첨단 문물도 많이 수입됐어. 물론 그들 중 일부가 경제적 이권을 노려 접근한 것은 사실이야. 그러나 그들이 한국 근대교육에 기여한 것 또한 부정할 수 없는 사실이지.

그러나 민간이 아닌 정부 차원의 미국은 정말로 가증스러웠어. 1905년 미국 루스벨트 대통령의 특사 하워드 태프트는 도쿄에서 일본 총리 가쓰라 다로와 비밀리에 만났어. 이 자리에서 두 나라 대표는 가증스러운 비밀협약을 맺었는데, 이른바 가쓰라-태프트 밀약이야.

미국은 일본이 미국의 필리핀 지배를 인정하고 일본 자신이 필리핀을 침략하지 않는다는 약속을 전제로 일본이 한국에 대한 지배권을 갖는 것을 승인했단다. 일본이 한반도를 차지해도 좋다고 구미 열강이 처음 허가를 한 셈이야. 바로 이해 일본은 영국과도 제2차 영일동맹을 맺었는데, 이때도 영국은 일본의 조선 지배권을 허락했어.

제 잇속 챙기기만 중요하고, 약소국가의 미래는 상관이 없다는 미국과 영국. 당시 제국주의 열강이 얼마나 가증스러웠는지 알 수 있겠지?

일본의 한국병합 시나리오

일본과 러시아는 한반도뿐 아니라 중국을 놓고도 경쟁을 벌였어. 일본과 러시아는 이미 한 차례 충돌한 적이 있어. 바로 청일전쟁이 끝난 후야. 일본이 중국 땅을 빼앗으려 하니까 유럽의 세 열강이 반대했지? 이게 삼국간섭이야. 당시 러시아가 일본을 협박해 중국 땅을 돌려주도록 했었어.

일단 일본이 러시아에 밀린 셈이지? 러시아는 그 후 본격적으로 중국을 공략했어. 프랑스와 함께 청에 억지로 4억 프랑의 차관을 강요했어1895년. 그다음 해에는 청과 동맹을 맺었고, 그 덕분에 러시아는 만주를 관통해 블라디보스토크에 이르는 철도를 세울 수 있는 권리와 랴오둥 반도 남부 관둥 지역의 조차권을 얻었지.

러시아의 약진은 영국의 심기를 건드렸어. 만주를 노리던 일본도 비슷한 심정이었겠지? 결국 영국과 일본이 제1차 영일동맹을 체결했어1902년. 이 동맹에 따라 두 나라는 군사 협력을 약속했어. 두 나라 가운데 한 나라가 전쟁을 시작하면 나머지 한 나라가 군대를 파견하기로 한 거야. 일본이 러시아와 전쟁을 벌이면 영국이 돕겠다는 뜻이지. 그 대신 영국은 일본의 한반도 점령을 묵인했어. 일본의 한국병합 시나리오가 시작된 거야.

한반도 식민지 프로젝트 시작

한반도 주변 분위기가 급박하게 돌아가고 있지? 고종도 그런 점을 잘 인식하고 있었어. 고종은 일본이 언젠가는 한반도를 침략할 거라고 확신했던 것 같아. 군대를 강화하기 시작했거든.

20세기로 접어들어 오늘날의 소위와 비슷한 육군 참위 19명을 일본에 보내 선진 군사기술을 배우도록 했어. 이어 정보기관을 설치하고, 징병제도 도입했지. 서양과 조선의 전통 군대를 절충한 새로운 군대를 만들기로 했고, 1만 2000여 병사들로 황제를 호위하는 시위대도 만들었어. 서울 용산에는 총기 공장까지 만들었단다.

군대를 강화한다는 이 생각은 틀리지 않았어. 당시 러시아와 일본 사이에 전운이 감돌고 있었거든. 그러나 이런 노력은 얼마 후 모

대한 제국 군대의 열병식 · 대한 제국은 황제를 보호하는 시위대와 지방의 진위대를 증강하는 등 군사 제도를 정비해 열강의 침략을 자력으로 막으려고 노력했다.

두 물거품이 되고 말았어. 러일전쟁을 시작하면서 일제가 한반도를 식민지로 만들기 위한 프로젝트를 본격 가동했기 때문이야.

일본의 대륙 침략 야욕은 1900년 중국에서 의화단의 난이 일어나면서 드러나기 시작했어. 중국 땅따먹기를 위해 여러 열강이 중국에 군대를 파견했지. 곧 모든 사태가 종결됐어. 그렇다면 모든 열강들이 군대를 철수시켜야 해. 열강들은 서로 눈치를 보면서 슬금슬금 군대를 철수시켰어. 러시아만 빼고! 러시아는 군대의 일부만 철수시켰고, 얼마 후에는 뤼순 항까지 차지해 버렸단다1903년.

일본에서는 러시아와 싸울 것이냐, 타협해 만주를 내주고 한반도만이라도 차지할 것이냐를 놓고 연일 격론이 벌어졌어. 일본 군부가 주도한 과격파는 전쟁을 주장했어. 일본 군부의 세력은 대단했어. 결국 일본 정부도 전쟁을 하자는 쪽으로 결론을 냈지.

1904년 들어 전쟁의 기운이 고스란히 한반도에도 전달됐어. 1월 23일, 고종은 전쟁에서 어느 쪽의 편도 들지 않겠다며 중립을 선언했어. 그러나 일본은 콧방귀를 뀌었어. 일본은 2월 4일 러시아와의 전쟁을 결의하고, 6일 국교를 단절했어. 이어 8일에는 일본 육군 선발대가 인천에 상륙했지. 그들은 서울로 진격했고, 일본 함대는 그대로 북상해 뤼순으로 접근했어. 러시아는 이런 일본의 움직임을 모르고 있었어.

2월 9일 일본 함대가 뤼순 항을 기습 공격해 러시아 군함 두 척을 격파했어. 10일에는 두 나라가 서로 선전포고를 했어. 이로써 러일전쟁이 본격적으로 시작됐어.

서울로 진격한 일본 육군은 곧 서울을 장악했어. 2월 23일, 일본은 한국 정부를 위협해 동맹을 체결했는데, 이게 바로 한일의정서야. 한반도를 전쟁의 후방 기지로 쓰기 위해 이 동맹을 체결한 거지. 한일의정서 내용을 볼까?

"한국에 내란의 위험이 있거나 다른 나라의 침략 위협이 생기면 일본이 보호한다. 일본은

러일전쟁 풍자화 · 제국주의 열강으로 갓 성장한 일본이 러시아와 전쟁하는 것을 거인과의 싸움으로 풍자한 그림이다.

군사작전상 필요한 지역은 언제든지 빌려 쓸 수 있다. 한국은 일본에게 충분한 편의를 제공한다."

말이 동맹이지, 사실상 한반도를 일본 마음대로 쓰겠다는 의도가 그대로 드러나 있지? 이 조약에 따라 일본은 경부선과 경의선을 건설할 수 있는 권리를 얻었어. 일본이 한국을 위해 철도를 지어 주는 것 아니냐고? 천만에! 전쟁 물자를 빨리 수송하기 위해 철도가 필요했던 거야. 일본은 이 밖에 연해에서 어업을 할 수 있는 권리, 전국 토지를 개간할 수 있는 권리도 가져갔어. 넓은 땅은 군용지로 쓰

겠다며 압수했고, 통신망은 군사목적으로 쓰겠다며 접수했어. 그래, 이 한일의정서를 시작으로 해서 한반도를 삼키려는 일본의 프로젝트가 본격화한 거야.

1차 한일협약, 그리고 러일전쟁

한국 정부를 허수아비로 만든 일본은 마음 놓고 러시아와의 전쟁에 전념했어. 곧 일본 육군이 압록강을 넘어 만주에 도착했고, 또다른 군대는 랴오둥 반도에 상륙해 다롄^{대련}을 점령했지. 전쟁 초반이지만 승리는 벌써부터 일본 쪽으로 기울고 있었어.

어느덧 1904년의 여름으로 접어들고 있었어. 러일전쟁의 승리를 확신한 일본은 한반도 식민지 프로젝트의 다음 단계를 진행했어. 8월 22일, 다시 한국 정부를 협박해 외국인용빙협정을 체결한 거야. 외국인을 관리로 맞아들이는 협정이란 뜻이지. 한일의정서는 일본이 한국을 지켜 준다는 수호동맹이었고, 은밀하게 이뤄졌어. 이 때문에 이 외국인용빙협정을 본격적인 첫 협정으로 보고, 제1차 한일협약이라 부른단다.

이 협약의 요지는, 중요한 정부 부처에 일본이 지정하는 외국인 고문을 두라는 거였어. 그래, 모든 정책을 일본과 상의하라는 뜻이야. 한국이 외국과 조약을 체결할 때도 먼저 일본 정부와 협의해야 하는 거지.

러일전쟁 · 러일전쟁 당시 마포에 상륙하는 일본군을 촬영한 사진이다. 서울을 장악한 일본은 한국 정부를 위협해 동맹을 체결했다.

이 조약에 따라 한국 정부는 일본의 추천을 받아 메가타 다네타로를 재정 고문에, 미국인 스티븐스를 외교 고문에 임명했어. 이듬해에는 군사, 경찰, 교육 등 나머지 분야에도 일본인 고문을 둬야 했지. 고문의 권력은 아주 막강했어. 고문을 통해 한반도를 좌우하는, 이른바 고문 정치가 시작된 거야.

한반도를 확실하게 손봤으니 일본은 다시 러일전쟁에 모든 신경을 기울였어. 그사이에 해가 바뀌어 1905년이 됐어. 1월 2일, 일본은 마침내 뤼순 항을 손에 넣었어. 그 후 일본은 러시아를 몰아붙인 끝에 오늘날 선양^{瀋陽}으로 불리는 펑톈^{奉天}까지 함락했지. 이로써 육지에서의 전쟁은 사실상 일본의 승리로 끝이 났어.

그래도 러시아 함대가 아직 버티고 있었어. 특히 러시아 발틱 함대는 세계에서 가장 강력한 함대로 평가받고 있었으니 일본도 쉽지 않았을 거야. 그러나 그 발틱 함대마저 5월 27일 대한해협 전투

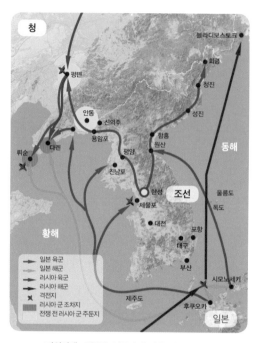

러일전쟁 · 일본은 삼국간섭 이후 러시아와 갈등을 벌였다. 마침내 1904년 두 나라가 격돌했는데, 모두의 예상을 깨고 일본이 승리를 거뒀다.

에서 침몰했단다.

이후 두 나라 사이에 큰 전투는 발생하지 않았어. 사실 일본과 러시아 모두 전쟁을 끝내기를 원하고 있었거든. 러시아에서는 1905년 1월부터 노동자 파업이 확산되고 있었어. 전쟁은 둘째치고 러시아 자체가 뒤엎어질 판국이 었지. 일본은 군자금이 바 닥나 있었어. 러시아를 견 제하려는 영국과 미국이 전쟁 자금을 대 줬는데, 일 본이 만주를 독차지할 분

위기가 되니 지원을 끊었기 때문이지.

미국의 루스벨트 대통령이 중재에 나섰어. 8월 루스벨트는 일본 과 러시아 대표를 미국 포츠머스로 불러들여 회담을 가졌어. 9월 5일 두 나라는 마침내 포츠머스조약을 체결하고 전쟁을 끝냈어.

이 조약에 따라 러시아는 한반도에 대한 지배권을 일본이 갖는 걸 승인했어. 중국으로부터 조차했던 뤼순과 다롄을 포함해 모든 이권을 일본에 넘겨줬지. 북위 50도 이남의 사할린 지역도 일본의

수중에 들어갔어. 일본이 많은 것을 얻었지? 기고만장한 일본 군부는 랴오둥 반도에 간토군^{관동군}을 주둔시켰어. 간토군 731부대는 인간 생체실험을 한 악명 높은 부대야. 미국은 일본의 반인륜적인 행동들에 치를 떨었어. 미국은 이때부터 일본과 거리를 두기 시작했단다.

을사조약과 한일신협약

이제 모든 걸림돌이 없어지자 일본은 한반도 식민지 프로젝트를 더욱 신속하게 추진했어.

우선 1905년 7월, 한국에 재정 고문으로 와 있는 일본인 메가타가 화폐개혁을 단행했어. 한국 돈을 모두 일본 화폐로 바꾸는 거야. 그래, 경제적 지배를 위한 준비작업인 셈이지. 뿐만 아니야. 일본 정부로부터 막대한 차관을 빌려 쓰도록 강요했어. 왜? 그래야 경제적으로 일본에 종속되잖아! 나중에 이 빚을 갚자고 전국적으로 추진된 운동이 바로 국채보상운동이야. 안타깝게도 실패했지.

일본은 이어 영국, 미국 등 열강들로부터 한반도 지배권을 인정받기 시작했어. 7월에는 미국과 가쓰라 태프트 밀약을, 8월에는 영국과 2차 영일동맹을 맺었지. 가쓰라 태프트 밀약은 미국이 필리핀을 지배하는 것을 일본이 인정하는 대신 미국도 일본의 한반도 지배를 인정한다는 내용이야. 9월에는 포츠머스조약을 통해 러시아

을사조약 체결 주범들과 문서 · 을사조약을 체결한 뒤 촬영한 기념 사진과 조약의 명칭도 없는 을사조약 문서이다. 가운데 검은색 옷차림을 한 사람이 이토 히로부미이다.

를 몰아냈지?

자, 일본의 한반도 식민지 프로젝트가 거침없이 진행되고 있어. 이해 11월, 일본은 이토 히로부미를 특명전권대사로 한국에 파견했어. 특명전권대사란 외교상의 모든 정책을 결정할 수 있는 권한을 가진 최고 직책이야. 이토 히로부미는 1885년 일본 내각제가 도입됐을 때 첫 총리로 임명될 만큼 막강한 정치인이었단다. 그런 이토 히로부미가 한국에 파견된 이유는 한반도 식민지 프로젝트를 완성하기 위해서였어.

11월 17일, 일제는 한국을 협박해 제2차 한일협약을 체결했어. 1차보다 훨씬 강력한 내용을 담은 이 조약을 을사조약, 을사늑약이라고 부르지.

이 조약에서 일본은 한국을 일본의 보호국으로 규정했어. 대한 제국의 외교권도 빼앗았지. 이제 대한 제국은 일본의 승인을 받지 못하면 다른 나라들과는 그 어떤 조약도 체결할 수 없게 됐어. 일본은 또 통감부를 설치했어. 통감부의 우두머리인 통감이 한국을 통치하게 된 거야.

민중의 분노와 슬픔은 이만저만 큰 게 아니었어. 장지연은《황성신문》에 「시일야방성대곡^{이날 목 놓아 통곡한다}」이란 사설을 실었어. 민영환을 비롯해 여러 대신들이 자결로서 부당한 조약에 항의했지.

전국적으로 의병 투쟁도 다시 거세졌어. 이때의 의병을 을사의병이라고 부르지. 나라를 잃는 마당에 양반, 평민이 어디 있겠어? 을사의병장 중에는 최익현 같은 유림 대표도 있었지만, 신돌석 같은 평민 출신도 있었단다. 신돌석은 신출귀몰하기로 유명했어.

암울한 1906년이 됐어. 을사조약에 따라 서울에 통감부가 설치됐지. 초대 통감에는 이토 히로부미가 임명됐어. 이토 히로부미는 을사조약 체결에 큰 공헌을 한 한국의 관리들, 즉 을사오적을 중심으로 내각을 구성했어.

고종의 속이 타들어 갔을 거야. 이렇게 나라를 빼앗길 수는 없잖아? 고종은 국제 세계에 일제의 횡포를 알리기로 했어. 마침 1907년 네덜란드 헤이그에서 만국평화회의가 열리기로 돼 있었지. 4월, 고종은 이준과 이상설, 이위종을 밀사로 보내 을사조약의 부당함을 세계에 알리고 도움을 요청하려고 했어. 그러나 뜻을 이루지는 못했어. 만국평화회의에 참가하기도 전에 일본의 방해로 좌절되고만 거야.

헤이그 특사 · 고종이 을사조약의 무효임을 알리기 위해 헤이그에서 열린 만국평화회의에 파견한 특사들이다. 왼쪽부터 이준, 이상설, 이위종이다.

황실 가족 · 1910년대에 촬영한 황실 가족사진이다. 왼쪽부터 영친왕, 순종, 고종, 순정효황후(순종비), 덕혜옹주이다. 대한 제국 멸망 이후 황실은 이왕가李王家로 격하되었다.

이토 히로부미는 이 사건의 책임을 고종에게 물었어. 어떻게? 강제로 왕위에서 끌어내리는 거야. 그 대신 그의 아들을 왕으로 올렸는데, 이 왕이 조선의 마지막 왕인 순종27대이란다.

순종은 융희라는 연호를 썼어. 그렇다면 융희황제라고 불러야겠지? 순종은 조선의 마지막 왕이면서 대한 제국의 마지막 황제가 되지. 순종은 명성황후가 낳은 4명의 아들과 1명의 딸 가운데 유일하게 살아남은 둘째 아들이었단다.

왕자 시절 순종을 부르는 칭호에서 구한말 조선 정치 체제의 변화를 엿볼 수 있어. 1875년, 그는 태어난 지 1년 만에 왕세자로 책봉됐어. 1895년 제2차 갑오개혁 이후 청과 대등한 국가임을 선포하면서 왕세자는 왕태자로 바뀌었지. 세자에서 태자로 격상한 거야. 1897년 왕태자란 호칭은 황태자로 바뀌었어. 대한 제국이 선포되면서 제국으로 격상했으니 칭호도 황태자로 격상한 거지.

순종은 황제에 오른 후 배다른 동생 의민태자를 황태자로 책봉했어. 그러나 1910년 대한 제국이 멸망하는 바람에 이 황태자는 황제가 되지 못했어. 순종이 죽고 난 후1926년, 창덕궁에서 상징적인 왕에 올랐을 뿐이야. 나라가 없어졌으니 일본이 이름만 황제인 자리도 허용하지 않은 거지. 최후의 황태자였던 의민태자가 바로 영친왕이란다.

순종이 왕에 오른 직후인 1907년 7월 24일, 이토 히로부미가 순종을 협박해 새로운 조약을 체결했어. 을사조약 때도 그랬고, 이번에도 그랬듯이 한국 측 대표는 친일파였어. 그래, 매국노 이완용이 조약에 서명을 했어. 이 조약이 제3차 한일협약이야. 정미년에 체결됐다고 해서 정미7조약 또는 한일신협약이라고 부르지.

이 조약의 주요 내용은, 일본 통감이 한국의 모든 정치를 담당한다는 거였어. 일본은 이 조약의 후속 조치로, 오늘날 장관에 해당하는 한국 대신 밑에 일본인 차관을 두도록 했어. 이른바 차관 통치를 하겠다는 뜻이었지.

이어 일본은 일본인 차관이 경찰권을 갖도록 했어. 재정을 아끼기 위해서라는 이유를 대며 한국 군대를 해산했지. 신문법을 새로 만들어 언론의 자유를 빼앗았고, 보안법을 만들어 집회와 결사의 자유를 박탈했지.

대한 제국, 사라지다

1908년이 됐어. 한 해 한 해가 너무 숨 가쁘지? 일제의 식민지 프로젝트는 이렇듯 급박하게 돌아갔어.

일본은 동양척식주식회사를 한반도에 설립해 본격적으로 경제 침탈을 시작했어. 7월에는 정미7조약을 이행하기 위한 추가 조치인 기유각서를 통해 군대와 사법부도 없애 버렸어.

이제 대한 제국은 경찰도, 군대도 없는 나라가 됐어. 마음대로 재판도 할 수 없었고, 장관은 부하직원인 차관의 뜻에 따라 움직여야 했지. 그렇다고 해서 언론이 비판할 수도 없고, 반대하는 집회를 할 수도 없었어. 그래, 이미 대한 제국은 독립국의 지위를 박탈당한 거야. 이름만 남은 껍데기였지.

의병 · 1907년 충청북도 제천에서 촬영한 정미의병 사진이다. 군복 차림과 소년도 볼 수 있는데, 의병들은 대개 18~26세의 청년이었다고 한다.

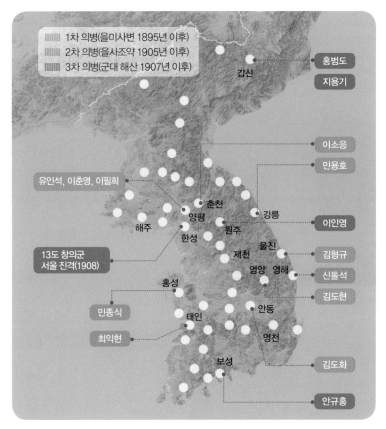

구한말 의병 활동 · 을미사변과 단발령을 계기로 전국에서 의병들이 들고 일어섰어. 이들 가운데 상당수는 한일병합 이후 만주로 건너가서 무장투쟁을 벌었다.

정부는 무능했지만 민중의 저항은 거셌어. 이번에는 해산 군인들이 항쟁을 주도했단다.

8월 1일 오전 10시, 일제는 대한 제국 군대의 해산식을 강행했어. 당시 시위대 제1연대 제1대대장인 박승환이 군대 해산은 황제의

안중근 의사 · 이토 히로부미를 사살한 후 옥중에 갇혀 재판을 받고 있을 때의 안중근 의사 모습이다.

일진회 자경단 · 일진회는 1904년부터 1910년까지 6년여 동안 전국적인 조직을 갖추고 일제의 조선 침략 정책에 적극 협조한 친일 매국 단체이다.

뜻이 아니니 받아들일 수 없다는 유서를 남기고 권총으로 자결했어. 그는 죽기 전 "대한 제국 만세!"라고 외쳤어. 이 사실이 군인들 사이에 퍼졌어. 격분한 제1연대 제1대대 병사들이 탄약고를 공격해 무장한 뒤 봉기했어. 이윽고 제2연대 제1대대도 봉기했어. 일본과 해산군인 사이에 총격전이 벌어졌지.

봉기는 그다음 날에도 이어졌어. 많은 군인들이 지방으로 내려가 의병으로 활동하기 시작했지. 이 봉기에 영향을 받아 서울과 원주, 강화 등에서도 무장봉기가 일어났어. 이렇게 해서 또 다시 전국적으로 의병운동이 일어났단다. 을미의병에 이은 이때의 의병을 정미의병이라고 불러.

정미의병은 그 전까지의 의병과 확실히 달랐어. 지금까지는 지방

유생들이나 농민들이 주축이 됐었지? 무기라고 해 봐야 낡은 총이나 죽창 같은 게 대부분이었어. 이때부터는 아니야. 군인 출신들이 의병에 가담함으로써 무기와 군사전략이 크게 향상됐거든. 의병들은 산악 지대에서 일본군을 상대로 치고 빠지는 식의 게릴라 전투를 벌여 혁혁한 전과를 올리기도 했단다.

그러나 1909년 9월 1일, 일본이 남한대토벌작전을 시작하면서 의병 활동이 위축되기 시작했어. 일본의 막강한 화력 앞에 의

순종 황제 · 헤이그 특사 사건 이후 일제에 의해 고종이 퇴위하자 뒤를 이은 순종 황제의 모습이다. 순종은 한일병합조약에 서명하기를 끝까지 거부했다.

병은 추풍낙엽처럼 떨어질 수밖에 없었어. 그러자 의병들이 해외로 빠져나가 투쟁을 재개했어. 그들은 한일병합이 이뤄진 후에는 독립투쟁으로 방향을 전환했지. 그래, 정미의병이 훗날 독립군의 모태가 된 거야.

1909년 3월, 이토 히토부미가 통감 자리에서 물러났어. 물론 꿍꿍이가 있었어. 일본은 한국을 병합할 때 러시아가 반대하지 않도록 사전 작업을 해야 할 필요성을 느꼈어. 이토 히로부미는 그 작업을 하기 위해 일본 본국으로 돌아갔던 거야.

10월 26일, 이토 히로부미가 그 일의 책임자 자격으로 러시아와 회담을 하기 위해 하얼빈에 파견됐어. 그러나 그는 회담장에 들어서지도 못했어. 한국의 안중근 의사가 하얼빈 역에서 그를 암살했기 때문이야.

안중근 의사의 쾌거가 알려지면서 한국 민중은 만세를 불렀어. 그러나 일본은 더욱 조바심을 내기 시작했어. 이 대목에서 역사학자들의 평가가 약간씩 엇갈리고 있단다. 안중근 의사의 쾌거를 높이 평가하는 데는 모든 학자들이 동의하고 있어. 다만 이 쾌거가 일본으로 하여금 한일병합을 앞당기도록 결단을 재촉했다는 분석도 있지. 물론 이 사건이 없었다고 해서 일제가 한국을 놔두지는 않았겠지만 말이야.

어쨌든 일제는 속도를 내기 시작했어. 일제는 이미 1904년부터 친일 매국 단체인 일진회를 만들어 한일병합의 필요성을 한국 민중에게 선전하고 있었어. 이완용, 송병준, 이용구 같은 친일파가 모두 일진회의 회원이었지. 일진회는 "조선인은 일본이 조선을 합병해 주기를 원한다!"고 말하고 다녔다는구나. 이런 역적들이 세상에 어디 있을까? 일제는 이들의 주장이 민심이라며 순종에게 한일병합조약에 서명하라고 협박했어.

순종은 끝까지 서명을 거부했어. 그러자 일제는 다시 친일파를 앞세웠어. 1910년 8월 29일, 일제는 총리대신 이완용의 서명을 받아 한국과 한일병합조약을 체결했어. 날강도도 이런 날강도가 없어! 바로 이 때문에 당시 조약은 무효라는 주장이 오늘날까지도 강력히 제기되고 있지. 국제적으로도 이런 조약은 무효라는 의견이 많아. 대표자인 왕이 서명한 것도 아닌 데다, 설령 그렇다 해도 협박에 의한 강제 서명이잖아? 협박에 의한 서명은 법적 효력이 없어!

어쨌든 이로써 대한 제국은 완전히 일본에 병합되고 말았어. 순종은 황제라는 칭호를 빼앗겼고, 왕으로 강등됐어. 일제는 한국 민중의 반발을 우려해 왕의 자리는 세습하도록 허용했어. 물론 상징적으로만 남는 자리였지만 말이야.

강제 한일병합은 8월 29일 선포됐어. 민족과 국가를 팔았던 일진회는 자기 사명을 다했다고 생각했는지 9월 26일 해체했어. 이로써 우리 민족의 역사는 일제강점기의 암흑시대로 접어든단다.

우리는 투쟁할 것이다

일제의 한반도 식민지 프로젝트가 한창 진행 중이던 1907년, 신민회란 단체가 출범했어. 신민회는 항일운동을 목표로 내건 비밀결사였어. 안창호, 신채호, 양기탁, 장지연 등이 주축이 됐는데, 회원들은 대부분 과거 독립협회의 멤버들이었단다. 그래, 독립협회의 정신이 10년이 지난 지금까지도 계승되고 있었던 거야.

독립협회는 입헌군주제를 지향했었지? 신민회는 독립협회보다 한 걸음 더 나아가 공화제를 주장했어. 먼저 국권을 회복해 독립을 이룬 후 공화국을 건설한다는 거야.

신민회는 비밀결사라 했지? 따라서 아무나 회원으로 받아들이지 않았어. 심사를 거쳐 적격자만 회원으로 받아들였지. 조직의 보호를 위해서 조직원끼리도 서로 회원인지 모르게 할 정도였단다. 전국적으로 조직망을 뒀고, 한때 회원은 800여 명에 이르렀어.

신민회는 민중계몽운동에 힘썼어. 전국을 돌며 애국 강연회를 열었어. 책을 내고 잡지를 발간했으며 신문을 활용했지. 또 우리 민족 자본을 육성하기 위해 도자기 회사 등 여러 회사를 만들기도 했어. 교육에 대한 투자도 늘렸지. 이를테면 안창호는 평양에 대성학교를 세웠고, 이승훈은 평안북도 정주군에 오산학교를 세웠어. 이런 학교를 세운 이유는 명백해. 실력을 양성해야 나라를 되찾을 수 있다는 거지.

하지만 이미 기울기 시작한 나라를 다시 세울 수는 없었어. 신민회는 투쟁 방향을 조정해야 했어. 어떻게? 무장투쟁으로!

한일 강제병합이 이뤄지기 1년 전, 이미 국내 분위기는 삼엄했어. 민족 지도자들에 대한 탄압은 극에 달했지. 신민회에 대한 감시도 훨씬 살벌해졌어. 결국 신민회의 주요 인사들은 해외로 망명을 떠날 수밖에 없었단다.

하지만 그냥 도피한 게 아니야. 경술국치일 이후 신민회 인사들은 양기탁의 집에서 회합을 가졌어. 향후 투쟁 방향을 모색하기 위한 자리였지. 이 자리에서 만주로 옮겨 투쟁하자는 방향이 결정됐어. 그곳으로 옮겨 무관학교(군사학교)와 독립군 기지를 세우기로 한 거야. 이 결정에 따라 많은 독립운동가들이 만주 일대로 떠났어. 대표적인 인물이 이회영과 이시영 등 이씨 6형제였어. 그들은 한국에 있는 모든 재산을 팔아 만주로 향했어.

신민회는 그 후 어떻게 됐을까? 다음 장에서 마저 살펴볼게.

국채보상운동 vs 금 모으기 운동

1997년 대한민국의 경제가 한순간에 절벽 아래로 떨어진 적이 있었어. 국제통화기금(IMF)으로부터 금융 지원을 받았을 때였어. 당시 사람들은 "대한민국이 경제 식민지가 됐다"며 외환 부채를 갚기 위해 자발적으로 금을 내놓기 시작했단다. 약 350만 명이 이 금 모으기 운동에 참여했는데, 무려 227톤의 금이 모였다고 해.

이로부터 90년 전인 1907년 2월 경상북도 대구에서 국채보상운동이 시작됐어. 당시 일본이 대한 제국에게 1300만 원의 차관을 줬는데, 이 돈을 국민의 힘으로 갚아 경제주권을 지키자는 운동이었어. 이 운동은 곧 전국으로 확산됐어.

남자들은 담배를 끊고, 담배 살 돈을 성금으로 내놓았어. 여자들은 비녀와 가락지를 기탁했어. 약 4개월간 4만 여 명이 참여했고, 230만 원이 모아졌어. 일제가 당황했어. 부랴부랴 국채보상운동을 탄압하기 시작했지. 그 때문에 이 운동은 안타깝게도 실패로 끝나고 말았단다.

90년의 시차를 두고 벌어진 두 운동은 국민이 일치단결해 위기를 극복하려는 구국 운동이었어. 금 모으기 운동의 성과는 컸어. 그러나 국채보상운동은 처음부터 실패할 운명이었단다. 당시 부유층과 권력층은 참여하지 않았거든. 게다가 일본도 차관을 돌려받으려는 의지가 없었어. 어차피 한반도를 집어삼키려고 준 돈이니 왜 돌려받겠어?

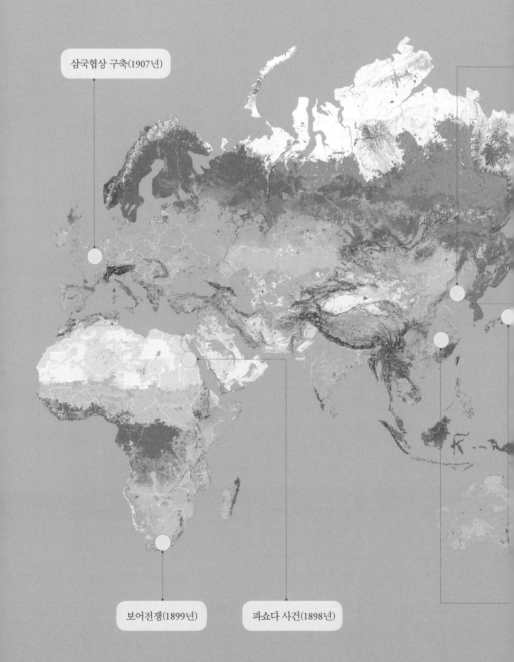

삼국협상 구축(1907년)

보어전쟁(1899년)

파쇼다 사건(1898년)

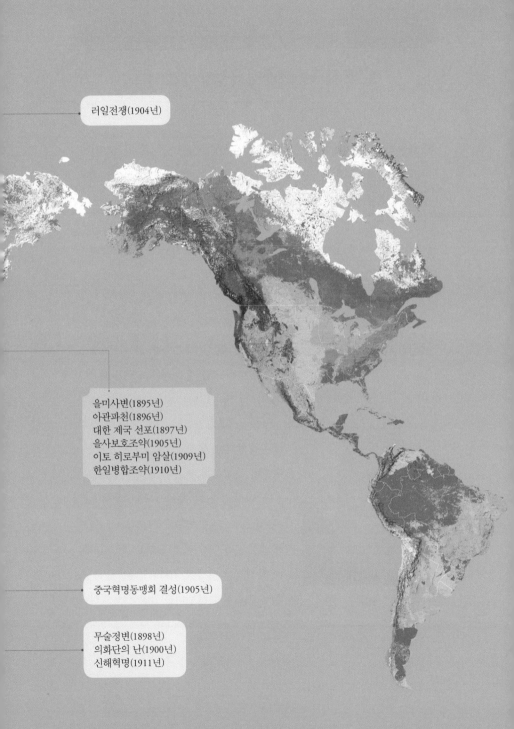

러일전쟁(1904년)

을미사변(1895년)
아관파천(1896년)
대한 제국 선포(1897년)
을사보호조약(1905년)
이토 히로부미 암살(1909년)
한일병합조약(1910년)

중국혁명동맹회 결성(1905년)

무술정변(1898년)
의화단의 난(1900년)
신해혁명(1911년)

유럽, 삼국동맹과 삼국협상이 맞서다

1895년부터 1910년 사이의 15년 동안 한반도에서는 100년보다 더 긴 역사가 계속되고 있었어. 너무나 많은 사건들이 일어났지.

1895년 일본 낭인들이 조선의 국모 명성황후를 시해했어. 바로 을미사변이야. 겁을 먹은 고종은 러시아 공사관으로 몸을 피했어. 바로 아관파천이지1896년. 바로 이해 독립협회가 발족했어. 1897년 독립협회의 집요한 요청으로 고종은 러시아 공사관을 나와 대한 제국을 선포했어. 1899년에는 국내 첫 철도인 경인선이 개통됐지.

1904년 러일전쟁이 발발했어. 일본은 대한 제국 정부를 협박해 한일의정서와 제1차 한일협약을 잇달아 체결했어. 일본은 이어 1905년 제2차 한일협약을사보호조약을 체결해, 외교권을 빼앗아 갔지.

러시아 공사관의 종탑

고종은 이에 반발해 1907년 헤이그 만국평화회의에 밀사를 파견했어. 그러나 회의에 참석하지 못했을 뿐 아니라 이 사건을 빌미로 왕의 자리에서 내려와야 했지. 일본은 제3차 한일협약을 강제로 체결해 조선의 군대를 해산시켰어. 우국지사들의 항전이 시작됐어. 1909년 안중근은 초대 통감 이토 히로부미를 암살했어. 그러나

경인선 개통식

1910년, 결국 대한 제국은 일제 식민지가 되고 말았단다.

이 기간 세계 곳곳에서 열강들의 팽창이 본격화하고 있었어. 1898년에는 아프리카 파쇼다에서 영국과 프랑스 군대가 충돌했어. 바로 파쇼다 사건이야. 이듬해에는 남아프리카에서 영국 군대와 보어인이 충돌해 보어전쟁이 터졌지. 러일전쟁이 일어난 다음 해, 영국은 인도 벵골 분할을 발표했어.

중국의 상황도 많이 바뀌었어. 1898년에는 무술정변이 일어났고, 1900년 외세에 저항하는 의화단의 난이 일어났어. 1905년에는 일본 도쿄에서 중국혁명동맹회가 결성됐지. 이들이 중심이 돼 신해혁명을 일으켰단다[1911년].

1907년 영국과 프랑스, 러시아가 삼국협상을 구축했어. 독일이 주축이 된 삼국동맹에 대항하기 위한 것인데, 이로써 유럽이 전쟁 모드로 돌아서게 된단다.

③
일제강점기와 민족해방

일제강점기
1910년~1945년

연표

1911년	1919년	1920년	1923년	1925년	1926년	1927년
일제, 105인 사건 조작	2·8독립선언, 3·1운동, 대한민국임시정부 수립	봉오동전투와 청산리전투 대승	일본, 관동대학살	조선공산당 창립	6·10 만세운동	좌우이념 연합 신간회 창립

1945년	1944년	1942년	1940년	1932년	1929년
광복	여운형 건국동맹 설립	만주 독립군, 조선독립동맹 결성	임시정부 광복군 조직	윤봉길 의거	광주학생 항일운동 발발

조선총독부 • 일제가 조선 왕조의 심장부인 경복궁을 헐고 세운 총독부 청사이다. 1912년에 설계하여 1926년에 완공했다.

일제, 식민지배 골격 갖추다

1910년 8월 29일 한일병합조약이 체결되는 순간 대한 제국은 일본에 편입됐어. 이해는 경술년이었어. 그래서 우리는 이해를 경술국치의 해로 기억하지. 나라가 없어졌으니 해외 공사관들도 존재 이유가 사라졌어. 국내에 들어와 있는 외국의 공사관들도 마찬가지였지. 일제는 이 공사관들을 모두 철수시켰어.

일제의 식민통치 방식은 시기별로 약간씩 달랐어. 보통 병합조약이 체결된 후부터 3·1운동 때까지를 무단통치시대, 또는 헌병경찰통치시대라고 불러. 1919년 이후부터 1931년까지는 문화통치시대라고 하지. 딱히 문화적으로 식민 지배를 한 건 아니지만, 어쨌든 이렇게 부른단다. 1931년부터 1945년까지는 민족말살통치시대로 분류하고 있어. 일제가 만주사변, 중일전쟁을 일으키며 한반도 민중을 총동원했는데, 이 과정에서 우리 민족성을 없애려 했기 때문이야.

헌병 앞세운 무단통치

1910년 합방조약이 체결된 후 통감부는 조선총독부로 바뀌었어. 통감이었던 일본 육군대장 출신 데라우치 마사타케가 초대 총독에 취임했지. 일본 왕은 조선 총독에게 법을 만들 수 있는 권한도 줬어. 한반도에서는 총독이 왕인 셈이지. 총독이 왕이라면 오늘날의 국무총리에 해당하는 2인자는 정무총감이었어.

조선총독부는 중앙 조직을 5부9국으로 구성했어. 지방은 13개 도로 나눴는데, 도 밑으로 도시에는 부, 농촌에는 군과 면을 뒀어. 오늘날에는 도의 수장을 도지사라고 하지만 이때는 장관이라 불렀어. 부의 수장은 부윤, 군의 수장은 군수, 면의 수장은 면장이라 불렀지.

조선총독부는 중추원이란 자문기관도 뒀어. 정무총감이 중추원의 의장을 맡았지. 한국인도 중추원 의원이 될 수 있었지만, 극소수의 친일파에게만 해당되는 이야기였어. 의원 대부분은 일본인이었어.

데라우치 마사타케

치안은 조선총독부 산하의 경무총감부에서 맡았어. 이곳의 수장은 경무총감인데, 헌병사령관이 겸임했어. 각 지부장에는 그 지역 헌병대장들이 임명됐어. 이상하지 않니? 일반 백성의 치안을 담당하는

조선총독부 · 1911년경에 남산에 있던 조선총독부 청사를 촬영한 사진이다. 조선총독부는 중앙을 5부9국으로 구성하였고, 지방을 13개 도로 나누었다.

기관인데 경찰이 아닌 헌병들이 포진해 있잖아?

　바로 이 때문에 무단통치라고 부르는 거야. 헌병과 경찰을 통합한 이른바 헌병경찰 제도가 도입됐거든. 생각해 봐. 헌병은 군인을 상대로 한 경찰이야. 군대의 속성상 일반 경찰보다는 더 엄할 수밖에 없을 거야. 그런 헌병들이 민간인을 상대로 치안을 담당하는 경찰 역할까지 맡게 된 거지. 이런 헌병경찰이 민생을 챙기기나 하겠어?

　헌병경찰은 즉결처분권도 가지고 있었어. 범죄자가 적발되면 그 자리에서 처형할 수 있는 권한을 부여받은 거야. 조선총독부는 당초 800명이던 헌병을 2000명으로 늘렸어. 헌병보조원까지 합치면 2만 명에 달했지. 1910년대 한국이 얼마나 살벌했는지 알 수 있겠지?

경무총감부 · 1911년경에 조선의 치안을 담당하던 경무총감부를 촬영한 사진이다. 총 책임자인 경무총감에는 현역 헌병사령관이 임명되었다.

헌병경찰은 한국에 거주하는 일본인의 치안에 각별히 신경을 썼어. 반면 한국인에 대해서는 처벌하는 데만 각별히 신경을 썼지. 한국인이라면 사소한 잘못도 엄하게 처벌했거든. 사례를 들어 볼까? 갑오개혁 당시 태형이 폐지된 적이 있었어. 볼기를 때리는 처벌 형태가 전근대적이란 이유에서였지. 조선총독부는 그 태형을 부활시켰어. 물론 한국인에게만 말이야.

이게 전부가 아니야. 조선총독부는 한국인의 언론, 출판, 집회, 결사의 자유를 모두 박탈했어. 교육 받을 기회도 빼앗았고, 민족단체도 모두 해산했지. 토지는 모두 빼앗아 일본인 지주에게 줬고, 산업은 일본 성장에 도움이 되는 쪽으로만 발달시켰어. 그래, 한국의 정치와 경제, 사회, 문화 등 모든 구조가 뒤틀려 버렸어.

일제, 한반도 경제를 접수하다

한국인들은 회사도 마음대로 만들지 못하게 됐어. 1910년 12월 29일 시행된 회사령 때문이야. 이 회사령이 시행되면서 한국인은 조선총독부의 허가를 받아야 회사를 만들 수 있게 됐어. 그나마 설립한 회사도 조선총독부가 해체 명령을 내리면 문을 닫아야 했지. 반면 일본 회사는 한국 곳곳에 지점을 만들고 있었어. 물론 친일파들은 쉽게 회사를 세웠지. 일본에 대한 충성심이 평가 항목에 있었거든.

일본이 왜 회사령을 만들었을까? 이유는 간단해. 한국 기업의 성장을 막기 위해서였어. 한국 기업이 크지 못하면 민족자본이 쌓일 수 없어. 그렇게 되면 한국은 아무리 노력해도 제품 원료를 공급하는 역할밖에 하지 못하지. 한국인은 일본 기업이 생산한 완제품을 써야 해. 이런 상황이 지속된다고 생각해 봐. 한국경제가 점점 일본에 의존할 수밖에 없겠지? 이 제도는 10년 후인 1920년에야 폐지됐단다.

회사령이 2차 산업 성장을 막았다면 토지조사사업은 농업 발전을 막았어. 이 사업이 시행된 후 엄청난 면적의 농지가 일본인 지주에게 흘러 들어갔어. 토지조사사업은 경술국치 이전인 1910년 3월 시작됐어. 조선총독부가 이후 관련 법규를 만들고 본격 사업에 들어갔지. 사업은 무려 8년 8개월간 진행

토지조사사업 · 일제는 근대적 토지 소유 제도를 확립한다는 명분으로 토지조사령을 공포하고 토지조사사업을 실시했다. 이는 한국을 일본의 식량과 원료 공급지로 삼기 위한 조치였다.

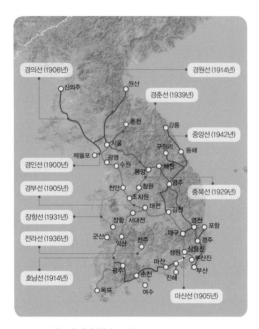

일본의 경제 침탈 · 일제는 한반도 곳곳에 철도를 건설했다. 이 철도를 이용해 쌀과 곡물, 광물자원을 마구잡이로 일본으로 빼내 조선의 근대화를 지연시켰다.

동양척식주식회사 · 일제가 조선의 토지와 자원을 수탈할 목적으로 설립한 식민지 착취 기관이다.

됐고, 1918년 11월 공식적으로 종료됐단다.

사업 내용을 요약하면, 전국 토지를 모두 조사해 소유자가 누구며 몇 등급인지, 세금을 매길 땅인지, 농업용지인지 삼림인지를 정리하는 거였어. 좋게 말하면, 근대적 토지 제도로 바꾸기 위한 기본 데이터를 축적하는 작업이지. 일제가 우리에게 도움을 주려고 이 사업을 벌였을 리는 없고, 도대체 왜 그토록 오랜 시간을 투자하며 이 작업을 한 걸까?

첫째, 한국의 농업경제를 일본식으로 바꾸려는 의도였어. 토지 자원을 현대적으로 파악해 놔야 세금도 더 걷고, 원하는 땅을 언제든지 빼앗을 수 있잖아? 농

촌 착취를 보다 편하게 하기 위해 소유자를 명확하게 하고 등급과
용도를 정해놓은 거야.

둘째, 토지를 빼앗고 일본인 지주를 보호하기 위해서였어. 당시
한국에서는 근대적인 토지 소유개념이 분명하지 않았어. 그러니
신고를 하지 않은 땅도 많았지. 가령 종중의 땅이나 뒷산 같은 거
말이야. 이런 땅은 모두 일제가 차지했어. 이렇게 해서 조선총독부
가 얻은 농지는 전체의 40퍼센트나 됐단다. 조선총독부는 이 땅을
동양척식주식회사 같은 일본회
사에게 헐값으로 넘겼어. 돈 많은
일본인 지주들도 많은 땅을 사들
였지. 수많은 일본인 대지주와 토
지회사가 탄생한 거야.

토지조사사업 결과 많은 농민
이 땅을 잃었어. 그들은 소작농으
로 전락하거나 산으로 들어가 화
전민 생활을 했지. 그 결과 한국
의 농업은 풍비박산이 나고 말았
어. 그런데도 일제는 "조선의 농
업 근대화를 이뤘다"고 주장했어.
어이가 없지?

이 무렵을 전후해 일본은 한반
도 곳곳에 도로와 철도를 깔고,

신장하는 조선 · 일제가 식민 통치의 성과를
홍보하기 위해 만든 우편엽서이다. 조선의 농
업, 공업, 철도, 무역 등을 1911년과 1933년으
로 나누어 비교했다.

항만 시설을 정비했어. 이런 점을 근거로 일제와 식민사학자들은 일본이 한반도 발전에 크게 기여했다고 주장했단다. 정말로 이 주장이 맞을까? 일제가 없었다면 한국은 성장할 수 없었을까?

오늘날 대부분의 학자는 이 주장을 터무니없다며 받아들이지 않아. 일본이 식민 지배를 정당화하기 위해 궤변을 늘어놓고 있다는 거지. 이 학자들의 비판을 들어 볼까?

첫째, 일본은 한국의 발전을 위해 철도, 도로, 항만을 늘린 게 아니야. 모두 착취를 수월하게 하려는 사전 작업이었을 뿐이지. 조선총독부는 쌀과 곡물, 생선, 광물자원을 마구 일본으로 보냈어. 일본에서 만든 상품도 대량으로 수입했어. 당연히 교통이 발달해야겠지? 바로 이 때문에 한반도의 사회간접자본을 늘린 거야.

둘째, 한국은 이미 조선 후기 때부터 근대 태동기로 접어들고 있었어. 대동법의 시행으로 공인이 등장해 자본주의적인 상품화폐경제를 본격화했지. 농업 분야에서는 대규모 농업^{광작}이 성행하면서 산업 구조가 재편되기 시작했어. 많은 임노동자가 생겨 광업과 공업 부문으로 일터를 옮긴 거지. 다시 말해, 상업과 수공업, 광업에서도 서서히 자본주의적 요소가 나타난 거야.

셋째, 개항 이후에도 한국은 여러 차례 근대 개혁을 시도해 왔어. 아래로부터는 동학농민운동이, 위로부터는 갑오개혁이 이뤄졌지. 갑오개혁의 경우 비록 외세의 지원을 받긴 했지만 우리가 주도적으로 개혁을 추진한 측면도 많아. 무엇보다 비록 규모는 작지만 조선 민족기업이 버젓이 존재하고 있었다는 것도 중요한 사실이야.

일제가 식민 지배를 하지 않더라도 우리 민족이 스스로 발전을 할 수 있었다는 증거가 명백하지?

넷째, 일본이 회사령이나 토지조사사업을 통해 한국 경제를 근대화시켰다고 주장하는데, 현실은 정반대였어. 민족기업이 설 땅이 줄어들었고, 한국 농촌경제는 파탄이 나 버렸지. 그 때문에 발전 속도가 더욱 느려질 수밖에 없었어. 농민들은 땅을 잃고 만주나 연해주로 떠났어. 경제의 주역들이 땅을 떠났는데, 농업 발전을 기대할 수 있겠니? 일제의 식민지 지배가 한반도의 근대화를 앞당겼다는 주장이 얼마나 심한 억지인지 잘 알겠지?

한국인에게 고등교육은 사치다?

일제는 한국 교육에까지 손을 댔어. 한국인들을 일본의 식민지 노예로 영원히 남겨 두려면 우리의 민족성을 개조해야 하잖아? 어떤 방법이 있을까? 한국인은 열등하고 일본인은 우월하다는 세뇌 교육을 시키면 일제가 원하는 대로 되지 않을까? 그러려면 교육 시스템을 바꿔놔야 하지.

회사령이 공포되고 8개월 정도가 지난 1911년 8월 23일, 조선총독부는 제1차 조선교육령을 발표했어. 30개조로 돼 있는 이 법을 요약하자면, "한국인은 최소한의 교육만 받아라!"였어.

서당은 전근대적이라는 이유로 폐쇄했어. 일본어 교육을 강요했

서당 · 1920년대에 촬영한 서당 모습이다. 일제는 서당이 전근대적이라는 이유로 폐쇄하도록 강요했다.

칼을 찬 교사

고, 선생들은 일본 군복을 입고 칼을 찼어. 선생이 칼을 차고 아이들을 가르친다니, 상상이나 할 수 있어? 오늘날 초등—중등—고등—대학으로 이어지는 학제의 기본 골격은 이때 시작됐어. 물론 교육 내용은 많이 달랐어. 어쨌든 알아 둘 필요는 있겠지?

아이가 8세가 되면 보통학교에 갔어. 오늘날의 초등학교인 셈인데, 4년간 다녔어. 여건이 좋지 않은 지방은 3년 만에 졸업하도록 했지. 보통학교를 졸업하면 고등보통학교^{고보}에 갔어. 남녀 모두 12세부터 입학할 수 있었는데, 오늘날의 중학교와 일반계열 고등학교 과정으로 보면 크게 틀리지 않을 거야. 남녀공학이 없었으니 여자는 따로 여자고등보통학교를 다녔어. 교육 기간은 남자가 4년, 여자가 3년이었지. 다만 기술을 배우려는 청소년은 고등보통학교 대신 실업학교로 갔어. 교육 기간은 2~3년으로, 고등보통학교보다 약간 짧았단다.

관립 고등보통학교에는 사범과가 따로 있었어. 굳이 따지자면 오늘날의 사범대학과 비슷할 거야. 고등보통학교를 졸업한 16세 이상의 남녀가 입학할 수 있었어. 1년을 배우면 선생님이 될 수 있었지.

일제는 한국인이 다닐 수 있는 대학을 허가하지 않았어. 그래도 오늘날의 일반 대학과 가장 비슷한 학제를 들라면 전문학교를 들 수 있을 거야. 이곳 또한 관립 고등보통학교의 사범과처럼 고등보통학교를 졸업한 16세 이상만 응시할 수 있었어. 1916년 이후 나온 경성법학전문학교, 경성의학전문학교, 경성공업전문학교, 수원농림전문학교가 이런 학교들에 해당돼.

열악하긴 하지만 그래도 한국인에게 고등교육을 어느 정도 허용한 것 아니냐고? 맞아. 제1차 조선교육령 7조를 보면 "전문학교는 고등학술을 다룬다"고 돼 있어. 그러나 현실은 법 조항과 달랐어. 특정한 기술을 익히는 것은 허용했지만 인문사회분야의 전문학교는 없었던 거야. 왜 그랬겠어? 철학, 이념, 사상, 문화가 모두 인문사회과학에 해당하기 때문이야. 이런 고등학문을 익히지 못하게 해야 민족 지도자가 나오지 못할 거라 생각한 거지.

일제의 의도가 명확하게 보이지? "한국인은 열등한 기술이나 배

경성공업전문학교 · 1916년 서울에 설립된 관립 공업전문학교이다. 식민지 한국에서 한국인이 다닐 수 있는 대학을 일제가 허가하지 않았기 때문에 전문학교는 최고 학부 구실을 했다.

워 일만 해라!"

물론 오늘날에는 직업의 귀천이 없어져 전문기술이 오히려 대우를 받고 있기도 해. 하지만 당시만 해도 기술은 열등하게 여겼어. 게다가 학교를 만들 때는 조선총독부의 허가를 받아야 했는데, 교육 수준이 높은 학교를 허가해 줄 리가 있겠어?

조선교육령은 그 후로 여러 차례 개정이 됐어. 그때마다 한국인을 옥죄는 내용이 추가됐지. 이에 대해서는 차차 살펴보도록 할게.

105인 사건과 해외 독립기지 건설

조선총독부는 황해도와 평안도 일대를 주목했어. 그 지역에 독립운동가들이 특히 많았기 때문이야. 신민회 회원들이 대성학교와 오산학교를 이 지역에 세운 게 우연이 아니었던 거야.

이런 독립운동가 중에 안명근이란 인물이 있었어. 그는 황해도 신천 출신이었는데, 이토 히로부미를 저격한 안중근의 사촌 형제였단다. 안명근은 나라를 빼앗기자 서간도로 옮겨 무장투쟁을 준비했어. 우선 군사 학교부터 세우기로 했어. 자금이 필요하겠지?

안명근은 황해도 일대에서 군자금을 모으기 시작했어. 몇몇 부자들이 돈을 내놨지만 그러지 않는 부자들도 있었어. 그런 부자 가운데 악질 한 명이 일제 경찰에 신고를 해 버렸어. 안명근에 대한 지명수배가 전국에 내려졌어. 결국 안명근은 체포되고 말았어.

해외 항일운동 근거지 · 1910년 한일병합 이후 많은 독립운동가들이 간도와 연해주, 만주에 정착했다. 그곳에서 실력을 키우기 위한 각종 기관을 설립했다.

여기에서 하나 알아둬야 할 사실. 이해 12월 27일 데라우치 총독이 압록강 철교 준공식에 참석했어. 안명근은 데라우치가 내릴 평안북도 선천군 선천역에서 그를 암살하기로 했어. 하지만 그 전에 체포됐기 때문에 성사되지 못했지. 안명근이 이 계획을 실제로 세우지 않았다고 말하는 사람들도 있어. 총독 암살 모의 자체가 일제의 조작이라는 거야.

어쨌든 일제는 이 안명근 사건을 빌미로 다른 독립운동가들을 대대적으로 검거하기 시작했어. 우선 황해도 북서부의 안악 지방을 덮쳤어. 그곳에서 문화운동을 하던 160여 명의 민족 운동가를 체포했지. 이 가운데 김구 등 18명은 총독 암살 음모에 가담했다며 재판에 넘겨졌어. 이게 안악 사건이야.

1911년 1월에는 양기탁을 포함해 신민회의 핵심 간부 16명을 체포했어. 체포 이유는 독립 기지를 만든다는 것. 여기에 총독 암살 음모에 직간접적으로 협조했다는 것까지 추가됐지.

이후 일제의 탄압은 황해도와 평안도의 관서 지방 일대로 확산됐어. 그 결과 총 600여 명이 체포됐지. 기독교 계열의 민족주의 인사들이 많이 포함돼 있었어. 그들을 상대로 잔인한 고문이 이어졌어. 일부 인사들이 고문을 이기지 못하고 허위자백을 하기도 했지. 그 결과 일제가 이렇게 발표했어.

"신민회가 주도하고, 신민회의 지시에 따라 관서 지방의 기독교 운동들이 총독 암살 계획을 진행했다. 이를 위해 안명근 등이 군자금을 모집했고, 무기도 구입했다."

일제가 왜 이런 조작을 했겠어? 때는 무단통치의 시대야. 그러니 모든 민족 지도자를 말살시켜야겠지? 신민회는 당시 최고의 민족 운동 단체였어. 당연히 가장 먼저 제거해야 할 대상이었지.

600여 명 중 123명이 재판에 넘겨졌어. 제1심 재판이 열렸는데, 이 중 105명에 대해 징역 5~10년이 선고됐단다. 이 때문에 이 사건을

압송되는 신민회 회원들 · 일제는 105인 사건을 조작해 항일 비밀결사인 신민회를 무너뜨렸다.

105인 사건이라 불러[1912년 9월]. 몇 년 후 2심 재판에서는 이 중 윤치호 와 양기탁을 비롯한 6명에게만 징역 5~6년이 선고됐어[1913년 10월].

이 105인 사건으로 인해 신민회는 사실상 해체되고 말았어. 그러나 신민회는 무기력하게 해체되지는 않았어. 해체하는 대신 해외로 근거지를 옮겨 독립투쟁을 시작하기로 했거든. 가령 신민회의 핵심 멤버인 이회영의 6형제는 가족 전부가 만주로 이주했어. 그곳에서 경학사라는 독립 단체를 만들어 활약했지[1911년]. 얼마 후에는 신흥무관학교라는 군사훈련기관도 세웠는데, 이곳에서 수많은 독립운동가들이 배출됐단다.

이처럼 1910년대에는 해외에서 여러 독립 기지가 건설됐어. 연해주, 즉 오늘날의 러시아 블라디보스토크에서는 권업회가 탄생했어[1911년]. 이 권업회는 곧 대한광복군 정부로 확대됐단다[1914년].

안창호는 미국으로 건너가 독립 단체를 만들었어. 그게 바로 흥사단이야. 안창호는 일제로부터 독립하려면 우리 민족이 스스로 힘과 실력을 키워야 한다고 주장했지.

을사조약과 한일병합은 무효다!

을사조약이 체결된 직후 고종은 이 조약이 무효임을 알리는 국서를 여러 나라에 전달했어. 그러나 제국주의 열강들이 국제 질서를 좌우하던 시절이었어. 약소민족의 주장은 좀처럼 받아들여지지 않았지.

그러나 국제법 학자들의 입장은 열강의 주장과 달랐어. 특히 프랑스 학자인 프랑시스 레이는 일제가 강압적으로 조약을 체결했고, 조선 측 대표가 왕의 위임장을 가지고 있지 않았으며, 고종이 조약이 무효라는 사실을 즉각 세계 여러 나라에 전달했다는 점을 들어 을사조약이 불법이라 말했어. 이렇게 되면 을사조약은 무효가 되지.

1965년 한국과 일본은 한일기본조약을 체결했어. 이 조약 2조에도 "1910년 8월 22일 한일병합조약과, 그 이전에 두 나라 사이에 체결된 모든 조약과 협정은 무효다"라고 돼 있어.

이제 을사조약을 시작으로 체결된 모든 조약은 무효임이 명백해졌어. 그렇다면 당시 우리가 당한 피해에 대한 보상을 적극 요구해야 하는 게 아닐까? 그러나 무턱대고 두 나라가 적이 돼서는 안 돼. 한국 정부와 일본 정부가 앞으로 함께 풀어 나가야 할 숙제라는 얘기야.

세계를 뒤흔든 3·1운동

정치, 경제, 사회, 문화, 교육의 모든 분야에서 일제의 무단통치가
이뤄졌어. 10년에 가까운 세월을 한국 민중은 고통 속에 살아야 했
지. 그러나 더 이상은 참을 수 없었어. 마침 세계적으로 민족자결주
의 열풍이 불고 있었어. 우리 민족의 방향은 명백해졌어. 그래, 독
립을 선포하는 거야! 그게 바로 역사적인 3·1운동이지.

사실 3·1운동 이전에도 크게 주목을 끌지는 못했지만 독립을 선
언한 적이 있단다. 1919년 2월초, 39명의 독립운동가가 만주 지린
성에서 대한독립선언서를 발표한 거야. 이 선언은 무오독립선언이
라고도 부른단다.

이 선언은 일제 지배 이후 나온 첫 독립선언이었어. 한일병합은
사기와 협박으로 이뤄졌기 때문에 무효라는 게 독립선언 취지야. 맞
는 말이지? 이 선언서는 독립군이 총궐기할 것을 촉구하기도 했어.

민족자결주의와 독립선언

1919년 2월 8일.

일본에 있는 한국인 유학생 600여 명이 도쿄 조선기독교청년회
관에 모였어. 이윽고 독립선언문이 낭독됐어. 선언문은 당시 일본

와세다대학 철학과에 다니던 이광수가 쓴 거야. 이광수는 세계만방에 독립선언 사실을 알리기 위해 선언문을 영문으로 번역하기까지 했어. 그 후에는 중국 상하이로 몸을 피했지.

2·8 독립선언의 주역 · 도쿄 조선 유학생 학우회는 1919년 2월 8일 도쿄의 조선기독교청년회관에 모여 독립선언식을 거행했다.

이 사건이 바로 2·8 독립선언이란다. 선언이 끝나자마자 경찰이 들이닥쳤어. 경찰은 유학생들을 강제 해산했고, 60여 명을 체포했어. 그러나 유학생들은 굴복하지 않고 계속 시위를 벌였어. 2월 내내 일본 경찰은 골머리를 앓아야 했지.

이 독립선언이 국내 민중을 깨웠어. 3월 1일, 서울에서 독립 만세 운동이 시작됐어. 그 운동은 이내 전국으로 확산됐지. 바로 3·1 운동이 터진 거야.

이처럼 독립선언이 봇물처럼 터진 데는 여러 이유가 있어. 무엇보다 독립을 향한 한국 민중의 의지가 컸기 때문이야. 10년 가까이 일제의 지배를 받으면서 한국 민중의 고통이 꽤 컸어. 독립 조국을 원하는 우리 민족의 바람이 독립선언으로 표출된 거라고 할 수 있지.

당시 세계정세도 3·1 운동이 터지는 데 큰 몫을 했어. 제1차 세계대전이 막바지로 치닫고 있던 1918년 1월, 미국의 우드로 윌슨 대통령은 14개조 평화 원칙을 발표했어. 세계대전이 끝난 후 국제

질서를 회복하려는 목적
에서 만든 것인데, 여기
에 민족자결주의 원칙이
들어 있었단다.

"모든 민족은 자신의
운명을 스스로 결정할
권리가 있다!"

이 민족자결주의만으
로 독립선언이 활발하게
나온 것은 아니야. 이 이

파리강화회의 대표단 · 파리강화회의에서 한국 독립의 필요
성을 알린 대표단의 사진이다. 사진 앞줄의 맨 오른쪽이 김규
식이다. 김규식은 당시 대한민국 임시 정부의 전권대사로 활
약했다.

념에 고무된 우리 독립운동가들이 그 어느 때보다 적극적으로 움
직였기 때문에 독립선언들이 터져 나온 거지. 그 과정을 볼까?

1918년 8월, 중국 상하이에 있던 여운형은 일본 유학파 출신 독
립운동가 장덕수를 비롯해 선우혁, 김철, 조동호, 한진교와 함께 신
한청년당을 만들었어. 목표는 독립 쟁취와 민주공화국 수립! 신한
청년당의 출발은 초라했지만 나중에는 당원이 50여 명으로 늘어날
정도로 성장했단다. 또한 대한독립, 제도개선, 세계대동주의 등 정
식으로 3대 강령까지 채택했어. 조직이 정비되면서 비로소 혁명 정
당의 모습을 갖춘 거야.

11월, 독일이 항복하면서 제1차 세계대전이 끝났어. 이듬해 1월
전후 국제 질서를 논의하기 위한 파리강화회의가 열렸지. 신한청
년당도 바빠졌어. 우선 두 통의 독립탄원서를 작성했지. 한 통은 미

국의 윌슨 대통령에게, 또 한통은 파리강화회의에 제출하기 위한 것이었어. 그러나 중간에 편지가 사라져 뜻을 이루지 못했어.

신한청년당은 직접 대표를 파견하기로 했어. 1919년 2월 한국 대표 자격으로 김규식이 파리로 날아갔어. 신한청년당의 당수 여운형은 만주, 연해주, 러시아를 돌며 독립을 주장했고, 일본에는 이광수를 파견해 유학생들의 독립선언 운동을 독려하도록 했지. 물론 국내에도 사람을 보내 나라 밖에서 돌아가는 상황을 전파하도록 했어.

신한청년당의 활동이 얼마나 왕성했는지 알 수 있겠지? 이런 노력의 결과로 만주와 일본에서 독립선언이 나오게 된 거란다. 그리고 마침내 모든 운동을 집약한 대대적 만세운동이 한반도에서 터졌는데, 그게 3·1 운동이었던 거지.

3·1 운동을 본격적으로 살펴보기 전에 신한청년당의 이야기를 마저 끝내도록 할게. 파리에 도착한 김규식은 원하는 바를 얻었을까? 아쉽게도 그러지 못했어. 한국 대표의 참가가 허락되지 않았기 때문이야. 김규식은 파리에 머물며 한국독립의 필요성을 홍보하는 리플릿을 만들어 현지에 있는 전 세계 언론사에 돌렸어. 나름 최선을 다한 셈이지.

3·1 운동이 끝난 후 신한청년당의 지도부 9명은 대한민국 임시정부 수립에 동참하기도 했어. 신한청년당은 1922년 12월 해체됐단다.

탑골공원에서 일어난 만세운동

해외 독립운동가들의 활약을 접하면서 한국 민중은 크게 고무됐어. 국내 민족 지도자들도 대대적인 시위를 계획했어. 거사일은 3월 3일로 잡았지. 이날이 바로 고종의 인산일이었거든. 왕의 장례식을 보통 인산이라고 부른단다. 고종이 일제에 의해 독살됐다는 소문이 돌고 있었으니 이 무렵 민중의 분노가 아주 컸어. 만세 시위를 하기에는 자연스러운 분위기가 되겠지?

천도교 대표인 손병희가 거사를 주도했어. 기독교와 불교 대표들도 거사에 참여했지. 독립선언서 초안은 최남선이 작성했고, 이광수는 교정을 봤어. 한용운이 공약 3장을 덧붙였고 최종 33인의 민족대표가 독립선언문에 서명했지. 이제 선언문 준비는 모두 끝났어.

그런데 돌발 상황이 생겨 버렸어. 인쇄소에서 독립선언서를 인쇄하는 현장을 종로경찰서 형사 신철에게 들킨 거야. 민족대표 가운데 한 명인 최린이 신철을 불러 회유했어. 이 회유가 통했던 것일까? 아니면 친일 형사도 민족적 양심이 남아 있던 것일까? 신철은 조선총독부에 고발을 하지 않고 만주로 떠났단다. 그래도 민족대표들은 불안했어. 결국 거사 날짜를 당기기로 했어. 그 날이 3월 1일이었지.

또 다른 문제가 있었어. 파고다공원, 즉 오늘날 탑골공원에서 독립선언을 하기로 했는데, 장소가 적절하지 않다는 의견이 나온 거야. 경찰이 강제로 해산할 게 뻔한데, 사람들이 많이 모일 테니 부

탑골공원 · 고종 때 최초로 만든 근대식 공원이다. 이 곳 팔각정에서 최초의 독립선언서 낭독이 이루어졌다.

독립을 선언하는 민족 대표(민족기록화) · 민족 대표들은 인명 피해를 우려해 애당초 계획과 달리 태화관에 모여 독립선언을 했다.

상자가 속출할 것이란 걱정 때문이었어. 이 때문에 민족 대표들은 종로 인사동의 요릿집 태화관에 모여 조용히 독립선언을 하기로 의견을 모았어.

3월 1일 오후 2시, 태화관에 민족대표들이 모였어. 삼엄한 경비를 피하느라 제시간에 오지 못한 대표들이 많았지. 오후 3시, 4명을 뺀 29명이 모였어. 민족대표들은 더 기다릴 수 없다고 판단해 독립선언서를 낭독하기 시작했어.

"조선이 독립국임과 조선인이 자주민임을 선언한다. 이 독립선언은 하늘의 명령이며 민족자결주의라는 현 시대 흐름에 맞으며, 온 인류가 함께 하려는 정당한 움직임이다. 천하의 그 무엇도 우리의 독립 선언을 막을 수 없다."

오후 4시, 모든 행사가 끝이 났어. 민족대표들은 총독부에 전화

3·1 운동 보도 사진 · 여성과 소녀가 포함된 수많은 한국인이 '만세'를 외쳤다고 보도한 미국 신문에 실린 사진이다.

를 걸었어.

"우리는 할 일을 다 했으니, 와서 잡아가시오."

헌병과 경찰이 들이닥쳤어. 그 자리에 있던 29명의 민족대표는 모두 경찰서로 연행됐어. 독립선언에 미처 참여하지 못했던 4명도 이날 저녁에 경찰로 자진 출두했어. 민족대표의 독립선언은 이로써 마무리됐단다. 좀 싱겁지?

민족대표들은 그렇게 선언만 하면 다른 강대국들이 외교적으로 우리의 독립을 지원해 줄 거라 믿었어. 순진한 생각이었지. 민중의 생각은 달랐어. 우리의 역량을 행동으로 보여 줘야 한다는 의견이 여기저기에서 터져 나왔어. 그런 의미에서 진짜 독립선언은 탑골공원에서 시작됐다고 할 수 있어.

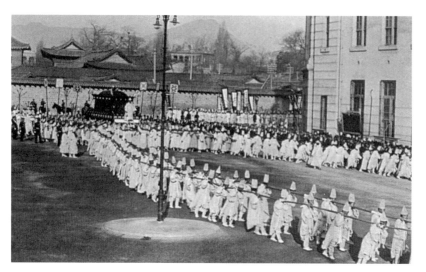

고종의 장례 행렬 · 3월 3일 고종의 상여가 덕수궁을 나서는 모습을 촬영한 사진이다. 3월 1일에 이어 이 날도 대대적인 만세운동이 전개되었다.

　이날 오후 2시, 탑골공원에는 약 1000여 명의 학생이 모여 있었어. 일제와의 충돌을 피하기 위해 민족대표들이 독립선언 장소를 바꿨다는 사실을 모르고 있었던 거야. 예정된 시간이 지나도 민족대표들이 나타나지 않자 학생들이 웅성거리기 시작했어.

　바로 그때 경신중학교 졸업생인 정재용이 팔각정 위로 올라간 후 독립선언서를 낭독했어. 시간상으로 보면 민족대표들보다 먼저 독립선언을 한 셈이지. 만세 소리가 이어지고 태극기가 휘날렸어. 시민들이 가세하면서 시위대는 순식간에 수십만 명으로 불어났어.

　"조선독립만세!" "일본인은 일본으로 돌아가라!" "독립정부를 수립하라!"

일본 헌병과 경찰들이 출동했어. 그들은 칼을 휘두르며 강제 해산을 명령했어. 민중들은 물러나지 않았어. 오후 6시까지 서울 시내 곳곳을 돌며 만세 시위를 벌인 후에야 자진해산했지. 이로써 3월 1일의 만세운동은 일단 끝이 났어. 그러나 이제 시작일 뿐이야. 고종의 인산일인 3월 3일, 50만 명이 넘는 사람들이 서울에 집결해 대대적인 만세운동을 벌였단다.

만세 열풍, 전국으로 확산되다

만세운동은 곧 전국으로 확산됐어. 그야말로 한반도 전체가 독립 만세를 외치기 시작한 거야! 처음에는 모든 만세운동이 비폭력으로 진행됐어. 그러나 일제의 살인 진압이 계속되자 시위 양상도 달라졌어. 일부 민중들은 일제의 살인 진압에 맞서 경찰서를 습격해 불을 질렀어. 진압하는 일본 경찰을 공격하기도 했지. 전국의 만세운동 가운데 몇몇 사건을 추려 볼까?

3월 6일 평안북도 정주군 곽산에서 수천 명이 만세운동을 벌였어. 일제는 시위 주모자를 때려죽이고, 100여

여성들의 만세 시위 · 3·1 운동 당시 여성들이 종로 거리에서 독립 만세 시위를 벌이며 행진하는 장면이다.

유관순 열사 영정 · 충청남도 천안에서 만세운동을 주도한 유관순 열사는 일제에 체포되어 고문 후유증으로 순국했다.

명을 체포했어. 이 가운데 절반 정도를 고문하며 죽였다는구나. 시위 과정에서도 많은 민중이 부상을 당하거나 죽었단다.

4월 1일, 충남 천안 아우내 장터에서도 만세운동이 일어났어. 이화학당에 다니던 유관순이 고향으로 내려와 이 운동을 지휘했지. 유관순은 3000여 명의 군중에게 태극기를 나눠주고, 시위를 주도했어. 경찰은 유관순의 부모를 모두 죽이고, 유관순은 감옥에 가뒀지. 유관순은 3년형을 선고받았어. 유관순은 서울 서대문형무소에서 복역하다 고문 후유증으로 숨졌단다.

아우내 장터 만세운동과 거의 비슷한 시기에 경기도 수원 향남면 제암리에서도 만세운동이 일어났어. 이때 일제는 잔인한 보복에 나섰어. 4월 15일, 일본 육군은 한국인 남자들을 제암리 교회로 집어넣고 밖에서 불을 질렀어. 불을 피해 나오는 사람에게는 총격을 가했지. 결국 모두 불에 타 죽고 말았는데, 이게 제암리 학살사건이야.

이 밖에 대구에서는 2만 3000여 명이 만세운동을 벌였어. 경남

합천에서는 승려들과 유
림들이 만세운동을 벌였
지. 물론 일제는 종교인,
선비 가리지 않고 닥치는
대로 학살했어.

만세운동은 해외에서도
일어났어. 3월 13일 만주
용정에서 일어난 만세운
동이 대표적이야. 약 3만

해외에서 열린 3·1절 기념식 · 1920년에 러시아의 블라디
보스토크에 거주하는 동포들이 개최한 3·1절 기념식 모습
이다. 만세운동은 만주, 미국 등 해외 각지에서도 활발하
게 일어났다.

명이 이 운동에 참여했어. 그들은 한국 민중이 그랬던 것처럼 독립
선언서를 낭독한 뒤 독립만세를 외치며 시가행진을 벌였단다. 일
제는 그 시위도 잔인하게 진압했어.

한 기록에 따르면 3월 1일부터 4월 30일까지 60일간 전국적으로
일어난 만세운동은 총 1214회야. 5월까지로 기간을 늘려 잡으면
만세운동 횟수는 1542회로 늘어나지. 이 기간 무려 200만 명 이상
이 만세운동에 참여했다는구나. 그야말로 한민족이 총궐기한 범민
족투쟁인 셈이지.

일제의 잔인함도 증명이 되고 있어. 이 기간 사망자가 무려 7509명
이었고, 4만7000여 명이 구속됐단다. 그러나 조선총독부의 기록은
약간 달라. 106만 명이 만세운동에 참가했고, 진압과정에서 553명
만이 사망했다는 거야. 다른 국가들의 시선을 의식한 걸까? 사건
축소와 왜곡의 냄새가 많이 나지?

이제 3·1운동의 결과를 살펴보도록 할까? 독립을 얻지 못했으니 실패했다고 봐야 하나? 꼭 그런 것만은 아니야. 많은 희생이 있었지만 깨달음도 그만큼 컸거든. 우선 독립운동가들은 일본과 지속적으로 싸우려면 우리의 대표기관, 즉 정부가 있어야 한다는 점을 깨달았어. 그렇게 해서 탄생한 게 바로 대한민국 임시정부지. 이에 대해서는 곧 살펴볼 거야.

3·1운동은 중국의 민중운동에도 큰 영향을 미쳤어. 이해 5월 4일, 중국 민중은 일제에 대항해 대대적인 시위를 벌였어. 그게 5·4운동인데, 3·1운동의 영향을 받아 일어난 민중운동이었단다.

일제도 큰 충격을 받았어. 성난 한반도 민중을 달래기 위해서라도 한일병합 이후 유지해 오던 무단통치 정책을 그대로 밀어붙일 수 없다는 걸 깨달았지. 식민통치 정책을 바꿀 수밖에 없었어. 그래서 나온 정책이 바로 문화통치야.

허울뿐인 문화통치

새로 조선총독으로 임명된 사이토 마코토는 한국인을 살살 달래기로 했어. 겉으로는 부드럽게 하되 더 많이 빼앗는 쪽으로 정책 방향을 잡았지. 이른바 문화통치를 실시한 거야. 물론 문화통치라고 해서 문화적이지는 않았어. 엄밀히 말하면 회유통치라고 할 수 있을 거야.

사이토 총독은 문화의 발달과 민력의 충실이란 슬로건을 내놨어.

한국 문화를 존중하고 한국인의 뜻을 충분히 받아들이겠다는 뜻이야. 정말 그렇게 됐을까?

헌병경찰 제도는 보다 부드러운 보통경찰 제도로 바뀌었어. 언론, 출판, 집회, 결사의 자유도 일부 허용하면서 우리말 신문인《동아일보》와《조선일보》가 1920년 창간됐지. 또 한국인도 관리가 될 수 있도록 했고, 일본인 관리 못지않게 대우하겠다고 약속했어. 한국인의 문화와 관습을 존중하고, 복지에도 신경 쓰겠다고 했지.

공약이 상당히 많지? 또한 그 전보다 훨씬 부드러워졌어. 그렇다면 실제로 이 공약이 실현됐을까? 어디, 문화통치를 낱낱이 뜯어 볼까?

헌병경찰 제도가 사라졌지만 경찰 병력은 두 배로 늘었어. 물론 헌병이 완전히 사라진 것도 아니야. 오히려 독립운동가만 전문으로 담당하는 고등경찰 제도가 신설됐어. 그 전에 없던 새로운 유형의 경찰이 생긴 거야. 문화통치를 한다면서 총독은 여전히 군인 출신이었어. 앞뒤가 안 맞는 거 같지?

우리말 신문이 생기고 한글을 쓸 수 있게 된 건 분명 다행이었어. 그러나 일제는 언론과 민족단체를 통해 식민지 지배 이념을 확산시키려는 꿍꿍이를 갖고 있었단다. 한국인도 집회를 열 수 있도록 했지? 그러면서도 어떤 단체가 집회를 여는지, 주동자는 어떤 인물인지를 다 파악해 두고 있었어. 1925년에는 훗날 국가보안법의 모태가 되는 치안유지법이란 걸 만들어 독립 운동을 할 가능성이 있는 인물은 죄다 잡아넣었어.

한국인도 관리가 될 수 있다고 했지? 그러나 고위관료는 아무나

사이토 마코토

될 수 없었어. 친일파가 아니면 꿈도 못 꿀 일이지. 바로 이 점이 민족 지도자를 회유하는 수단으로 악용됐단다. 일제는 민족 지도자에게 접근해 높은 자리를 줄 테니까 친일파가 되라고 꼬드겼어.

이런 과정에서 민족지도자와 지식인들 사이에 새로운 움직임이 나타났어. 일부 민족 지도자들이 독립에서 자치로 노선을 바꾼 거야. 당장 독립하기에는 우리 민족의 역량이 떨어지니 우선 자치부터 쟁취하자는 주장이었어.

이 자치론을 완전히 터무니없다고 말할 수는 없어. 문제는, 일제가 이를 반겼다는 거야. 일제는 이런 주장을 하는 민족 지도자들에게 접근했어. "우리가 도와줄 테니, 독립은 나중에 생각해. 알았지?" 이런 식이었던 거지. 2·8 독립선언에 참여했던 작가 이광수를 비롯해 많은 지도자들이 이 노선을 지지했어. 안타깝게도 이들 가운데 상당수가 친일파로 변절했단다. 일부는 만주사변과 중일전쟁이 터진 1930년대부터 일본의 앞잡이가 돼 많은 한국인을 전쟁터로 보냈어.

교육 분야에서도 기회가 생겼어. 제2차 조선교육령을 통해 한국인도 대학을 설립할 수 있게 된 거야. 1910년대에는 한국인의 고등교육을 금지했었지? 우리 민족 지도자들이 이 기회를 놓칠 리 없어. 바로 민립대학^{사립대학} 설립 운동을 벌이기 시작한 거야. 하지만 일제의 방해가 만만찮았어. 게다가 1924년에는 경성제국대학을 일제 주도로 세운단다. 정부_{일본}가 대학을 세웠는데, 민립대학이 왜 필요하냐는 거야. 이후 민립대학 설립 운동은 흐지부지 끝나고 말았어.

일본 식량 기지가 된 한반도

1920년대의 한국 경제를 살펴볼까?

이 무렵 일본은 빠른 속도로 산업국가로 성장하고 있었어. 일본에서는 도시가 발달하면서 많은 농민들이 고향을 버리고 도시로 몰려들었어. 그러다보니 농촌의 식량 생산량이 크게 줄어 버렸어. 1918년 무렵부터 일본은 극심한 식량난에 허덕이기 시작했어. 일본은 모자란 식량을 한국에서 조달하기로 했지.

이렇게 해서 일제가 시작한 프로젝트가 산미증식계획이었어. 한반도를 일본의 식량 기지로 만들려는 속셈이었지. 산미증식계획은 1차로 1920년부터 1925년까지 6년간 실시됐어. 그 후 1926년부터 1934년까지 9년간 2차 사업이 실시됐지.

조선총독부는 처음에는 매년 900만 석의 쌀을 추가로 생산하고, 그 절반 정도인 460만 석을 일본에 보내려 했어. 생산량을 늘리려면 농지가 더 필요하겠지? 농지를 늘리려면 개간 사업을 벌여야 할 거야.

만약 이 계획이 제대로 성사됐다면 정말로 쌀 생산량이 비약적으로 늘었을지도 몰라. 그러나 모든 게 일제의 계획대로 되지는 않

일본인 대지주의 간척지 · 1921년경 경기도에 있던 일본인 소유 농장의 모습이다. 일제는 산미증식계획을 통해 한국을 일본의 식량 기지로 만들려고 했다.

왔어. 사업에 투자할 돈을 모으기도 힘들었고, 한국 농민의 반발도 컸던 거야. 2차 사업 때는 추가 생산량을 820만 석으로 낮췄지만 이 목표도 달성하지 못했지.

추가 생산량이 목표에 미치지 못했으니 그만큼 일본으로 보내는 쌀의 양을 줄여야겠지? 이게 상식이겠지만 일제는 안 그랬어. 모든 쌀을 탈탈 털어 일본으로 보냈단다. 늘어난 쌀의 양보다 더 많은 쌀을 가져간 거야. 결과는 안 봐도 뻔하지? 한국 농민들은 죽어라 농사를 지었는데도 먹을 수 있는 양이 확 줄어들었어. 많은 한국 농민들이 굶주림 속에 살아야 했지. 일제는 국내 쌀이 부족해지자 만주에서 품질이 떨어지는 잡곡을 수입했어. 한국 농민들은 죽어라 쌀을 재배했지만, 고작 질 낮은 잡곡으로 입에 풀칠을 해야 했던 거야.

산미증식계획은 한국 농업경제를 완전히 파괴했어. 그런데 이 프로젝트 때문에 일본 농업경제도 휘청거렸단다. 한국의 쌀이 값싸게 일본으로 수출되는 바람에 값이 비싼 일본쌀이 타격을 받았던 거야. 결국 일본 농민들의 반발로 1934년 산미증식계획은 중단됐어.

물산장려운동을 보는 다른 시각

일제는 무단통치에서 문화통치로 정책을 바꾸면서 회사령을 없앴어. 이후 일본 기업의 지부가 한반도 곳곳에 세워졌지. 이 때문에 한국 경제는 오히려 1910년대보다 더 일본에 휘둘리게 됐단다.

1923년 2월, 3000여 명의 민족자본가와 지식인이 이에 맞서 물산장려운동을 시작했어. 그들은 "조선사람 조선으로!", "우리 것으로만 살자!"고 외쳤어. 그래, 국산품만 쓰자고 촉구한 거야.

이 운동의 목적은 명확했어. 일본 기업에 맞서 한국의 민족기업을 키우자는 거였지. 그래야 우리 경제가 자립할 수 있으니까!. 초기 성과는 좋았어. 국산 광목과 고무신은 없어서 못 팔정도로 불티나게 팔렸다는구나.

그런데 요즘에는 이 물산장려운동을 다른 시각으로 보는 학자들도 많단다. 가령 국산품이 많이 팔리면서 민족기업이 성장해야 하는데, 일부 상인과 기업가만 돈을 벌었다는 지적이 있어. 이 운동을 벌이는 동안 공장이 늘어나지도 않았고, 새로운 회사가 생기지도 않았어. 이 때문에 오히려 물가만 올라가 민중의 삶은 더 힘들어졌다는 비판도 있어.

게다가 이 운동을 둘러싸고 이념 대립도 심해졌어. 당시 사회주의자들은 이 운동을 신랄하게 비판했단다. 일부 기업가들이 일본과 결탁해 자기 배만 불리고 있다고 주장했어.

분명 물산장려운동은 온 국민이 참여한 거국적인 애국운동이었던 것은 확실해. 이 점은 부인해서는 안 돼. 다만 다양한 시각이 존재한다는 사실은 알고 있는 게 좋겠지?

1920년대 한국 민중의 거센 저항

3·1운동 이후 평화 시위만으로는 독립을 쟁취하기가 어렵다고 생각한 많은 독립운동가들이 만주와 연해주로 넘어갔어. 1919년 이후 이 일대에 수많은 무장 투쟁 단체들이 만들어진단다. 그래, 독립군이 일본군에 대항해 본격 전투에 돌입한 거야.

우리 임시정부도 만들어졌어. 1919년 4월, 독립운동가들이 상하이에 모였어. 먼저 임시국회 역할을 할 임시의정원을 만들었고, 그 임시의정원이 정부 수립에 필요한 작업을 신속하게 진행했어. 마침내 대한민국 임시정부가 수립됐어. 대한민국 임시정부는 여러 지역에 퍼져 있던 작은 임시정부들을 통합하면서 한국을 대표하는 기관으로 자리매김했지. 바로 이 임시정부 이야기부터 시작해 볼까?

대한민국 임시정부 탄생

3·1운동은 왜 실패한 것일까? 여러 이유가 있을 거야. 많은 독립운동가들은 우리를 대표하는 기구가 없어서 투쟁이 조직적으로 전개되지 못한 점에 주목했어. 그래, 우리의 정부가 필요하다는 깨달음을 얻은 거지.

국내외에서 동시에 여러 임시정부가 탄생했어. 블라디보스토크에서는 대한민국의회가, 서울에서는 한성정부가, 상하이에서는 상하이 임시정부가 비슷한 시기에 들어섰지. 의욕은 좋지만 임시정부가 너무 많아도 통일성을 갖추기가 힘들어. 이 때문에 독립운동가들은 임시정부 통합 운동을 추진했어. 이때 단일 임시정부로 출범한 게 바로 상하이의 대한민국 임시정부란다 1919년 4월.

임시정부가 출범하기 전에, 우선 국회 격인 임시의정원부터 출범시켜야 해. 그래야 헌법을 만들 수 있으니까. 곧 임시의정원이 구성됐고, 이동녕이 의장을 맡았어. 임시의정원은 헌법에 해당하는 「대한민국 임시헌장」을 반포했어. 이 헌장에 따르면 임시정부는 입법부의정원, 행정부국무원, 사법부법원 등 삼권분립 이념을 따르는 민

수난의 대한민국 임시정부 · 3·1운동 이후 중국 상하이에 들어선 임시정부는 일제의 탄압과 내부 분열로 갖은 우여곡절을 겪었다. 광복을 맞을 때까지 5회 이상 청사를 옮겨야 했다.

상하이 대한민국 임시정부의 청사 · 상하이 대한민국 임시정부는 여러 지역에 있던 임시정부를 통합해 수립했다. 이는 3·1운동 이후 독립운동 역량을 결집한 결과였다.

주공화제를 지향하고 있어.

정부 형태는 의원내각제와 비슷해. 대통령이 따로 없고 국무총리가 내각을 지휘하게 돼 있었거든. 초대 국무총리에는 이승만이 임명됐어. 하지만 얼마 후 임시정부는 다른 정부와의 통합을 끝낸 후 대통령제로 전환했어. 국무총리였던 이승만이 대통령으로 옷을 갈아입었지.

임시정부는 독립국가의 정부처럼 제대로 된 정부 역할을 하려고 했어. 그러나 중국에 본부를 두고 있으니 국내 관리가 쉽지 않았겠지? 이에 대한 대비책도 만들었어. 연통제가 그거야. 국내를 9개 도, 1부, 45개 군의 행정조직으로 편성한 뒤 수시로 연락할 수 있도록 한 거지. 임시정부는 또 교통국이란 기구를 따로 두고 해외동포를 관리하도록 했어. 임시정부는 공채를 발행하기도 했어. 실제로 아일랜드에서 발행한 500만 달러짜리 공채가 팔리기도 했다는구나.

외국에 우리 독립의 필요성과 정당성을 알리는 외교전도 펼쳤어. 이를테면 파리강화회의 현장에 가 있는 김규식을 전권대사로 격상시키거나 1919년 7월 스위스 만국사회당대회에 조소앙을 보내 한국독립승인 결의안을 통과시키는 식이지. 임시정부의 외교활동은 그 후로도 계속됐어. 1920년 10월에는 중국의 쑨원 정부에 사람을 파견했고, 1921년 워싱턴 태평양회의에도 참가해 독립을 호소했지.

대한민국 임시정부가 지나치게 외교전에만 치우쳤다는 비판도 많아. 직접 무장투쟁을 조직하지 않고, 강대국의 힘을 빌려 독립을 이루려했다는 거야. 이런 비판은 충분히 일리가 있긴 해. 임시정부가 별다른 성과도 내지 못하는 외교전에 몰두하고 있을 때 홍범도와 김좌진 같은 독립운동가는 일본군과 목숨을 건 전투를 벌이고 있었거든. 그들은 곳곳에서 승전보를 울려 한국 민중의 가슴을 시원하게 했단다.

그러나 임시정부를 옹호하는 주장도 많아. 일단 임시정부가 완전히 무장투쟁을 외면한 게 아니라는 반대 주장이 있어. 실제로 임시정부는 1930년대로 접어들면 무장투쟁을 주도한단다. 윤봉길, 이봉창 등이 대표적인 인물이지. 하지만 당장 1920년대의 임시정부는 안팎으로 어려움에 처해 있었어. 밖으로는 일제의 탄압이 너무심했어. 안으로는? 노선 싸움이 치열하게 벌어진 거야.

1923년에는 여러 독립운동 단체의 대표들이 모여 국민대표회의를 열기도 했어. 이 회의에서 임시정부의 방향을 놓고 치열한 논쟁이 벌어졌어. 임시정부 대신 무장투쟁을 이끌 조직을 만들어야 한다는 창조파와 임시정부 안에서의 개혁을 주장하는 개조파가 특히 설전을 벌였지.

나아가 이승만에 대한 탄핵도 이뤄졌어. 이승만이 과거에 한국의 위임통치를 국제사회에 청원한 일이 발단이 됐지. 신채호와 같은 강경파는 그런 사람을 지도자로 인정할 수 없다고 비판했어. 결국임시정부는 이승만을 탄핵했고[1925년], 대통령제를 폐지했단다.

휴. 정말 험난한 투쟁의 길이야. 그래도 임시정부는 위기를 잘 넘기고 있었어. 일제의 탄압을 피해 청사를 6번이나 옮겨 다니면서 독립 운동의 구심점으로서 제 역할을 했지. 1940년대로 접어들면 그 진가가 드러나게 돼.

봉오동 전투와 청산리 전투

이번엔 해외에서 벌어진 무장투쟁에 대해 살펴볼까? 상하이에 임시정부가 들어설 무렵, 만주 일대에 많은 무장 독립단체가 조직됐어. 대표적인 단체로는 홍범도의 대한독립군, 김좌진의 북로군정서, 이상룡과 지청천의 서로군정서 등이 있어. 이 밖에 대한독립단, 대한독립청년단, 광복군사령부도 이 무렵 활동했어.

홍범도

이처럼 무장투쟁이 활발했으니 큰 성과도 나오기 마련이야. 그 유명한 봉오동 전투와 청산리 전투도 바로 이 시기에 일어났지. 그 전투를 따라가 볼까?

홍범도는 대한독립군을 만든 뒤 수시로 북쪽 국경지대를 공략했단다. 여기에는 군민회군이나 군무도독부와 같은 다른 부대들도 참여했어. 홍범도는 이 모든 부대를 합쳐 대한북로독군부를 만들었지.

내 일본군의 포위작전
내 독립군의 이동

청산리 전투

봉오동 전투

봉오동-청산리 전투 · 홍범도와 김좌진 장군이 이끄는 독립군이 일본 부대를 대파한 전투다. 두 전투는 한국 독립투쟁사에서 최고의 전과를 올린 전투로 기록돼 있다.

1920년 6월이 됐어. 독립군 부대가 함경북도의 일본 순찰소를 급습하고 철수했어. 일본군 1개 소대가 추격해 왔지. 이때 대한북로독군부가 두만강을 건너온 일본군을 격파했어. 독이 오른 일본군은 함경북도 나남의 19사단 소속 1개 대대를 파견해 독립군의 근거지인 봉오동을 공격하도록 했어.

6월 7일 대한북로독군부가 매복해 있다가 쳐들어오는 일본군을 다시 대파했어. 이 전투가 바로 봉오동 전투야. 만주 일대에서 독립군과 일본군 사이에서 벌어진 첫 대규모 전투였지. 이 전투에서 승리함으로써 독립군 진영의 사기가 크게 올랐단다.

그 후로도 만주 독립군의 활약은 대단했어. 일제는 간토군을 동원하거나 만주 최고 군벌 장쭤린을 협박해 토벌 작전을 벌였어. 독립군 부대들은 산악 지대로 대피하기 시작했지. 일제는 이참에 대규모 병력을 만주에 투입해 독립군 세력을 싹 쓸어 버리고 싶었어. 그러나 구실이 없었어. 마구잡이로 쳐들어갔다가는 만주를 침략했다는 비난만 쏟아질 수도 있잖아? 일제는 꼼수를 쓰기로 했어. 일제의 단골메뉴. 바로 사건을 조작하는 거야.

10월 일제의 사주를 받은 중국 마적부대가 독립군 근거지와 가까운 훈춘을 습격했어. 마적들은 살인과 약탈을 자행한 뒤 일본영사관에 불을 질렀어. 명백한 일본의 조작이지. 이게 바로 훈춘 사건이야. 일본은 이를 빌미로 3개 사단, 1만 5000여 명의 군인을 파견했어. 명분? 일본인과 영사관을 보호하기 위해 군대가 필요하다! 바로 이게 일본이 내세운 명분이었어. 일본이 이 사건을 조작한 이유를 알겠지? 이 명분을 만들기 위해서였던 거야.

군대의 규모도 컸고, 무기도 훨씬 우세했으니 일본은 승리를 장담했어. 하지만 독립군이 산악 지대를 잘 알고 있는 데다 훨씬 용맹하다는 점은 미처 생각하지 못했겠지. 일본군의 소탕 작전에 독립군들은 게릴라전으로 맞섰어. 치고 빠지기! 일본은 속수무책으로 당했어. 약만 오를 뿐이지.

10월 21일 일본군이 백운평에 들어서자 김좌진의 북로군정서가 공격을 개시했어. 그 유명한 청산리 전투가 시작되는 순간이야. 첫 전투에서 독립군은 일본군 전위부대 200여 명을 격파했어. 곧 일본 지원부대가 달려왔지만 북로군정서는 그들도 물리쳤단다.

북로군정서는 후퇴하는 일본군을 그대로 두고 갑산촌으로 이동했어. 비슷한 시간, 홍범도가 이끄는 대한북로독군부도 완루구에서 전투를 벌이고 있었지. 독립군은 일본군 측면을 공격했다가 슬쩍 빠졌어. 일본군은 그것도 모르고 마구 사격을 해 댔지. 결국 일본군은 자기들끼리 총격전을 벌였고, 400여 명의 일본군이 죽었어. 독립군은 손도 안 대고 두 번째 대승을 거둔 거야.

10월 22일 갑산촌에 도착한 북로군정서는 인근 천수평에 야영 중이던 일본 기병 중대를 습격했어. 일본군 120명 가운데 4명을 뺀 전원을 사살했지. 탈출한 일본군은 본대가 있는 어랑촌으로 달아났어. 일본군 본대의 반격이 예상되지?

일본군 본대와 전투를 치러야 하니, 북로군정서만으로는 무리일 거야. 완루구에서 승리를 거둔 홍범도의 부대가 즉시 합류했어. 독립군은 약 1500명으로 늘어났어. 마침내 목숨을 건 전투가 시작됐

독립군의 무기 · 청산리 대첩에서 사용한 독립군의 무기이다.

어. 이틀에 걸친 혈전! 독립군이 대승을 거뒀어. 일본군은 이날 전
투에서 1000명이 목숨을 잃었어.

그 후로도 독립군과 일본군의 전투는 26일까지 계속됐어. 모든
전투에서 독립군이 승리를 거뒀어. 결국 일본은 철수 명령을 내릴
수밖에 없었지. 이 6일간의 청산리 전투는 한국 독립군의 무장투쟁
역사에서 최고의 전과를 올린 전투로 기록돼 있단다.

전투에서 패한 일본군은 간도에서 대학살을 자행해 세계적 비난
을 샀어. 이미 말한 훈춘 사건의 2탄이라고 할 수 있을 거야. 일본군

북로군정서군 · 청산리 대첩에서 활약한 북로군정서군의 모습이다. 앞줄에 앉아 있는 사람이 김좌진 장
군이다.

은 분풀이라도 하듯 간도에 사는 한국인을 닥치는 대로 죽였어. 훈춘 사건이 일어난 날부터 3~4개월간 최소한 수만 명의 한국인이 목숨을 잃었지. 이 사건을 간도 참변이라고 부른단다.

이후 독립군은 큰 시련을 겪었어. 독립군은 그 후 동포의 피해도 줄이고, 일본의 탄압도 피하기 위해 소련 쪽으로 이동했어. 바로 밀산부 한흥동이란 곳이야. 그곳에서 독립군 부대를 재정비해 대한독립군단을 창립했지.

대한독립군단은 소련의 자유시로 이동했어. 하지만 처음에 우호적이었던 소련 정부가 곧 태도를 바꿔 독립군을 탄압하기 시작했어. 일본으로부터 심한 압력을 받았기 때문이지. 결국 소련 정부는 우리 독립군의 무장을 해제하려 했어. 독립군은 저항했지. 총격전이 벌어졌어. 많은 독립군이 숨지거나 다쳤단다. 이 사건을 자유시 참변이라고 불러1921년 6월.

어쩔 수 없이 독립군은 다시 만주 지역으로 내려왔어. 그러고는 신민부, 참의부, 정의부를 만들어 활동을 시작했지. 세 단체의 이념은 각각 달랐어. 곧 살펴보겠지만 이 무렵 국내에서도 사회주의와 민족주의의 통합이 추진되고 있었어. 마찬가지로 만주 지역에서도 통합 움직임이 일기 시작한 거지. 아쉽게도 성공은 하지 못했어. 그대신 1920년대 후반에 북만주의 혁신의회와 남만주의 국민부로 큰 통합은 이뤘어.

만주에서 탄생했지만 주로 국내나 일본에서 활동한 단체로는 의열단이 있어. 의열단은 1920년대 초반과 중반에 맹활약을 했단다.

가령 부산경찰서와 조선총독부, 종로경찰서에 잇달아 폭탄을 투척했어. 그 후에는 도쿄에 있는 일왕의 궁성에 폭탄을 던졌지. 다시 국내에서 동양척식주식회사와 식산은행에 연이어 폭탄을 투척했어. 아쉽게도 폭탄의 성능이 좋지 않아 이 투쟁은 대부분 성공을 거두지 못했단다.

신간회와 광주학생항일운동

1920년대 이후 만주와 연해주에서 진행된 독립운동은 주로 무장투쟁이었어. 반면 같은 시기 국내에서는 사회주의 독립운동 세력이 급속하게 커졌다는 점을 특징으로 내세울 수 있어. 러시아에서 공산혁명이 성공함에 따라 국내에도 그 파장이 미친 건데, 1925년에는 조선공산당까지 결성됐단다. 이듬해에는 사회주의 관련 단체들이 무려 340여 개로 늘어났어. 성장 속도가 엄청나게 빠르지?

　이 무렵 국내의 독립운동 세력은 통일된 힘을 보여 주지 못했어. 특히 민족주의 진영 독립운동가들이 이념과 투쟁목표, 투쟁방법의 차이로 갈등을 벌이고 있었어. 일부 민족주의 인사들이 민족자치를 주장하며^{자치론} 일본과 타협하자고 주장한 거야. 일제를 철저히 배격하는 비타협적 민족주의자들은 그런 자치주의자들과 함께 투쟁할 수 없다고 분명하게 선을 그었어.

　사회주의 진영도 사정이 힘들긴 마찬가지였어. 무엇보다 일제의

광주학생항일운동을 보도한 신문 호외

살벌한 감시와 탄압 때문에 세력을 키우지 못하고 있었어. 사회주의자들은 활동할 공간이 필요했어. 사회주의자들은 비타협적 민족주의자들에게 접근했어.

　민중들도 통일된 독립단체가 나타나기를 바랐어. 그 뜻이 이뤄졌어. 마침내 이념을 초월한 독립단체가 등장한 거야! 비타협적 민족주의와 사회주의 인사들이 민족의 해방과 독립을 표방하며 이념을 초월해 만든 이 단체가 바로 신간회야1927년 2월. 34명의 인사들이 참여한 신간회의 초대회장에는 이상재가 선출됐어.

　신간회는 곧 조직을 꾸리고 세력을 키우기 시작했어. 1930년 무렵에는 전국 140여 곳에 지회를 설치하고 3만 9000여 명의 회원을 자랑하는 조직으로 성장했지. 세력이 커지자 긴장한 일제는 탄압을 시작했어. 신간회는 그 흔한 집회 한번 열 수 없었지.

1929년 10월 말이었어. 광주를 출발한 열차가 나주에 도착했어. 바로 그 순간 열차에 타고 있던 한일 학생들 사이에 실랑이가 붙었어. 일본인 남학생이 한국 여학생을 희롱한 게 발단이 됐지. 싸움은 순식간에 패싸움으로 번지더니 이윽고 양쪽 학교의 충돌로 이어졌어. 일본 경찰은 한국 학생만 처벌했단다. 분노!

11월 3일 한국 학생들이 시위를 벌였어. 강제 진압이 뒤따랐어. 광주에는 휴교령이 떨어졌지. 시위는 이내 호남 지역을 넘어 한반도 전역으로 확산됐어. 이게 바로 광주학생항일운동이야.

이 투쟁에 신간회가 뛰어들었어. 학생단체, 사회단체들과 함께 이 싸움을 조직적인 독립투쟁으로 끌어올린 거야. 머잖아 한국인 학생들은 조선독립만세를 외치기 시작했어. 학생들은 시위를 벌이고 격문을 뿌렸어.

"경찰은 교내로 들어오지 마라. 한국인에 맞는 교육 제도를 확립하라. 식민지 교육 제도를 폐지하라. 언론, 출판 집회, 결사의 자유를 보장하라. 전국 학생대표자 회의를 허가하라. 사회과학 공부를 허용하라."

이 격문은 서울에 있는 경성제국대학에도 뿌려졌어. 그래, 비로소 전국으로 투쟁이 확산되기 시작한 거야. 뿐만 아니라 경신학교, 보성고보, 휘문고보, 중앙고보, 배화여고, 정신여고 등 다른 한국인 학교들도 투쟁에 동참했어. 전국 학교 대부분이 시위와 동맹휴업을 벌였지. 기록에 따르면 194개 학교에서 5만 4000여 명이 이 투쟁에 참여했다는구나.

일제의 처분은 무자비했어. 시위 주도자들을 모두 학교에서 내쫓았어. 약 580명 정도가 퇴학을, 2330명 정도가 무기정학 처분을 받았어. 이렇게 해서 광주학생항일운동은 일단락이 됐단다.

사실 광주학생항일운동은 어느 날 갑자기 욱 하고 터진 게 아니야. 호남지방의 경우 광주학생항일운동이 터지기 1년 6개월 전쯤인 1928년 4월, 이미 무력투쟁을 하자는 격문이 곳곳에 붙었단다. 6월에는 동양척식주식회사를 습격하려다 미수에 그친 사건이 발생한 적도 있어.

학생들은 꾸준히 투쟁을 준비하고 있었어. 1927년 11월, 광주 학생들은 독서회란 단체를 만들었어. 이 독서회에 신간회 멤버들도 많이 참여했지. 학생 투쟁 단체와 신간회가 만난 거야. 바로 이 독서회가 주축이 돼 식민지 교육을 반대하는 투쟁을 전개했어. 독서회는 한국인들도 사회과학 공부를 할 수 있게 해 달라고 요구했어. 일제가 탄압하자 학생들은 동맹휴학으로 맞섰지.

자, 이제 열차에서의 실랑이 때문에, 순간적인 감정 때문에, 학생들의 영웅심리 때문에 광주학생항일운동이 일어난 게 아니란 걸 확실히 알겠지? 물론 실랑이가 기폭제가 될 수는 있었을 거야. 그러나 더 중요한 점은, 그 전에 이미 투쟁 역량이 쌓여 가고 있었다는 사실이야.

신간회의 운명도 이 광주학생항일운동과 같이했어. 이 사건이 터지자 신간회는 진상 조사단을 현지에 파견하고, 일제에 학생운동을 탄압하지 말라고 요구했지. 광주학생항일운동이 전국적으로 확산되자 신간회는 대규모 민중대회를 열기로 했어. 그러나 이 대회를 열기도 전인 1929년 12월, 일제는 신간회의 핵심 멤버 44명을 체포했어.

게다가 신간회 내부에서 좌우 이념 대립도 커졌어. 결국 신간회는 1930년대 들어 스스로 해체하고 말았어^{1931년 5월}. 그 후로도 이념을 뛰어넘은 독립단체는 만들어지지 않았단다. 다소 아쉬운 대목이야.

1930년대로 넘어가기 전에 1920년대 국내에서 일어난 여러 항일 투쟁을 마저 살펴볼까?

우선 물산장려운동이 있어^{1923년}. 국산품을 사용함으로써 우리 민족 기업을 육성하자는 취지로 평양에서 시작됐지. 하지만 일제의 탄압과 사회주의 진영의 비판으로 크게 성공하지는 못했어. 사회주의자들은 물산장려운동으로 혜택을 본 사람은 일부 친일 기업가들뿐이며 실제로 민족자본의 성장에는 별 도움이 되지 않는다고 주장했어.

두 번째로는 민립대학 설립운동을 들 수 있어. 이 운동 또한 일제가 경성제국대학을 설립함으로써 결국 흐지부지되고 말았지. 이 물산장려운동과 민립대학 설립운동은 주로 민족주의 진영 쪽에서 추진했던 실력양성운동의 일환이었단다. 알아 두렴.

6·10 만세운동도 기억해 둬야 해^{1926년}. 이 운동은 종교지도자와 학생, 사회주의자들이 주축이 돼 준비했어. 하지만 전국적으로 확산되지는 못했지. 그 대신 이 6·10 만세운동을 통해 사회주의자와

민족주의자의 만남이 이뤄졌어. 그 결과는? 그래, 이미 살펴본 신간회가 탄생한 거야.

이승만과 민족지도자 논쟁

1908년 전명운과 장인환 의사가 대한 제국의 외교고문을 지낸 친일파 미국인 스티븐슨을 미국 오클랜드에서 암살했어. 당시 교포들은 두 의사를 변호하기 위해 갖은 애를 썼지. 교포들은 이승만에게 법정에서 통역을 맡아 달라고 부탁했어. 무슨 이유에선지 이승만은 이를 거절했다는구나. 아마 미국의 눈치를 본 게 아닌가 싶어.

1919년 대한민국 임시정부 대통령이 된 이승만은 미국 윌슨 대통령에게 "국제연맹이 한국을 위임통치해 달라"는 청원서를 보냈어. 임시정부 요인들이 이 사실을 알고 분노했어. 무장투쟁을 주장하던 신채호는 "이완용은 있는 나라를 팔아먹었고, 이승만은 없는 나라를 팔아먹었다"고 말하기도 했단다. 임시정부는 아수라장이 되고 말았어. 당시 김규식은 파리강화회의에 파견돼 있었는데, 그곳에서도 외국인들이 "한국은 독립을 원하는 거냐? 아니면 미국에 속하기를 원하는 거냐?"며 비아냥거렸다는구나.

이승만은 임시정부 청사가 있는 상하이에 머물지도 않았어. 주로 미국에 있었지. 결국 1925년 이승만은 탄핵을 당해 임시정부 대통령에서 물러났단다. 미국으로 돌아간 후에도 이승만의 행적은 논란이 많아.

이승만은 광복을 맞은 후 미군정이 들어서자 금의환향했어. 그러고는 정식으로 출범한 대한민국의 초대 대통령이 됐지. 그러나 제1공화국은 말 그대로 부패공화국이었어. 결국 그는 다시 미국으로 망명을 떠났어. 물론 이승만의 공적이 전혀 없다고는 할 수 없을 거야. 그러나 여전히 논란은 남아 있지?

일제의 발악, 그리고 광복

1931년 만주사변이 터졌어. 이 무렵 일제는 아시아 전역을 정복할 계획을 세우고, 중국을 노리고 있었어. 그러나 아무런 구실도 없이 대놓고 침략할 수는 없지 않겠어? 강대국들로부터 심한 비난을 받을 수 있잖아?

일제는 이럴 때면 늘 조작이란 카드를 꺼내들었어. 이번에도 마찬가지였어. 총격 사건을 조작한 뒤 즉각 만주를 공격한 거야. 이 만주사변은 일제의 중국 침략을 알리는 첫 신호탄이었어. 일제는 이어 1937년에는 본격적으로 중국 본토를 공략했는데, 이게 중일전쟁이야. 1940년대로 접어들면서는 신생 강대국 미국을 상대로 태평양전쟁을 유발하기도 했지.

제2차 세계대전의 소용돌이는 한반도에도 불어닥쳤어. 일제의 최후 발악으로 한국 민중은 그 어느 때보다 극심한 고통을 당해야 했지.

한민족의 민족성을 없애 버리겠다?

모름지기 전쟁을 하려면 군수물자가 원활하게 공급돼야 해. 일제는 중국을 넘어 아시아 전역을 차지하려 했어. 그러니 대륙에 연결된 곳에 군수물자를 공급하는 기지, 즉 병참기지가 반드시 필요했겠지. 그 역할을 한 곳이 어디겠어? 그래, 한반도였어.

일제는 1930년대 이후 전쟁이 본격화하면서 한반도를 병참기지로 만들었어. 이 정책이 바로 병참기지화 정책이란다. 한국 민중의 반발이 충분히 예상되는 대목이지? 일제는 우리 민족의 저항을 무력화시키는 방법도 생각해 뒀어. 바로 모든 한국인을 일본의 완벽한 노예로 만드는 거야. 우리 민족성을 완전히 없애고, 일왕의 신하신민로 만들겠다는 이 정책이 황국신민화 정책이지.

이런 정책들을 통해 조선총독부가 궁극적으로 노리는 것은 뭘까? 바로 한국 민족성을 완전히 없애는 거야. 전쟁의 시대가 왔으니, 문화적으로 통치한다는 가면을 완전히 벗어던졌어. 이게 바로 민족말살통치야.

이 민족말살통치의 핵심이 바로 병참기지화와 황국신민화 정책이었어. 사실 이 두 정책은 같은 뿌리에서 나와 갈라진 나무줄기라고 할 수 있어. 서로 떼어 놓을 수 없다는 얘기야. 병참기지화 정책을 잘 추진하려면 황국신민화가 필요했거든.

만주사변 이후 일제는 압록강과 두만강 유역을 비롯한 한반도 북부 지역에 공장을 많이 세웠어. 무기를 만드는 군수공장도 많았지. 이곳에서 만든 무기는 곧바로 만주 지역의 일본군에게 보급됐어.

일제는 모든 시스템을 전시 체제로 돌려놨어. 그래, 한반도와 일본이 모두 비상체제로 돌입한 거야. 우선 지원병을 뽑아 전쟁터로 보냈어. 일반 국민의 생활을 편안하게 해 줄 제품보다는 무기를 만들기 위한 공장 라인을 늘렸지. 모든 체제를 전시체제로 돌려놓으니 일본 내에 다시 식량이 부족해졌어. 조선총독부는 1920년대의 산미증식계획을 되살렸어. 입으로는 한국 농촌의 부흥이니 자력갱생이니 떠들었지만 속셈은 뻔했지. 강제로 거둔 농산물은 고스란히 일본으로 넘어갔고, 한국 민중은 배급을 받아 근근이 살아가야 했어.

이런 정책이 효과를 보려면 한국 민중이 잘 따라야 해. 그러나 누가 따르겠어? 그렇다면 강제로! 일제는 악랄할 정도로 황국신민화 정책을 강하게 밀어붙였어. 사실 황국신민화 정책은 일제가 한일병합을 단행한 이후 지속적으로 추진해 왔던 사업이었어. 다만 한국 민중의 저항이 너무 커 효과를 거두지 못하고 있었던 거야.

그러나 지금은 비상 전시체제야. 일본은 최후의 발악을 하고 있었어. 민중의 저항에 대해 조금의 관용도 허락하지 않았어. 일제는 모든 저항을 총과 칼로 억누르면서 황국신민화 정책을 밀어붙였단다.

1936년 제7대 총독으로 부임한 미나미 지로는 모든 한국인을 일본인으로 개조하겠다는 뜻을 공공연하게 밝혔어. 모든 한국인을 일왕의 신민으로 만들겠다는 거야. 이 정책은 일제가 중일전쟁을 일으킨 1937년 이후 더욱 심해졌어.

우선 신사참배를 모든 한국인에게 강요했어. 조선총독부는 면 단위마다 신사를 설치하도록 했어. 천황을 신으로 여기는 일본의 토속종교를 신도라고 하는데, 이 신도의 사당이 신사야. 일제는 모든 한국인이 이 신사에 참배를 하도록 의무화했어. 이 신사참배 강요 또한 이번이 처음은 아니었어. 저항에 부닥쳐 모든 한국인에게 강

조선 신사 · 일제가 1925년 서울 남산에 세운 조선 신사의 모습이다. 일제는 서울뿐 아니라 전국 곳곳에 신사를 세웠고 1937년부터는 모든 한국인에게 신사참배를 강요했다.

요하지 못했었지. 그러나 모두가 미쳐 돌아가는 전시 상황이었어. 마지막 발악을 하는 일제가 뭘 못 하겠어?

일본은 황국신민서사를 만들어 모든 행사를 할 때마다 의무적으로 제창하도록 강요했어. 어른은 "우리는 황국신민으로, 충성으로서 보답한다" 그리고 어린이는 "대일본 제국의 신민으로, 마음을 합해 천황폐하에게 충성한다"고 외었단다.

1938년부터는 일본과 조선이 한 조상에서 나왔다는 일선동조日鮮同祖, 한 몸이라는 내선일체內鮮一體 사상을 강요했어. 정말 어이없지? 일제는 이것만으로는 성에 안 찼는지 1939년에는 모든 한국인의 이름과 성을 일본어로 바꾸도록 했어. 이를 창씨개명이라고 불렀어.

1938년 3월, 일제는 제3차 조선교육령을 발표하면서 황국신민화 교육을 본격화했어. 이때 조선총독부가 밝힌 교육의 목적도 황국신민 양성이었어. 한국 교육과정과 학교 이름을 모두 일본처럼 바꿨어. 한글은 일절 사용금지! 일제는 조선어 학과를 폐지했어. 물론 한국 역사도 공부할 수 없었지. 국사 시간은 일본 역사를 공부하는 시간이었어.

조선총독부는 또 한국인이 사립중고교를 세울 수 없도록 했어. 일본의 교육 법규에 따라 동일하게 교육을 받아야 한다는 게 일본이 내세운 이유였어. 그러나 일제의 진짜 속셈은 따로 있었지. 한국인이 세운 사립학교가 민족 교육을 할지도 모르잖아? 그렇게 되면 황국신민교육이 불가능해지고, 민족말살 정책에 차질을 빚을 수 있잖아?

심지어 일제는 기독교 계열의 학교에서 성경을 가르치는 것도 금지했단다. 일제는 일왕을 신으로 떠받들고 있어. 그런데 기독교는 예수 그리스도를 숭배하고 있지. 하늘 아래에 신이 둘은 있을 수 없었겠지. 바로 이 점 때문에 성경을 금지했던 거야. 물론 이 또한 황국신민교육의 일환이었지.

최후의 발악

일제는 1938년 국가총동원법과 군수공업총동원법을 만들었어. 총동원이란 단어에서 이 법의 의도를 알 수 있겠지? 그래, 전쟁에 임

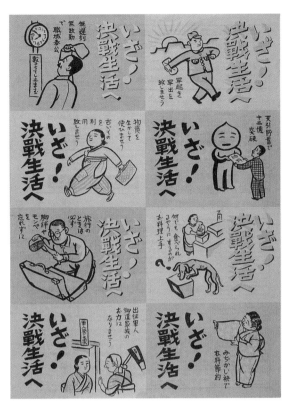

결전 생활 벽보 · 일제가 총동원 체제 하의 생활 요령을 한국인에게 요구한 벽보이다. 조기 출근, 강제 저축, 옷감 절약 등의 내용이 들어 있다.

하기 위해 한국의 인력과 물자를 모두 동원하겠다는 뜻이야.

일제는 자기들 손에 피를 묻히지 않았어. 친일파들을 배후조종해 이 작업을 했단다. 일제는 우선 국민정신총동원 조선연맹을 만들게 했어. 이 단체의 총재는 조선 총독이었어. 그러나 실제 사업은 친일파들이 주로 맡았지. 지역별로 지역연맹을 뒀고, 그 아래로 10개 가구씩 묶어 애국반이란 것을 만들었는데, 친일파 한국인들이 활동

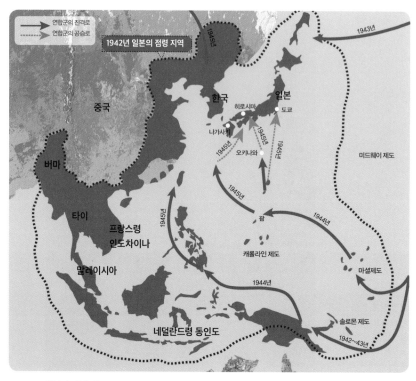

연합군의 진격로
연합군의 공습로
1942년 일본의 점령 지역

1945년

1943년

중국

한국

일본

히로시마

도쿄

나가사키

1945년

1945년

오키나와

미드웨이 제도

버마

1945년

1945년

타이

프랑스령
인도차이나

괌

1944년

말레이시아

캐롤라인 제도

마셜제도

1944년

솔로몬 제도

네덜란드령 동인도

1942~43년

일본의 최대 판도 · 일본은 1942년 무렵 동남아시아의 대부분과 태평양제도를 점령했다. 그 이후 미국의 반격에 부딪쳐 점점 쇠퇴하다 1945년 최종 패배했다.

했어.

이 조선연맹은 『총동원』『애국반』과 같은 책자를 발간했는데, 이 책자의 이름만 봐도 어떤 일을 주로 했는지를 짐작할 수 있을 거야.

조선총독부는 한국인의 자발적인 참여를 권했어. 과연 자발적이었을까? 글쎄. 그렇진 않았을 거야. 어쨌든 무려 59개의 한국 단체가 참여했어. 기독교, 불교, 천도교와 같은 종교 단체를 비롯해 문예단체, 경제단체, 사회단체가 대거 가입했지. 안타까운 점은, 존경을 받았던 많은 민족지도자들이 확실한 친일파로 변절했다는 거야. 독립협회를 세우는 데 기여했고 105인 사건에도 연루됐던 윤치호, 33인 민족 대표에 속해 있던 최린, 여성운동을 이끌었던 김활란… 이 밖에도 많은 인사들이 이 단체에서 활동했지. 물론 일제의 강압과 회유가 심했겠지만 민중의 배신감은 정말 컸을 거야.

1940년 10월, 일제는 국민정신총동원조선연맹을 국민총력조선연맹으로 바꿨어. 이름을 바꾼 조선연맹은 일제를 미화하고, 참전을 권하는 운동을 더욱 가열 차게 전개했어. 한때 민족지도자였던 사람들이 이제는 자기 나라의 젊은이를 남의 전쟁터로 내몰기 위한 연설을 하고 다녔지. 모든 한국 민중이 일제의 대동아공영전쟁에 목숨을 바쳐야 한다는 연설을 하는 지도자도 있었어. 물론 일제

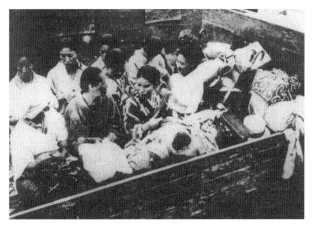

일본군 위안부 · 일제는 전쟁에 필요한 인력을 여러 가지 방법으로 수탈했으며, 심지어 여성을 일본군 '위안부'로 만들어 성 노예 생활을 강요하기도 했다.

의 회유와 탄압 때문이겠지만, 그들의 반민족 행위는 광복을 맞은 후 큰 논란이 됐단다. 친일 논쟁은 오늘날까지도 완전히 끝나지 않았어.

1941년 일제는 태평양 전쟁을 일으켰어. 이제 일본은 정복 야욕으로 돌아 버린 미치광이나 다름없었어. 일제의 마지막 발악이 계속되면서 민족말살 정책은 더욱 악랄해졌지. 국민총력운동이라는 이름하에 한반도의 모든 것을 빼앗아 갔어.

1942년 일제는 일을 할 수 있는 한국인 장정들을 모두 동원했어. 이를 강제징용이라고 해. 공장, 비행장, 군사기지 공사 현장, 탄광과 광산…. 한국인들은 이름도 모르는 낯선 곳에서 죽기보다 싫은 강제노동을 해야 했지.

1943년에는 한국의 젊은이를 머나먼 타국의 전쟁터로 보냈어. 이것은 강제징병이야. 전쟁이 막바지에 이른 1944년에는 대학생까지 강제 소집했단다. 또 여자정신대근로령을 실시해 수십만 명의 여성을 강제 동원했어. 공장으로 끌려간 여성은 그나마 다행이었어. 전쟁터로 끌려간 여성은 일본군 위안부로 전락했지. 사실 일제가 군대 위안부를 끌고 간 것은 이때가 처음이 아니야. 다만 법을 이때 공식적으로 만든 거지.

일제의 패색이 더욱 짙어졌어. 일제는 한국의 집집마다 돌아다니며 놋그릇, 수저 하나까지 모두 빼앗았어. 이것은 공출이라 불렀어. 전쟁 물자가 턱없이 부족해지자 소나무 뿌리까지 뽑아 갈 정도였다는구나. 병사도 부족해지자 1945년 5월에는 전시교육령을 공포

해 "교직원과 학생이 모두 일제의 전쟁 수행에 이바지하라!"고 윽박질렀어. 그것도 모자라 교직원과 학생들로 학도대를 조직하고, 군사훈련을 시켰단다.

이 기간 우리 민족의 희생이 어느 정도였는지 정확하게 집계하는 것은 사실상 불가능해. 그만큼 희생이 컸다는 얘기야. 약 200만 명이 일본으로 강제 징용돼 강제 노동을 한 것으로 추정되고 있어. 20만 명에 가까운 여성이 위안부로 끌려갔지.

일본의 종말이 다가오고 있었어. 그 끝은 조금 있다가 보기로 하고, 우리 민족의 투쟁 상황을 살펴볼까?

급박한 독립투쟁, 그리고 광복

1930년대, 일제는 민족말살통치를 하고 있었어. 국내에서 활동한다는 것은 거의 불가능했지. 따라서 대부분의 투쟁은 해외에서 펼쳐졌단다.

우선 만주 지역부터 볼까? 1930년대 초반까지만 해도 사회주의 계열의 국민부와 민족주의 계열의 혁신의회가 이곳에서 활동을 했어. 중국과 연합해 항일투쟁을 하기도 했지. 하지만 사실 이곳도 얼마 지나지 않아 활동하기 어려운 장소가 돼 버렸어. 만주사변이 터지고 난 후 일본이 장악했기 때문이야. 그 때문에 많은 독립운동가들이 나중에는 만리장성 남쪽의 지역(이곳을 중국 관내, 또는 중국 본

이봉창과 윤봉길 · 폭탄을 투척하기 전에 찍은 사진이다.

토라고 한단다)으로 옮겨 투쟁을 계속했어.

상하이에 있는 임시정부는 1930년대부터 본격적인 무장투쟁을 벌였어. 그 역할을 한 단체가 임시정부 산하의 한인애국단이야. 한인애국단 소속의 이봉창은 도쿄에서 히로히토 왕에게 폭탄을 투척했어.

그의 뒤를 이어 윤봉길은 상하이 훙커우 공원에서 폭탄을 터뜨려 일본 고위인사들을 한꺼번에 제거했지. 이 윤봉길의 의거는 중국 전역이 놀랐던 대사건이었단다. 당시 중국의 지도자인 장제스가 "4억 중국인이 해내지 못한 일을 한국인 윤봉길, 1인이 해냈다"며 극찬을 아끼지 않을 정도였어. 장제스는 큰 감동을 받아 그 후 임시정부에 재정 지원을 했어.

하지만 임시정부로서는 시련이 더 커졌어. 윤봉길 의거 이후 일

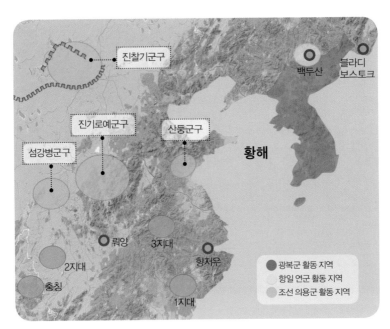

해방 직전 독립군의 활동 · 대한민국 임시정부의 광복군을 비롯해 사회주의자 독립군 단체들도 국내 진격 작전을 세웠다. 연합군에 의해 광복을 맞으면서 국내 진격 기회는 무산됐다.

본의 탄압이 더 심해진 거야. 임시정부는 여기저기 청사를 옮겨야 했고, 1939년에는 충칭에 정착했어. 이듬해 임시정부는 산하에 한국광복군이란 군대를 설치했단다. 왜? 일제 패망에 앞서 한반도로 진격하려고!

이 한국광복군에, 만주에서 넘어온 독립군이 속속 참여했어. 의열단을 만들었던 김원봉은 1937년 중국 난징에 조선민족혁명당을 세웠어. 이 단체 산하에도 군대가 있었는데 바로 조선의용대야. 사회주의자와 민족주의자가 섞여 있는 군대였지.

조선의용대 · 1938년 김원봉에 의해 창설된 독립군 단체이다.

　얼마 후 일본이 중국 난징을 점령해 버렸어. 조선의용대도 다른 곳으로 이동해야겠지? 바로 이때 사회주의자들은 중국 공산당에 합류해 조선의용군으로 재탄생했어. 이원봉은 나머지 병사들을 이끌고 임시정부로 넘어왔지. 바로 이 김원봉의 군대가 1942년 합류함으로써 한국광복군의 전력이 크게 보강됐어.

　한국광복군은 연합군과 함께 미얀마 등 여러 전선에서 활동했어. 미국전략특수공작대와 함께 훈련도 했어. 목표는 단 하나. 우리 손으로 직접 해방을 쟁취하기 위해 한반도 땅을 직접 밟는 거야. 하지만 이 소망은 지켜지지 않았어. 일본이 항복했기 때문이야. 사실 조선의용군이나 동북항일연군도 각각 중국, 소련과 연대해 국내로 진격하려 했었단다. 이 모든 계획이 허망하게 무산된 거지.

1945년 8월 15일, 히로시마와 나가사키 두 곳에 원자폭탄 공격을 받은 일본이 드디어 항복했어. 비로소 민족이 광복을 맞은 거야. 하지만 우리 민족이 그냥 멍하니 있었던 것은 아니야. 이미 말한 대로 국내 진격 작전을 계획하고 있었잖아? 연합군이 "옜다!"하면서 광복을 가져다준 게 아니란 거야. 우리 민족도 착실하게 해방 전쟁을 준비하고 있었다는 점, 꼭 기억해 둬.

친일파로 변신한 '애국자들'

목숨을 부지하기 위해 어쩔 수 없이 자존심을 버린 것이었을까? 아니면 개인의 영달을 위해 삶의 철학을 바꾼 것일까? 1940년을 전후로 일제의 대륙침략전쟁이 본격화하면서 많은 민족지도자들이 적극 친일행위를 하기 시작했어. 그들은 연설을 통해 한국인들을 전쟁터로 내몰았단다.

"드디어 기다리던 징병의 시간이다. 큰 감격이 아닐 수 없다." "우리는 웃으며 아들과 남편을 전장으로 보내야 한다." "대동아전쟁 승리라는 성스러운 목표를 이루기 위해 조선 민중도 한 몫을 거들어야 한다." "우리 여성의 머릿속에 대화혼이 있다." "천황 폐하를 위해 총을 잡자."

이런 연설을 하고 다녔거나 일제를 찬양하고 다닌 과거의 민족지도자는 하나둘이 아니었어. 이광수, 최남선, 주요한과 같은 문인들이 그랬고, 김활란, 모윤숙과 같은 여성 지도자들이 그랬어. 송진우, 최린, 윤치호도 친일파로 변했지.

1945년 8월 우리 민족은 광복을 맞었어. 바로 그때, 이 사람들의 심정은 어땠을까?

◆ 역사리뷰 ◆

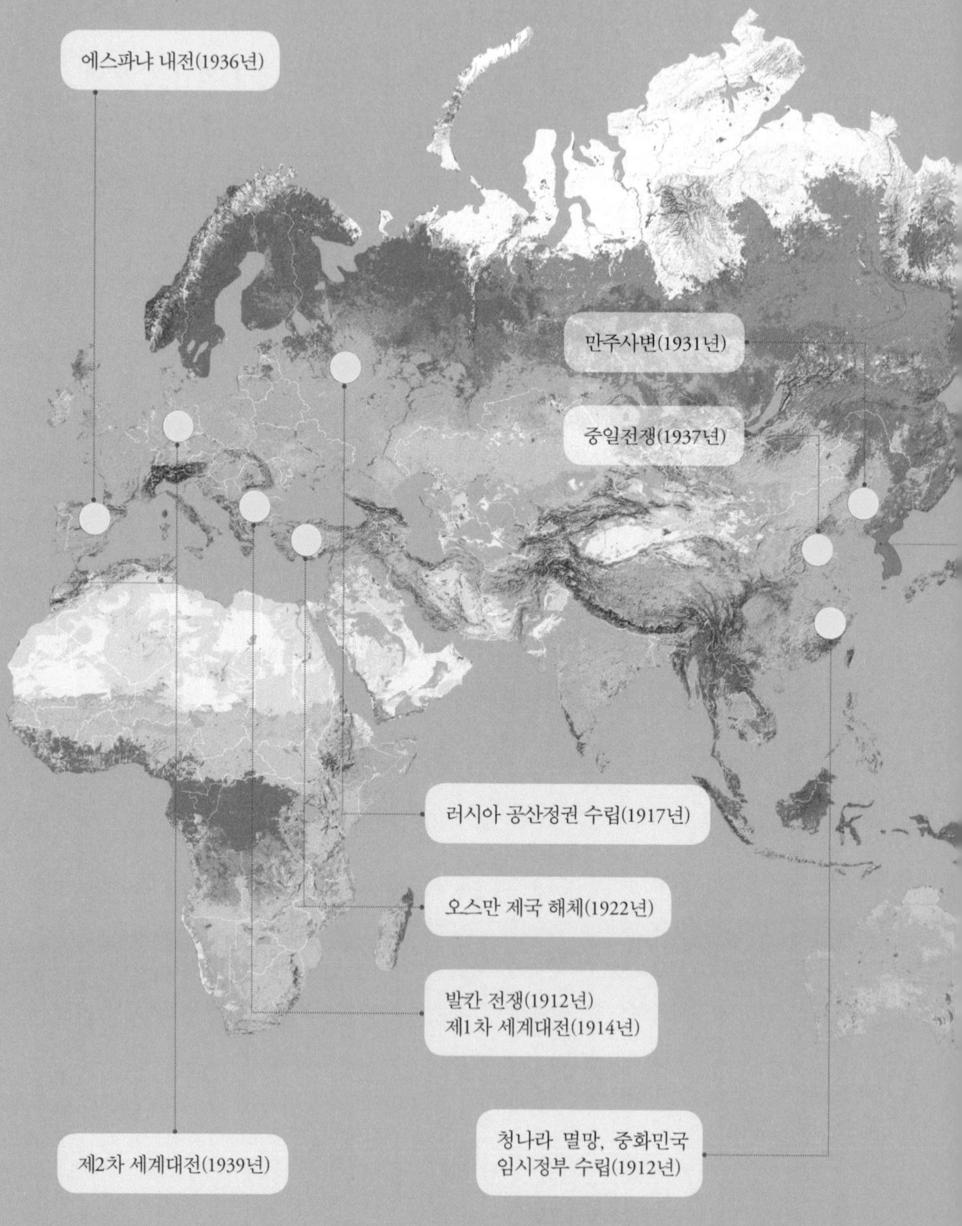
에스파냐 내전(1936년)
만주사변(1931년)
중일전쟁(1937년)
러시아 공산정권 수립(1917년)
오스만 제국 해체(1922년)
발칸 전쟁(1912년)
제1차 세계대전(1914년)
청나라 멸망, 중화민국
임시정부 수립(1912년)
제2차 세계대전(1939년)

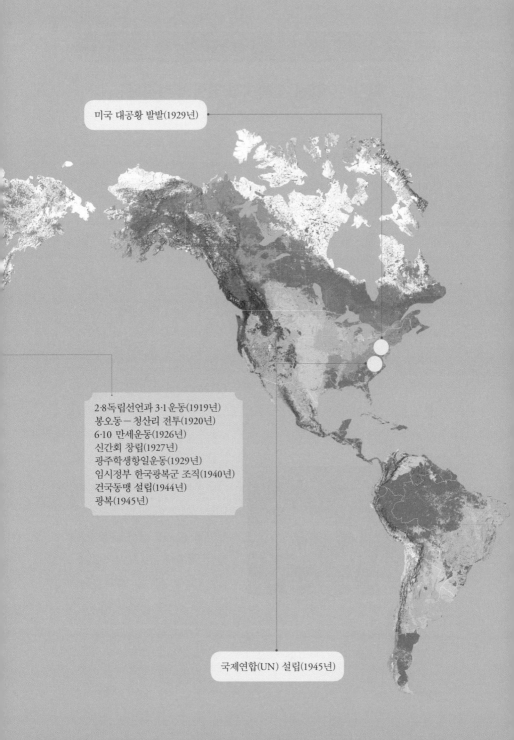

미국 대공황 발발(1929년)

2·8독립선언과 3·1운동(1919년)
봉오동 — 청산리 전투(1920년)
6·10 만세운동(1926년)
신간회 창립(1927년)
광주학생항일운동(1929년)
임시정부 한국광복군 조직(1940년)
건국동맹 설립(1944년)
광복(1945년)

국제연합(UN) 설립(1945년)

제1차—제2차 세계대전 연이어 터지다

일제는 한국을 병합한 후 105인 사건을 조작하는 등 독립운동을 탄압했어. 그러나 무단통치는 곧 철퇴를 맞았어. 1919년 도쿄 2·8독립선언에 이어 3월 1일 한반도에서 대대적인 3·1운동이 일어난 거야. 해외에서의 활약도 눈부셨어. 상하이에 대한민국 임시정부가 들어섰어. 만주 일대에서는 봉오동 전투와 청산리 전투에서 독립군이 일본군을 격파했지.

1910~1920년대, 역사상 처음으로 엄청난 규모의 전쟁이 터졌어. 바로 제1차 세계대전이야^{1914년}. 일본은 이 전쟁에도 뛰어들어 태평양에 있는 독일 식민지를 가로챘지. 제1차 대전이 후반부로 접어든 1917년, 러시아에 사회주의 혁명이 일어났어. 인류 역사상 처음으로 공산정권이 등장했지. 그 여파는 곧 아시아로도 확산됐어. 중국에서 1921년, 한국에서 1925년 공산당이 창립됐어. 아참, 3·1운동의 영향을 받아 중국에서 5·4운동이 일어났다는 점도 잊지 마.

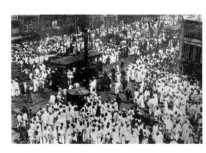

6·10 만세운동

1920년대 이후 한반도에서 독립운동이 잇달아 일어났어. 1926년에는 6·10 만세운동이 일어났고, 1927년에는 3·1운동 이후 최대 규모의 봉기인 광주학생항일운동이 일어났지. 1930년대에는 만주와 연해주

에서도 잇달아 무장독립단
체들이 만들어졌어.

1929년 미국에서 발생한
공황이 세계를 덮쳤어. 그
여파로 전 세계가 대공황
에 휩싸였지. 이때 경제 위
기가 닥친 파시즘 국가들이
위기를 돌파하기 위해 전쟁

일제의 미국 하와이 진주만 공격

을 일으키기 시작했어. 독일에서는 히틀러가 정권을 잡았어1933년. 비슷한
시기에 일제는 만주사변1931년과 중일전쟁1937년을 일으켰지. 스페인에서는
좌파와 파시즘이 격돌했는데, 이 사건을 에스파냐 내전이라고 불러1936년.
마침내 히틀러의 독일 군대가 폴란드를 침공하면서 제2차 세계대전이 시
작됐지1939년.

일제는 우리 민족을 전쟁으로 내몰았어. 이른바 민족말살정책이 추진된
거야. 일제는 대동아공영을 외치며 동남아시아도 침략했어. 이로써 태평양
전쟁이 시작됐지1942년. 비슷한 시기에 대한민국 임시정부는 한국광복군을
조직해서 한반도 진격을 기획했어. 여운형은 한반도 내부에서 건국동맹을
만들었지.

1945년 히틀러가 가장 먼저 패배했어. 이어 일본도 두 차례의 원자폭탄
공격을 받고 마침내 항복했지. 이로써 제2차 세계대전이 끝나고 우리 민족
은 광복의 기쁨을 누리게 됐어.

시대별로 사회는 어떤 모습이었을까?

오늘날에는 귀족도, 평민도, 노비도 없어. 모두 이 나라의 국민일 뿐이야. 물론 권력을 가진 사람과 권력이 없는 사람은 존재하지만 적어도 신분 차별은 사라졌지. 신분제는 갑오개혁 때 폐지됐단다. 이 말은, 그 전까지 신분 차별이 존재했다는 얘기야.

근대 이전에는 신분이 모든 것을 결정했어. 신분에 따라 얻을 수 있는 직업뿐 아니라 입는 옷과 사는 집, 먹는 음식이 모두 달랐지. 신분 상승은 쉽지 않았어. 천민으로 태어나면 죽을 때까지 천민이었고, 자식들까지도 천민 신분을 벗어나지 못했단다.

신석기시대까지만 해도 신분 차별은 없었어. 청동기시대로 접어들면서 계급과 권력자가 등장했고, 나라가 생기면서 신분 차별이 나타난 거야.

부여와 고구려 초기에는 크게 귀족과 평민으로 신분이 나뉘어 있었어. 부족장이 대표적인 귀족 지배층이었는데, 이들을 가 또는 대가라고 불렀지. 평민이자 피지배층은 하호, 또는 호민이라 불렀어.

이런 신분 제도는 삼국시대로 고스란히 이어졌어. 왕족과 귀족이 지배층을 이뤘고, 평민과 천민이 피지배층이 됐어. 향, 소, 부곡이란 특수 마을이 있었는데, 여기 사는 사람들은 천민 대접을 받았지. 이 천민 마을은 고려시대까지 이어졌다가 조선시대에 사라지게 돼

신라에서는 골품제에 따라 신분이 구별됐어. 성골과 진골, 6,5,4두품이 지배층이 됐어. 반면 3,2,1두품과 평민, 천민은 피지배층이 됐지. 고려에 이

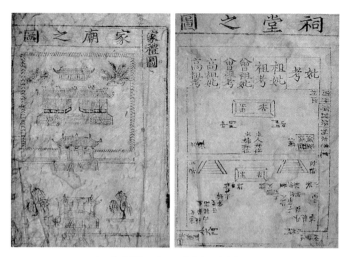
가묘와 사당을 그림으로 설명한 주자가례(부분)

르러서는 귀족과 중류층이 지배층을 이뤘고, 양인과 천민이 피지배층을 이뤘어. 양인은 농민과 상인, 수공업자를 가리키는 신분이야. 농민보다는 수공업자가 등급이 낮지? 당시 수공업자가 천대받았다는 점을 알 수 있겠지?

조선 전기에는 양천 제도가 실시됐어. 신분을 크게 양인과 천민으로 나눈 거야. 양인에는 양반, 중인, 상민이 포함돼 있었어. 일반적으로 농민들은 상민에 해당돼. 중인과 상민도 양반과 마찬가지로 과거 시험에 응시할 수 있었어. 능력만 있다면 중앙의 관리가 될 수 있는 거지. 물론, 실제로 이런 일은 거의 일어나지 않았어. 농사짓기도 바쁜데 공부할 시간을 낼 수나 있겠니? 법이 그렇다는 거지! 법과 현실은 많이 달라. 결국 실제로는 양천 제도라기보다는 양반과 상민으로 구분되는 반상 제도였다는 얘기야.

서얼은 중인에 해당돼. 서는 양반 첩의 자식, 얼은 천민 첩의 자식을 가리키는 말이야. 본부인이 아닌, 첩이 낳은 자식은 모두 서얼로 분류됐어. 서얼도 과거 시험에 응시할 수는 있어. 하지만 고위직이 되기 위해 꼭 치러야 할 문과 시험에는 응시할 수 없었단다. 명백한 차별이지.

이 때문에 조선 후기로 갈수록 차별을 없애 달라는 서얼들의 요구가 강해졌어. 그 결과 18세기 후반 정조는 서얼도 중앙관리가 될 수 있도록 하는 정유절목을 반포했단다. 서얼이 급속히 증가했으니 그들을 무시할 수 없었던 거야. 이 조치에 따라 박제가나 유득공, 이덕무 같은 서얼이 관리가 될 수 있었어.

양반 사대부들은 서얼의 신분 상승이 못마땅했을지도 몰라. 하지만 조선 후기로 접어들면서 신분 질서는 많이 흐트러지고 있었어. 상공업이 발달하자 신분은 천민인데, 양반을 능가하는 부자들도 많이 나왔단다. 이런 천민들은 재정을 메우기 위해 조정이 발행한 공명첩을 사서 양반으로 신분을 바꾸기도 했지. 반면 가난한 양반들은 몰락해서 사실상 천민이나 다름없는 생활을 했어. 이런 양반들을 잔반이라 불렀어.

갑오개혁 때 신분 제도가 완전 철폐됐지만 이미 조선 후기 때부터 봉건적 신분제는 흔들리고 있었던 셈이야. 조선이 무너진 원인은 여러 가지이겠지만 이 신분제의 붕괴도 한 몫을 했던 것은 분명하단다.

요즘에는 일부일처제가 너무나 당연한 것으로 받아들여지고 있어. 우리나라에서는 한 사람이 두 명 이상의 배우자를 두는 것을 법에서 허용하지 않아. 물론 당사자의 고발이 있어야겠지만. 지금 사회에서는 이혼하거나 배우자가 사망할 때만 다시 결혼을 할 수 있지.

하지만 조선시대까지만 하더라도 남자들은 본부인 외에 여러 명의 첩을 둘 수 있었어. 사실 일반 백성들은 경제적으로 넉넉하지 않아서 그런 경우가 많지는 않았어. 양반 사대부들이 주로 첩을 뒀지.

TV 사극을 보면, 양반집 규수가 비단에 수를 놓는 장면이 많이 나와. 여

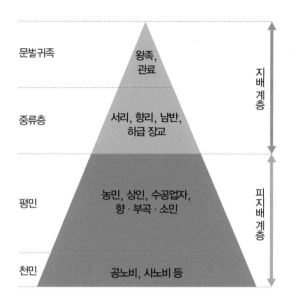

문벌귀족	왕족, 관료	지배계층
중류층	서리, 향리, 남반, 하급 장교	
평민	농민, 상인, 수공업자, 향·부곡·소민	피지배계층
천민	공노비, 사노비 등	

필종부라는 말도 간간히 나오지. 남녀칠세부동석. 남자와 여자는 일곱 살만 돼도 한자리에 앉지 않는다는 이야기야.

이런 모습이 우리의 전통이라고 생각하면 안 돼. 이런 풍경은 성리학 질서가 전국에 확산된 17세기 이후에나 만들어진 거란다. 그 전까지는 전혀 그렇지 않았다는 이야기야. 다행히 오늘날에는 더 이상 이런 모습이 나오지는 않아. 딸도 부모의 유산을 얼마든지 상속받을 수 있지. 과거의 남녀 관계는 어떤 모습이었을까?

고구려에는 서옥제라는 결혼 제도가 있었어. 서옥은 사위의 집이란 뜻이야. 신부의 집에 서옥을 짓고, 신랑이 그곳에 들어가 사는 거야. 일종의 데릴사위제와 비슷하지. 부부는 아이를 낳고, 그 아이가 성장할 때까지 서옥에 머물다가 그 이후에야 신랑의 집으로 돌아간단다.

반면 옥저에서는 신부가 어렸을 때부터 신랑 집에 들어가서 살았어. 여자

20세기 초에 촬영한 가족 모습

아이가 크면 친정으로 돌아온 뒤 홍정을 거쳐 다시 신랑의 집으로 가는데, 이것을 민며느리제라고 한단다. 고구려와는 정반대의 풍습이지.

두 풍습에서 남녀 차별을 읽을 수 있니? 아니야. 당시는 먹고 살기가 참으로 힘든 시절이었어. 남자든 여자든 잃어서는 안 될 중요한 노동력이지. 고구려의 경우 여자를 데리고 오기 전에 남자가 신부의 집에 머물며 노동력을 제공했어. 옥저에서는 신부 집안의 '입'을 줄이기 위해 어렸을 때부터 남자 집안에서 여자를 키웠어. 그리고 성인이 되면 노동력에 대한 대가를 지불했지. 즉, 이런 풍습은 남녀 차별이라기보다는 경제적인 이유에서 만들어진 거란다.

비슷한 시기, 부여에는 또 다른 결혼 풍습이 있었어. 오늘날까지 남아 있는 부여의 법에는 투기가 심한 부인을 사형에 처한다는 조항이 들어 있단다. 이를 해석해 보면, 부여에서는 일부다처제가 시행됐을 것으로 추정돼. 정말 다양하지?

삼국시대와 고려시대에는 유교 윤리가 그다지 퍼져 있지 않았어. 유교를 주로 통치 이념으로 활용했지, 일상생활에까지 적용하지는 않았어. 그 때문에 상류층에서는 일부다처제가 흔했단다. 특히 귀족이나 왕족은 친척끼리 결혼하는 족내혼이 일반적이었어. 형제끼리 결혼하거나 한 왕자에게 자매가 모두 시집가는 경우도 흔했지. 심지어 이모, 삼촌과 결혼하는 사례도 적지 않았단다.

조선시대에는 남녀 관계가 어땠을까? 조선 전기에는 신랑과 신부가 결혼하면 먼저 신랑이 신부 집에서 일정기간 생활할 때가 많았어. 고구려의 서옥제와 비슷하다고? 하지만 고구려 때처럼 아주 오래 살지는 않았단다. 어느 정도 처가에서 지낸 후 부부가 신랑 집으로 옮겨가 살았지. 여자가 불리하다는 생각이 별로 들지 않지?

조상에 대한 제사도 아들만 지내지 않았어. 딸이 제사를 지내기도 했지. 당연히 부모의 유산도 아들 딸 구분 없이 골고루 상속됐단다. 다만 서자는 차별을 받았어. 남녀 차별이 아니라 적서 차별이 있었던 셈이지. 여성은 배우자가 죽으면 재혼할 수도 있었어.

우리가 생각하는 조선의 모습과 많이 다르지? 사실 고려 때는 이보다 더했단다. 고려 왕실에서는 아이가 태어나면 외가의 성을 따르는 경우도 많았어. 남녀칠세부동석이라느니, 여필종부라느니 하는 남녀 차별적 단어는 존재하지도 않았어. 여성과 남성의 지위가 크게 다르지 않았기 때문이야. 이런 풍속이 크게 달라진 것은 성리학의 예법을 담은『주자가례』가 민중에까지 널리 퍼진 17세기부터였어. 어떻게 달라졌는지 예를 들어 볼까?

우선 결혼풍습부터 달라졌어. 신부가 신랑의 집에 가서 혼인식을 올린 뒤 바로 신랑의 집에서 결혼생활을 시작했단다. 신랑이 신부의 집에 가서 맞아들이는 형식은 남아 있었지만, 과거처럼 신부의 집에 사는 일은 더 이상 존재하지 않게 됐지.

제사는 그 집안의 큰아들이 도맡아 지내는 걸로 바뀌었어. 큰아들이 사고를 당하면 둘째아들이, 둘째아들이 죽으면 셋째아들이 제사를 맡았지. 만약 아들이 없다면? 이 경우에도 딸에게 제사를 지내도록 하지는 않았어. 그때는 양자를 입양해서 제사를 지내도록 했지.

딸은 결혼하면 더 이상 그 집안의 가족이 아니라는 인식이 강해졌어. 출가외인이란 말이 나오기 시작했지. 그러니 딸은 부모 유산을 한 푼도 상속 받을 수 없었어.

이런 풍습은 근대를 맞으면서 대부분 사라졌어. 그러나 최근까지도 아들만 원하는 남아선호사상이 완전히 사라지지는 않았어. 확실한 것은, 남성이 대접받는 풍습이 우리 전통이 아니었다는 거야. 불과 400년 전까지만 해도 여성과 남성이 비교적 대등했잖아?

현대 국가들은 극빈층이나 노인, 장애인 등 사회적 약자들의 복지를 정부가 어느 정도 선까지는 책임지고 있어. 이런 사회적 약자를 위해 정부가 경제적인 지원을 내놓기도 하지. 이런 근대적 사회복지 제도는 독일의 비스마르크가 19세기 후반에 처음 도입했단다. 그 제도가 전 세계로 퍼져 오늘날의 모습이 된 거야.

그러나 독일의 비스마르크가 등장하기 이전, 초보적이나마 빈민의 복지에 신경을 쓰는 제도가 우리나라에도 있었단다. 빈민의 삶을 구제하는 것을 두고 구휼이라고 하는데, 194년 고구려의 고국천왕이 이미 구휼 제도를 시행했어. 그 제도가 바로 진대법이지. 진대법의 진은 흉년이 들었을 때 곡식을 나눠 주는 것을 뜻하고, 대는 봄에 곡식과 씨앗을 나눠줘 추수가 끝난 가을에 거둬들이는 것을 뜻해.

이 진대법은 고려에도 그대로 이어졌어. 고려 태조는 진대법의 원리를 도입한 흑창이란 기관을 설치했어. 흑창은 곡식을 비축해 뒀다가 흉년이 들면 빈민에게 곡식을 나눠주는 역할을 했지. 성종은 이 흑창을 의창이란 이름으로 바꿔 불렀어. 의창은 가난한 백성에게 곡식을 빌려주기도 했지. 진대법과 거의 비슷해 보이지?

조선에도 의창의 역할은 이어졌어. 이곳에서 백성들에게 빌려줬다가 돌려받는 곡식을 환곡이라고 했어. 조선 후기에는 이 환곡을 탐관오리들이 민중을 착취하는 수단으로 악용했지. 보통 환곡의 경우 빌려준 곡식의 10퍼센트 정도를 이자로 받았어. 그런데 탐관오리들은 이 이자율을 터무니없이 올리거나 빌려준 쌀에 모래나 겨를 섞기도 했지.

조선시대에는 상평창이란 기관도 빈민구제 활동을 했어. 원래 상평창은 고려시대 때 만들어졌는데, 당시에는 주로 물가를 조절하는 기능만 했단다. 곡식의 가격이 싸면 직물ᵖ로 비싸게 주고 샀다가 가격이 오를 때는 곡식을 시장에 푸는 식이었지. 그랬던 것이 조선시대에는 물가조절 기능 외에 의창을 도와 구휼 정책을 담당하는 것으로, 업무가 확대된 거야. 조선 후기에는 아예 상평창이 환곡 업무를 담당했단다.

먹고사는 것만큼 중요한 게 건강일 거야. 그러나 가난한 사람들은 제대로 된 의료서비스를 받기가 쉽지 않지. 이 때문에 의료구호 활동도 아주 중요한 거야.

고려 4대 국왕 광종은 이런 역할을 하는 제위보를 설치했어. 주로 빈민들을 구호하고 무료로 질병 치료를 해 주는 기구였지. 예종은 혜민국을 설치했어. 이 밖에도 고려에는 대비원이란 국립의료기관도 있었어. 대비원은 가난한 사람보다는 병자나 집 없이 떠도는 행려 환자들을 주로 치료해 줬지.

이런 의료서비스는 조선시대에도 이어졌어. 혜민국은 혜민서로 이름을 바꿔 운영됐어. 조선 태조는 제생원이란 의료 기구를 만들었는데, 고려 때의 제위보가 이어진 기구였지. 대비원도 조선시대에 그대로 이어졌어. 동대비원과 서대비원, 두 곳이 있었는데, 의원 외에도 무당을 따로 배치했어. 사람이 죽으면 이 무당이 장례를 치러 줬지.

제3장

조 선 에 서
현 대 까 지

혼란을 끝내고 밝은 미래로!

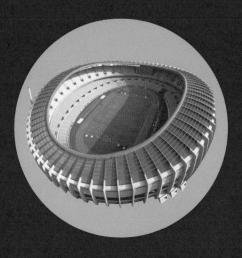

일제강점기를 끝내고 역사를 되찾았다.
드디어 우리 정부가 수립됐지만….
처참한 민족상잔의 전쟁이 이어졌다.
혼란과 분열…. 그러나 21세기 대한민국은 미래로 달려간다.

①

건국, 전쟁, 그리고 민주주의

해방~4·19 혁명

1945년 전후~1960년 전후

연표	1945년	1948년	1949년	1950년	1952년	1955년	1960년
	조선건국준비위원회, 조선인민공화국 수립, 미 군정청 설치, 모스크바삼상회의 신탁통치 결정, 전국 찬반 갈등 확산	남한 단독 선거로 제1공화국 탄생, 제주4·3사건 발생, 반민족행위처벌법 가결	반민특위 해체, 농지개혁법 시행	6·25 전쟁 발발	발췌개헌안 통과와 부산 정치 파동	사사오입개헌안 통과	3·15 부정선거, 4·19 혁명 전국 확대, 이승만 정권 붕괴

대한민국 정부 수립 · 1948년 8월 15일 조선총독부 청사였던 중앙청에서 거행된 정부 수립 기념식 모습이다.

대한민국의 탄생

광복을 맞았지만 한반도는 아주 어수선했어. 치안 상태도 좋지 않았어. 악랄한 일본 경찰들이 물러난 것은 다행이지만, 당장 치안을 담당할 우리 조직이 없었던 건 불안한 일이야. 하루라도 빨리 우리 정부가 들어서야 이 혼란을 극복할 수 있는 상황이었지.

다행인 점은, 우리 정부를 꾸리려는 움직임이 이미 있었다는 거야. 광복이 되던 바로 그날, 여운형을 중심으로 조선건국준비위원회가 출범했단다. 보통 줄여서 건준이라고 부르지.

건준은 약 1년 전인 1944년 8월 10일 여운형이 만들었던 건국동맹이란 비밀결사로부터 비롯됐어. 여운형이 중도좌파였던 탓에 건

광복 축하 · 왼쪽은 서대문 형무소에서 출소한 애국지사들이 기뻐하는 모습이고, 오른쪽은 거리를 누비는 청년 학도들의 모습이다.

국동맹에는 사회주의자가 많았어. 다만 강령의 첫 번째 항목은 "조선의 자유와 독립을 위해 모든 파벌이 대동단결해 일본제국주의를 몰아낸다!"였지. 이념보다는 민족을 먼저 생각한 거야.

　이 장에서는 역사적 인물들의 가상 인터뷰를 싣지 않을 거야. 아직 해당 사건과 관련된 사람들이 많이 생존해 있을 뿐 아니라, 그들의 행적에 대한 논란이 여전히 진행 중이기 때문이지. 해당 인물의 주변 사람들 감정을 상하게 하지 않으려는 의도이니 양해해 줬으면 좋겠어.

미국, 해방군인가 점령군인가

건국동맹은 일본과 싸울 군대를 만들 요량으로 군사위원회를 추진

조선총독부의 항복 · 항복 문서에 서명하는 아베 총독의 모습이다. 아베는 일본인의 안전을 위해 여운형과 협상을 벌였고 건준의 출범을 막지 않았다.

한 적이 있어. 당연히 일본이 그냥 둘 리 없지. 일제의 탄압이 심해졌어. 1945년 8월 초 여운형이 일본 경찰에 붙잡히자 건국동맹은 공중분해될 위기에 놓였어. 그런 건국동맹을 되살린 것은 공교롭게도 일본이었단다.

　8월 들어 일본은 패망을

직감하고 있었어. 조선
총독 아베 노부유키는
패망 후 민중이 폭동을
일으킬까 봐 걱정이 컸
어. 폭동이 일어날 경우
그동안 쌓였던 한국 민
중의 분노가 폭발할 테
고, 그렇게 되면 일본인
들이 위험해지지 않겠
어? 총독은 이런 사태를

시민의 환영을 받는 여운형 · 여운형은 건준을 중심으로 정
부 수립을 추진하여 조선인민공화국을 선포했다. 그러나 우
익과 미국은 이를 인정하지 않았다.

막으려고 협상을 벌일 조선 민족 지도자를 물색했어. 그때 눈에 띈
인물이 바로 여운형이야.

여운형은 협상 제의를 받아들였어. 이참에 건국동맹을 확대해 정
부 수립의 구심점으로 삼으려 했던 거야. 여운형은 조선 민족을 대
표해 조선총독부와 협상을 벌었어.

"조선의 정치사범과 경제사범을 석방하라. 서울 주민의 식량 3개
월 치를 확보해 달라. 학생 및 청년사업에 간섭하지 말라. 노동자와
농민사업에도 간여하지 말라."

일제는 여운형이 요구한 조항들을 받아들였어. 그 덕분에 여운형
은 일본 패망이 선언된 바로 그날, 건준을 세울 수 있었던 거야. 이
후 건준은 정부가 설립될 때까지 치안을 유지하는 등 나름대로 많
은 역할을 했어. 서울 종로에 본부를 두고 지역별로 지부를 세웠는

미군의 서울 진주 · 미군은 1945년 9월 9일 서울에 들어왔다. 일본군이 미군을 안내하고 있는 모습이
이채롭다.

데, 한때 지부가 145곳이나 될 만큼 왕성하게 활동했지.

그런데 문제가 있었어. 시간이 흐르면서 건준이 점점 좌익 성향
으로 기우는 거야. 당시 건준 멤버를 볼까? 위원장 여운형은 중도
좌파였어. 부위원장은 우파 안재홍과 좌파 허헌이 함께 맡았어. 좌
파와 우파가 균형감을 이룬 것 같지? 그러나 실제로는 좌파 계열
인사들이 더 많았단다. 여기에다 공산주의자 박헌영까지 가세하면

대한민국 임시정부 요인 환국 환영 대회에서 연설하는 김구 · 임시 정부의 요인들은 미국의 승인을 받지 못해 개인 자격으로 귀국했다.

서 건준은 급속하게 좌파로 기울어 버렸어. 많은 지부가 좌파 냄새가 나는 인민위원회 간판을 달았지. 결국 안재홍을 포함해 우파 인사들이 대거 건준을 탈퇴했어. 9월 1일 안재홍은 따로 조선국민당을 만들기도 했지.

　내부 분열이 있기는 했지만 건준은 꿋꿋이 정부 수립을 추진했어. 조선국민당이 창당되고 5일이 지난 9월 6일, 건준은 서울 경기여중에서 전국인민대표자회의를 열었어. 전국에서 600여 명의 대표가 참석한 이날, 건준은 조선인민공화국의 수립을 선포했지. 이정부는 기록상으로만 보면, 한반도에 들어선 첫 공화국 정부란다.

　9월 7일 건준은 자진 해체하고 정부를 꾸리기 위한 조각_{내각의 조직}

을 단행했어. 오늘날의 대통령에 해당하는 주석에 이승만이 선정
됐어. 여운형은 부주석, 허헌은 총리가 됐어. 이 세 명을 포함해 김
구, 김성수, 안재홍, 조만식, 신익희, 김규식 등 민족지도자 55명이
대표위원에 선정됐어.

　이제 본격적으로 공화국시대가 출범하는 걸까? 아니야. 문제가
생겼어. 우파가 이 정부를 인정하지 않았어. 송진우, 김성수, 장덕수
등 우파가 탈퇴했고, 이승만은 주석 취임을 거부했지. 미국도 조선
인민공화국을 정부로 인정하지 않았어. 당시 미국은 막 소련과 냉
전을 시작하고 있었어. 그러니 좌파 냄새가 많이 나는 조선인민공
화국을 미국은 받아들일 수 없었을 거야. 정말 산 넘어 산이지?

　사실 이미 한반도에서는 냉전이 시작됐다고 할 수 있어. 조선인
민공화국이 선포되기 이전인 9월 초, 38선을 경계로 북쪽에는 소
련, 남쪽에는 미군이 상륙했단다. 미국과 소련은 자신에게 유리하
게 한반도 상황을 조성하려고 했지. 그러니 남한에서 조선인민공
화국이 용인되는 것은 불가능한 일이었어. 실제 미국 극동아시아
사령관 맥아더는 9월 9일 포고령 1호를 발표했어. "나는 오늘부로
38도 이남의 조선 영토를 점령한다."

　이 포고령만 보더라도 미국이 건준과 조선인민공화국을 좋아하
지 않았다는 걸 알 수 있어. 미국은 그들이 혼란만 부추기고 있다고
판단했어. 그러니 '점령'해서 질서를 잡겠다는 게 미국의 진짜 의도
였던 거야.

　그래, 미국은 해방군이 아니라 점령군으로 한반도에 왔던 거야.

따라서 한반도 민중의 자유와 소망보다는 당장의 사회 안정과 질서유지가 더 중요했지. 미군정은 친일파 처벌을 원하는 한국 민중 정서에도 별 신경을 안 썼어. 치안 유지만 잘 한다면 악질 친일파였다 해도 다시 고용했지. 이러니 친일파가 광복 후에도 버젓이 잘살 수 있었던 거야.

맥아더는 포고령을 어기면 엄벌에 처한다고 협박했어. 좌파 색깔이 짙은 조선인민공화국은 해체해 버렸지. 건준? 당연히 인정하지 않았어. 여기까지는 당시 냉전 상황을 감안하면 어느 정도 이해할 수 있어. 그러나 맥아더는 중국 충칭에서 활동했던 대한민국 임시정부마저 인정하지 않았어. 황당하지 않니? 꿈에도 그리던 광복 조국에 당당히 입성하려던 임시정부 요원들은 좌절했어. 임시정부 주석인 김구를 비롯해 그들은 임시정부 주석이 아닌 개인 자격으로만 귀국할 수 있었단다.

이렇게 해서 38도선 이남에서 미 점령군의 지배, 즉 미군정이 시작됐어. 북한에서는 소련의 군정이 시작됐지. 이 군정은 우리 민족이 광복을 맞이하기 전인 1945년 2월 얄타회담에서 결정된 사안이었어. 우리 민족의 의사와 상관없이 강대국들끼리 멋대로 영토를 분할한 거야.

찬탁과 반탁, 극도의 혼란시대

미군정 시절은 그야말로 혼란의 시대였어. 남한과 북한에 각각 다른 이념의 군정이 들어섰으니 그럴 수밖에 없었을 거야. 이념 대립은 심각한 양상으로 흐르고 있었단다. 일일이 셀 수 없을 정도로 많은 정치단체들이 난립해 혼란을 부추겼어.

9월 1일 조선국민당이 만들어졌다고 했지? 이 정당은 곧 소규모 정당들과 연대해 국민당으로 이름을 바꿨어. 9월 16일에는 고려민주당, 조선민주당 등 우파의 여러 정당이 모여 한국민주당^{한민당}을 창당했지. 이 한민당 인사들이 미군정에 주도적으로 참여했어.

남한에서는 좌파 계열이 핍박을 받았어. 반대로 북한에서는 우파 계열이 핍박을 받았지. 남한과 북한의 이념 대립이 이토록 심하니 양쪽을 아우르는 임시정부를 세우기가 쉽겠어? 결국 또다시 강대국들이 한반도 문제를 논의하기 위해 모였단다.

1945년 12월 미국, 영국, 소련의 외상^{외무장관}이 제2차 세계대전 이후의 세계질서를 논의하기 위해 모스크바에서 회담을 가졌어. 바로 모스크바삼상회의야. 이 회의에서는 한반도 문제도 논의됐어. 한반도 임시정부를 수립하기로 하고, 이를 지원할 미소공동위원회를 설치하기로 했지. 또 한국이 완전한 독립국이 될 때까지 미국과 영국, 소련과 중국 등 4개국이 최고 5년간 신탁통치하는 방안에 대해 협의하기로 했어.

이 사실이 국내에 알려졌어. 12월 30일 남한에서 신탁통치를 반대하는 반탁전국대회가 열렸어. 그다음 날에는 신탁통치 반대 국민총동원 위원회가 결성됐지. 북한에서도 신탁통치 반대 운동이 거셌어. 조만식의 조선민주당 뿐 아니라 공산주의 계열도 이 운동에 동참했어. 이념을 떠나 민족 전체가 신탁통치 반대 운동을 펼친 거야. 그러나 곧 좌파가 신탁통치 찬성으로 입장을 바꿨어. 마침 박헌영이 북한에 들어갔고, 찬탁을 하라는 소련의 지시가 내려왔기 때문이야.

신탁통치 반대 시위 · 신탁통치를 반대하는 우파와 모스크바 3국 외상 회담의 결정안을 지지하는 좌파는 격렬하게 대립했다.

사실 모스크바삼상회의에 대해서는 잘못 알려진 게 있어. 그게 뭐냐고? 실제로는 모스크바삼상회의에서 신탁통

모스크바 삼상회의 결정 지지 시위

치 실시를 확실하게 결정하지 않았다는 점이야. 협정문에는 "신탁통치 문제를 협의한다"고 돼 있지, 합의를 했거나 실시하겠다는 내용이 없어. 사실 좌파는 뒤늦게 협정문을 살펴본 후 무조건적인 반탁은 옳지 않다는 결론을 내렸던 거야. 물론 소련의 입김이 아주 크게

연설하는 김일성 · 동북항일연군 소속으로 항일 운동을 하던 김일성은 소련군과 함께 국내로 들어왔다. 김일성이 대중 앞에 처음 모습을 드러낸 것은 1945년 10월 14일 평양에서 열린 소련군 환영 대회였다.

작용한 것도 사실이지.

어쨌든 1946년 1월 2일 북한에서 신탁통치를 찬성한다는 성명이 나왔어. 반탁운동을 주도했던 조만식은 집에 갇혀 문 밖 출입이 금지됐지. 북한의 태도 변화에 따라 남한의 좌파 단체들도 일제히 반탁에서 찬탁으로 돌아섰어.

반면 남쪽의 우파 단체들은 더욱 강력하게 반탁운동을 전개했어. 찬탁을 주장하는 세력과 반탁을 주장하는 세력이 저마다 시위를 하고 집회를 가졌지. 극단적으로 다른 주장을 하고 있으니 두 세력이 만나면? 뻔하지. 수시로 유혈 충돌이 일어났어. 이렇게 남한은 극도의 혼란으로 치닫고 있었단다.

이 와중에 북한에 김일성이 등장했어. 김일성은 북조선 임시인민위원회를 만들고, 위원장에 올랐어. 이 위원회가 곧 북한의 임시정부 역할을 하기 시작했지. 북한에 좌익 정부가 들어섰으니 우익 인사들은 설 땅이 없어졌어. 그들은 자유를 찾아 남쪽으로 탈출해야 했지. 사회주의 반대자들은 이처럼 감금되거나 처형되거나 탈출했어. 북한에서는 공산정권 수립이 착착 준비되고 있었던 거야.

1946년의 해가 밝았어. 봄이 시작되는 3월, 모스크바삼상회의

결정에 따라 제1차 미소공동위원회가 열렸지. 하지만 순탄치는 않았어. 소련은 모스크바삼상회의 결정에 반대하는 단체는 회의에 참여시킬 수 없다고 했어. 쉽게 말해, 우파 단체와는 대화하지 않겠다는 거야. 당연히 미국이 동의할 수 없겠지? 이 문제를 놓고 다투다가 1차 미소공동위원회는 결국 끝이 나고 말았단다.

여름이 시작되는 6월, 전라도 정읍에 있던 이승만이 남한만이라도 단독 정부를 세우자고 주장했어. 이게 정읍 발언이야. 이 발언의 파장은 컸어. 이승만 지지자들은 즉각 남한 단독정부 수립 운동을 시작했어. 중도파는 좌우합작위원회를 꾸려 남북한 통일정부 수립 운동으로 맞섰지.

혼란의 1946년이 끝났어. 그러나 여전히 한반도는 시끄러웠어.

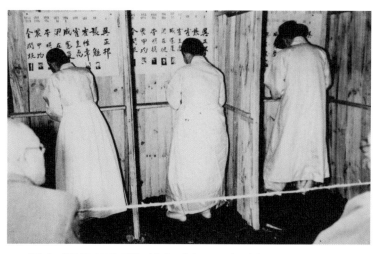

5·10 총선거 · 제헌국회의 국회의원을 선출하는 선거로, 보통·평등·비밀·직접 선거의 원칙에 따라 실시되었다.

1대 이승만 대통령 취임식

1947년 들어서도 신탁통치 반대 운동은 확산되고 있었어. 1월에 반탁독립투쟁위원회가 만들어졌고, 6월에 김구와 이승만이 반탁 성명을 발표했지. 단오절을 계기로 전국적인 반탁운동이 일어났어. 여운형은 중도파로서 최선을 다했지만 별 성과를 내지 못했어. 오히려 기회주의자라는 누명을 쓴 채 7월 암살되고 말았어. 이 무렵에는 남로당의 활동도 사실상 금지됐어. 그렇다면 반탁 운동에 반대할 세력은 더 이상 남한에 없는 셈이야.

　이런 와중에 5월 제2차 미소공동위원회가 열렸어. 1차 때와 같은 문제로 말싸움만 벌였어. 결국 이번에도 아무런 결실을 보지 못하고 위원회가 해산했지. 결국 한반도 문제는 유엔으로 넘어갔어. 유엔 총회는 한반도에서 총선거를 실시할 것이며 유엔 감시단을 파견할 것이라고 결정했지. 하지만 소련은 이 결정에 동의할 수 없다고 버텼어.

　1948년 1월 유엔한국임시감시위원단이 한반도에 들어왔어. 소련은 위원단이 38선 이북으로 들어오지 못하게 했어. 유엔 총회의

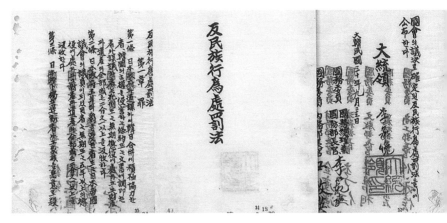

반민족행위처벌법 · 일제강점기 동안 일제에 적극 협력한 친일파를 청산하기 위해 제정한 법이다.

결정을 따르지 않겠다는 거지. 유엔은 대응책을 마련해야 했어. 소총회를 열고 최종 결론을 내렸지. 남한에서만이라도 선거를 치르기로 한 거야.

이승만 정부와 좌절된 친일파 청산

남한에서만 선거를 치른다는 것은, 남과 북이 따로따로 제 갈 길을 간다는 뜻이야. 그래, 그 길은 분단의 길이었어. 민족지도자 김구는 이를 받아들일 수 없었지.

1948년 4월 김구는 남북협상을 제안하고, 실제로 협상을 추진했어. 38도선을 넘어 북한으로 가서 김일성을 만나기도 했지. 절대로 분단은 안 된다며 국민에게 호소했지만, 큰 성과는 만들지 못했어. 남한만의 단독 선거에 불참하겠다고 선언하는 것 말고는 별다른 방법이 없었단다.

특히 제주도에서 대대적인 반대 운동이 일어났는데, 이를 제주 4·3사건이라 불러. 제주4·3사건은 오랫동안 좌파 빨치산 활동으로만 여겨져 왔어. 그러나 최근 남한 단독 선거를 반대하는 제주 민중의 자발적 항쟁이었다고 주장하는 학자들의 의견이 인정받고 있어. 학자들은 이 사건을 4·3항쟁이라 부르고 있단다.

어쨌든 1948년 5월 10일 예정대로 남한 단독선거가 치러졌어. 4·3 사건 때문에 어수선한 제주도를 뺀 남한의 전 지역에서 198명을 뽑았지. 나중에 제주도에서 2명을 추가로 뽑아 총 200명의 국회의원이 탄생했어.

이어 이 국회의원들이 국회를 구성했어. 이 국회의 가장 큰 임무는 헌법을 만드는 거야. 정부를 구성하려면 그 골격이 되는 것이 바로 헌법이거든. 이런 국회를 제헌국회라고 한단다. 초대 국회의장에는 이승만이 선출됐어.

제헌국회가 곧 헌법을 만들었어. 그 헌법은 7월 17일 반포됐어. 헌법을 만든 이날을 기념하기 위해 제정한 것이 바로 제헌절이야. 이제 헌법이 만들어졌으니 정부 구성 절차로 들어가야 해. 국회에서 정·부통령 선거가 실시됐어. 대통령에 이승만, 부통령에 이시영이 당선됐지. 이들은 곧 취임식을 갖고 첫 내각^{행정부}을 출범시켰어.

8월 15일 이승만 정부가 대한민국 정부의 수립을 공식 선포했어.

8월 15일은 광복절인 동시에 정부수립일이 되는 셈이야. 이로부터 한 달도 지나지 않은 9월 9일, 북한에도 조선민주주의인민공화국이 들어섰어. 이제 분단이 확실해진 거야.

이승만 정부는 훗날 4·19혁명으로 무너진단다. 이승만 정부에 대한 후세의 평가는 어떨까? 글쎄, 썩 후하지는 않아. 극심한 이념 대립을 해결하지 못한 데다 어중간한 친일파 정리, 민족상잔에 부정부패까지…. 이러니 평가가 좋을 리 없겠지?

신생 국가 대한민국의 가장 큰 과제 가운데 하나는 과거 청산이었어. 우리 정부가 출범했으니 다음 단계는 악독했던 친일파를 청산하는 게 당연하지 않겠어? 실제로 친일파 처벌을 원하는 국민의 목소리도 높았어. 그러나 이미 상당수의 친일파가 미군정 하에서 고위 관료로 변신해 있었단다. 그러니 청산이 쉽지 않았겠지만 대한민국 국회가 대한민국 국민의 염원을 무시할 수는 없잖아?

1948년 9월 국회 제59차 본회의에서 반민족행위처벌법이 가결됐어. 한일병합에 적극 앞장선 친일파는 사형 또는 무기징역에 처할 수 있게 됐지. 일본 작위를 받거나 제국의회 의원으로 활동한 친일파와 독립운동가를 탄압한 친일파도 무기징역 또는 5년 이상의 징역에 처하도록 했어. 그들의 재산도 몰수하고, 정치에 참여할 수 있는 공민권도 빼앗기로 했어.

10월에는 반민족행위특별조사위원회반민특위가 본격 출범했어. 정치권의 압력을 받지 않도록 하기 위해 위원회 안에 특별재판관과 특별검찰을 따로 뒀지. 독립운동가였던 김상덕이 위원장을 맡았어.

온 국민이 반민특위에 압도적 지지를 보냈어. 그러나 반민특위는 처음부터 삐걱댔단다. 여러 가지 이유가 있었어. 일단 조사위원이 고작 국회의원 10명밖에 되지 않았다는 점이 문제였어. 그 방대한 업무를 이들이 모두 처리할 수 있었을까?

사실 더 큰 문제는 따로 있었어. 친일파 출신의 고위 인사들이 반민특위 활동을 방해한 거야. 이승만 정부도 협조적이지는 않았어. 반민특위가 뭘 조사하려고 하면 이승만 정부는 딴죽을 걸었지. 친일파 출신의 우파 인사들은 반민특위를 좌파 집단이라고 비난했단다.

당시는 좌우 이념 대립이 극심한 시대였어. 이승만 정부는 반공을 국시로 삼고 있었지. 이런 상황이니 당연히 좌파가 설 자리는 없었어. 실제로 이승만 정부는 좌파 활동을 금지했고, 국가보안법까지 만들었어. 이 법은 불순 세력을 방지하고 사회질서를 유지하기 위해 만들어진 거란다.

조선시대에만 정치 투쟁이 있었던 게 아니야. 현대 시대인 이승만 정부 때에도 이념의 대립으로 죄 없는 목숨이 셀 수도 없이 희생됐어. 반대파를 제거하려고 온갖 음모를 만들어 내는 것도 과거의 정치 투쟁과 다르지 않았지. 오로지 나라를 생각하는 이념 논쟁과 토론은 정녕 불가능한 걸까?

많은 진보 인사들이 빨갱이 누명을 쓰고 투옥됐거나 고문을 받았어. 이승만 정부에 있는 친일파 인사들은 반민특위에게도 이 누명을 씌웠단다. 물론 반민특위에 좌파 인사가 없었던 건 아니야. 그러나 민족을 걱정하는 진보 인사들까지 좌파로 몰고 간 건 좀 심했어. 이렇게 되면 결과는 불을 보듯 뻔해. 그래, 해체의 수순을 밟는 거야.

1949년 6월 경찰이 반민특위 조사위원회 사무국을 습격했어. 그곳에서 일하던 사람들은 감옥에 갇혔어. 반민특위의 활동이 사실상 종결된 셈이지. 이승만 정부는 곧 반민특위의 활동 기록을 대법관과 대검찰청으로 넘길 것을 요구했어. 반민족행위자로 의심되는 사람에 대한 기소도 8월까지 끝내라고 했단다. 이런 내용을 담은 개정안이 국회를 통과했어.

2~3개월 이내에 모든 작업을 끝내야 하는 상황이 돼 버렸어. 그 짧은 기간에 가능한 일이 아니지. 이런 졸속 심사로는 얻을 수 있는 게 없어. 결과는 실망스러웠지. 고작 10여 명 정도가 실형을 선고받고 감옥 생활을 하는 것으로 악덕 친일파 처벌이 끝난 거야. 이와

농지개혁법 · 유상몰수 유상분배 방식의 토지 개혁을 명시한 법이다.

관련된 법마저도 6·25 전쟁을 거치면서 사라졌지.

만약 친일파가 확실히 처벌받았다면 오늘날의 대한민국은 아마도 많이 달라져 있을 거야. 그렇지만 역사를 돌이킬 수는 없어. 안타까운 일이지. 당시 체포됐던 친일파가 누구였는지 살펴볼까? 바로 작가 이광수를 비롯해 최남선, 최린, 노덕술, 박흥식 등이었단다.

이 무렵 북한에서는 농지개혁이 실시됐어. 정부가 모든 토지를 몰수한 뒤 농민들에게 나눠주는 방식이었지. 그렇잖아도 토지 개혁은 친일파 청산과 더불어 남한 민중이 가장 원하던 것이었어. 이름만 그럴듯한, 허울뿐인 개혁이었지만 북한의 소식이 전해지자 남한에서도 토지 개혁에 대한 목소리가 커졌어.

그 결과 남한에서도 농지개혁법이 시행됐어. 자본주의 체제였으니 북한처럼 무상몰수 무상분배를 할 수는 없었겠지. 그 대신 정부가 지주로부터 농지를 사서 농민들에게 나눠준 뒤 5년간 농산물로 돌려받는 방식을 택했단다. 이른바 유상매수 유상분배 방식이야.

꽤 괜찮은 방법인 것 같지만 부작용도 있었어. 이 법에 따라 지주들이 소작농을 고용할 수 없게 된 거야. 그렇다면 경작되지 않는 땅이 꽤 남게 될 거야. 문제는 그 땅이 전부 농민에게 간 게 아니란 데 있어. 농민들은 땅을 살 돈이 없었거든. 그들은 좁디좁은 농지를 얻는 게 고작이었어. 결국 지주는 지주대로, 농민은 농민대로 불만이 생길 수밖에 없지.

이 때문에 1950년 3월 정부가 법을 개정하기로 했어. 그러나 곧 전쟁이 터지는 바람에 무기한 연기되고 말았지. 농지개혁법은 전쟁이 끝난 후에야 제대로 시행됐어. 이후 1994년 12월 농지법으로 대체될 때까지 지속됐단다.

매국노 처벌, 다른 나라에서는?

이승만 정부 시절 친일파로 처벌된 사람은 모두 12명이었어. 7명이 실형을 받았고, 5명은 집행유예를 받았어. 그나마 실형을 받은 7명도 이듬해 풀려났지. 일제강점기 35년간 떵떵거리고 산 대가치고는 미약하지?

반면 유럽에서는 제2차 세계대전 때 나치를 도운 매국노들을 엄하게 처벌했단다. 당시 히틀러는 영국을 뺀 유럽 대륙의 거의 전부를 정복했어. 프랑스, 네덜란드, 벨기에 등이 독일의 지배를 받은 것은 5년간이었어. 우리가 일제의 지배를 받은 기간에 비하면 7분의 1에 불과하지.

그러나 처벌은 유럽 국가들이 더 확실했단다. 프랑스에서는 정식 재판이 열리기도 전에 많은 매국노들이 죽음을 맞았어. 분노한 프랑스 국민이 최소한 1만 명 이상의 매국노를 살해한 것으로 알려져 있어. 정식 재판이 열린 후에는 2071명이 사형을 선고받고 형장의 이슬로 사라졌지. 추가로 4만 명 정도가 감옥에 갇혔지.

노르웨이와 벨기에, 네덜란드도 매국노를 강력하게 처벌했어. 1970년대에 나온 외국의 한 보고서에 따르면 인구 10만 명당 노르웨이는 633명, 벨기에는 596명, 네덜란드는 419명이 부역자로 낙인찍혀 구속됐다고 해. 2010년 노르웨이 인구는 410만 명 정도인데, 이를 기준으로 하면 약 2만 5000명 정도가 구속된 셈이야.

반인륜적인 범죄를 빼면 대부분 범죄는 일정시간(공소시효)이 지나면 붙잡혀도 처벌받지 않아. 그러나 유럽 국가들은 나치 협력자에 대해서는 공소시효를 두지 않았단다. 끝까지 색출해 처벌하겠다는 강력한 의지를 표명한 셈이지.

전쟁, 독재, 그리고 4·19혁명

1950년 5월 제2대 국회의원 선거가 치러졌어. 39개 정당과 단체가 후보를 냈고, 국민이 직접선거로 국회의원을 뽑았지. 총 210명의 국회의원을 뽑는 이 선거에, 국민의 91.9퍼센트가 참여했단다. 새로운 정치를 바라는 국민의 열망을 짐작할 수 있겠지?

여당이 참패했어. 당시 여당인 대한국민당은 고작 24석밖에 얻지 못했단다. 무소속 후보가 무려 126석을 얻었어. 선거 결과를 어떻게 해석해야 할까? 그래, 국민이 이승만 정부를 심판한 거야. 대통령 재선을 노리고 있는 이승만은 많이 불안해졌을 거야.

그로부터 25일이 흘렀어. 1950년 6월 25일 새벽 4시, 북한군이 38선을 넘어 남침을 개시했어. 6·25 전쟁이 터진 거야.

38선을 찾은 애치슨 · 대한민국이 미국의 태평양 방위선에서 제외되었다고 밝힌 애치슨 선언은 6·25 전쟁의 주요한 발발 원인이 되었다.

민족 전쟁 터지다

이 전쟁이 터진 이유는 많아. 우선 남한이 극도로 혼란스러웠다는 게 큰 이유일 거야. 정치와 경제, 그 어느 하나도 안정된 게 없었어. 반면 북한은 소련과 중

국의 지원을 받아 충실하게
전쟁 준비를 했지. 이런 상황
에서 남한은 오히려 미국으
로부터 버림받았어. 무슨 이
야기냐고?

1950년 1월 12일 미국의
국무장관 애치슨은 "미국의
태평양 방위선을 일본까지로
한다"고 발표했어. 대한민국
과 대만이 미국 방위선에서

서울에 입성하는 북한군 · 북한군은 전쟁 개시 3일
만에 서울을 점령했다.

제외된 거야. 이 애치슨 선언에 따라 한반도에 주둔하고 있던 미군
이 철수했어. 북한이 도발하기에 이처럼 좋은 기회가 어디 있겠어?

6월 25일 북한 전투기가 서울 상공에 기습 출현했어. 전투기는
김포비행장을 폭격했어. 이어 북한 제1군단이 서울을 향해 돌격했
지. 전차여단과 기계화연대가 그 뒤를 따랐어. 무려 11만 1000명에
이르는 대병력이었지. 북한이 남침한 거야. 북한군의 작전명은 '폭
풍'이었단다.

북한의 침략에 미국이 놀랐어. 미국은 즉각 유엔 안전보장이사회
안보리를 소집했어. 안보리는 북한의 침략을 비난하며 남한 정부에
원조를 제공할 것을 결의했어. 소련은 회의에 참석하지 않았단다.

이틀 후인 6월 27일, 유엔 안보리는 북한군의 공격에 무력 대응할
것을 결의했어. 이 결의에 따라 회원국들이 바쁘게 움직였지. 7월

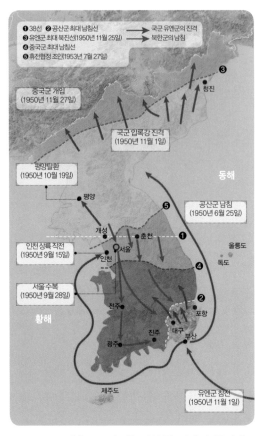

● 38선 ● 공산군 최대 남침선　국군 유엔군의 진격
● 유엔군 최대 북진선(1950년 11월 25일)　북한군의 남침
● 중국군 최대 남침선
● 휴전협정 조인(1953년 7월 27일)

중국군 개입
(1950년 11월 27일)

청진

국군 압록강 진격
(1950년 11월 1일)

평양탈환
(1950년 10월 19일)

동해

평양

공산군 남침
(1950년 6월 25일)

개성　춘천

인천상륙작전
(1950년 9월 15일)

서울
인천

울릉도

독도

서울 수복
(1950년 9월 28일)

전주

황해

진주

포항
대구
부산

광주

제주도

유엔군 참전
(1950년 11월 1일)

6·25 전쟁 · 1950년 6월 25일 북한군이 휴전선을 넘어 도발을 감행했다. 이 전쟁으로 3년간 한반도는 초토화되고 말았다.

7일 미국이 통합사령부를 구성하고, 연합국이 군대를 파견하는 결의안이 채택됐어. 총사령관에는 맥아더가 임명됐고, 16개국이 병력을 한반도에 파견했단다. 이러는 동안 대한민국 정부는 남으로 피신했어. 전쟁이 시작되고 3일 만에 서울이 함락됐지. 이승만 정부는 부산까지 내려가 그곳에 임시수도를 세웠어.

연일 전투에서 패하는 바람에 한반도의 끄트머리까지 밀려 내려간 남한이 반격의 실마리를 찾았어. 9월 15일 맥아더가 이끈 국군과 연합군이 인천상륙작전에 성공한 거야. 국군과 연합군은 곧 서울을 회복했고, 10월 1일에는 38도선을 돌파했어. 그 여세를 몰아 북한군을 강하게 밀어붙여 10월 20일에는 평양을 점령하고, 26일에는 압록강에 이르렀지. 백두산 고지가 바로 눈앞에

보였어. 북진통일을 앞둔 순
간이었어.

　바로 그때 중국이 개입했
어. 18만 명! 인해전술로 밀려
오는 중국 인민군을 당할 수
는 없었어. 결국 국군은 후퇴
할 수밖에 없었지. 해가 바뀐
1951년 1월 14일, 우리는 서울
을 다시 빼앗겼단다. 3월 5일
우리가 다시 서울을 탈환했지
만 이때부터 북한과 남한은
엎치락뒤치락 지루한 공방을
이어갔어.

　그해 7월 개성에서 처음으
로 휴전을 위한 본회담이 열
렸어. 3개월 후에는 판문점으
로 옮겨 휴전협상을 본격적으

대동강 철교를 건너는 피란민 · 중국군의 개입으로
유엔군이 평양에서 철수할 때 한겨울 혹한 속에 부
서진 철교를 건너 남쪽으로 피란하는 모습을 촬영
한 사진이다.

로 진행했지. 그러나 회담은 쉽게 끝나지 않았어. 회담은 몇 차례나
파행을 맞았어. 협상은 아주 오랫동안 지루하게 이어졌어.

　1953년 7월. 협상을 시작한 지 어느덧 1년째로 접어들 무렵이었
어. 이 순간에도 전쟁은 계속되고 있었지. 북한과 중국은 협상을 진
행하면서도 은밀하게 총공격을 계획했어. 13일, 북한군과 중국군

의 마지막 총공격이 시작됐어. 이 공격은 다음 날인 14일까지 이어졌지. 그러나 국군과 유엔군이 공격을 잘 막아 냈어. 결국 북한군과 중국군도 두 손을 들 수밖에 없었지. 7월 27일 마침내 판문점에서 휴전협정이 조인됐어. 비로소 전쟁이 끝난 거야.

전쟁이 치러지는 3년간 한반도는 초토화되고 말았어. 그나마 부족했던 산업시설까지 모두 파괴됐지. 이런 시설들이야 열심히 복구하면 돼. 더 큰 문제는 엄청난 인명 피해가 생겼다는 데 있어. 국군과 유엔군 18만 명이 목숨을 잃었지. 북한군과 중국군의 피해는 더 심각해서, 무려 142만 명이 목숨을 잃었다는구나.

전쟁이니 군인들이 목숨을 잃을 수도 있어. 그러나 민간인 피해도 아주 컸단다. 남한에서만 무려 100만 명에 가까운 민간인이 목숨을 잃거나 다쳤어. 10만 명에 가까운 남한 인사들이 북한으로 납치됐고, 더 많은 사람들이 전쟁 와중에 가족을 잃었지. 이산가족 문제는 전쟁이 끝나고 반세기도 더 지난 지금 이 시점에도 해결되지 않고 있어. 민족상잔의 비극이 오늘날까지도 이어지고 있는 거야.

자유당 독재의 시작

6·25 전쟁이 한창일 때 임시수도 부산은 아주 어수선했어. 이승만 대통령이 차기집권을 위한 프로젝트를 본격 가동했기 때문이야.

1951년 11월 이승만은 대통령을 국민 직선제로 뽑는 개헌안을 국회에 제출했어. 초대 대통령은 임기가 4년이었고, 국회에서 뽑았지? 이 선출 방식을 이승만은 왜 바꾸려 한 것일까?

이미 말한 대로 2대 국회의원 선거에서 여당이 참패했기 때문이야. 국회를 장악하지 못했으니 기존의 선거 방식으로는 대통령 재선에 성공할

발췌개헌안 표결 · 위압적인 분위기 속에서 기립투표의 방식으로 표결을 하여 반대표가 한 표도 없었다.

확률이 거의 없잖아? 그 때문에 헌법을 바꿔 국민들이 직접 뽑도록 하자고 주장했던 거야. 이승만은 이어 자유당을 창당했어. 젊은 이들이 전쟁터에서 죽어나가는데 시답잖은 정치 싸움이 계속 되고 있었던 거지.

1952년 1월 국회가 이 개헌안을 부결시켰어. 이승만이 당황했겠지? 그는 즉각 국회를 해산하겠다고 맞불을 놓았어. 이어 사람들을 동원해 국회를 규탄하는 시위를 벌였지. 국회는 대통령제를 내각책임제로 전환하겠다는 개헌안을 내놓으며 맞섰어. 팽팽한 긴장이 흘렀어.

5월 들어 이승만은 비상계엄을 선포하고 국회의원 11명을 체포했어. 그러자 국회는 구속 의원 석방과 계엄령 해제를 의결하면서 맞

민의회 개헌 논의 · 1954년 11월 초대 대통령에 한해 중임 제한을 없애는 것을 주로 한 개헌안을 논의하는 모습이다.

섰어. 이승만은 국회의 결의에 대해 거부권을 행사했어. 그에게 비난
이 쏟아졌어. 심지어 UN 한국위원단도 이승만을 비난했을 정도야.

6월 야당과 재야인사들이 '반독재 호헌구국선언'을 발표했어. 그
런데 행사장에 갑자기 깡패들이 난입했어. 누구의 소행인지는 말
을 하지 않아도 알겠지? 이승만은 자신의 개헌안 중 대통령 직선제
를, 국회의 개헌안 중 양원제를 뽑아내서 묶었어. 이게 발췌개헌안
이야.

7월 개헌안 표결이 실시됐어. 경찰과 군인들이 국회의사당을 포
위했어. 모두가 볼 수 있도록, 법안에 찬성하는 의원이 제자리에서
일어나는 방식의 기립투표를 실시했단다. 분위기가 살벌했겠지?
출석 의원 166명 가운데 3명만이 기권했을 뿐, 반대표는 단 한 표

도 없었다는구나. 처음으로 헌법을 개정한 거야^{제1차 개헌}.

발췌개헌안이 국회를 통과했으니 다시 대통령이 될 기회가 커졌지? 이승만은 비상계엄을 해제했어. 대한민국의 정치 역사가 꼬이기 시작한 게 바로 이 사건인데, 이를 부산정치파동이라고 부른단다.

그다음은 쾌속으로 진행됐어. 8월 제2대 정·부통령 선거가 실시됐고, 이승만이 74.6퍼센트의 득표율로 당선됐지. 그래도 높은 지지율로 대통령에 당선됐으니 국민의 지지를 받고 있는 것 아니냐고? 이 통계에는 함정이 숨어 있단다. 이 선거는 공고가 나가고 채 한 달이 되기 전에 치러졌어. 다른 후보들이 선거운동을 벌일 시간적 여유가 있었을까? 반면 이승만은 조직적으로 선거운동을 했어. 또한 당시 전쟁 상황이었기 때문에 대통령을 바꾸면 나라가 더 혼란해진다는 논리를 내세웠지. 이런 상황에서 무소속 후보 세 명이 이승만을 이기는 건 불가능에 가까워.

이 와중에도 전쟁은 계속되고 있었고, 여전히 많은 젊은이들이 목숨을 잃고 있었어. 1953년 7월 27일 휴전협정이 체결되면서 전쟁은 끝났지만 이승만 정부는 전혀 바뀌지 않았지. 오로지 권력을 장악하는 것밖에는 관심이 없었나 봐. 서면 앉고 싶고, 앉으면 눕고 싶다는 말이 있어. 이승만이 딱 그런 심정이었어. 대통령 재선에 성공하자 이번에는 영구집권을 꿈꾸기 시작한 거야.

이번에도 헌법이 걸림돌이 됐어. 1948년 정부가 출범할 때 대통령 임기는 4년으로 정했지? 다만 한 번에 한해 연임이 가능하도록 했어. 세 번은 대통령을 할 수 없도록 했어. 그래, 3선 대통령은 법적으로 불가능해. 이승만은 고민 끝에 결론을 내렸어. 안 되면 헌법을 고쳐!

이승만은 1954년 5월 국회 민의원^{하원} 선거에 개입했어. 자신의 부하들을 대거 자유당 국회의원 후보로 내보낸 거야. 일부 무소속 의원 후보도 포섭했지. 이들 가운데 국회의원이 된 사람들이 3선을 제한하고 있는 현재의 헌법을 고치기 위해 개정안을 국회에 제출했어. 자유당 의원 가운데 유일하게 이를 거부한 인물이 있었는데, 김좌진의 아들 김두한이었단다.

어쨌든 이해 11월 국회에 헌법 개정안이 제출됐어. 내용은 정말로 황당해. 초대 대통령에 한해 3선 제한을 없앤다는 거야. 무슨 소리냐고? 이승만은 앞으로 몇 번이고 대통령 선거에 출마할 수 있다는 얘기야.

이윽고 개헌안에 대한 표결이 실시됐어. 바로 이 표결에서 희대의 사기극이 연출된단다.

희대의 사기극, 사사오입 개헌

헌법을 고치려면 재적의원, 즉 전체 의원의 3분의 2가 찬성해야 돼. 당시 재적의원이 203명이었으니 136명이 찬성표를 던져야 개헌을 할 수 있는 거지. 투표함을 열어보니 135명이 개헌안에 찬성했어. 의결하는 데 필요한 인원, 즉 의결정족수에 1명이 미치지 못했으니

3대 정·부통령 선거 벽보 · 야당인 민주당에서는 "못 살겠다. 갈아보자!"는 구호를 내세우자 여당인 자유당은 "갈아 봤자 더 못 산다"고 맞대응하기도 했다.

부결이 선포됐지.

여기까지는 별 문제가 없었어. 그러나 이제부터 황당해지기 시작한단다. 자유당이 수학자를 동원해 부결이 아니라는 논리를 만든거야. 무슨 이야기냐고?

수학에서는 소수점 이하의 수가 5를 넘으면 반올림하고, 5가 안되면 버리지? 이를테면 13.5는 14가 되고 13.4는 13이 되는 거야. 자유당은 이 사사오입四捨五入, 반올림을 적용해 개헌안이 통과됐다고우겼어. 재적의원의 3분의 2는 135.3333이니까 사사오입에 따라소수점 이하를 버리면 135명이 의결정족수라는 거지.

이 황당한 해석에 야당 의원들은 어이가 없다며 국회의사당을 나갔어. 자유당 의원 125명이 다시 투표를 했고, 두 명을 뺀 123명이 개헌안에 찬성표를 던졌지. 이틀 후 국회는 개헌안이 통과됐다고 공표했어.

불법이 판치는 국회야. 황당한 논리도 문제였지만, 이미 부결된 개헌안을 다시 상정하는 것도 의회정치의 원리가 아니거든. 이런 사기극은 독재정권에서나 일어나는 일이란다. 이승만을 독재자라 부르는 데 많은 학자들이 동의하는 게 이해가 가지? 이 사건을 4사5입 개헌이라고 한단다^{제2차 개헌}.

진보당 사건 재판 · 1958년 10월 진보당 사건 재판에서 판결을 선고하는 모습이다.

이승만의 종신 집권을 저지하려는 인사들이 한데 뭉치기 시작했어. 이들이 민주당을 출범시켰단다. 초대 대표최고위원은 신익희가 맡았고 장면, 조병옥 등은 최고위원을 맡았어.

1956년 5월 새로 바뀐 헌법에 따라 대통령 선거가 실시됐어. 자유당에서는 이승만이 대통령, 이기붕이 부통령 후보로 출마했지. 이기붕은 이승만의 비서 출신으로, 자유

고려대 학생들의 시위 · 1960년 4월 18일 3·15 부정선거에 항의하는 고려대 학생들의 시위 모습이다.
이들은 귀갓길에 정부의 사주를 받은 깡패의 습격을 받기도 했다.

당을 만들고 사사오입 개헌안을 통과시키는 데 주도적인 역할을
한 인물이야.

이에 맞서 민주당에서는 신익희를 대통령, 장면을 부통령 후보로
냈어. 이와 별도로 조봉암이 대통령 후보로 무소속 출마했어. 그런
데 돌발 상황이 생겨버렸어. 선거를 10일 앞두고 신익희가 뇌일혈
로 갑자기 세상을 떠난 거야. 이 돌발 상황에 이승만은 미소를 지었
어. 결국 이승만은 70퍼센트의 득표율로 3대 대통령에 당선됐단다.
그래도 민주당의 완패는 아니었어. 부통령 선거에서는 장면이 이
기붕을 눌렀거든. 그 후 장면은 이승만을 견제하는 역할을 했어.

여기서 조봉암의 이야기를 잠시 하고 넘어갈까? 조봉암은 3대 대선에서 30퍼센트 정도의 득표율을 올렸단다. 무소속인데도 상당한 지지를 얻은 거야. 조봉암은 기세를 몰아 대선이 끝난 후 진보당을 새로이 창당했어. 이렇게 되면 가장 긴장할 사람이 누구였을까? 그래, 이승만이었어. 그대로 두면 조봉암의 세력이 더 커질 수도 있잖아?

1958년 1월 12일 새벽, 진보당이 습격을 당했어. 5월 국회의원 선거 대책을 짜던 간부들이 줄줄이 붙잡혀 갔지. 동지들이 모두 붙잡혔으니 조봉암도 경찰에 출두할 수밖에 없었어. 그런데 궁금한 게 있어. 조봉암과 진보당은 무슨 죄를 지었던 걸까?

교수 시위 · "학생의 피에 보답하라"는 피켓을 들고 시위하는 대학교수들의 시위 행렬이다.

2월 육군특무부대가 수사 결과를 발표했어. 그 내용을 보면, 조봉암은 북한의 지령을 받아 대한민국에서 간첩활동을 한 것으로 돼 있어. 바로 이듬해 조봉암은 처형됐지.

그로부터 60여 년이 지난 2011년 1월, 대법원은 조봉암에 대해 무죄를 선고했단다. 그래, 조봉암은 북한의 간첩이 아니었어. 억울하게 죽음을 맞은 거야. 이 억울한 죽음이 밝혀지고 무죄가 입증될 때까지 참으로 오랜 시간이 걸렸지?

4·19 혁명, 이승만 독재를 끝내다

4년이 다시 흘러 이승만이 세 번째 대통령 임기를 끝낼 때가 됐어. 1960년 3월 15일 제4대 정·부통령 선거가 치러졌지. 자유당에서는 이승만과 이기붕이 다시 대통령과 부통령 후보로 나왔고, 이에 맞서 민주당에서는 조병옥과 장면이 나왔어. 우연일까? 이번에도 민주당 대통령 후보는 끝까지 가지 못했단다. 조병옥이 선거를 한 달 앞두고 심장마비로 갑자기 세상을 떠난 거야.

이제 이승만이 단독 후보가 됐으니 대통령은 사실상 결정된 셈이지? 그렇다면 누가 부통령이 되느냐가 큰 이슈가 될 거야. 이승만 정부는 이기붕을 당선시키려고 온갖 부정을 저질렀어. 야당 인사에 대한 폭행이 난무했고, 이기붕을 찍으라며 유권자를 협박했어.

그뿐이 아니야. 없는 유권자를 조작해 만들거나 여러 명씩 조를 만들어 한꺼번에 공개투표를 했어. 개표할 때도 부정은 이어졌어. 투표함을 바꿔치기 하거나 이기붕 표를 뭉텅이로 집어넣었어. 부정이 많다 보니 믿을 수 없는 투표 결과가 나왔단다. 이승만은 85퍼센트, 이기붕은 73퍼센트를 얻었다는 거야. 당시 민심으로는 도저히 받아들일 수 없는 결과지.

얼마나 부정이 심했는지 알 수 있는 사례를 대 볼까? 일부 선거구에서 전체 유권자 수보다 자유당을 찍은 표가 더 많이 나왔다는구나. 도저히 현실적으로 일어날 수 없는 일이 일어난 거야. 어이가 없지?

경남 마산에서 가장 먼저 항의 시위가 발생했어. 3·15 부정선거 무효와 재선거를 주장하는 마산 시민들이 도로를 가득 메웠어. 이럴 수가! 민중의 지팡이라는 경찰이 시민에게 실탄을 발포했어. 8명 이상이 숨졌고, 70명 이상이 총상을 입었단다. 민중의 분노가 커지자 이승만 정부는 부랴부랴 책임자를 문책하는 시늉을 했어.

사태가 잠잠해지나 했는데, 4월 11일 마산 앞바다에서 시신 하나가 떠올랐어. 시위 때 행방불명됐던 마산상고 학생 김주열이었던 거야. 또다시 이럴 수가! 그의 눈에 최루탄이 박혀 있었어. 민중의 분노가 드디어 폭발했어. 전국으로 시위가 확산됐지. 이런 상황에서 4월 18일, 민중을 자극한 사건이 또 발생했어. 고려대 학생들이 시위를 벌인 후 귀가하고 있었는데, 깡패들이 습격한 거야.

4월 19일 아침이 밝았어. 이날, 민중은 위대한 힘을 보여 줬어. 그래, 4·19 혁명이 터진 거야.

4대 윤보선 대통령 취임식

　대학생 2만여 명이 경무대^{오늘날 청와대} 앞으로 모여들었어. 경찰이
또 다시 무차별 사격을 했지. 수백 명이 죽거나 다쳤어. 시위는 더
욱 격해졌고, 경찰서가 불에 탔어. 학생들만 시위를 벌인 게 아니
야. 대학교수들도 대통령 하야를 촉구했어. 정부는 계엄을 선포했
고, 더욱 화가 난 민중은 폭발하고 말았어.

　이제 이승만 정부는 사태를 수습할 수가 없었어. 이기붕은 부통
령을 사임하고 경기 양주에 있는 육군부대로 도망갔지. 4월 26일
이승만은 결국 하야 성명을 발표했어. 다음 날에는 이기붕이 경무
대로 돌아왔는데, 그곳에서 그는 가족과 함께 자살로 생을 마감했

지. 5월 29일 이승만은 하와이로 망명을 떠났어. 말이 망명이지, 사실 도피였어.

이로써 이승만 독재가 끝이 났어. 그래, 민중이 승리한 거야. 그러나 아직 끝난 것은 아니야. 사태를 수습하고 새로운 정부를 꾸려야 하잖아?

이를 위해 외무장관이었던 허정이 과도정부를 꾸렸어. 대통령제의 가장 큰 허점이 장기집권을 막을 장치가 부족하단 사실을 국민들이 깨달았어. 그러니 더 이상 대통령제를 유지하는 게 옳지 않다고 생각했지. 그 결과 헌법이 다시 개정됐어. 6월 과도정부는 대통령제에서 의원내각제로 바꾸는 것을 핵심으로 하는 헌법 개정을 단행했단다제3차 개헌.

이 헌법에 따라 7월 제5대 총선거가 치러졌어. 참의원상원과 민의원하원을 뽑았는데, 당연히 민주당이 여당이 됐지. 3·15 선거가 부정선거였으니 대통령도 다시 뽑아야겠지? 선거 방식은 또 달라졌단다. 처음에는 국회에서 뽑았고, 그다음에는 국민이 선거로 뽑았지? 이제 의원내각제가 됐으니 양원합동회의에서 대통령을 뽑았단다.

8월 제4대 대통령 선거가 다시 치러졌어. 총 12명의 후보가 출마했는데, 윤보선이 당선됐어. 그다음은 내각을 꾸릴 차례야. 국회가 장면을 총리로 하는 내각을 승인했어. 의원내각제에서는 내각은 의회가 신임승인해야 성립된단다. 의회가 내각을 불신임거부하면 내각은 스스로 해산하거나 국회를 해산해 총선거를 실시해야 돼.

이 모든 절차를 큰 혼란 없이 끝냈어. 이제 우리 역사상 유일한 의원내각제 체제인 장면 정부가 출범한 거야.

전쟁의 시대, 모두가 미쳤다

6·25 전쟁은 같은 민족 간에 치러진 전쟁이라 마음이 많이 아프지. 그런데 더 마음이 아픈 대목이 있어. 전쟁과 상관없는, 죄 없는 양민이 상당히 많이 학살됐다는 거야. 전쟁은 이성도 완전히 마비시키나 봐.

1951년 2월 10일과 11일, 국군 11사단 9연대 3대대가 경남 거창군의 양민 763명을 학살했어. 양민들이 무장공비와 내통을 했다는 게 그 이유였단다. 정말로 양민들이 그랬을까? 당시는 북진통일을 눈앞에 둔 상태에서 중국군이 개입하는 바람에 눈물의 후퇴(1·4후퇴)를 한 직후였어. 잠잠하던 남한 빨치산의 활동도 왕성해졌지. 국군은 북한 군대와 빨치산 모두를 상대하느라 힘이 꽤 들었을 거야. 그러다 보니 화풀이를 애꿎은 양민에게 했던 건 아니었을까? 이 사건이 유명한 거창양민학살이란다. 인근 산청, 함양, 문경, 함평에서도 비슷한 대량학살이 있었어.

진짜 충격이 큰 사건은 보도연맹 사건이야. 보도연맹은 좌파였던 인물을 전향시켜 가입하게 한 반공단체였어. 1949년 만들어졌는데, 실적 추궁을 당한 공무원들이 마구 회원을 늘린 탓에 급세 회원이 30만 명을 돌파했지. 사상이 뭔지도 모르는 중학생 이름까지 올려졌다는구나.

6·25 전쟁이 터지자 이승만 정부는 불안해졌어. 보도연맹원이 다시 좌파로 돌아서면 어떻게 하지…. 이런 걱정이 앞섰을 거야. 그 후 보도연맹원의 수난시대가 시작됐어. 극우단체가 주도해 연맹원을 집단학살하기 시작했어. 3년간 최소한 20만 명의 보도연맹원이 목숨을 잃은 것으로 추정되고 있어. 어떤 학자는 최대 100만 명이 목숨을 잃었다고 주장한단다.

◆ 역 사 리 뷰 ◆

바르샤바 조약기구 출범((1955년)

중화인민공화국 탄생(1949년)

인도−파키스탄 분리(1947년)

중동 분쟁 시작(1948년)

이스라엘 건국(1948년)

반둥회의(1955년)

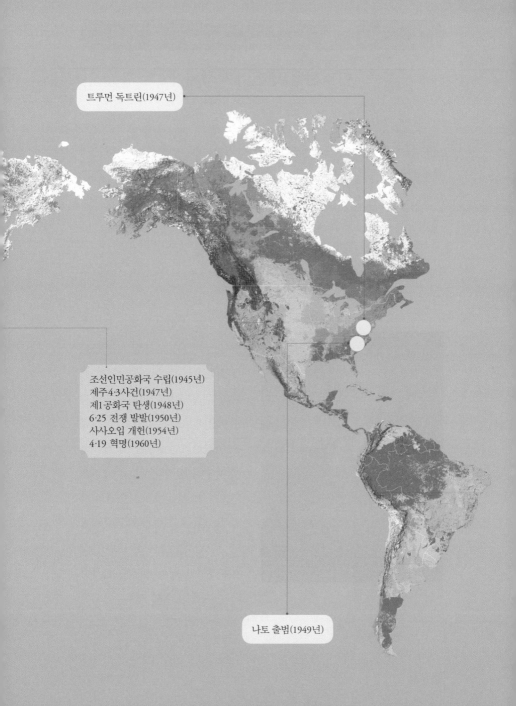

트루먼 독트린(1947년)

조선인민공화국 수립(1945년)
제주4·3사건(1947년)
제1공화국 탄생(1948년)
6·25 전쟁 발발(1950년)
사사오입 개헌(1954년)
4·19 혁명(1960년)

나토 출범(1949년)

이념전쟁, 냉전이 시작되다

이제 본격적인 현대사가 시작됐어. 광복을 맞아 여운형의 조선건국준비위
원회^{건준}가 정부 수립에 필요한 준비를 착착 해 나가기 시작했어. 건준은 곧
조선인민공화국을 탄생시켰어. 그러나 미 군정청은 이를 인정하지 않았지.
대한민국임시정부도 인정하지 않았어.

　1945년 12월 모스크바삼상회의에서 신탁통치를 논의했어. 한반도는 신
탁통치 찬반 논란으로 시끄러워졌지. 이 와중에 남북 분단은 점차 기정사실
화하고 있었어.

트루먼 대통령

　　　　미국은 이 무렵 소련과 냉전을
벌이고 있었어. 1947년 미국의 트
루먼 대통령은 유럽 국가들의 전
쟁피해 복구비를 지원하겠다는
트루먼 독트린을 발표했지. 소련
은 위성국가인 동유럽 국가들에
게 이 돈을 받지 못하도록 압력을
넣었어. 이 사건이 동서냉전의 시
작이었단다. 그 영향은 한반도에
도 고스란히 미쳤어. 1948년 결국
남한에서만 단독 선거가 실시된
거야. 이에 반대해 제주도에서는

제주 4·3사건이 터지기도 했지.

이승만 정부는 악덕친일파를 처벌하는 반민족행위처벌법을 통과시켰지만 실제로 처벌은 거의 이뤄지지 못했어. 반민특위도 1년 만에 해체되고 말았지.

1950년 6·25 전쟁이 터졌어. 이승만 정부는 부산으로 피난을 가서도 정권 연장을 위한 각종 꼼수를 부렸어. 발췌개헌, 사사오입개헌 등이 이런 것들이지. 1960년 3월 15일 선거가 치

이스라엘 독립

러졌어. 선거 부정이 곳곳에서 드러나면서 이에 반대하는 시위가 전국적으로 일어났지. 바로 4·19혁명이 시작된 거야. 이 혁명으로 이승만은 물러났어.

이 기간 세계 곳곳에서 새로운 국가와 정권이 탄생했어. 1947년 인도와 파키스탄이 분리되면서 자치령으로 승격됐고, 1951년 법적인 독립을 획득했지. 1948년에는 이스라엘이 탄생했고, 1949년에는 중화인민공화국이 세워졌어.

세계는 크게 두 축으로 나뉘었어. 한 축은 미국을 중심으로 한 자유진영, 또 한 축은 소련을 중심으로 한 공산진영이었지. 두 진영의 대립을 동서냉전, 또는 냉전이라 불렀는데, 1950년대에 그 기틀이 굳어졌어.

1949년 자유진영은 미국에서 북대서양조약기구NATO를 출범시켰어. 그러자 소련도 이에 질세라 1955년 폴란드에서 바르샤바조약기구WTO를 출범시켰지. 그러나 세계의 모든 국가들이 좌우로 나뉘어 이념 대립을 한 것은 아니었어. 제3세계는 냉전을 반대했단다. 제3세계는 반둥에서 회의를 갖고 중립주의와 전쟁 반대를 공식 선언했어1955년.

② 경제개발과 독재

박정희 시대와 군사정부

1960년~1988년

연표	1961년	1962년	1963년	1967년	1970년	1972년
	5·16 군사정변	경제개발 5개년계획 시작	박정희 5대 대통령 취임	한일기본조약 체결	새마을운동 시작, 청계천노동자 전태일 분신자살	7·4남북공동성명 발표, 유신헌법 제정, 제4공화국 출범, 박정희 첫 4선대통령 취임

	1987년	1981년	1980년	1979년	1974년
	6월민주항쟁, 정부, 대통령 직선제 수용	전두환 대통령 취임, 제5공화국 출범	5·18 광주민주화운동	10·26사태와 12·12사태 발발	긴급조치 1호와 2호 공포, 민청학련 사건과 인혁당 사건 발생

완공 당시의 경부 고속국도 · 1970년 7월 7일 2년 5개월의 공사 끝에 완공되었다. 그 후 우리나라 경제 발전의 상징으로 여겨지고 있다.

군사정권 들어서다

4·19 혁명으로 얻은 민주주의. 장면 정부는 국민의 요구에 따라 3·15 부정선거 사범들과 이승만 정부의 부정축재자들, 반민주행위자들을 처벌하려 했어. 이를 위해 부득이하게 헌법을 개정해야 했지.

　1960년 11월 장면 정부는 과거의 범죄자들을 처벌하기 위한 특별법을 만들 수 있도록 헌법을 개정했어_{제4차 개정}. 원래 법은 과거의 일에 대해 적용하지 못하는 게 원칙이야. 이 원칙에 어긋나 과거에 적용_{소급}했지? 그래서 이 개헌을 소급입법개헌이라고 한단다.

5·16 군사정변

4·19혁명의 주역인 민중은 이처럼 자유와 민주주의를 원했어. 하

5·16 군사정변의 핵심 인물들 · 당시 소장이던 박정희를 정점으로 육군사관학교 8기 졸업생이 중심이 되어 5·16 군사정변을 일으켰다.

지만 민주당은 비록 자유당보다는 나았지만 민중의 요구를 받아들일 수 있을 만큼 진보적이지는 않았어. 게다가 혼란을 해결할 능력도 별로 없었지. 9개월의 집권 기간 장관을 바꾸는 개각을 무려 네 번이나 단행했을 정도야. 얼마나 혼란스러웠는지 짐작할 수 있겠지?

어쩌면 제2공화국의 혼란은 충분히 예상된 일이야. 사회가 발전했으니, 민주화에 대한 요구가 자연스럽게 나올 거야. 분단국가인 이상 통일을 촉구하는 것도 정상적인 모습이지. 만약 시간이 더 흘렀다면 이런 주장의 일부는 받아들여지고 일부는 걸러지면서 사회가 안정을 되찾았을지도 몰라. 그러나 이 혼란을 받아들일 수 없는 조직이 있었어. 바로 군대야.

군인들에게는 이 모든 모습이 극도의 혼란으로만 보였을 거야. 어쩌면 군인들은 사회 혼란이 북한 침략의 빌미가 될 수 있다고 생각했을 수도 있어. 역사학자들은 어떻게 평가하고 있을까?

많은 학자들은 6·25 전쟁을 치르면서 군인들의 위상이 높아졌다고 보고 있어. 더불어 권력에 대한 욕망도 강해졌지. 당시 고위 장성들 가운데 일부, 아니 어쩌면 상당수가 부패해 있었어. 권력에 대한 욕망도 강하고 패기도 넘치는 젊은 군인들은 새로운 질서가 필요하다고 생각했지. 김종필을 비롯한 육군사관학교 8기생이 바로 그들이었어. 그들은 나라를 바로잡아야 한다며 군사정변을 준비하기 시작했어. 그들이 추대한 인물은 제2군 부사령관인 육군 소장 박정희였어.

　1961년 5월 16일 새벽, 결국 그들이 탱크를 이끌고 서울로 진격했어. 그래, 군사정변을 일으킨 거야. 250여 명의 장교가 그 뒤를 따랐어. "어지러운 사회를 구하겠다!" 이게 반란의 명분이었어. 진실로 박정희가 대한민국의 혼란을 걱정했던 걸까? 글쎄, 그의 마음을 확인할 수는 없어. 다만 이로써 헌법이 '올 스톱'했고, 민주주의가

국가재건최고회의 · 5·16 군사정변 성공 이후 만든 국가 최고 통치 의결 기관이다. 입법, 행정, 사법의 3권을 모두 행사했다.

당분간 실종됐다는 것은 분명한 사실이야.

　반란군은 순식간에 정부 주요기관을 모두 장악했어. 아침이 다가올 즈음, 군사혁명위원회를 설치한 후 의장에는 육군참모총장 장도영을 추대했지. 육군참모총장이라면 군 서열상 국방부 장관 다음으로 큰 어른이야. 그런 인물이 반란에 가담한 걸까? 아니야. 박정희가 군부의 동요를 막으려고 허수아비를 내세웠다고 보는 학자들이 많단다. 실제로는 모든 권력을 부의장인 박정희가 장악했다는 거야. 장도영은 한 달 만에 의장 자리에서 쫓겨났고, 8월에는 군복을 벗어야 했어. 게다가 나중에는 반혁명 혐의로 기소돼 무기징역까지 선고받아. 이 점을 감안하면 이용당했다고 보는 게 맞는 것 같지?

　군사혁명위원회는 곧 혁명 공약을 발표했어. 무릇 모든 반란에는 그럴듯한 명분이 있어야 하잖아?

　"첫째, 반공을 국가 제1정책으로 삼는다. 둘째, 미국과 유대 관계를 강화한다. 셋째, 부패와 구악을 모두 없앤다. 넷째, 자주경제에 총력을 기울인다. 다섯째, 국토를 통일하기 위한 실력을 키운다. 여섯째, 사태가 수습되면 군 본연의 임무로 돌아간다."

　이 모든 공약이 지켜졌을까? 그건 지켜보면 알겠지? 그런데 이토록 급박한 시기에 장면 총리는 뭘 하고 있었을까?

　5월 16일 새벽 4시 30분, 장면은 군사정변이 터졌다는 이야기를 듣자마자 수녀원으로 피신했어. 무기력한 지도자라는 평가가 그냥 생긴 건 아니지? 그곳에 숨어 장면은 미국에 도움을 요청했어. 그러나 돌아온 답변은 "우린 개입하지 않겠다!"였단다.

결국 5월 18일 장면은 모든 것을 포기하고 수녀원에서 나왔어. 바로 이날, 박정희는 군사혁명위원회를 국가재건최고회의로 바꿨어. 이 기구는 이름 그대로 국가를 재건하는 데 있어 최고 의사결정을 한 기구야. 입법, 행정, 사법의 모든 권한을 가졌지. 사실상의 군정인 셈이야.

이제 총리는 필요 없겠지? 장면은 공식 기자회견을 갖고 내각 총사퇴를 선포했어. 장도영도 필요 없잖아? 박정희는 7월 장도영을 쫓아내고 국가재건최고회의의 의장에 취임했어. 모든 권력은 국가재건최고회의가 장악했어. 사실상 군정이 시작된 거야.

국가재건최고회의는 헌법부터 손질했어. 왜? 박정희가 대통령이 되려면 의원내각제에서 대통령제로 다시 바꿔놔야 하잖아! 동시에 중앙정보부가 박정희 대통령 만들기 프로젝트에 돌입했어. 부총리급에 해당하는 중앙정보부장에는 박정희의 평생 동지인 김종필이 임명됐어. 중앙정보부는 반대 세력을 하나씩 제거하기 시작했지.

한일기본조약과 베트남 파병

국가재건최고회의는 대통령제와 국회 단원제를 핵심 내용으로 하는 개헌안을 만들었어. 이어 1962년 12월 국민투표를 통해 이 개헌안을 확정했지제5차 개헌.

5대 박정희 대통령 취임식

한일 회담 반대 시위 · 박정희 정부는 경제 개발 자금을 끌어오기 위하여 일본과 국교 정상화를 추진하면서 일본의 식민지 지배에 대한 사죄 등을 제대로 받아내지 못했다. 이에 대한 대학생들의 반대 시위가 전개되었다.

군부는 사태가 수습되면 군대로 돌아간다고 공약했었지? 군부는 그 공약을 지켰어. 다만 방법이 조금 이상했지. 무슨 소리냐고?

헌법을 개정한 이듬해 2월, 군부는 민주공화당을 창당했어. 군사 정변의 리더였던 박정희는 육군 대장으로 예편한 뒤 8월에 민주공화당에 입당했지. 왜? 대통령 선거에 출마하기 위해! 결국 정치권력을 민간에 돌려주겠다던 당초 공약은, "우리가 민간인 신분이 돼 정치를 하겠다"는 얘기였던 거야.

10월 제5대 대통령 선거가 실시됐어. 야당과 재야세력이 힘을 합쳐 박정희에 맞섰지만 선거결과는 예상했던 대로야.

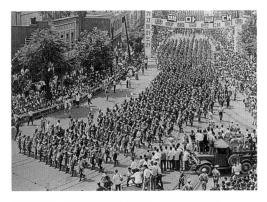

베트남 파병 · 베트남 전쟁으로 파병되는 백마부대를 환송하는 모습이다.

박정희가 민정당 후보 윤보선을 누르고 대통령에 당선됐지. 12월 박정희는 대통령에 취임했어. 이로써 박정희 정부 시대가 열렸지.

박정희 대통령은 경제 발전에 특히 신경을 썼어. 그 때문에 대한민국은 눈부신 속도로 성장했지. 하지만 부작용들도 있었어. 이에 대해서는 조금 있다가 다룰 거야. 우선 정치 역사를 마저 살펴볼게.

시간이 흘러 대통령 4년 임기가 거의 끝나가고 있었어. 제6대 대통령을 뽑아야 하는 1967년이 다가왔어. 이 무렵 국내는 여러 정치 사안이 뒤얽히며 아주 어수선했단다. 특히 두 가지 이슈가 전국을 뜨겁게 했어.

첫째, 한일협정한일기본조약 문제로 시끄러웠어. 두 나라는 국교를 회복하기 위해 1951년부터 협상을 벌여왔어. 10년 넘게 끌다가 1962년 11월에 이르러 사실상 합의할 정도로 진전을 이뤘지. 껄끄러운 과거사 때문에 계속 원수처럼 지내는 것은 옳지 않아. 그러니 국교 회복 자체는 반대할 사안이 아니었어.

　문제는, 우리가 너무 양보를 많이 했다는 데 있어. 재일교포의 법적 지위와 대우, 일본에 대한 재산 청구권, 문화재 환수 등 모든 분야에서 우리에게 불리하게 합의가 이뤄진 거야. 한국 민중은 이를 굴욕 외교라 부르며 시위를 벌였어. 그러나 박정희 정부는 밀어붙였고, 그 결과 1965년 6월 조약이 체결됐단다.

　박정희 정부가 굴욕 외교라는 비판을 감수하면서 일본과 조약을 체결한 것은 무엇보다 경제 때문이었어. 과거를 눈감아 주는 조건으로 무상 원조 3억 달러, 정부 차관 2억 달러, 민간 차관 1억 달러를 받기로 했거든. 박정희 정부로서는 이 돈이 무척 필요했어. 경제를 발전시키려면 산업 인프라부터 갖춰야 할 테고, 이를 위해서는 막대한 돈이 필요하잖아?

7대 박정희 대통령 취임식

실제로 박정희 정부는 장면 정부 때 기획한 경제개발계획을 1962년 1월부터 본격적으로 추진했어. 이 사업은 5년 단위로 조정됐어. 그 래서 경제개발5개년계획이라 부르는데, 제1차 사업이 이때 시작된 거지. 경제를 살릴 자금이 얼마나 필요했겠니? 그래도 너무 많은 양보를 한 것 아니냐는 비판이 꽤 강했어. 어떤 사람들은 정부가 돈 때문에 나라를 팔았다고까지 했단다.

두 번째 이슈는 베트남 파병 문제였어. 베트남 전쟁은 1964년부 터 본격화했는데, 미국의 요청에 따라 박정희 정부가 한국군을 파 견한 거야. 사실 처음에는 의무병이나 태권도 교관과 같은 비 전투 병을 보냈었단다. 그러다가 미국이 병력을 늘려 달라고 요구하자 그 요구를 받아들여 전투병까지 파견하게 된 거야. 한국은 1973년 베트남 전쟁이 끝날 때까지 32만 명의 병사를 보냈어. 이 규모는 미 국에 이어 두 번째로 큰 거야.

박정희 정부는 왜 이렇게 많은 우리 병사를 남의 나라 전쟁터에 보낸 것일까? 이번에도 정답은 돈이야. 1964년 9월 정부는 주한 미 국대사 브라운과 각서를 체결했어. 이 각서에 따라 한국은 병사를 보내는 대신 미국으로부터 차관을 얻고, 베트남 건설 사업에 참여 할 수 있는 기회를 얻었지. 또한 한국 군대 장비를 현대화하고, 베 트남 전쟁에서 쓸 물자도 한국에서 조달하기로 했어. 경제적 이득 이 꽤 크지? 그래, 박정희 정부는 '베트남 특수'를 노리고 병사를 대 거 파견했던 거야.

반공을 국시로 삼고 있는 대한민국이 우방국을 돕기 위해 군대를 파견한 사실을 비난할 수는 없어. 다만 베트남 전쟁에 대한 평가가 크게 엇갈리고 있었다는 걸 알아둬야 해. 반대파들은 미국이 일으킨 전쟁에 왜 우리 젊은이들이 희생돼야 하느냐고 주장했어. 그들은 이 전쟁이 냉전 체제 하에서 사회주의가 확대되는 걸 막으려는 미국의 오만과 독선 때문에 발생했다고 생각했거든. 실제로 이 전쟁을 많은 학자들이 명분 없는 전쟁이라 부른단다. 이 두 정치쟁점은 6대 대통령 선거의 최대 이슈였어. 야당의 윤보선 후보는 이 사안을 집요하게 물고 늘어졌어. 그러나 결과는 이번에도 박정희의 승리였어. 대통령 연임에 성공한 거야.

두 번 대통령을 하니 세 번 대통령을 하고 싶었어. 그래, 3선의 욕심이 꿈틀거리기 시작한 거야. 하지만 헌법에서는 대통령 3선을 허용하지 않아. 헌법이 걸림돌이 되는 거지. 그렇다면 해법은? 그래, "법을 바꾸자!"였어.

1969년 6월 개헌이 본격 추진되기 시작했어. 여당은 개헌에 필요한 의원 122명을 확보하려고 야당 의원을 포섭했어. 3명이 공작에 넘어갔어. 마침내 개헌에 필요한 의원 수를 확보했으니 국회의사당에서 확정하기만 하면 돼.

7월 들어 야당과 재야단체가 반대투쟁을 시작했어. 대학가는 개헌반대 시위로 연일 시끄러웠고, 지식인들의 개헌반대 성명이 잇따랐지. 정치판에서 시작된 혼란의 소용돌이가 또다시 전국을 강타한 거야.

여당이 개헌안을 통과시킨다는 소문이 들려왔어. 야당은 국회 본회의장을 점거하고 농성을 벌였어. 극도의 긴장감이 흘렀어. 그러나 박정희는 어쩌면 크게 걱정하지 않았을 거야. 합법적인 처리가안 되면 편법이나 불법으로 처리하면 되니까!

9월 14일 새벽 2시, 122명의 의원은 국회 별관에 따로 모여 개헌안을 통과시켰어. 찬성 122표, 반대 0표였단다. 속전속결! 한 달 후국민투표로 개헌안을 확정했어. 이제 세 번째 대통령에 도전할 수있는 길이 열렸지^{제6차 개헌}. 이 개헌은 박정희 대통령의 삼선을 가능케 하는 발판이 됐다고 해서 삼선개헌이라 부른단다.

장기집권 야욕을 막지 못한 야권에 대한 국민의 실망은 아주 컸어. 웬만한 후보로는 박정희를 꺾을 수 없다는 비판이 나왔어. 그때 40대기수론을 내세우며 세대교체를 주장하는 인물이 등장했어. 바로 김대중이야.

1971년 4월 제7대 대통령선거가 실시됐어. 후보는 모두 5명이었지만, 국민의 관심은 온통 박정희와 김대중의 대결에 쏠렸어. 하지만 이번에도 야권의 패배로 끝났어. 박정희는 53.2퍼센트의 지지율로 당선됐어.

그러나 이번 선거는 지금까지의 선거와 많이 달랐어. 김대중에 대한 열광적인 지지를 박정희가 눈으로 확인했거든. 순식간에 야권 지도자로 부상한 그를, 박정희 정권은 눈엣가시로 여기기 시작했어.

제1회 수출의 날 기념식 · 최초로 연간 수출 누계가 1억 달러를 넘은 1964년 11월 30일 처음으로 수출의 날을 정해 기념식을 거행하는 모습이다.

경부 고속국도 개통식 · 경부 고속국도는 전국을 일일생활권으로 만드는 데 기여했고, 운송을 획기적으로 개선해 산업의 동맥 구실을 했다.

눈부신 경제 발전

박정희 정부 시절을 요약하면 "민주주의는 멈췄지만 경제는 발전한 시기"라고 할 수 있을 거야. 박정희 대통령은 특히 경제 근대화에 많은 노력을 쏟았어. 경제개발5개년계획과 새마을운동이 대표적인 성과라고 할 수 있지.

제1차 경제개발5개년계획은 국가재건최고회의가 군정을 실시하던 1962년 1월 시작됐어. 정부가 모든 것을 계획하고, 주도적으로 추진하는 방식이야. 박정희는 이 프로젝트에 따라 짧은 시간에 대한민국의 경제를 발전시켰어. 외국에서도 한강의 기적이라고 극찬할 만큼 경제 성장은 눈부셨어.

이 프로젝트는 5년 단위로 추진됐어. 1981년까지 총 4차에 걸쳐 진행됐고, 제5공화국 때부터는 경제사회발전계획으로 이름이 바뀌어 진행됐지. 1996년 제7차 경제사회발전 5개년계획이 끝났단다.

제1차 계획 때는 산업 인프라 구축에 주력했어. 생산설비도 늘리고, 전력을 확보하는 식이지. 돈이 많이 필요해서 한일기본조약도 체결하고 베트남에도 우리 병사들을 보냈지?

제2차 계획1967~1971년 때는 확실히 1차 때보다 많은 성과들이 나왔어. 산업 인프라도 많이 구축됐고, 식량 자급도도 높아졌지. 곳곳에 항만과 공항을 세웠으며 간척사업을 벌여 땅을 넓혔어. 경부 고속국도는 1968년 2월 착공해 2년 5개월 만인 1970년 7월 완공했어. 경부 고속국도가 왜 중요하냐고? 바로 이 도로가 만들어지면서 전국이 일일생활권이 됐기 때문이야. 전국을 하루 만에 오가며 생산과 유통을 할 수 있게 된 거야. 덕분에 매년 10퍼센트에 가까운 경제성장이 이뤄졌어.

이 2차 계획 후반부에 시작된 또 하나의 프로젝트가 있었어. 농촌 재건을 위한 새마을운동이야. 이 운동은 농촌을 재건하려는 목적에서 시작했지만 곧 지역사회 발전으로 영역을 넓혔단다. 1970년 4월 지방장관회의를 소집한 박정희 대통령은 자조와 자립을 바탕으로 농촌을 되살려야 한다고 주장했어.

프로젝트는 1971년 들어 본격 가동됐어. 전국의 3만 3267개 마을에 각각 335포대의 시멘트가 제공됐어. 이 시멘트로 하고 싶은 사업을 마음껏 해 보라고 했지. 시멘트를 대충 허비한 마을도 있었지만 어떤 마을은 도로도 만들고 시설도 정비했어. 이런 성과를 만들어 낸 1만 6600개 마을에 대해 다시 시멘트 500포대와 철근 1톤씩이 주어졌어.

시골 마을이 서서히 달라지고 있었어. 성과가 나오고 있는 거야! 그러자 이 운동을 공장과 도시, 일반 직장으로까지 확대했어. 온 나라가 새마을 정신인 근면, 자조, 협동을 외치기 시작했어. 정부와 국민의 노력이 합쳐지면서 새마을운동은 어느새 전국적인 경제개발운동으로 커졌어. 정부는 이 운동을 통해 선진국 대열에 진입해야 한다고 강조했지. 중산층과 농민 등 일반 국민은 하루가 다르게 발전하고 있는 대한민국을 보며 뿌듯해 했어.

바로 이 대목에서 새마을운동을 비판하는 사람들이 있단다. 박정희 정부가 개발과 경제 성장만 강조하면서 기본인권을 유린했다는 거야. 경제적 풍요로움과 장밋빛 미래로 현혹하면서 국민의 눈과 귀를 가렸고, 그 결과 자유와 민주주의가 희생됐다는 뜻이지. 이런 비판이 틀리다고는 할 수 없어. 그러나 새마을운동이 1970년대 이후 경제 발전의 원동력이었다는 사실 또한 부정할 수 없지. 게다가 산업과 경제 발전은 세계가 놀랄 정도였어.

박정희 대통령은 자원이 부족한 나라이니 수출밖에 없다는 점을 여러 번 강조했단다. 경제개발5개년계획을 통해 산업구조를 수출 위주로 재편했어. 그 결과 수출은 비약적으로 늘었어. 3차 경제개발5개년계획1972~1976년의 핵심이 바로 수출확대와 중화학공업 육성이었지.

이 과정에서 재벌들이 등장하기 시작했어. 재벌들은 그 전까지 외국 자본에 의존하던 산업 구조를 확 바꿔 놓았어. 비로소 국내 자본이 외국 자본을 앞서기 시작했어. 물론 문제가 없는 것은 아니었어. 소수의 사업가에게만 자본이 집중된 거야. 당장은 아니지만 재벌 문제는 두고두고 한국 경제의 문제점으로 지적된단다.

어쨌든 눈부신 경제성장 덕분에 대한민국 삶의 지도가 달라졌어. 전국에 대도시가 잇달아 생겨나면서 1970년대 중반에는 마침내 도시 인구가 전체의 절반을 넘어섰지. 1960년대 중반까지만 해도 전기는 도시의 50퍼센트, 농촌의 10퍼센트 정도에만 보급됐었어. 그러나 1980년을 앞둘 무렵에는 아주 일부 지역만 제외한 전국 모든 지역에 전기가 보급됐단다. 생활환경이 많이 개선된 셈이야. 이처럼 경제적인 측면에서 박정희 정부가 쌓은 업적은 실로 대단하다고 할 수 있어.

김일성은 가짜인가

지금은 사망한 북한의 김일성 주석이 과연 항일투쟁을 이끈 김일성 장군이 맞을까? 이 논란은 아직도 끝나지 않았단다. 박정희 정부 시절에는 "당연히 김일성은 가짜!"라는 의견이 압도적이었지만 최근에는 "맞다"는 의견이 좀 더 많은 것 같아. 김일성의 본명은 김성주야. 일단 본명이 김일성이 아니라는 데서 가짜 의혹이 제기됐어. 어떻게 김성주가 김일성이 됐을까?

김성주는 김일성이 이끄는 항일 부대로 들어갔다가, 김일성이 숨지자 그의 행세를 했어. 광복 후 소련 군대를 따라 평양에 입성했을 때 소련군 사령관이 그를 김일성 장군이라고 소개했어. 그래야 지지를 얻을 수 있겠다는 판단을 했겠지. 평양 시민들의 눈이 휘둥그레 커졌어. 김일성 장군이 노인일 거라고 생각했는데, 30대의 건장한 사내라니 놀랄 수밖에.

반면 김성주가 곧 김일성이라고 주장하는 사람들은 이를 조작이나 왜곡으로 본단다. 다만 김일성의 항일 투쟁이 북한 정부의 주장처럼 그리 대단한 건 아니었다는 비판에는 대체로 많은 학자들이 동의하고 있어. 북한이 역사를 슬쩍 조작해 김일성을 대단한 항일투사로 만들었다는 거지.

가령 보천보 전투만 해도 김일성 부대가 단독으로 행한 것이 아니었다는 평가가 많아. 동북항일연군이라는, 또 다른 독립군 부대와 연합으로 치른 작전이었다는 거지. 성과도 그리 크지는 않았어. 고작 해야 무기 일부와 탄약을 빼앗고, 면사무소에 불을 지른 게 전부였다는구나.

후퇴한 민주주의

도로가 깔리고 항만과 공항이 세워졌으며, 수출은 급속도로 늘었어. 재벌들의 덩치도 갈수록 커졌어. 경제개발계획의 성과는 놀라울 정도였지. 적어도 외형만 놓고 보면 한국의 경제는 급성장했어. 그러나 안을 들여다보면 꼭 웃을 수만은 없어. 성장 위주의 경제정책으로 인해 많은 문제점들이 나타나기 시작한 거야. 바로 민주주의가 퇴색되고 있었어.

1970년대로 접어들면서 노동자가 크게 늘어났어. 2차 산업이 급속도로 발전했으니 그럴 수밖에 없겠지. 노동자 인권이 사회적 이슈로 떠올랐어. 저임금 정책을 바탕으로 강력한 수출 드라이브를 펼치고 있던 때야. 국가 전체 경제는 좋아졌을지 모르지만 노동자의 삶은 바닥으로 떨어지고 있었지. 이를 개선해야 한다며 노동운동이 본격화했어. 더불어 민주주의에 대한 열망도 강해졌어.

노동자의 인권이 사라졌다

노동자들은 임금 인상과 노동조건 개선을 요구했어. 인간적인 대우를 해 달라는, 어찌 보면 아주 당연하고 소박한 바람이었지. 그러나 인권보다는 경제성장이 중요하다고 여겨지던 시절이야. 경영자

전태일 추모 · 전태일은 성장 중심의 경제 정책 속에서 버려 둔 노동 환경의 개선을 요구하며 자신의 몸을 불살랐다.

들은 그들의 요구를 모두 무시했어. 박정희 정부도 노동자들의 목소리를 외면했지. 그 요구를 일일이 들어주다 보면 경제 발전 속도가 크게 떨어질 것이라고 생각한 거지. 노동운동은 탄압을 받았어.

1970년 11월 13일 서울 청계천 평화시장의 의류 공장에서 재단사로 일하던 22세의 청년 전태일이 분신자살했어. 그는 근로기준법은 있으나마나 한 법이라며 법전을 태웠어. 이윽고 그 불에 자신도 뛰어 들어가 생을 마감했지.

전태일이 다니던 공장은 직원만 2만여 명이었어. 나이 어린 소녀가 많았지. 전태일은 그 아이들이 너무나 열악한 환경에서 쥐꼬리 같은 임금을 받으며 중노동을 하고 있다는 사실에 마음이 아팠어. 그래서 근로기준법을 공부했는데, 회사가 법을 어기고 있다는 걸 깨달았어. 전태일은 공장의 부실한 노동환경을 조사해서 그 결과를 노동청과 서울시에 제출했지. 근로조건을 개선해 달라는 진정서도 냈어. 근로감독관을 파견해 달라고 요청하기도 했지. 그러나 모두 묵살됐어. 전태일은 「대통령에게 보낸 편지」라는 형식으로 근로 환경을 고발했어. 그 내용을 요약해 볼까?

"심부름과 같은 잔일을 하는 시다 소녀의 평균 나이는 15세다. 공무원은 일주일에 45시간 일하지만 그 어린 아이들은 98시간을 일한다. 그 소녀들은 2주일에 하루를 쉴 뿐이다. 공장은 환기가 되지 않고, 햇볕도 들지 않는다. 소녀들은 눈병, 폐결핵 같은 병으로 고생하고 있다."

법과 달리 현실에서는 버젓이 노동착취가 벌어지고 있었던 거야. 전태일은 하루 16시간 근무를 10~12시간으로 줄여 주고, 일요일마다 쉬게 해 주며, 불쌍한 소녀들의 임금을 50퍼센트 올려 달라고 요구했어. 오늘날의 기준으로 보면 그렇게 심한 요구는 아니지? 그러나 기업주는 물론 그 누구도 전태일의 목소리에 귀를 기울이지 않았단다. 결국 전태일은 죽음으로 자신의 주장을 세상에 알리기로 했어.

이 젊은이의 죽음은 사회적으로 큰 파장을 불러 일으켰어. 공무원들이 얼마나 무관심했기에 이런 일이 벌어졌냐는 지적도 나왔어. 노동운동가들은 그를 열사로 추대했어. 추모 열기는 그 후로도 오랫동안 이어졌어. 전태일의 일생은 『전태일 평전』이라는 책과 「아름다운 청년 전태일」이라는 영화로 나오기도 했지. 오늘날 청계천 6가 버들다리 위에 그의 반신상이 있단다.

그래도 노동운동은 성장했어. 먹고 살기 힘들었던 시절을 넘기면서 국민들의 의식도 성숙해졌지. 지식인뿐 아니라 일반시민들도 박정희 정부를 비판했어. 박정희도 위기의식을 느꼈어. 더 이상 국민이 자신을 지지하지 않는다는 사실을 깨달았으니까 그랬겠지?

그러나 권력은 내놓고 싶지 않았어. 박정희는 마침내 평생 대통령
직을 내놓지 않기로 결심했어. 다시 헌법을 고치면 되잖아? 이렇게
해서 유신헌법이 탄생했어.

유신독재의 시작

1972년 7월 4일 남한과 북한이 서울과 평양에서 동시에 통일에 관
한 성명을 발표했어. 분단 이후 남한과 북한이 통일 원칙을 처음으
로 합의한 역사적인 순간이었지. 이 성명이 바로 7·4 남북공동성
명이란다.

"첫째, 외세에 의존하지 않고 자주적으로 해결한다. 둘째, 평화적 방
법으로 한다. 셋째, 사상과 이념, 제도를 넘어 민족적으로 단결한다."

자주, 평화, 민족대단결이란 3대 통일 원칙이 이때 선포됐어. 이
3대 원칙이 이후로도 우리 민족의 통일 원칙이 됐지. 남북한은 서
로 비방도, 무력도발도 하지 않기로 했어. 그 대신 다양한 분야에서
교류를 늘려 나가기로 했어. 통일 문제를 논의하기 위한 남북조절
위원회도 설치하기로 했지. 남북 당국자가 밀실에서 만든 작품이
긴 하지만, 과정이야 어쨌든 통일이 눈앞에 다가온 느낌에 국민은
만세를 불렀어.

그런데 이상한 일이 벌어지기 시작했어. 남북정권이 약속이나 한
듯 헌법을 바꾼 거야. 박정희는 11월 24일 유신헌법을, 김일성은

7·4 남북공동성명 발표 · 남한과 북한은 처음으로 자주, 평화, 민족대단결의 통일 원칙에 합의했다. 이는 이후 이어진 남북 사이의 통일 논의에서 기본 원칙이 되었다.

12월 27일 사회주의헌법을 만들었어. 결과적으로, 국민의 통일 염원을 교묘하게 악용해 남한과 북한의 두 권력자가 종신 집권을 꾀한 셈이야. 명분? 물론 있지. 평화통일을 뒷받침하려면 강력한 지도자가 개혁을 진두지휘하는 정치 체제를 구축해야 한다는 거야. 이게 무슨 뜻인지는 곧 말해 줄게.

　어쨌든 유신헌법을 제정하고 난 후 법치국가에서는 상상도 할 수 없는 일이 벌어졌어. 박 대통령은 국가긴급권을 발동해 국회를 해산하고 모든 정치활동을 금지했어. 전국 비상계엄령이 선포됐고, 헌법이 정지됐지. 시대가 거꾸로 흘러가고 있었어. 독재자의 군대가 대한민국을 점령했고, 국민은 공포에 떨었어.

통일주체국민회의 · 대통령과 국회의
원을 뽑고 통일 정책을 심의하며, 개헌
안을 의결해 확정하던 기구이다.

늘 그랬듯이 이번에도 속전속결이었어. 10월 27일 개헌안을 의
결하고, 11월 21일 국민투표가 실시됐어. 투표장에 안 가는 것도,
반대표를 찍는 것도 허용되지 않았어. 투표율 91.9퍼센트, 찬성
91.5퍼센트라는 압도적인 결과가 나왔지. 김일성이 사회주의헌법
을 만든 바로 그날, 남한에서도 개정헌법이 공포됐어. 바로 유신헌
법이야^{제7차 개헌}. 보통 유신헌법 이전까지의 박정희 정부를 제3공화
국, 유신헌법부터를 제4공화국으로 분류한단다.

유신헌법은 이른바 한국적 민주주의를 표방하고 있어. 평화통일
을 이루려면 대통령이 강력한 리더십을 갖고 모든 걸 진두지휘해
야 한다는 뜻이야. 대통령의 권력이 강해져야 나라가 일사불란하
게 돌아갈 테고, 그래야 북한이 도발을 못 한다는 게 이 헌법을 만
든 이유라는구나. 독재자가 있어야 나라가 부국강병을 이룬다는
주장인데, 글쎄, 이 주장을 받아들이기는 쉽지 않지?

어쨌든 이 헌법에 따라 통일주체국민회의가 만들어졌어. 통일을
준비하기 위해 만들었다고는 하지만 실제로는 모든 법 위에 군림

한 기구였지. 대통령도 이 통일주체국민회의에서 뽑았단다. 이 회의의 의장은 대통령이었어. 그렇다면 대통령이 대통령을 뽑는 셈이야. 땅 짚고 헤엄치기와 다름없지?

통일주체국민회의는 대통령의 임기도 6년으로 늘리고 중임을 허용했어. 대통령은 영도적 국가원수라고 규정했어. 게다가 통일주체국민회의가 국회의원의 3분의 1을 뽑았어. 이 말은, 대통령이 국회의원의 3분의 1을 뽑았다는 것과 같아. 대통령이 국민 위에 군림하는 통치자가 된 거지. 이런 체제를 민주주의라 할 수 있을까?

게다가 유신헌법에는 듣지도 보지도 못했던, 긴급조치라는 해괴한 규정도 있었어. 사회가 혼란스럽다고 판단되면 대통령이 모든 걸 정지시킬 수 있는 규정이야. 헌법에 보장된 국민의 기본권도 인정하지 않겠다는 뜻이지. 박정희는 임기 중에 아홉 번이나 긴급조치를 공포했단다.

1972년 12월 유신헌법에 따라 서울 장충체육관에서 제8대 대통령 선거가 치러졌어. 뭐, 코미디가 따로 없지. 후보는 박정희 한 명이었고, 2표의 무효를 뺀 2357표가 모두 찬성표였거든. 너무나 쉽게 4선 대통령이 된 거야.

테러와 야만의 시대

유신체제라는 말로 더 익숙한 제4공화국은 민주주의 암흑시대였어. 야당 지도자 김대중은 암살 위협에 시달렸고, 민주화 세력은 국가를 전복하려 했다는 누명을 뒤집어쓰고 죽어갔어. 테러와 야만이 판치던 시대였지.

1973년 8월 8일 오후 1시경, 일본에 망명 중이던 김대중이 도쿄의 한 호텔에서 납치됐어. 야당의 대통령 후보였던 인물이 납치되다니…. 어찌된 연유일까?

사실 김대중에 대한 테러는 이번이 처음이 아니었어. 제7대 대통령선거 당시 동교동 자택 마당에서는 사제폭발물이 터졌고, 선거유세중일 때는 대형트럭이 그의 차량을 덮치기도 했지. 목숨은 건졌지만 이 충돌로 골반 관절에 부상을 당했어. 우연한 사고였을까?

김대중은 박정희 정권의 음모라고 생각했어. 그 때문에 일단 일본으로 피했어. 유신헌법이 선포된 후에는 미국으로 망명을 떠났

긴급조치 위반자 석방 요구 시위

지. 김대중은 미국과 일본을 오가며 유신체제를 강력히 규탄했어. 눈엣가시 같은 김대중을 박정희 정권이 놔둘 리가 없지? 급기야 이후락 중앙정보부장이 김대중을 납치해 제거할 음모를 꾸미기 시작했어.

김대중은 이런 사정을 모르고 있었어. 당시 그는 일본 도쿄의 한 호텔에 머물고 있었지. 누군가가 그를 마취해 납치했어. 깨어나 보니 바다에 떠 있는 배 위였어. 그를 바다에 던져 죽일 심산이었던 거야. 절체절명의 순간, 정말로 극적이게도 일본 해상 자위대 함정이 나타났어. 납치범은 급히 배를 부산으로 몰았어. 8월 13일 김대중은 동교동 자택 앞에서 발견됐단다.

누가 저지른 짓이었을까? 사건의 전말은 16년이 지난 1987년 10월에 밝혀졌어. 월간지『신동아』가 이후락을 인터뷰했어. 국가안전기획부_{중앙정보부의 후신}가 이 월간지의 인쇄를 막았지만 기자들이 밤샘 농성을 벌이며 지켜 냈어. 결국 안기부가 두 손을 들었고, 동아일보가 보도했어. 보도에 따르면 김대중을 납치해 죽이려던 '누군가'는 중앙정보부 요원이었어. 박정희 정부가 김대중을 죽이려 했던 거야.

다시 1973년으로 돌아가서…. 9월 대학교가 개학하면서 시위가 격해졌어. 김대중 사건의 진상 규명을 요구하는 시위는 곧 반독재, 반체제 운동으로 바뀌었지. 심지어 고등학교에서도 시위가 일어났어. 지식인들은 개헌을 요구하며 서명운동을 벌였어. 그렇게 숨 가쁘게 1973년의 가을이 흘러갔어.

1974년 박정희의 반격이 시작됐어. 1월 8일 긴급조치 1호와 2호가 공포됐지. 그래, 헌법에 우선하는 바로 그 긴급조치였어. 개헌과 관련된 발언은 일절 금지했고, 이를 위반하면 군법회의에서 심판한다고 위협했지. 군법회의라니! 대한민국 국민이 모두 군인이 아닌데도 군법이라니! 상식이 통하지 않는 시대가 맞지?.

4월 3일 정부가 "전국민주청년학생총연맹_{민청학련}이란 단체가 정부를 전복하려 했다"고 발표했어. 박정희 정부는 대학이 불순세력의 온상이라며 긴급조치 제4호를 발동했지. 이에 따라 대학생들은 수업거부와 같은 집단행동을 할 수 없게 됐어. 중앙정보부는 긴급조치 4호를 위반한 대학생 1024명을 잡아들였어. 비상 군법회의가 열렸고, 이 중 180명을 공산정권을 세우려 한 혐의로 구속기소했지. 이어 인민혁명당_{인혁당} 계열의 23명을 추려 내, 그중 8명을 사형에 처했단다.

중앙정보부는 1964년 8월부터 인혁당을 들먹이기 시작했어. 당시 도예종이 징역 1년을 선고받는 등 관련자 전원에게 유죄가 선고됐어. 그런데 왜 8년 전의 사건이 민청학련 사건에 다시 등장한 걸까? 중앙정보부는 인혁당 재건위원회가 민청학련을 배후조종했다고 주장했어.

우리나라 법원은 3심제를 채택하고 있어. 대법원 확정판결이 나와야 형을 집행할 수 있는 거야. 그러나 이 사건은 예외였어. 첫 판결이 있고 18시간이 지난 4월 9일 바로 형을 집행해 버린 거야! 세계가 놀랐어. 제네바의 국제법학자협회는 이날을 사법 사상 암흑의 날로 선포했다는구나.

이때 희생됐던 사람들은 2002년에야 명예를 회복했어. 의문사진상규명위원회가 고문으로 조작된 사건이라고 발표했거든. 2007년 1월 23일 재심판결이 내려졌는데, 사형된 8명에게 뒤늦게 무죄가 선고됐단다. 민청학련 사건 또한 2009년 무죄를 선고받았고. 모두가 조작된 사건이었던 거야. 정말 비열한 시대였어.

억울한 죽음, 의문사

박정희 정부 시절 핍박받던 야당지도자 김대중은 대통령이 된 후인 2000년 10월 의문사진상규명위원회를 대통령 직속으로 만들었어. 공권력, 즉 정부의 부당한 폭력에 목숨을 잃었을 것으로 추정되는 죽음을 조사하는 임시기구였어. 주로 1960년대 이후 민주화운동을 벌였던 인사 가운데 의문의 죽음을 당한 사람들이 대상이었지.

위원회는 2000년 12월 31일까지 약 2개월간 의문사 접수를 받았어. 총 82건이 접수됐어. 위원회는 본격적인 조사에 착수했어. 그러나 조사 기간은 법에 따라 2002년 9월까지로 정해져 있었어. 19건이 의문사로 최종 인정됐어. 33건은 기각이 됐고, 나머지 30건은 조사 불능으로 잠정결론을 내렸어.

2003년 7월 2기 의문사진상규명위원회가 출범했어. 위원회는 이듬해 6월까지 의문사 재조사를 벌여 조사 불능 건수를 24건으로 줄였어. 이 가운데는 1975년 당시 재야지도자로, 월간지 『사상계』의 편집인을 지낸 장준하 추락사도 들어있단다. 3기 의문사진상규명위원회는 그 후 출범하지 않았어. 위원회 설립을 규정한 특별법이 2009년 4월 폐지됐기 때문이지. 남아 있는 의문사를 규명할 방법은 없는 걸까?

군부독재 이어지다

민중은 계란으로 바위를 치는 마음으로 투쟁을 계속했어. 비밀경찰이 돌아다니는 대학교에서 학생들은 몰래 투쟁을 촉구하는 유인물을 찍었고, 종교인들은 시국선언문을 작성했어. 개헌을 요구하는 서명운동이 목숨을 걸고 추진됐어.

중앙정보부는 민주화 요구를 폭력으로 눌렀어. 민청학련 사건 뿐 아니라 수많은 사태가 터졌고, 그만큼 많은 사람들이 투옥되고 목숨을 잃었어. 암흑의 시대, 민중들은 입도 벙긋하지 못하고 살아야 했지. 그러나 저항 또한 멈추지 않았어. 민주주의에 대한 열망만큼은 독재정권도 꺾을 수 없었던 거야.

그러는 사이에 박정희는 1978년 통일주체국민회의를 통해 다시 대통령에 선출됐어. 벌써 5선 대통령이 된 거야. 그리고 1년이 지난 1979년. 온 나라를 충격에 빠뜨린 사건이 터졌어. 바로 10·26사태야.

10·26사태과 12·12사태

10월 26일 저녁 7시 30분경, 중앙정보부 안가에서 박정희 대통령이 측근들과 만찬을 가졌어. 경호실장 차지철, 중앙정보부장 김재규, 대통령 비서실장 김계원이 그 자리에 있었지.

10·26사태 · 김재규가 현장검증에서 박정희 대통령을 시해하는 장면을 재현하는 모습이다.

　이 무렵 차지철과 김재규의 사이는 아주 좋지 않았어. 2인자 자리를 놓고 권력투쟁을 벌이고 있었거든. 마침 이날 삽교천 방조제 준공식이 있었는데, 차지철은 김재규만 쏙 빼놓았어. 그렇잖아도 차지철이 얄미웠는데…. 이런 술자리가 김재규는 즐거울 리 없겠지? 김재규는 총을 바지주머니에 숨기고 만찬장으로 갔어.

　박정희가 "중앙정보부가 불순분자를 잘 통제하지 못하고 있다"며 화를 냈어. 차지철이 맞장구를 치며 김재규를 타박했지. 격분한 김재규가 총을 꺼내 차지철을 향해 발사했어. 그 총이 다시 박정희를 향했어. 총알이 박정희의 가슴에 박혔어. 순식간에 만찬장은 아수라장으로 변했지. 대통령을 급히 국군서울병원으로 옮겼지만 이미 숨이 끊어진 후였어. 비서실장 김계원이 급히 청와대로 들어가

국무총리 최규하에게 이 사실을 보고했지. 이 사건이 바로 10·26사태란다.

10월 27일 새벽 0시를 조금 넘겨 육군참모총장 정승화가 김재규를 체포했어. 정승화는 보안사령관 전두환에게 김재규를 조사하도록 했지. 전두환이 처음 등장하는 순간이야. 전두환, 노태우 등이 이 무렵부터 두각을 나타내기 시작했어. 이들을 박정희 세대의 군부와 구분하기 위해 신군부라고 부르지. 전두환, 노태우, 황영시, 장세동, 김진영, 허화평, 허삼수, 이학봉 등이 대표적인 멤버들이야. 어쨌든 전국에 비상계엄령이 선포된 상황에서 김재규 사건 수사를 위한 합동수사본부가 꾸려졌어. 그리고 11월 16일 본부장 전두환은 김재규의 단독범행이라는 수사결과를 발표했어.

여기까지는 큰 문제가 없어. 상황은 정승화가 신군부의 야심을 꺾기 위해 나서면서부터 달라졌단다. 정승화는 신군부 핵심인 전두환을 동해안 경비사령관으로 발령을 냈어. 신군부의 리더를 멀리 보내려는 의도였지. 당연히 신군부가 반발했어. 이윽고 신군부는 정승화를 제거하기로 결정했어.

12월 6일 통일주체국민회의가 열렸어. 새 대통령을 뽑아야 하니까! 이 제10대 대통령 선거에서 최규하가 당선됐어. 12월 7일 0시를 기해 대통령에 취임한 최규하는 긴급조치 9호를 해제하고, 유신헌법 폐지를 약속했지. 이 약속이 지켜졌을까? 그러지 못했어. 곧 신군부의 반란, 즉 12·12 사태가 터지기 때문이야.

12월 12일 오후 6시, 신군부의 정승화 제거 작전이 시작됐어. 육군참모총장 공관에서 총격전이 발생했고, 21분 만에 정승화가 체포됐지. 장태완, 이건영, 정병주 등 다른 선배 장성들이 반발했지만,

서울의 봄 · 1980년 5월 15일 10만여 명의 대학생들이 서울역 앞에 모여 민주화와 전두환 퇴진을 요구하며 시위를 벌이는 모습이다.

그들도 곧 신군부에게 제압됐어.

이제 신군부를 막을 세력은 더 이상 없었어. 12월 13일 신군부는 국방부, 육군본부를 차례차례 접수했어. 계엄사령관 겸 육군참모총장에 이희성 육군 대장이 임명됐지만 그는 허수아비였을 뿐이야. 모든 권력은 전두환과 신군부가 장악했단다. 12·12 사태가 성공한 거야.

소장이었던 전두환은 곧 중장으로 진급했고, 중앙정보부장을 겸직했어. 보안사령부는 전두환 대통령 만들기 프로젝트에 착수했지. 언론을 길들이기 위한 작업도 빠뜨리지 않았어. 이 프로젝트를 K—공작계획이라 불렀는데, K가 King의 머리글자일 거란 분석이 많아. 전두환을 왕^{대통령}으로 만들기 위한 프로젝트인 셈이지.

대통령이 되기 위해 필요한 작업을 끝냈어. 그러나 국민은 민주주의를 열망했고, 군사정부가 아닌 민간정부를 원했단다. 전두환의 퇴진을 촉구하는 시위가 곳곳에서 일어났어. 5월로 접어들면서 대학가 시위는 더욱 거세졌어.

광주의 비극

전두환은 민주화 열망을 외면했어. 아니, 군대를 동원해 진압하기로 했어!

5월 12일 전두환은 임시국무회의에서 "북한이 남침할 것 같다"

며 비상계엄을 전국으로 확대할 것을 주장했어. 미국 국무부나 주한미군 사령부는 "그럴 확률이 낮다"고 했지만 전두환은 막무가내였어. 왜 그랬겠어? 그래, 불안감을 조성해 민주화운동을 차단하려는 속셈이었던 거야.

공수부대는 폭동 진압훈련을 받았어. 훈련을 마친 지방의 공수부대가 속속 서울로 이동했지. 광주처럼 특히 저항이 거센 지역에도 공수부대를 배치했어.

대학생들의 가두시위가 거세졌어. 5월 15일 서울역에 10만여 명의 대학생

5·18 민주화운동 · 1980년 5월 20일 광주 금남로를 향해 대형버스, 택시 등이 집결해 시위에 동참하는 모습이다.

이 모였어. 그들은 민주화와 전두환 퇴진을 외쳤어. 국무총리 신현확이 "계엄령을 해제하고 민주화 일정을 앞당기겠다!"고 약속했어. 이제 드디어 민주화를 이룬다! 이런 생각에 집회 참가자들은 만세를 불렀어. 이 상황을 서울의 봄이라고 부른다. 대학 총학생회 회

장단은 시위와 집회를 중단하고 임시국회가 열리는 5월 20일까지 기다리기로 했어.

오랜만의 평화가 찾아왔어. 그러나 신군부는 초조해졌을 거야. 임시국회가 열리면 자기들의 의도대로 안 될 수도 있잖아? 신군부는 신속하게 일을 처리하기로 했어. 또 한 번의 반란이 일어났어. 그게 바로 5·17 군사반란이야.

5월 17일 오후 9시, 비상계엄 전국 확대가 의결됐어. 3시간 후인 5월 18일 자정, 제주도를 포함한 전국에 확대비상계엄이 발령됐지. 정치활동은 전면 금지됐고 대학교에는 휴교령이 떨어졌으며 집회와 시위도 금지됐어. 언론도 보도를 하기 전에 검열을 받아야 했어. 신군부는 국회도 접수했어. 개헌 논의? 신군부가 반란을 일으킨 의도가 국회 활동을 막기 위한 거였잖아? 당연히 모든 개헌 논의는 중단됐어. 서울의 봄은 이렇게 허무하게 끝났단다.

그러나 민주화 투쟁은 멈추지 않았어. 이 과정에서 또 하나의 비극이 만들어졌지. 광주시민들이 무차별 학살된 거야. 바로 5·18 광주민주화운동이지.

5월 18일 전남대학교에 공수부대가 투입됐어. 작전명은 '화려한 휴가'였어. 군인들은 닥치는 대로 학생들을 구타했어. 학생들은 학교를 빠져나가 광주 중심가 금남로로 모여들었어. 학생들은 계엄령을 철회하라며 시위를 벌였어. 5·18 광주민주화운동은 이렇게 시작했단다.

다음 날 신군부가 추가병력을 투입했어. 고작 해야 돌을 던지는

5·18 민주화운동 희생자 · 5·18 민주화운동 과정에서 목숨을 잃은 시민과 학생이 191명에 이를 정도로 많은 희생이 있었다.

학생들에게 군인은 총탄으로 맞섰어. 달아나는 학생을 끝까지 추격해 폭행했지. 항의하는 시민들? 그들에게도 곤봉 세례를 퍼부었어.

곧이어 고등학교에도 휴교령이 떨어졌어. 택시들이 시위에 동참했어. 다시 시민 2명이 군인에게 죽임을 당했어. 분노한 시민들은 광주 MBC와 광주 KBS에 불을 질렀어. 방송국들이 광주 상황을 전혀 보도하지 않고 있었거든. 그러나 군인들은 조금도 동요하지 않았어. 오히려 시위대를 향해 조준사격하기 시작했단다. 외부로 연결되는 모든 시외전화도 터지지 않았어.

하루하루가 흐르면서 많은 시민과 학생이 죽음을 당했고, 그보다 더 많은 사람들이 부상을 당했어. 5월 22일 도청 광장과 금남로에 시민들이 다시 모였어. 무참히 죽은 시신들이 도청 광장에 안치됐어. 숙연한 분위기에서 시민대회가 열렸어. 이날 신임 국무총리는 "광주 치안이 실종됐다"고 발표했단다. 졸지에 폭도의 도시가 돼 버린 광주는 점점 외부로부터 고립돼 가고 있었어.

5월 23일부터 매일 도청 광장에서 집회가 열렸어. 그 이후에도 공수부대는 소형 버스에 총격을 가해 17명을 죽였고, 저수지에서 수영하던 아이들에게도 사격을 했어. 흥분한 탓에 자기들끼리 총격전을 벌이기도 했지.

5월 26일 계엄군이 광주 시내로 진입한다는 이야기가 들려왔어. 시민군은 도청에서 최후까지 항전하기로 결의했어. 어린 학생과 여자들은 집으로 돌려보냈어. 죽음을 앞둔 밤은 그렇게 흘러갔단다.

5월 27일 계엄군의 탱크가 시내로 진입했어. 금남로에서 계엄군과 시민군 간에 치열한 총격전이 벌어졌어. 시민군이 하나둘 죽어 갔고, 계엄군 특공대가 도청으로 진입하면서 모든 작전이 끝났어.

5·18 광주민주화운동 때 사망한 시민과 학생은 모두 191명, 부상자는 852명이었어. 그러나 신군부의 서슬 퍼런 폭력통치 때문에 진실 규명의 목소리는 묻혀 갔지. 광주폭동, 광주사태라는 비하적인 이름으로 불려야 했어. 1988년이 돼서야 진실이 드러나 광주민주화운동이란 이름을 얻었어. 1997년에는 국가기념일로도 지정됐지. 뒤늦게나마 명예회복을 한 것은 정말로 다행이야.

제5공화국, 새로운 군사정권

이후 전두환의 행보는 박정희의 이전 행보를 그대로 빼다 박았어. 비정상적인 방법으로 권력을 차지했으니, 어쩌면 당연한 수순일 거야.

5월 31일 전두환은 국가보위비상대책위원회국보위를 만들었어. 국보위는 겉으로는 사회 혼란을 수습하기 위해 만든 비상기구야. 하지만 실제로는 입법과 행정, 사법권을 다 가진 초국가 기관이었지. 그래, 박정희가 만든 통일주체국민회의와 비슷해. 야당 정치인을 탄압한 것도 똑같았어. 국보위는 야당인 신민당 총재 김영삼을 강제로 정계 은퇴를 하게 했고, 최규하 대통령마저 하야 선언을 하게

국가보위비상대책위원회 · 5·18 광주민주화운동을 무력으로 진압한 신군부가 정치권력을 장악하기 위하여 설치한 기관이다. 형식상 대통령을 자문, 보좌하는 임시 행정 기구이다.

11대 전두환 대통령 취임식

했어. 고위 공직자는 모두 쫓아냈고, 깡패와 건달은 지옥보다 더한 삼청교육대로 보냈지.

박정희가 그랬던 것처럼 전두환도 대통령 선거에 나가기 직전에 군복을 벗었어. 육군 대장으로 예편한 거야. 이어 8월 통일주체국민회의가 열렸어. 왜? 대통령을 새로 뽑아야 하잖아! 장충체육관에서 제11대 대통령선거가 실시됐어. 전두환이 단독후보로 출마했지. 지지율은 100퍼센트. 형식적인 선거란 점을 알 수 있지? 어쨌든 이 선거에서 전두환이 대통령에 당선됐어.

전두환은 본격적인 개헌 작업에 들어갔어. 언제까지 유신헌법을 존속시킬 수는 없잖아? 유신헌법과 통일주체국민회의를 폐지하며 대통령 7년 단임제 및 선거인단에 의한 간선제를 핵심내용으로 하는 개헌이 이뤄졌어제8차 개헌. 이 헌법에 따라 1981년 2월 제12대 대통령 선거가 치러졌지.

이 선거에서 다시 전두환이 대통령에 당선됐어. 기록상으로는 두 차례 대통령을 한 셈이야. 3월 전두환이 대통령에 취임하면서 제5공

6월 항쟁 · 1987년 6월 항쟁 당시 명동 성당은 민주화운동의 중심지였다. 시위대는 박종철군 고문 살인 규탄 및 호헌 철폐 시민 대회를 연 뒤 명동 성당에 집결해 농성에 돌입했다.

화국의 시대가 시작됐지.

정의사회 구현과 복지사회 건설…. 전두환 대통령이 내걸었던 이념이야. 이제 모든 게 정상적으로 돌아온 것일까? 글쎄. 현실은 그가 내건 이념과 많이 달랐어. 정의사회와는 거리가 멀었고, 복지사회는 꿈도 꾸지 못했지.

녹화사업도 강화했어. 박정희 정부가 시작했던 것인데, 푸르게 만드는 사업이란 뜻이야. 운동권 학생을 강제로 군대에 보내 건전하게 만든다는 프로젝트이지. 전두환 정부는 그들에게 프락치, 즉 스파이가 되라고 했어. 친구나 학생회 조직을 찾아가 정보를 빼 오고, 숨어 있는 동지를 밀고하도록 강요했지.

동지를 배신했다는 죄책감에 스스로 목숨을 끊은 학생들도 꽤 있었어. 공식적으로 1981년 11월부터 약 2년간 447명의 대학생을 상대로 녹화사업을 벌였고, 이 가운데 256명을 입대시켰다는 기록이 있어. 그러나 실제로는 훨씬 더 많을 거라는 주장도 나오고 있지.

대학생과 노동자, 도시빈민, 농민 등 민중의 민주주의 투쟁은 더욱 거세졌어. 그러던 중 1987년 1월 14일 또 하나의 큰 사건이 터졌어. 서울대생 박종철군이 물고문과 폭행으로 사망한 거야. 정부는 쇼크사라고 거짓 발표했지만 진실을 숨길 수는 없었어. 진상규명과 민주화를 요구하는 시위가 전국에서 터져 나왔어.

전두환은 폭력적으로 모든 시위를 진압했어. 나아가 4월 13일에는 헌법을 고치지 않고 13대 대통령 선거를 치르겠다고 발표했지. 이른바 4·13 호헌이야. 국민은 내 손으로 대통령을 뽑길 원했어. 대통령 직선제를 수용하고 호헌을 철회하라는 시위가 다시 불붙었어.

6월로 접어들면서 정권 퇴진 운동은 더욱 거세졌어. 6월 항쟁이 시작된 거야. 시위를 벌이던 연세대생 이한열군이 경찰이 쏜 최루탄에 머리를 맞고 사망하자 국민은 "살인 정권 물러가라!"고 외쳤어.

궁지에 몰린 전두환 정부가 6월 29일 백기를 들었어. 집권당 민주정의당의 대통령 후보 노태우가 대통령 직선제를 받아들이겠다고 선언한 거야. 바로 6·29 민주화선언이지. 국민의 투쟁으로 얻어낸 값진 열매였어. 그해 10월, 대통령 직선제와 대통령 5년 단임제를 핵심 내용으로 하는 개헌이 이뤄졌어 제9차 개헌.

이제 군사정권을 끝낼 기회가 왔어. 그러나 12월 16일 선거에서 당선된 인물은 노태우였단다. 야당의 두 지도자 김영삼과 김대중이 대통령 후보 단일화에 실패했기 때문이야. 1988년 2월 25일 노

태우가 제13대 대통령에 취임했어. 이로써 노태우 정부가 시작됐
어. 이때부터 보통 제6공화국으로 규정한단다.

김재규가 혁명가?

김재규는 박정희의 최측근으로, 온갖 권력과 부를 누렸어. 그런 사람이 뭐가 부족해
박정희를 암살한 것일까? 논란이 많은 대목이야. 김재규는 1980년 사형선고를 받
고 그해 5월 24일 교수형에 처해졌어. 당시 법정에서 김재규가 한 진술부터 볼까?
"나는 야수의 심정으로 총을 쐈다. 이 땅의 자유민주주의를 위해 유신의 심장을 쏜
것이다."
김재규는 자신의 행동을, 자유민주주의를 지키고 국민의 희생을 막기 위한 혁명이
라 불렀어. 대한민국의 공산화를 막고, 미국과의 관계를 개선하며, 나빠진 국가 이
미지를 회복하려는 거사라고도 했어. 김재규는 7년간 거사를 준비했다고 말했단다.
그의 말대로 당시 미국과 한국의 관계는 그리 좋지 않았던 게 사실이야. 1979년
6월 29일 한국을 방문했던 지미 카터 미국 대통령이 한국의 인권을 개선하지 않
으면 주한미군을 철수하겠다고 했기 때문이지. 지미 카터 대통령은 인권 개선 노
력이 없다며 항의 표시로 박정희 대통령이 제공한 영빈관을 거부하고 서울 용산
미8군에서 잠을 잤단다. 주한미군을 전부 철수하지는 않았고, 3000명 정도 줄이
는 선에서 합의를 봤지만 한미 관계는 냉랭한 편이었어.
그러나 이해가 가지 않는 점도 많아. 과연 김재규가 그런 마음을 품고 있었다면 요
직 중의 요직인 중앙정보부장 자리를 계속 유지할 수 있었을까? 혹시 차지철과의
권력 투쟁에서 밀려나는 바람에 생명을 건 도박을 한 것은 아닐까? 글쎄, 그 누가
진실을 알 수 있겠어? 진실을 규명하려면 앞으로 얼마나 오랜 시간이 필요할지 아
무도 모르는 일이야.

◆ 역 사 리 뷰 ◆

고르바초프, 소련공산당 서기장 선출((1985년)

중 ─ 소 국경 분쟁(1969년)

문화대혁명(1966년)

프랑스 나토 탈퇴(1966년)

베트남 전쟁(1961년)

닉슨 독트린(1969년)

5·16 군사정변(1961년)
한일기본조약 체결(1967년)
전태일 분신자살(1970년)
7·4남북공동성명(1972년)
유신헌법 제정(1972년)
10·26－12·12 발발(1979년)
5·18광주민주화운동(1980년)
6월민주항쟁(1987년)

쿠바 핵미사일 위기(1962년)

냉전 격화, 그리고 화해 무드 감돌다

1961년 5·16 군사정변이 터졌어. 4·19 혁명의 숭고한 이념은 군화에 짓밟히고 말았지. 그로부터 18년이 지난 1979년, 박정희 대통령은 10·26 사태로 생을 마감했어. 종신 대통령을 꿈꿨던 박정희. 한국 현대사에서 그만큼 극과 극의 평가를 받고 있는 인물은 없을 거야.

한국을 경제대국으로 올려놓은 주역! 박정희를 옹호하는 사람들의 평가야. 경제개발5개년계획과 새마을운동, 강력한 수출 드라이브…. 낙후된 한국 경제가 이 때문에 급속도로 발달한 건 분명한 것 같지?

그러나 박정희를 비판하는 사람들은 이를 개발독재라고 불러. 경제가 발달했지만 재벌의 배만 불렸고 민중의 삶은 나아지지 않았다는 거지. 또 민

베트남 전쟁

주와 자유를 요구하는 사람들
은 빨갱이로 몰아붙여 제거
하기도 했어. 민청학련사건과
인혁당사건을 조작한 게 대표
적이지.

고르바초프와 레이건

10·26사태가 터지고 한 달
보름 정도가 지난 12월 12일,
신군부가 쿠데타로 권력을 잡
았어. 신군부의 리더 전두환은 5·18 광주민주화운동을 무력으로 진압하고
제5공화국 대통령에 올랐어. 그러나 민주를 열망하는 국민의 뜻까지 꺾을
수는 없었지. 1987년 국민은 6월 민주항쟁을 통해 대통령 직선제를 얻어 내
는 데 성공했단다.

박정희 정부가 들어선 1960년대, 전 세계는 냉전의 소용돌이에 휩싸여
있었어. 쿠바 핵미사일 위기1962년가 터지더니 얼마 후에는 베트남 전쟁까
지 발발했어1964년. 이런 상황에 살짝 변화가 나타나는 듯했어. 1966년 프랑
스가 나토를 탈퇴하면서 자유진영에 변화가 생겼고, 1969년 중국과 소련이
국경 분쟁을 벌이면서 공산권의 분열이 생긴 거야.

냉전이 서서히 녹기 시작한 거야. 미국 대통령 닉슨은 아시아 전쟁에 개
입하지 않겠다는 닉슨 독트린을 발표했어1969년. 닉슨은 모스크바와 베이징
도 방문했어. 베트남 전쟁도 1975년 종결됐지. 1985년 고르바초프가 소련
공산당 서기장에 선출됐어. 냉전은 더욱 빠른 속도로 해체되기 시작했어.
이런 와중에도 1966년 중국은 문화대혁명을 통해 권력 다툼을 벌이고 있었
단다.

③

민주주의의 미래

제6공화국 이후

1980년대 후반~

연표	1988년	1991년	1993년	1997년	1998년	2002년
	서울올림픽 개최	남북한 동시 유엔 가입	금융실명제 전격 실시	국제통화기금 (IMF) 구제금융	김대중 – 김정일, 분단 후 첫 남북정상회담	FIFA 월드컵 일본과 공동개최

태극기 응원

과거 딛고
미래로 나아가는 대한민국

보통사람의 시대.

　노태우 정부가 표방한 이념이야. 그러나 보통사람이 행복한 세상이 된 건 아니었어. 나중에 밝혀진 일이지만 노태우 대통령은 천문학적 액수의 비자금을 챙겼단다. 부정부패가 심했으니 대통령 퇴임후가 걱정됐겠지? 그는 차기 대통령을 꿈꾸는 김영삼, 김종필과 비밀 협상을 벌였어. 그 결과 1990년 1월 22일 세 정당이 합쳐져 거대 여당인 민주자유당

제24회 서울 올림픽 개막식

북방 외교 · 노태우 정부는 북방 외교를 추진해 공산주의 국가들과 국교를 맺었다.

민자당이 탄생했지.

1988년 열린 서울 올림픽은 대한민국의 위상을 높이는 데 기여했어. 비록 신군부 출신이기는 하지만 남북한 관계 개선에 노력한 것은 노태우 정부의 업적이지. 사실 노태우 정부가 원하지 않았더라도 남북한 관계 개선에 나설 수밖에 없었을 거야. 당시 세계가 크게 달라지고 있었거든. 동유럽에 민주주의 열풍이 불고, 소련도 개혁과 개방을 표방하고 있었어. 그래, 공산주의가 무너지고 있었던 거야.

이런 시대적 분위기였으니 노태우 정부도 외교 정책의 방향을 바꿀 수밖에 없었겠지. 그 결과 노태우 정부는 공산주의 국가들과도 대화를 시도했어. 소련, 중국과 국교를 수립하기도 했지. 공산권 국가들과의 관계를 개선한 이 외교 정책을 북방 외교라 불러.

금융실명제 · 김영삼 정부는 부정한 돈거래를 막기 위해 자기 이름으로만 금융 거래를 하도록 제도화했다.

중국과 국교를 수립하

기 1년 전인 1991년 9월 18일에는 남한과 북한이 동시에 유엔에 가입하기도 했어. 남한과 북한이 따로따로 유엔에 가입했기 때문에 분단이 더욱 고착화됐다고 비판하는 학자들도 많아. 하지만 분단 46년 만에 동시에 유엔 가입을 함으로써 한반도의 긴장이 많이 줄어든 것 또한 사실이란다.

1992년 12월 18일 제14대 대통령 선거가 치러졌어. 김영삼 후보가 김대중 후보를 누르고 당선됐지. 이듬해 2월 출범한 김영삼 정부는 문민정부를 슬로건으로 내세웠어. 군사정권을 종식시키고 출범한 첫 민간정부란 뜻이야.

요즘은 은행에 계좌를 만들려면 자기 이름으로 된 통장을 만들

IMF 구제금융 · 1997년 국제적으로 경제 여건이 악화되고 고도성장의 폐단이 터져 나오면서 국제통화기금의 구제금융을 지원 받는 외환위기를 겪었다.

어야 해. 그러나 이때까지만 해도 다른 사람의 이름, 즉 차명이나 가명으로도 가능했어. 이런 관행이 바뀐 것은 금융실명 제도가 시행됐기 때문이지. 김영삼 대통령은 취임하던 해 8월 12일, 금융실명제 실시를 전격 발표했어. 이제 자기 이름으로만 은행을 이용할 수 있으니 부정한 돈거래가 조금은 줄어들었겠지?

박정희 정부 이후 한국 경제는 눈부시게 성장했어. 국민총생산과 수출이 모두 늘었고, 경제 규모도 급격하게 커졌어. 그동안은 오로지 앞만 보고 달렸어. 부작용은 신경 쓸 겨를이 없었지. 그러나 아무도 인식하지 못하는 사이에 성장 신화에 금이 가고 있었어. 결국 일이 터졌어. 대한민국 경제가 무너진 거야!

1997년 1월 대기업인 한보그룹이 가장 먼저 부도를 맞았어. 3월 삼미그룹, 4월 진로그룹, 7월 기아그룹이 잇달아 쓰러졌어. 10월에는 미국 S&P사가 한국 국가신용등급을 하향조정했어. 11월 다시 해태그룹과 뉴코아가 부도를 맞았어.

대한민국 가치가 급격히 추락했어. 뭉텅이로 달러가 빠져나갔지. 달러가 없으면 국제거래를 할 수 없어. 그래, 외환 위기가 심화되고 있는 거야. 뒤늦게 심각성을 깨달은 정부가 나섰지만 효과는 없었어. 알고 보니 은행 재정상황도 엉망이었거든. 이럴 수가! 외형적인 성장에만 급급해하고 있는 사이에 언제부턴가 나라 전체가 부실덩어리가 돼 있었던 거야.

결국 정부는 12월 국제통화기금IMF에 도움을 요청했어. IMF가 구제금융을 지원하기로 결정하는 와중에도 고려증권, 한라그룹, 대우그룹, 쌍용차그룹이 연이어 무너졌지. 이제 대한민국은 IMF의 경제적 지배를 받게 됐어. 경제식민지 민중의 삶은 지옥과 크게 다르지 않았어. 기업이 무너지니 대량해고가 이어졌고, 가장이 일자리를 잃으니 빈곤층이 늘었지.

이 비상시국에도 김영삼 대통령의 아들은 비리 문제로 구속됐어. 국민은 완전히 등을 돌렸지. 그 결과는 1997년 12월 18일 대통령 선거에서 그대로 드러났어. 선거 직전의 여론조사만 보더라도 집권여당인 한나라당의 이회창 후보가 야당의 김대중 후보를 앞지르고 있었어. 그런데 대반전이 일어났어. 김대중 후보가 이긴 거야!

1998년 2월 김대중 대통령은 취임하면서 국민의 정부라는 슬로건을 내세웠어. 오랜 세월 야당의 지도자로 활동했던 김대중 대통령은 남북 화해정책을 본격 추진했어. 취임사에서 "북한이 원한다면 남북정상회담에 응하겠다!"고 천명하기도 했지. 2000년 3월 독일을 방문했을 때도 "북한이 경제적으로 어렵다면 한국이 돕겠다!"고 선언했어. 그 후 남북정상회담에 대한 논의가 본격적으로 시작됐지.

제1차 남북정상회담 · 남북의 정상은 회담을 통해 6·15 남북 공동 선언을 성사시켰다.

그해 6월 13일 마침내 김대중 대통령이 북한 김정일 국방위원장 초청을 받아 평양을 방문했어. 분단 이후 남북의 정상이 얼굴을 맞댄 것은 처음이야. 김대중 대통령은 6월 15일까지 평양에 머물면서 김정일과 정상 회담을 가졌어. 두 정상은 남북의 교류와 협력을 증진시켜 한반도에 평화를 정착시키자고 했지. 이 사건이 역사적인 제1차 남북정상회담이란다.

김대중 정부는 IMF 위기를 잘 넘겼어. 다행히 한국의 경제가 다시 살아났지. 이 밖에도 김대중 정부는 국가인권위원회를 만들고 저소득층을 위한 기초생활보장제도를 도입하는 등 인권과 복지 분야에도 신경을 많이 썼어. 2002년에는 한·일 FIFA 월드컵도 개최했지.

그러나 말기로 접어들면서 김대중 정부에서도 김영삼 정부와 비슷한 풍경이 연출됐어. 또다시 대통령의 아들들이 비리로 구속된 거야.

2002년 12월 19일 제16대 대통령선거가 치러졌어. 이번에는 틀림없이 이회창 후보가 당선될 거라는 예측이 많았어. 그러나 뚜껑을 열어보니 의외의 결과가 나왔어. 새천년민주당 노무현 후보가 48.9퍼센트의 득표율로, 46.6퍼센트를 얻은 이회창 후보를 가까스로 누르고 당선된 거야.

이듬해 2월 취임하면서 노무현 대통령은 참여정부라는 슬로건을 내걸었어. 노무현 정부는 많은 분야에서 강력한 개혁을 추진했어. 거센 정치적 공세가 이어졌지. 국회의 탄핵소추안 가결이 대표적 예라고 할 수 있어. 국민들은 탄핵 반대 촛불을 들었고, 2개월여

길거리 응원 · 우리 국민은 2002년 FIFA 월드컵 때 길거리 응원이라는 새로운 문화를 만들어 냈다.

만에 헌법재판소가 탄핵소추안을 기각하면서 노무현 대통령은 곧바로 업무에 복귀했어.

2007년 12월 19일 제17대 대통령선거가 치러졌어. 국민은 경제가 살아나기를 바라고 있었어. 이런 염원을 반영하듯 기업가 출신인 한나라당 이명박 후보가 당선됐어. 이명박 대통령도 취임하자마자 곤욕을 치러야 했단다. 미국 쇠고기 수입 문제로 전국이 떠들썩해졌고, 항의시위가 그치지 않았어.

이명박 대통령에 이어 박정희의 딸인 박근혜가 18대 대통령에 당선됐어. 우리나라 최초로 여성 대통령이 탄생한 셈이야. 아버지와 딸이 모두 대통령이 된 첫 사례이기도 하지.

16대 노무현 대통령 취임식

　제6공화국은 여전히 진행 중인 역사야. 특히 민간정부가 들어선 1993년 이후 역사에 대해서는 아직까지 평가가 크게 엇갈리고 있어. 따라서 지금 이 시점에서 잘잘못을 따지는 것은 옳지 않다고 생각해. 그 평가는 후세에 맡겨야 할 거야.

　확실한 점은, 그 많은 역경 속에서도 대한민국이 꾸준히 성장하고 있다는 거야. 우리의 문화 또한 세계인을 매료시키고 있어. 도움만 받던 작은 나라가, 전 세계의 가난한 나라에 도움의 손길을 내미는 큰 나라로 바뀌고 있지. 일시적인 정치 혼란이 없는 것은 아니지만 이 또한 점차 제자리를 찾아가고 있어.

　대한민국의 미래는 어둡지 않아. 우리는 세계 역사의 주역으로 발돋움할 수 있어. 그것은 이 책을 읽는 여러분 한 명 한 명의 몫이기도 해. 한 명 한 명이 제 몫을 해낼 때 우리 미래는 더 밝게 빛날 테니까!

세계가 인정한 우리 문화

국제연합교육과학문화기구UNESCO는 1972년부터 세계유산을 매년 선정하고 있어. 세계유산은 크게 문화유산, 자연유산, 복합유산 세 종류인데, 인류를 위해 보호해야 할 유산을 뜻해. 문화유산은 말 그대로 유적지나 건축물을 가리키고, 자연유산은 자연이 대상이야. 복합유산은 두 성격을 모두 가지고 있는 유산을 가리키지.
우리나라는 가장 먼저 석굴암과 불국사가 문화유산으로 지정됐어(1995년). 이어 해인사 장경판전, 종묘, 창덕궁, 수원 화성, 고인돌유적, 경주 역사유적지구, 조선왕릉, 하회 역사마을, 남한산성, 백제역사유적지구 등 총 11개가 문화유산이 됐지. 2007년에는 제주 화산섬과 용암 동굴이 자연유산으로 지정됐단다.
유네스코는 1997년부터 이와 별도로 보호해야 할 기록물을 세계기록유산으로 지정했어. 첫 해에 『훈민정음』과 『조선왕조실록』이 세계기록유산이 됐어. 이어 『불조직지심체요절』, 『승정원일기』, 조선왕조 『의궤』, 해인사 대장경판, 『동의보감』, 『일성록』, 5·18 광주민주화운동 기록물, 『난중일기』, 새마을운동 기록물 등 2015년까지 총 11개의 기록물이 세계기록유산이 됐지.
유네스코는 2001년부터 사라질 위기에 놓여 있는 무형 문화유산도 세계무형유산으로 지정하기 시작했어. 첫 해에 우리의 종묘제례와 종묘제례악이 세계무형유산으로 지정됐어. 그 후 2015년까지 판소리, 강릉 단오제, 강강술래, 남사당놀이, 영산재, 제주 칠머리당영등굿, 가곡, 대목장, 매사냥 등 총 7개의 무형문화재가 세계무형유산으로 지정됐어.
이쯤 되면 세계도 우리 문화를 인정했다고 볼 수 있겠지?

세계무역기구(WTO) 출범(1995년)

소련 해체, 독립국가연합(CIS) 출범(1991년)

톈안먼 사태(1989년)

몰타 회담(1989년)

게놈 해독(2001년)

제24회 서울 올림픽 개최(1988년)
남북한 유엔동시가입(1991년)
국제통화기금 구제금융(1997년)
1차 남북정상회담(1998년)
한일 월드컵 공동개최(2002년)

9·11 테러(2001년)

소련의 몰락, 그리고 세계무역기구의 출범

1988년 서울에서 제24회 하계올림픽이 열렸어. 당시만 해도 지금보다는 덜 민주화돼 있었어. 그 때문에 깨끗한 서울을 외국에 보여 주기 위해 판자촌을 철거하는 등의 부작용도 있었단다. 그러나 올림픽을 유치할 만큼 대한민국의 위상이 높아진 것도 사실이야.

이어 1991년에는 남북한이 동시에 유엔에 가입했어. 분단이란 갈등을 극복하는 데 어느 정도 도움이 됐겠지? 1993년에는 금융실명제가 전격적으로 실시됐어.

대한민국이 탄탄해지는 줄 알았지만 속으로는 썩어 가고 있었어. 앞만 보고 달려오던 한국 경제가 곤두박질 친 거야. 바로 국제통화기금, 즉 IMF의 구제금융을 받게 됐지1997년. 이후 온 국민이 힘을 합쳐 IMF를 졸업했어.

김대중 대통령은 1998년 분단 이후 처음으로 북한을 방문해 김정일 국방위원장과 남북정상회담을 가졌어. 2002년 대한민국은 일본과 공동으로 FIFA 월드컵을 개최했지. 이 후 2003년에는 노무현이, 2008년에는 이명박이, 2013년에는 박근혜가 차례로 대통령에 당선됐어. 이제 대한민국은 어떤 도약을 준비하고 있을까?

1988년 이후 대한민국의 민주화 속도가 빨라졌어. 이런 분위기는 전 세계적으로도 공통적으로 나타났단다. 무엇보다 공산주의 종주국인 소련이 달라졌기 때문이야. 1989년 소련의 공산당 서기장 고르바초프는 미국 대통령 부시와 몰타 회담을 가졌는데, 군비를 축소하자는 게 주요 내용이었어.

외환위기 때 전국민이 벌인 금 모으기 운동

동유럽에서도 일제히 민주화 바람이 불기 시작했지.

중국에서 찬물을 끼얹기도 했어. 1989년 민주화 시위를 탱크로 진압한 톈안먼천안문 사태가 발생한 거야. 그래도 소련의 개혁과 개방은 계속됐고, 1990년 고르바초프가 소련의 대통령이 됐어. 바로 이해 동서로 분단된 독일이 통일됐단다. 1991년에는 러시아 대통령 옐친이 소련을 해체해 버렸어. 이로써 공산주의 종주국은 역사 속으로 사라졌어.

1995년 세계무역기구WTO가 출범했어. 전 세계가 하나의 경제권이 된 거야. 우리나라의 미래가 궁금하듯, 세계의 미래도 궁금해. 앞으로 역사는 어떻게 펼쳐질까?

문화강국 5000년!

대한민국의 대중예술이 전 세계를 사로잡고 있어. 이를 한류라고 하지. 우리나라는 세계적인 문화강국 중 하나야. 반도라는 지정학적 특성에 따라 예로부터 대륙 문화와 해양 문화가 골고루 발달했지.

　문화는 사실 선사시대 때부터 나타났어. 구석기인들은 뼈 조각으로 예술품을 만들었고, 철기 시대로 접어들 무렵 원시인들은 울산 반구대에 암각화를 남겨 놓았어.

　삼국시대로 들어가 볼까? 세 나라의 문화와 예술은 지정학적 위치에 따라 조금씩 달라. 고구려는 아무래도 중국과 대결을 많이 하다 보니 대륙적

서산 마애삼존불

성격이 강했어. 힘과 패기가 여러 작품에서 드러나고 있지. 백제는 바다 건너 중국, 일본과 교류를 많이 했어. 여러 문화와 교류하다 보니 백제 문화는 우아함이 더 많이 느껴진단다. 일본 왕실에 선물로 준 칠지도의 경우에는 강인함도 엿볼 수 있어. 세 나라 중 발전이 가장 늦었던 신라의 경우, 초기에는 소박한 문화가 특징이야. 첨성대를 봐. 편안하고 친근한 느낌이 들지 않니?

부여 정림사지 5층 석탑

그러다가 통일신라에 이르면 삼국의 문화가 어울려 균형적인 아름다움이 탄생했지. 석굴암의 경우 수학적 기법이 동원된 첨단 예술품이라고 할 수 있어. 반면 발해는 고구려와 당, 말갈의 문화가 뒤섞인 동아시아판 헬레니즘을 구축했다고 할 수 있어.

삼국시대에 불교가 전파되면서 불상이 많이 만들어졌어. 세 나라의 불상 가운데 대표적인 것만 추려 볼까? 고구려의 것으로는 연가 7년명 금동여래입상이 있어.

백제는 서산 마애삼존불, 신라는 경주 배리석불을 꼽을 수 있지. 통일신라로 들어가면 더 유명한 석굴암의 본존불과 보살상을 들 수 있을 거야.

백제와 신라에는 불상과 함께 탑도 많이 만들어졌어. 대표적인 게 백제의 부여 정림사지 5층 석탑과 익산 미륵사지 석탑이야. 신라에서는 분황사 모전석탑과 황룡사 9층 목탑을 만들었어. 이 가운데 황룡사 9층 목탑은 전쟁 와중에 완전히 불타 버렸단다.

통일신라 때는 불국사 3층 석탑과 다보탑 등이 만들어졌어. 불국사 3층 석탑에서는 가장 오래된 목판 인쇄물인 무구정광대다라니경이 출토됐지.

삼국시대의 문화는 일본으로 전파되기도 했어.

경천사지 10층 석탑

백자 철화 포도무늬 항아리

일본의 고대 문화 형성에 큰 영향을 줬지. 가령 일본 아스카 문화, 하쿠호 문화가 모두 백제와 신라의 영향을 받은 거야. 고분벽화에 등장하는 여성 옷차림이 너무나 똑같단다.

불교는 고려시대로 접어든 후 더욱 발전했어. 당연히 불교와 관련된 여러 문화가 발달했지. 삼국시대에 이어 불상과 건축물부터 볼까?

고려 초기에는 거대한 불상들이 많이 만들어졌어. 후삼국시대를 끝낸 호족들의 자유분방함이 그대로 드러나는 작품들이 많아. 가령 경기 하남의 철불이나 논산 관촉사의 은진미륵 같은 게 대표적이지.

탑의 경우에는 월정사 8각 9층 석탑이 대표적이야. 이 탑은 불국사 3층 석탑처럼 완벽한 균형미보다는 자유분방한 예술미를 보여 주고 있지. 고려 후기에는 경천사지 10층 석탑이 만들어졌어. 당시 원나라의 간섭을 받던 시절이라 이 탑은 다소 이국적인 분위기를 풍긴단다. 조선으로 들어선 후 숭유억불 정책이 펼쳐졌지만 원각사지 10층 석탑이 만들어지는데, 이 탑이 경천사지 10층 석탑의 영향을 받은 거야.

불교와 관련해 고려시대에는 수많은 대장경이 만들어졌어. 거란의 침략을 받았을 때는 초조대장경을 만들었고, 몽골이 침략했을 때는 팔만대장경을 만들었지. 이처럼 엄청난 분량의 인쇄물을 만들 수 있었던 것은, 고려시대에 인쇄 기술이 아주 뛰어났기 때문이야.

이런 기록물 가운데 상정고금예문이 있어. 이것은 현재 남아 있지 않아. 따라서 기록으로만 살펴봐야 하는데, 이 기록에 따르면 세계 최초로 금속활자로 인쇄한 기록물이 돼. 현존하는 세계 최초의 금속활자 기록물은 직지심

체요절이야. 이 또한 고려시대에 만들어진 것으로, 현재 프랑스에 있단다.

　고려시대의 예술을 논할 때 절대 빠뜨려서는 안 되는 게 도자기와 공예야. 멀리 신석기시대로 거슬러 올라가면, 그때는 빗살무늬 토기를 썼지? 그 후로도 우리 조상들은 여러 토기를 만들어 썼어. 그러다가 고려시대에 이르러 세계가 주목하는 도자기가 나왔지.

　고려는 11세기부터 송나라의 영향을 받아 독자적으로 청자를 제작하기 시작했어. 처음에는 순수한 청색의 자기였어. 그래서 순청자라고 불렸지. 청자 제작기술은 점차 발달했고, 마침내 12세기 무렵에는 은은한 비취색의 상감청자를 만들어 내는 데 성공했어. 이 상감청자는 오늘날까지도 전 세계로부터 "사람이 만들었다고는 도무지 믿기지 않는 작품"이란 평가를 받고 있단다.

　조선시대로 들어온 후 화려한 청자는 담백하고 소박한 백자로 바뀌었어. 바로 회색토에 흰색을 얹은 분청사기야. 그러다 16세기부터 도자기는 흰 백자로 바뀌었어. 처음에는 담백한 백색이었어. 그러다 조선 후기로 접어들면서 이런 백자에 다양한 무늬를 넣은 청화백자, 진사백자, 철사백자가 유행했단다.

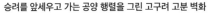

승려를 앞세우고 가는 공양 행렬을 그린 고구려 고분 벽화

오늘날엔 누구나 원하는 종교를 믿을 수 있어. 그러나 종교의 자유는 근대 이후에 와서야 주어진 거란다. 그 전에는 특정 종교를 숭배하거나 특정 종교를 배척하는 경우도 있었지. 우리 민족의 삶과 함께 했던 종교의 변천사를 살펴볼까?

원시시대에는 자연현상 자체가 숭배의 대상이었어. 이런 원시종교를 애니미즘이라고 해. 특정 동식물을 숭배하는 토테미즘, 무속 신앙으로 발전한 샤머니즘도 대표적인 원시종교에 속하지.

원시종교는 부족 연맹국가 시절에도 유행했어. 이런 원시종교는 왕권 강화에 별 도움이 되지 않았어. 중앙집권 체제를 구축하는 데도 걸림돌이 됐지. 이 때문에 삼국시대 때부터 왕들은 불교를 받아들였어. 이 불교를 호국 이념으로 삼아 백성을 한데 묶기 위함이었지.

고구려의 경우 4세기 소수림왕 때 중국 북조인 전진으로부터 불교가 전래됐어. 비슷한 시기, 백제 침류왕은 중국 남조인 동진으로부터 불교를 받아들였지. 신라는 고구려로부터 5세기 눌지왕 때 불교를 받아들였지만 실제 종교로 공인된 것은 6세기 법흥왕 때였단다. 백제의 불교는 훗날 일본으로 전파됐어.

통일신라 전반기까지만 해도 불경과 교리를 중요하게 여기는 교종이 유

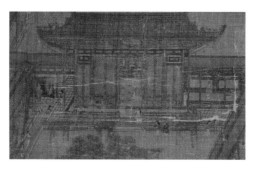

조선 초기 궁궐에 세운 내불당을 그린 그림

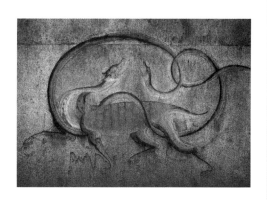

고구려 고분 벽화의 사신도 가
운데 하나인 현무도

행했어. 주로 귀족들이 교종을 지지했어. 그러나 후기로 접어들어 불교가
상당히 대중화하면서 교종보다는 선종이 더 인기를 얻었단다. 선종에서는
참선을 중요하게 여겼는데, 새로운 세력가로 등장한 지방호족들이 선종을
지지했지.

불교는 고려시대 때 전성기를 이뤘어. 고려 태조가 훈요10조라는 유훈에
서도 불교를 적극 장려할 것을 부탁할 정도였지. 과거 시험에도 승과 시험
이 따로 있었고, 승려 가운데 왕사와 국사를 뽑아 국정자문을 받기도 했단
다. 특히 몽골과 항쟁을 하던 고려 후기에는 많은 백성이 팔만대장경 조판
에 투입됐어. 그래, 고려시대에도 불교는 호국이념 역할을 했던 거야.

조선 왕조는 강력한 숭유억불 정책을 폈어. 건국공신인 정도전은『불씨
잡변』을 써서 이런 논리를 뒷받침했어. 정부는 불교 종파를 통합했고, 사찰
이 가지고 있는 토지와 노비를 몰수했지. 아무나 승려를 하지 못하도록 도
첩제를 시행하기도 했어.

조선은 유교 국가였어. 유교 성인을 기리는 서원이 전국에 들어섰어. 이
곳에서는 유학을 공부하고 선현에 대한 제사를 지냈지. 사대부들은『주자
가례』를 전국적으로 보급하면서 유교 질서를 강요했어. 이처럼 유교는 종

교라기보다는 통치이념으로 여겨졌단다.

불교 외에 다른 종교는 어땠을까?

도교는 이미 삼국시대 때 수입됐어. 무위자연이 도교의 핵심이야. 좀 쉽게 말하면, 신선을 꿈꾸는 사상이라고 할 수 있지. 고구려의 경우 연개소문이 한때 당과의 친선을 도모하기 위해 도교를 수입했어. 고구려의 고분벽화인 「사신도」가 도교의 영향을 받은 작품으로 남아 있지. 백제에서도 도교는 꽤 각광을 받았어. 백제 유적과 유물 가운데 백제금동대향로, 산수무늬벽돌, 사택지적비가 도교의 영향을 받은 것으로 평가받고 있단다. 도교는 고려시대에도 꽤 융성했어. 각종 도교 행사가 치러졌고 사원도 건립됐어. 그러나 조선에 이르러 유교 국가가 되면서 도교도 쇠퇴하기 시작했단다.

조선 후기인 1860년에는 동학이 탄생했어. 동학농민군이 중심이 돼 부패한 조정과 일본에 저항해 일어난 게 동학농민운동이야. 동학은 오늘날 천도교로 그 뜻을 잇고 있단다.

이에 앞서 17세기 초반 『천주실의』라는 책이 국내에 소개됐어. 주로 남인계열의 학자들이 받아들였어. 처음에는 학문이었지만 곧 신앙으로 발전했지. 이 종교가 천주교야. 많은 신도들이 신유박해와 병인박해 등으로 목숨을 잃었지만 1880년대 이후 선교의 자유를 얻었단다.

언제쯤이면 대한민국에서도 노벨 문학상을 타는 작가가 탄생할까? 사실 국제적으로 실력을 인정받은 작가가 없는 건 아니야. 게다가 최근에는 국내 작품이 영어나 다른 외국어로 번역돼 해외에서 출간되는 사례가 늘어나고 있어. 그러니 얼마 지나지 않아 우리나라도 노벨 문학상을 탈 수 있을 거야.

문학은 하루아침에 탄생되는 게 아니야. 유구한 역사가 흐르면서 문학도 다방면으로 변신을 하게 되지. 대표적인 작품들만 추려볼까? 모든 작품의 내용을 다 말할 수는 없으니까, 제목과 저자 위주로 살펴볼게.

고구려에 쓰인 한시 가운데 대표적인 것은 유리왕의 「황조가」와 을지문덕의 「여수장우중문시」야. 구전가요로는 가야의 「구지가」가 대표적이지. 그 밖에도 백제의 「정읍사」는 현존하는 유일한 백제가요이자 한글로 기록된 가장 오래된 가요란다. 통일신라 때 진성여왕은 향가 모음집인 『삼대목』을 편찬하게 했는데, 안타깝게도 남

용비어천가

아 있지는 않아. 한문으로 된 작품으로는 최치원의 『계원필경』, 김대문의 『화랑세기』와 『고승전』 등이 있어.

고려 전기만 해도 중국의 영향을 덜 받았지. 그러나 중기로 접어들면서부터는 당과 송의 영향을 받아 귀족 중심의 보수적인 한문학이 유행했어. 무신시대 이후 자연을 다루는 문학이 많이 발달했는데, 아마 절망스러운 당시 시대 상황 탓이라고 생각돼.

당시 양반들은 「한림별곡」 등 경기체가의 노래를, 평민들은 「청산별곡」과 같은 속요를 남겼어. 이규보의 「국선생전」 「죽부인전」과 같은 가전체 문학도 큰 인기를 얻었지.

조선 전기에는 새 왕조의 정당성을 밝히고 옹호하는 「용비어천가」 「월인천강지곡」 같은 문학이 나왔어. 중기에는 다양한 문학이 발달했는데, 특히

정철의 「사미인곡」과 「속미인곡」 「관동별곡」, 윤선도의 「오우가」 등은 오늘날까지도 많이 읽히고 있단다. 황진이, 신사임당, 허난설헌 같은 여류 작가들의 활동도 활발했지.

조선 후기에는 서민문화가 본격 발달했어. 아무래도 실학 영향을 많이 받았기 때문일 거야. 대표적인 작품은 박지원의 『허생전』과 『양반전』을 들 수 있어. 서민들 사이에서는 한글 소설도 큰 인기를 얻었는데, 허균의 『홍길동전』을 비롯해 『춘향전』과 『심청전』 같은 작품이 있단다.

일제강점기, 일본사학자들과 친일사학자들은 이른바 식민사관을 강요했어. 우리 민족은 열등하기 때문에 스스로 발전할 수 없다는 게 식민사관의 주된 내용이었지. 이에 반대하며 민족사학자들은 민족사관을 내세웠어. 일제가 왜 식민사관을 주입했겠어? 그 이유는 너무나도 명백해. 바로 한국인들의 역사의식을 없애기 위해서였어. 그만큼 역사는 중요한 학문이었던 거지.

삼국시대에도 왕실의 권위를 높이고, 자국의 기상을 강조하기 위해 역사 서적을 펴냈어. 고구려의 경우 『유기』와, 영양왕 때 이를 다시 엮은 『신집』이 있지. 백제는 근초고왕 때 『서기』를, 신라는 진흥왕 때 『국사』를 편찬했어.

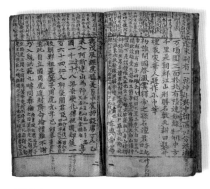
제왕운기

고려 전기에는 고구려를 계승한 역사 서적이 편찬됐어. 대표적인 게 태조~목종 때의 일을 담은 『7대 실록』과 『고금록』이야. 고려 중기로 접어든 후에는 김부식이 『삼국사기』

를 지었는데, 그 전까지의 역사서와 달리 신라를 계승하고 있어. 내용도 이전보다는 훨씬 보수적이고 유교적 사관이 강했지.

이런 사관은 무신정권과 원 간섭기로 접어들면서 다시 주체적인 역사관으로 바뀌었어. 대표적인 게 이규보의『동국이상국집』에 실린「동명왕편」이야. 고구려를 창건한 주몽의 이야기를 담은 작품이지. 일연의『삼국유사』와 이승휴의『제왕운기』는 단군신화를 본격적으로 다루면서 민족의식을 고취시켰어.

고려가 기울고 신진사대부가 조선 건국을 준비한 이후부터 사관도 성리학적으로 바뀌었어. 조선이 건국된 후에는 새 왕조의 정당성을 옹호하는 역사 서적이 많이 발간됐어. 조선의 실질적 창건자로 볼 수 있는 정도전은『고려국사』를, 권근은『동국사략』을 지었어. 또한 이때부터 모든 왕의 실록이 만들어졌단다. 고려 역사를 담은『고려사』『고려사절요』도 이때 만들어진 거야.

16세기로 접어들면서 중국에 대한 사대주의가 강해졌어. 기자조선에 대한 연구도 활발해졌지. 이이의『기자실기』가 그런 서적에 속해.

조선 후기에는 실학 학풍이 불면서 역사 서적도 다시 진취적으로 바뀌었어. 특히 고구려와 발해 역사에 눈을 뜨기 시작했다는 점이 두드러져. 유득공의『발해고』는 발해를 처음 다룬 역사 서적이었어. 안정복의『동사강목』, 한치윤의『해동역사』, 이긍익의『연려실기술』도 조선 후기에 만들어진 역사 서적이지. 이런 역사 저술들은 철저하게 고증학을 따랐어. 증명할 수 있는 내용들만 책에 집어넣었다는 뜻이지. 실학 학풍이 그대로 드러나고 있지?

일제강점기로 접어들면서 우리 민족의 기상을 높이는 역사 연구는 크게 억압됐어. 그러나 많은 민족사학자들이 꿋꿋하게 민족사학을 발전시켰단다. 대표적인 학자와 저서로는, 신채호의『조선상고사』, 박은식의『한국통사』와『한국독립운동지혈사』, 정인보의『조선사 연구』등이 있어.

사진 자료 제공처 및 출처

간송미술관 37, 487

경기도박물관 158, 174

국가기록원 355, 391, 395

국립고궁박물관 110, 128, 136, 137, 146, 159, 168, 172, 181, 201, 203, 219, 264, 286

국립민속박물관 23, 27, 41(위), 160, 262, 263, 369

국립전주박물관 18

국립중앙박물관 49, 53, 67, 68, 76, 95, 116~117, 122, 133, 154, 482, 483, 484, 485, 488

국립진주박물관 84

국립현대미술관 200

국사편찬위원회 32, 58, 83, 222, 398, 407

김대성 40, 41(아래), 101, 138, 149, 177, 218, 263, 266, 268(위), 284(왼쪽), 298, 300, 302, 303, 304, 306, 310, 311, 322(위), 330, 332, 480, 481

김은호 232

뉴스뱅크 459

독립기념관 277, 284(오른쪽), 305, 315, 322(아래), 335, 338, 341, 345, 357, 366, 378

두산백과사전두피디아 122, 211

문화관광부 318, 319, 327, 362, 367, 383, 387, 389, 390, 401, 403, 404, 408, 409, 410, 413, 420, 423, 426, 427, 428, 432, 441, 442, 449, 451, 455, 457, 458, 467, 468, 469, 479

문화재청 91, 103, 104, 192, 204(아래), 210, 256, 266, 272, 274, 286, 291, 466

박도 382

삼성미술관 리움 151, 155, 488

서울대학교 규장각 한국학연구원 16, 144, 166, 173, 258~259

서울시사편찬위원회 240, 281, 379, 380

성균관대학교박물관 194

숭실대학교박물관 106, 268(아래)

안중근의사기념관 290(위)

연합뉴스 360, 474

위키피디아 127

유관순열사기념관 326

이창성 453

외우지 않고 통째로 이해하는

통 한국사 2

초판 1쇄 발행 2012년 09월 05일   지은이 김상훈
초판 7쇄 발행 2014년 12월 01일   펴낸이 김선식

개정판 1쇄 발행 2015년 09월 05일   경영총괄이사 김은영
개정판 8쇄 발행 2022년 02월 14일   콘텐츠사업본부장 임보윤
개정 2판 1쇄 발행 2023년 09월 21일   콘텐츠사업8팀장 전두현
개정 2판 3쇄 발행 2024년 07월 31일   콘텐츠사업8팀 김상영, 김민경, 장종철, 임지원

마케팅본부장 권장규 마케팅2팀 이고은, 배한진, 양지환 채널 2팀 권오권
미디어홍보본부장 정명찬
브랜드관리팀 안지혜, 오수미, 김은지, 이소영
뉴미디어팀 김민정, 이지은, 홍수경, 서가을
크리에이티브팀 임유나, 박지수, 변승주, 김화정, 장세진, 박장미, 박주현
지식교양팀 이수인, 염아라, 석찬미, 김혜원, 백지은
편집관리팀 조세현, 백설희, 김호주 저작권팀 한승빈, 이슬, 윤제희
재무관리팀 하미선, 윤이경, 김재경, 이보람, 임혜정
인사총무팀 강미숙, 김혜진, 지석배, 황종원
제작관리팀 이소현, 김소영, 김진경, 최완규, 이지우, 박예찬
물류관리팀 김형기, 김선민, 주정훈, 김선진, 한유현, 전태연, 양문현, 이민운
외부스태프 디자인 어나더페이퍼

펴낸곳 다산북스 출판등록 2005년 12월 23일 제313-2005-00277호
주소 경기도 파주시 회동길 490 다산북스 파주사옥 3층
대표전화 02-704-1724 팩스 02-703-2219 이메일 dasanbooks@dasanbooks.com
홈페이지 www.dasanbooks.com 블로그 blog.naver.com/dasan_books
종이 아이피피 인쇄 북토리 제본 다온바인텍 후가공 제이오엘엔피

ISBN 979-11-306-4628-2 (04900)
      979-11-306-4626-8 (세트)

다산북스(DASANBOOKS)는 독자 여러분의 책에 관한 아이디어와 원고 투고를 기쁜 마음으로 기다리고 있습니다. 책 출간을 원하는 아이디어가 있으신 분은 다산북스 홈페이지 '투고원고'란으로 간단한 개요와 취지, 연락처 등을 보내주세요. 머뭇거리지 말고 문을 두드리세요.